Kohlhammer

Wolfgang Burr

Die Raubökonomie

Wie Staat, Finanzmärkte und Unternehmen die Soziale Marktwirtschaft zerstören

Verlag W. Kohlhammer

Umschlagabbildung: iStock.com/SvetaZi

1. Auflage 2026

Gesamtherstellung: W. Kohlhammer GmbH, Heßbrühlstr. 69, 70565 Stuttgart
produktsicherheit@kohlhammer.de

Print:
ISBN 978-3-17-046787-3

E-Book-Formate:
pdf: ISBN 978-3-17-046788-0
epub: ISBN 978-3-17-046789-7

Allen Räubern in Politik, Wirtschaft und Gesellschaft gewidmet

Vorwort

Das vorliegende Buch ist ein Sachbuch und ein Fachbuch, gleichzeitig auch ein persönliches Bekenntnis des Autors zu einer Ökonomie, die auf Fairness und Ausgleich gegründet ist. Es ist damit kein rein wissenschaftliches Werk, denn das Buch enthält auch wertende und provokative Aussagen. Es ist auch kein reines Sach- und Fachbuch, das eine Zustandsbeschreibung liefert, sondern es artikuliert auch die Unzufriedenheit und persönliche Betroffenheit des Autors über die derzeitigen Verhältnisse in Deutschland. Es kritisiert die heute herrschenden Zustände bzw. Missstände in Wirtschaft und Gesellschaft, versucht zu verstehen, wie es dazu kommen konnte und wer davon profitiert und welche Möglichkeiten es für eine Verbesserung der Zustände gibt. Der weniger wohlwollende Leser[1] und Kritiker wird das Buch als faktenbasiertes Wutbuch verstehen und sich am gelegentlich zu bemerkenden moralisierenden Unterton und der Larmoyanz des Buches stören. Zu großem Dank bin ich meinen Lektoren beim Kohlhammer Verlag, Herrn Dr. Uwe Fliegauf und Herrn David Jäger, verpflichtet, die Diskussionen waren stets konstruktiv, inspirierend und für das Buch sehr wertvoll. Ich übernehme die Verantwortung für den Inhalt des Werkes, auch wenn mir klar ist, dass kaum ein Leser es ganz lesen wird. Auch ist mir bewusst, dass vermutlich selektiv aus dem Buch zitiert und damit meine inhaltlichen Positionen verzerrt dargestellt werden, je nachdem, welche Interessengruppe das Buch für ihre Zwecke nutzt. Um solchen und ähnlichen Vereinnahmungsversuchen einen Riegel vorzuschieben, möchte ich hiermit betonen, dass ich weder ein Marktradikaler noch ein Sozialist bin, sondern mich der Ordnungspolitik der Freiburger Schule und dem Konzept der Sozialen Marktwirtschaft verpflichtet fühle.

Neben der allgemeinen Widmung an den Teil der Bevölkerung, der unser Land seit Jahrzehnten ruiniert, möchte ich dieses Buch persönlich widmen meinem

1 Nur aus Gründen der leichteren Lesbarkeit und sprachlichen Eleganz verwendet dieses Buch das generische Maskulinum im Text. Das Buch richtet sich gleichermaßen an Leserinnen und Leser sowie alle anderen Interessierten.

über alles geliebten Krallo, verstorben am 6.8.2023, er war ein Familienmitglied und großes Geschenk. Ich werde ihn nie vergessen.

Die Begriffe Raubökonomie, Raub, Raubunternehmen und Raubkunde sind allegorisch und idealtypisch zu verstehen. Es wird nicht behauptet, dass alle Finanzakteure, Politiker, Bürokraten, Unternehmen, Kunden, Aktionäre so handeln, wie nachfolgend beschrieben. Nicht alle Unternehmen sind maßlose Unternehmen, es ist noch nicht der Normalfall des Wirtschaftens. Viele Unternehmen erbringen auch heute noch gute Leistungen zu angemessenen Preisen. Nicht alle Behörden und ihre Mitarbeiter sind übergriffig und erbringen öffentliche Leistungen schlechter Qualität. Viele bemühen sich, unter schwierigen Umständen gute Arbeit zu leisten. Nicht alle Politiker denken nur an den nächsten Wahltermin und ihren persönlichen Erfolg. Viele bemühen sich, gute politische Arbeit für ihre Wähler und das Gemeinwesen zu leisten. Nicht alle Kunden, Mitarbeiter und Manager handeln egoistisch, rücksichtslos und gierig. Es reicht allerdings schon, wenn einzelne Unternehmen, einzelne Behörden und einzelne Individuen sich räuberisch verhalten und die Möglichkeit besteht, dass andere es auch könnten. Dafür muss Vorsorge getroffen und wenigstens teilweise Abhilfe geschaffen werden, daher auch dieses vorliegende Buch. Blender, Betrüger, Opportunisten, Schlechtleister und Minderleister gibt es überall in Politik, Wirtschaft, Verwaltung und Wissenschaft, dennoch machen viele Menschen heute immer noch gute Arbeit und nehmen ihre Aufgaben verantwortungsvoll wahr in unserem Land. Nur daher funktioniert unser Land überhaupt noch. Das Buch soll Fehlentwicklungen in Wirtschaft und Gesellschaft aufzeigen. Eigentlich gilt, dass man den Anfängen wehren soll, aber der Zeitpunkt dafür ist wohl schon lange überschritten worden. Das Buch konzentriert sich auf die Verhältnisse in Deutschland und blendet den internationalen Kontext weitgehend aus. Das heißt nicht, dass die Verhältnisse und Zustände in anderen Ländern besser sind.

Wolfgang Burr, Stuttgart 2026

Inhalt

Vorwort 7

A Entwicklungslinien der Raubökonomie

1 Einleitung 13

2 Die neue Wirtschaftsform und die Logik des Raubes 27

B Akteure der Raubökonomie

3 Finanzsektor 45

4 Staat 67

5 Unternehmen 127

6 Individuen 196

C Ursachen der Entwicklung hin zur Raubökonomie

7 Die tieferen Gründe 259

8 Der Preis und wer bezahlt ihn? 274

D Wege aus der Raubökonomie

9 Reformvorschläge und Gegenmaßnahmen 283

10 Utopie oder Chance: Eine faire Wirtschaft 301

11 Zentrale Ergebnisse im Überblick 304

12 Epilog 310

Literatur 315

A
Entwicklungslinien der Raubökonomie

1
Einleitung

Dem amerikanischen Musiker Frank Zappa, der Zeit seines Lebens eher politisch links und kritisch eingestellt war gegenüber den herrschenden Verhältnissen, wird folgendes hier sinngemäß wiedergegebenes Zitat zugeschrieben: Das Leben ist eine große Bühne, die Musik ist schön, das Licht strahlt, doch dann macht jemand das Licht aus, die Kulissen werden abgeräumt und dann sieht man die wahren Verhältnisse. Darum geht es auch in dem vorliegenden Buch.

Seit Corona ist alles anders, das zeichnete sich aber schon lange vor Corona ab und war für den aufmerksamen Beobachter erkennbar. Die Angst geht um in Deutschland, es ist nicht nur die Angst vor dem wirtschaftlichen Abstieg des Landes, sondern die Angst vor dem gierigen Marktpartner, dem betrügerischen Lieferanten, der maßlosen Steuerbehörde, dem Supermarkt um die Ecke mit seinen endlosen Preiserhöhungen, dem tückisch-betrügerischen Kunden, dem stets wechselbereiten Arbeitnehmer und dem rücksichtslosen Arbeitgeber. Die Ansprüche vieler Bürger an den Staat und des Kapitalmarktes an die Gewinne der Unternehmen sind fast ins Grenzenlose gestiegen. Diese Ansprüche können Staat und Unternehmen nur erfüllen, wenn sie ihrerseits aus den Steuer- und Gebührenzahlern und den Marktpartnern das Maximale herausholen. Es ist ein Krieg aller gegen alle, nur eben in ökonomischer Form. Die Angst der einen ist die Gier der anderen. Man hat zunehmend den Eindruck, dass es in Deutschland nicht mehr fair, rücksichtsvoll und angemessen zugeht, dass Maß und Mitte verloren gegangen sind.

Die Wirtschaftszeitung Handelsblatt hat in ihrer Wochenendausgabe auf der Titelseite ein aktuelles Thema angekündigt: »Klima, Handel, Diversität: Das große Rollback. Bringt Trump der Welt den Raubtierkapitalismus zurück?« In dem Beitrag wird behandelt, wie in den USA die Klimarettung (Förderung erneuerbarer Energien, Klimaschutzabkommen), die Förderung von Diversität in Unternehmen (Minderheitenrechte), die Durchsetzung von Wettbewerb auf Märkten durch Anwendung des Wettbewerbsrechts und das Eintreten für freien Welthandel (Protektionismus und Strafzölle) immer mehr reduziert werden. Die Autoren deuten dies als Rollback der Regierung Trump, der zu einem neuen Raubtierkapitalismus führen wird. Sie erörtern am Ende des Beitrags die Möglichkeiten der europäischen Volkswirtschaften, dem Trend aus den USA eine grüne, gerechte und daher wettbewerbsfähige Wirtschaftsweise als anderes Wirtschaftsmodell entgegenzusetzen. Dies erfordert allerdings grundlegende Reformen der EU bei der Entscheidungsfindung und Finanzierung sowie gemeinsame Aktionen und Initiativen der EU-Staaten (z. B. Bürokratieabbau, mehr Ausgaben für Infrastruktur und Verteidigung, Vollendung der Bankenunion), um zu verhindern, dass die EU eine »Welt von gestern« wird (vgl. Blume et al. 2025, S. 48–52). Der Beitrag im Handelsblatt enthält neben einigen wichtigen und grundsätzlich richtigen Erkenntnissen (z. B. zur engen Vernetzung von Politik und großen Technologieunternehmen in den USA) auch mehrere grundlegende Fehleinschätzungen aus Sicht des Verfassers dieses Buches: Erstens ist die Gleichsetzung eines wenig bzw. weniger regulierten marktwirtschaftlichen Systems mit dem Kampfbegriff »Raubtierkapitalismus« verkürzend und nicht gerechtfertigt. Ein wettbewerblicher Markt, in dem der Staat keine Sonderrechte an einzelne Unternehmen gibt und kein einzelnes Unternehmen protegiert und besonders schützt z. B. gegen Konkurrenz, beschränkt gerade wirtschaftliche Macht und verhindert damit Raubzüge zu Lasten anderer Marktteilnehmer. Oder wie der Jurist Franz Böhm formuliert hat: Wettbewerb ist »das genialste Entmachtungsinstrument der Geschichte« (Böhm 1961, S. 22). Zweitens wird anstelle von Raubtierkapitalismus in dem vorliegenden Buch von Raubökonomie gesprochen, damit wird verdeutlicht, dass die Raubökonomie gerade kein kapitalistisches Wirtschaftsmodell ist. Vielmehr ist sie eine Entartung des marktwirtschaftlichen Modells und der Sozialen Marktwirtschaft, die durch neue Verhaltensweisen von Akteuren des Finanzmarktes und des Staates sowie von Politikern, Unternehmen, Kunden und Bürgern erst möglich wurde. Nicht die Unternehmen plündern ihre Marktpartner aus (wie der Begriff Raubtierkapitalismus suggeriert), sondern in einer Raubökonomie kann jeder Akteur jeden anderen Akteur ausplündern, also auch der Staat die Unternehmen und die Bürger, davon wird im erwähnten Beitrag nicht gesprochen. Drittens stellt sich die Frage, ob die Reformen der Regierung Trump den Weg in eine Raubökonomie erst ermöglichen (»Rollback« als rückwärtsgewandte Wirtschaftskonzeption) oder ob wir vielmehr nicht schon in einer sich seit drei Jahrzehnten entfaltenden Raubökonomie leben und wirtschaften und wer für diese Entwicklung die Verantwortung trägt. Auf diese und ähnliche Fragen möchte das vorliegende Buch versuchen, Antworten zu geben.

1.1 Die große Transformation seit den 1980er Jahren

In den letzten 80 Jahren haben sich Wirtschaft und Gesellschaft in Deutschland drastisch verändert, dies ist angesichts der langen Zeitperiode nicht erstaunlich, erstaunlich ist aber das Ausmaß des Wandels speziell in den letzten 40 Jahren. Das Wirtschaftswunder nach 1949 wurde möglich durch die Erhardschen Preisreformen und die Akzeptanz in der Bevölkerung für die Soziale Marktwirtschaft. Die unscharfe Konzeption der Sozialen Marktwirtschaft bedingte, dass sich jeder darunter etwas für ihn Vorteilhaftes vorstellen konnte.

Jahre des Wachstums, der Stabilität, der Wohlstandsmehrung, das Entstehen einer Mittelstands- und Konsumgesellschaft, solider Wohlstand für alle (aber nicht Luxus für alle) waren die zentralen Versprechen, die auch eingelöst wurden. Der Nachkriegsboom endete 1966 mit der ersten Rezession, sie markierte gleichzeitig das Ende des starken Wirtschaftswachstums nach 1949. Weiteres Wachstum musste durch Schulden und den Ausbau des Sozialstaates geschaffen bzw. erkauft werden. Bereits zu Beginn der 1980er Jahre zeigten sich erste Anfänge einer neuen Globalisierungsrunde. Ausgehend von den USA und Großbritannien wurden Privatisierung und Deregulierung v.a. der Finanzmärkte zu wirkmächtigen Schlagworten und Politikprogrammen. Eine tiefgreifende Zäsur war der Zusammenbruch des Ostblocks 1989 und eine große Chance die deutsche Wiedervereinigung. Man wollte in Westdeutschland die Geschichten nicht glauben, dass private Käufer die ehemaligen Staatsbetriebe in Ostdeutschland abwickelten und aus dem Markt nahmen, um so Konkurrenz auszuschalten, oder dass Käufer nur Subventionen mitnahmen und dann die gekauften Unternehmen schlossen. Hier zeigte sich das erste Mal eine Seite des Wirtschaftens, die die Ostdeutschen in Schrecken versetzte und die Westdeutschen in ungläubiges Staunen. Solche ruppigen Methoden im

Wirtschaftsleben war man in Westdeutschland nicht gewohnt. Der Niedergang der ostdeutschen Wirtschaft war nicht primär durch räuberische Aktivitäten von Glücksrittern, Fehler der Treuhandanstalt und rücksichtsloses Agieren von westdeutschen Unternehmen verursacht, auch wenn diese Faktoren sicherlich dazu beigetragen haben. Entscheidend für den Niedergang war der politisch festgelegte Umtauschkurs zwischen DDR-Mark und D-Mark, der die ostdeutsche Wirtschaft einem extremen Aufwertungsschock aussetzte. Das führte dazu, dass sie in kürzester Zeit ihre Wettbewerbsfähigkeit weitgehend verlor. War den ostdeutschen Bürgern damals bewusst, dass sie mit dem festgelegten und für sie vorteilhaften Umtauschkurs zwar ihre Ersparnisse teilweise gerettet aber ihre Arbeitsplätze deshalb verloren hatten? Die Politik und die Wissenschaft hätten es ihnen nachdrücklich sagen müssen. Doch das unterblieb, auch weil 1990 Wahlkampf war.

In den 2000er Jahren mit dem Auslaufen des Booms durch die Wiedervereinigung verbreiteten sich wirtschaftliche Stagnation, hohe Lohn- und Sozialkosten und hohe Haushaltsdefizite. Deutschland wurde zum kranken Mann Europas – ein Zustand, den erst die Reformen der Regierung Schröder unter dem Namen Agenda 2010 überwinden konnten. Infolgedessen kam es zur Etablierung eines Niedriglohnsektors, einer Steuerbefreiung für Private Equity Investments und für Desinvestments von Unternehmensteilen. Sorgfältige Beobachter des Wirtschaftsgeschehens bemerkten, dass sich hier ein tiefgreifender Wandel der Sozialen Marktwirtschaft anbahnte.

Die Finanzkrise 2008 war eine tiefe Zäsur, mit der Rettung der Banken durch den Staat wurde das Fundament für eine immer tiefere Einmischung des Staates in die Wirtschaft gelegt, ein verändertes Wirtschaftsmodell wurde unbeabsichtigt oder beabsichtigt institutionalisiert durch den Staat und in Gang gesetzt durch den Finanzsektor, der von den Unternehmen der Realwirtschaft immer höhere Rendite- und Wachstumsraten forderte und immer stärker die Verschuldung des Staates finanzierte.

2011 markierten die Euro-Krise, 2021 die Corona-Krise und 2022 der Krieg in der Ukraine weitere tiefgreifende Wendepunkte: Der Staat mischt sich nunmehr in alle Bereiche der Wirtschaft und des privaten Lebens immer stärker ein, er wird übergriffig und überfordert sich damit zunehmend selbst. Heute im Jahr 2026 haben wir einen umfassenden staatlichen Dirigismus und Etatismus bei der

Energie- und Verkehrswende und bei der Bewältigung des Klimawandels anstelle von Vertrauen auf Marktkräfte, Innovation und Wettbewerb, d.h. auf marktliche Steuerungsinstrumente. Deutschland hat sich damit noch weiter von der Sozialen Marktwirtschaft entfernt, es ist aber keine sozialistische Wirtschaft und keine Marktwirtschaft geworden. Vielmehr ist – so die These dieses Buches – eine pervertierte Sonderform der Sozialen bzw. der liberalen Marktwirtschaft entstanden, die nachfolgend als Raubökonomie bezeichnet und näher untersucht und beschrieben wird.

Die Welt heute im Jahr 2026 ist eine ganz andere als die Welt der 1980er Jahre. Multiple politische, wirtschaftliche und gesellschaftliche Krisen seit dem Jahr 2008 erzeugen ein Gefühl der Instabilität und Unsicherheit sowie der Überforderung bei vielen Menschen. Die große Finanzkrise 2008, die durch Corona und den Ukrainekrieg bedingten wirtschaftlichen Verwerfungen, begleitet von kurzfristig schnell steigenden Inflationsraten im Jahr 2023 bei gleichzeitiger wirtschaftlicher Stagnation seit 2019 erzeugen heute bei vielen Menschen das Gefühl, dass Planbarkeit und Berechenbarkeit im Wirtschaftsleben und im persönlichen Leben verloren gegangen sind. Es ist ein deutlicher Verlust an gesellschaftlicher, politischer und wirtschaftlicher Stabilität feststellbar. Wirtschaftliche Stagnation und stark rückläufige Wachstumsraten seit 2019 haben tiefgreifende Folgen. Anstelle des früheren Konsenses sind immer mehr Verteilungskämpfe um knappe Ressourcen getreten, die mit zunehmender Intensität, Härte und Rücksichtslosigkeit geführt werden. Aus dem gesellschaftlichen Miteinander ist ein gefühltes Gegeneinander geworden. Vorteile einer Gruppe gehen zu Lasten einer anderen Gruppe, Verteilungskämpfe statt Konsens dominieren in der öffentlichen Debatte, der Wirtschaft und der Politik. Unternehmen, Kunden, Zulieferer und Behörden stehen sich als Konkurrenten in Win-lose-Situationen gegenüber. Jede Gruppe versucht für sich das Maximale herauszuholen und macht damit den Kuchen für alle kleiner. Die heutige deutsche Gesellschaft ist in Teilen eine Angst- und Risikogesellschaft geworden. Viele Menschen haben Angst vor dem Klimawandel, vor Einwanderung, vor wirtschaftlichem Abstieg, im Extremfall vor jeder Veränderung und der Zukunft.

Ein zusammenfassender Vergleich der Welt von heute im Jahr 2026 mit der Welt von gestern z.B. der 1980er Jahre macht dramatische Veränderungen sichtbar. Die Welt der 1980er Jahre war ein kongruentes System: Die Unternehmen waren dem Stakeholder Value, d. h. der ausgewogenen Berücksichtigung der verschiedenen Interessengruppen verpflichtet. Die Banken waren die Hauptträger des deutschen Finanzsystems. Die Deutschland AG als enge Vernetzung von Unternehmen, Banken und Politik stellte ein Bollwerk gegen ausländische Einflüsse dar. Die Soziale Marktwirtschaft war die von allen akzeptierte Wirtschaftskonzeption. Dementsprechend setzte die Politik den wirtschaftlichen Rahmen, innerhalb dessen die Unternehmen relativ frei entscheiden und handeln konnten. Der Wettbewerb in vielen Märkten funktionierte weitgehend. Die Deutsche Bundesbank war unabhängig und steuerte die Geldmenge, die Inflation und das Zinsniveau.

Die Welt von 2026 ist ebenfalls ein kongruentes, aber völlig anderes System: Die Unternehmen sind dem Shareholder Value, d. h. den Interessen der Aktionäre vorrangig verpflichtet. Ein deregulierter und globalisierter Kapitalmarkt ist Treiber und wichtiger Träger des deutschen Finanzsystems und finanziert stärker als früher Unternehmen und den deutschen Staat. Die alte Deutschland AG hat sich aufgelöst und wurde durch lockere Netzwerke zwischen Unternehmen und Politik ersetzt. Die Soziale Marktwirtschaft wird oft beschworen, aber von immer weniger Menschen und Unternehmen verstanden und gelebt. Die Politik interveniert immer stärker in Details des Marktes, der Unternehmen und des Lebens der Bürger. Es gibt weniger funktionierenden Wettbewerb in vielen Märkten und steigende Marktkonzentration. Die EZB als Zentralbank und Hüterin des Euro verliert immer mehr an Einfluss, Reputation und Glaubwürdigkeit.

Welch ein Kontrast, was für ein Unterschied! Wir leben heute in einer anderen Welt!

Wie kann diese große Transformation innerhalb von 40 Jahren erklärt werden? Auch davon handelt dieses Buch.

1.2 Drei grundlegende Wirtschaftsformen und Wirtschaftsstile

Grundsätzlich können drei Wirtschaftsformen unterschieden werden: die liberale Marktwirtschaft, die soziale Marktwirtschaft, die staatliche Planwirtschaft. Jede dieser Wirtschaftsformen ist auch mit einem ganz bestimmten Wirtschaftsstil verbunden.

1.2.1 Liberale Marktwirtschaft, Kapitalismus

Charakteristika der Marktwirtschaft wurden in zusammenfassender Weise das erste Mal bei Adam Smith dargestellt (vgl. Smith 1776). Arbeitsteilung und Wettbewerb auf der Angebots- und Nachfrageseite des Marktes gelenkt und zum Ausgleich gebracht durch die unsichtbare Hand (das Preissystem) führen zu Wohlstand für alle. Dabei verfolgen die einzelnen Wirtschaftssubjekte ihren Eigennutz, ausgedrückt in eigenen Interessen und Zielen (z. B. Gewinnerzielungsmotiv). Sie werden durch den Wettbewerb auf dem Markt gezwungen, Leistungen in guter Qualität und zu angemessenen Preisen anzubieten, die im Interesse aller sind und damit sozial erwünschte Ergebnisse für alle (Versorgung mit Gütern guter Qualität zu wettbewerblichen Preisen) erzeugen. Die wenigsten, die sich auf Adam Smith berufen, haben ihn gelesen und verstanden. Adam Smith wird oft verkürzt auf die Verfolgung des Eigennutzens, dabei darf aber nie übersehen werden, dass dieser nur unter den Bedingungen des Wettbewerbs am Markt zu sozial erwünschten Ergebnissen für alle führt.

Viele Menschen verwenden synonym zu liberaler Marktwirtschaft den Begriff »Kapitalismus«, übersehen dabei aber, dass dieser Begriff ein Kampfbegriff ist, der von den Kritikern der Marktwirtschaft, v. a. Karl Marx in die wissenschaftliche und öffentliche Debatte eingeführt wurde. Der Begriff des Kapitalismus ist nachfolgend sehr verschieden definiert und verstanden worden. Der Ökonom Ludwig von Mises hat Kapitalismus kurz und knapp definiert und charakterisiert durch privates Eigentum an den Produktionsmitteln. Die Wirtschaftsweise und die Ergebnisse des kapitalistischen Marktsystems sind ebenfalls sehr kontrovers diskutiert und beurteilt worden. Das Spektrum der Beurteilungen in der wissenschaftlichen Literatur reicht von totaler Ablehnung (Karl Marx, Friedrich Engels, Marxismus) bis zu engagierter Befürwortung und Verteidigung (Milton Friedman, August von Hayek, Ludwig von Mises).

Die liberale Marktwirtschaft war im 19. Jahrhundert eine Erfolgsgeschichte. Sie hat zwischen 1800 (Beginn der industriellen Revolution) und 1880 (Ende des

Liberalismus und Beginn des regulierten Kapitalismus) Millionen Menschen in Europa und USA in die sich herausbildenden Großstädte und Industriebetriebe integriert und ihnen Arbeit gegeben, von der sie notdürftig leben konnten.

Trotz aller Wohlstandsgewinne durch den liberalen Kapitalismus ist die Kritik am Kapitalismus nie verstummt. Am lautesten haben diese Kritik Karl Marx und Friedrich Engels formuliert (vgl. Marx, Engels 1848, Marx 1867). Sie kritisierten vehement die Ausbeutung der Arbeiter durch die Fabrikbesitzer, die Verelendung der breiten Massen, die starke Unternehmenskonzentration und die wirtschaftliche Macht der Großkapitalisten. Der Kapitalismus ist kein fehlerfreies System, das hat selbst Ludwig von Mises als einer seiner größten Fürsprecher zugegeben. Unter den vielen schlechten Wirtschaftsordnungen ist nach Ansicht von Mises der Kapitalismus die einzige überhaupt funktionierende Wirtschaftsweise und damit die mit den relativ wenigsten Mängeln: »Was der Liberalismus behauptet, ist gar nicht das, dass die kapitalistische Gesellschaftsordnung von irgendeinem Standpunkte betrachtet gut sei. Was er sagt, ist lediglich nur das, dass zur Erreichung der Ziele, die den Menschen vorschweben, nur die kapitalistische Gesellschaftsordnung geeignet ist und dass die Gesellschaftskonstruktionen des Sozialismus, des Interventionismus, des Agrarsozialismus und des Syndikalismus undurchführbar sind.« (Mises 1927, S. 80). Heute im Jahr 2026 konzentriert sich die Kritik auf die ungleiche Verteilung von Einkommen und Vermögen, die starken Anpassungszwänge bei Unternehmen und Individuen an die Dynamik des Wettbewerbs im Kapitalismus sowie ungleiche Aufstiegs- und Bildungschancen. Darüber ist viel gesagt und geschrieben worden, es muss hier nicht wiederholt werden.

Von der derzeit erkennbaren Degeneration der liberalen Marktwirtschaft zur Raubökonomie handelt das vorliegende Buch.

1.2.2 Plan- und Staatswirtschaft, Sozialismus

Die konzeptionellen Grundlagen der sozialistischen Wirtschaft wurden von Karl Marx (vgl. Marx 1867) umfassend herausgearbeitet. Die wenigsten, die sich auf Karl Marx berufen, haben ihn gelesen und verstanden. Der Autor gibt zu, dass er den Versuch, Marx im Original zu lesen nach kurzer Zeit abgebrochen hat. Der Originaltext von Marx ist sehr schwer lesbar aufgrund Satzbau, Schreibweise und eigenwilliger Begrifflichkeiten. Kern der sozialistischen Wirtschaft ist das staatliche Eigentum an den Produktionsmitteln. Charakteristisch für die sozialistische Wirtschaft ist zweitens der staatliche Gesamtplan, nach dem die sozialistische Produktion durchgeführt werden soll. Damit gibt es in der sozialistischen Wirtschaft im Regelfall keine Märkte (Arbeitsmarkt, Beschaffungsmärkte, Absatzmärkte, Kapitalmärkte), auf denen Angebot und Nachfrage durch einen wettbewerblich gebildeten Preis zum Ausgleich gebracht werden. Angebot und Nachfrage werden durch den staatlichen Planer festgesetzt, die für die Produktion erforderlichen Ressourcen durch ihn bereitgestellt und zugeteilt, die Preise der hergestellten Güter werden auch vom Planer festgesetzt. An die Stelle der unsichtbaren Hand des Marktes treten die sichtbare Hand des Staates sowie der Gesamtplan und seine Umsetzung. Weisung und Befehl des staatlichen Planers sowie Befolgung des Plans durch die Ausführenden sind die Voraussetzungen dafür, dass eine Leistung überhaupt erzeugt werden kann.

Auch die sozialistische Wirtschaftsweise hat ihre Erfolge und Verdienste: Die nachholende Industrialisierung der Sowjetunion nach 1925, d. h. der Aufbau einer sehr großen Schwerindustrie in der Sowjetunion in sehr kurzer Zeit (faktisch von 1925 bis ca. 1940) wäre ohne die auf Menschen, Ressourcen und Material sowie Kosten keine Rücksicht nehmende staatliche Planung und zwangsweise Umsetzung wohl so nicht denkbar gewesen. Auch nach dem Zweiten Weltkrieg zeigten sich in der Planwirtschaft der Sowjetunion Spitzenleistungen in wenigen einzelnen Bereichen, z. B. der Rüstung, dem Kapazitätsausbau der Schwerindustrie und der Raumfahrt. Ebenfalls gelangen hervorragende wissenschaftliche Leistungen in der Physik und Spitzenleistungen im Kulturbereich (Musik, Literatur, Ballett) und im Sport (z. B. Schach). Positiv zu erwähnen sind auch die gute Bildung und Ausbildung breiter Bevölkerungsschichten. Dem standen aber fundamentale Schwächen der sozialistischen Wirtschaft gegenüber: ein weitgehendes Versagen der Sowjetwirtschaft und der DDR-Wirtschaft bei der Versorgung der breiten Massen mit einem vielfältigen Angebot an Konsumgütern, bei der Herstellung von Investitionsgütern, beim Schutz der natürlichen Umwelt. Die Planwirtschaft war völlig ineffizient und ging verschwenderisch mit Rohstoffen und Energie um. Zudem war sie eine diktatorisch mit staatlichem Zwang geführte Wirtschaft, die Eigeninitiative der Menschen und Innovation in den Betrieben stark einschränkte.

Wie der Kapitalismus, so hat auch der Sozialismus begeisterte Befürworter (v. a. Karl Marx und Friedrich Engels, Oskar Lange) und vehemente Kritiker (Ludwig von Mises). Ludwig von Mises analysierte in einem frühen Aufsatz (vgl. Mises 1920) und seinem späteren Hauptwerk »Die Gemeinwirtschaft« (vgl. Mises 1922) die sozialistische Wirtschaftsweise und kam zu dem Ergebnis, dass sie ineffizient ist, weil es keine Märkte und keine marktlich gebildeten Preise für die verstaatlichten Investitionsgüter gibt. Da wichtige Preis- und Kosteninformationen damit aber fehlen, ist eine rationale Wirtschaftsrechnung im Sinne einer Planungs- und Kontrollrechnung von Investitionsprojekten nicht möglich (sog. Unmöglichkeitstheorem der rationalen Wirtschaftsrechnung im sozialistischen Gemeinwesen). Bei zentraler Planung von Investitionen und dem Fehlen von Märkten und Preissignalen für Investitionsgüter sind somit Fehllenkung und Verschwendung von Kapital vorgezeichnet. Die Unmöglichkeit der Wirtschaftlichkeitsrechnung führt dazu, dass rationales Wirtschaften mit knappen Mitteln im Sozialismus nicht möglich ist. »Im sozialistischen Gemeinwesen kann es, da die Durchführung der Wirtschaftsrechnung unmöglich ist, überhaupt keine Wirtschaft in unserem Sinne geben.« (Mises 1920, S. 100). Für Mises stellen gerade auch Veränderungsprozesse, Verbesserungen und Innovationen sowie eigeninitiatives und verantwortliches Handeln der Betriebsleiter die sozialistische Wirtschaft vor unlösbare Herausforderungen (vgl. Mises 1920, S. 109–112). Mises kommt zu einem vernichtenden Gesamturteil: Der Sozialismus bedeutet nicht »Wohlstand für Alle« (Mises 1922, S. 496), sondern »Not und Elend für Alle« (Mises 1922, S. 488).

1.2.3 Die Soziale Marktwirtschaft als Mischmodell

Es gab immer wieder Versuche, ein Wirtschaftsmodell zu entwickeln, das einen dritten Weg zwischen liberaler Marktwirtschaft und sozialistischer Planwirtschaft realisieren soll. Solche Mischmodelle sind heute in mehreren Ländern realisiert. Ein solches Mischmodell ist auch der »Rheinische Kapitalismus« in Frankreich und Deutschland, der einen starken Staatseinfluss mit privatwirtschaftlicher Tätigkeit zu verbinden versucht. In Deutschland wurde dieses Mischmodell unter der Bezeichnung »Soziale Marktwirtschaft« nach 1949 verwirklicht. Als ihr Schöpfer gilt der damalige Finanzminister und spätere Bundeskanzler Ludwig Erhard. Sein

Konzept der Sozialen Marktwirtschaft baute auf den wissenschaftlichen Vorarbeiten von Walter Eucken, Franz Böhm, Alfred Müller-Armack und Alexander Rüstow (sog. Ordoliberalismus) auf.

Auch die wenigsten Politiker und Unternehmensführer, die sich auf Ludwig Erhard berufen, haben ihn wirklich gelesen und verstanden. In seinem Buch »Wohlstand für Alle« (vgl. Erhard 1957) fasst Erhard die wichtigsten Bausteine der Sozialen Marktwirtschaft in leicht verständlicher Form zusammen. Die Soziale Marktwirtschaft ist ein dritter Weg zwischen Markt und Staat. Dem Staat fällt die Aufgabe zu, den wirtschaftlichen Rahmen (Eigentumsordnung, Kartellgesetz) zu definieren, in dem die privaten Unternehmen wirtschaften. Die zweite wesentliche Aufgabe des Staates ist, die im Wettbewerb erzielten Marktergebnisse – sofern sie gesellschaftlich und sozialpolitisch unerwünscht sind – ggf. durch Umverteilung und sozialstaatliche Leistungen zu korrigieren. Den Unternehmen fällt in der Sozialen Marktwirtschaft die Aufgabe zu, Leistungen im Wettbewerb auf dem Markt anzubieten, was die Unternehmen zu ständigen Steigerungen der Produktivität anhält. Wettbewerb, Produktivität und Effizienz auf dem Markt sind die Voraussetzung für Wohlstandsgewinne und die ggf. erforderliche Korrektur unerwünschter Marktergebnisse durch den Staat (z. B. durch Umverteilung von Einkommen durch den Sozialstaat, Durchsetzung des Wettbewerbs durch das Kartellrecht). Der Staat setzt also den Ordnungsrahmen, in dem die privaten Unternehmen eigenverantwortlich und im Wettbewerb agieren. Der Staat enthält sich übermäßiger Interventionen in den Wirtschaftsprozess und sichert den Wettbewerb im Markt (Durchsetzung des Kartellrechts) auch gegen den Widerstand der Unternehmen.

Die wesentlichen Leistungen der Sozialen Marktwirtschaft nach 1949 waren die Erzielung von Wohlstand für breite Bevölkerungsschichten in Deutschland, die Herstellung von Akzeptanz für die Steuerung von wirtschaftlichen Prozessen durch Markt und Wettbewerb in der Bevölkerung sowie der Aufbau eines leistungsfähigen Bildungswesens, das für alle Gesellschaftsschichten Zugang zu Bildung ermöglichte. Die Soziale Marktwirtschaft hat starke Befürworter, aber auch Kritiker. Ludwig von Mises wies darauf hin, dass ein solches Mischsystem aufgrund zunehmender, sich selbst verstärkender Staatsinterventionen langfristig nicht funktionieren kann und daher in Richtung einer liberalen Marktwirtschaft oder einer Planwirtschaft tendieren wird. Mises negiert damit die Möglichkeit eines dritten Weges zwischen Markt und Staat (vgl. Mises 1929): »Entweder Kapitalismus oder Sozialismus; ein Mittelding gibt es nicht« (Mises 1927, S. 69).

Auch die Soziale Marktwirtschaft hat verschiedene Entwicklungsstufen durchlaufen. Die Grundkonzeption von Ludwig Erhard setzte auf Markt, Wettbewerb der Unternehmen und Eigenverantwortung der Bürger, er plädierte für staatliche Rahmensetzung aber nicht für einen starken Ausbau des Sozialstaates, sondern ermahnte die Bürger vielmehr dazu, Maß und Mitte zu halten. Bereits in den 1950er Jahren unter Konrad Adenauer und verstärkt ab Ende der 1960er Jahre (Willy Brandt, Helmut Schmidt) wurde die Grundkonzeption der Sozialen Marktwirtschaft stark verändert durch die damals handelnden Politiker. Sie legten die Grundlage für das heutige Wirtschaftsmodell mit einem umfassenden Sozialstaat, der in starkem Maße Einkommen umverteilt, der viele staatliche Leistungen mit Schulden finanziert und sehr detailliert in Marktprozesse und Marktergebnisse interveniert. Der allumfassende Sozialstaat bevormundet die Bürger und erhebt zur Finanzierung seiner Leistungen sehr hohe Steuern und Abgaben von den leistungsfähigen Mitgliedern der Gesellschaft, sofern er die Leistungen nicht mit Schulden finanziert. Auch wenn die Bezeichnung »Soziale Marktwirtschaft« erhalten blieb, so ist dies eine deutliche Entfernung von Erhards Grundkonzeption. Diese heutige Soziale Marktwirtschaft ist zur Raubökonomie degeneriert, davon handelt das vorliegende Buch.

1.3 Zum Aufbau des Buches

Die nachfolgende Abbildung verdeutlicht die Argumentationslinie des Buches und die wesentlichen Inhalte.

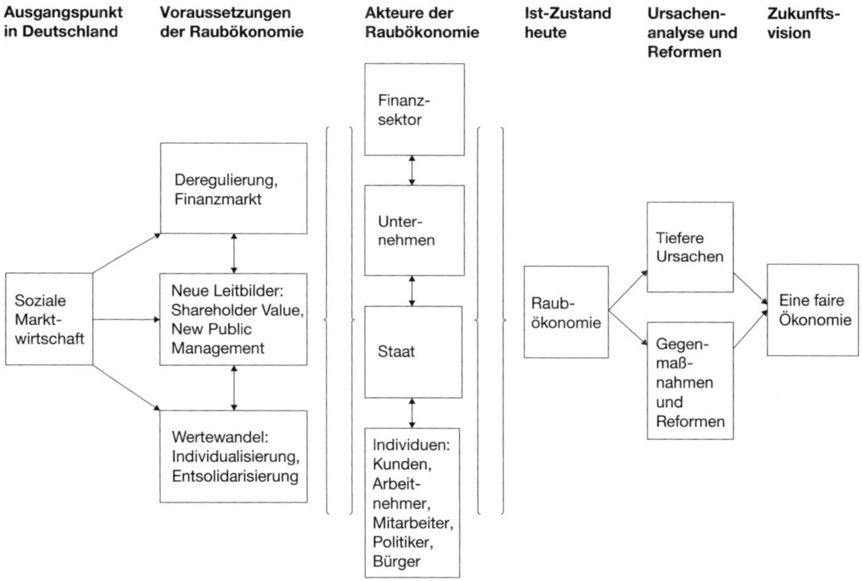

Dar. 1: Argumentationslinie des Buches

Ausgangspunkt der Betrachtung ist das Konzept der Sozialen Marktwirtschaft, wie es nach dem Zweiten Weltkrieg in Deutschland verwirklicht wurde und wie sich dieses Konzept in den vergangenen Jahrzehnten weiterentwickelt hat (► Kap. 1.2.3). Es folgt nach diesen Ausführungen eine Definition und kurze Beschreibung der historischen Entwicklung von Raubökonomien, bevor die Logik des Betrugs und Raubs durch Individuen und Organisationen näher betrachtet wird (► Kap. 2).

Anschließend werden wesentliche Einflussfaktoren dargestellt, die das Konzept der Sozialen Marktwirtschaft in Richtung einer Raubökonomie verändert haben. Zu nennen sind hier die Deregulierung der Finanzmärkte (► Kap. 3), die Durchsetzung neuer Leitbilder wie New Public Management in vielen Behörden (► Kap. 4.6) und Shareholder Value in vielen Unternehmen (► Kap. 5). Diese neuen Leitbilder haben nachfolgend zu einem geänderten Verhalten von Unternehmen im Markt und von Behörden gegenüber dem Bürger beigetragen. Der Wandel in Richtung einer Raubökonomie wurde aber auch vorangetrieben durch einen tiefgreifenden Wertewandel in der deutschen Gesellschaft, z. B. zunehmende Individualisierung und Misstrauen der Einzelnen gegenüber der Gesellschaft (► Kap. 7 Ende). Auch dieser Wertewandel hat zu einem veränderten Verhalten v. a. von Individuen beitragen, damit hat sich aber auch das Verhalten der Organisationen gewandelt, in denen diese Individuen arbeiten.

Es schließt sich eine Beschreibung der wesentlichen Akteure in der Raubökonomie und ihre typischen Strategien und Verhaltensweisen an. Es werden dargestellt: Der maßlose Finanzsektor (► Kap. 3), der Staat als Räuber (► Kap. 4), die Unternehmen als Räuber (► Kap. 5) sowie die Individuen wie Kunden, Arbeitnehmer, Manager und Politiker als Räuber (► Kap. 6).

Es schließt sich eine Analyse der tieferen Problemursachen an, um das Verhalten der oben genannten Akteure besser verstehen zu können (► Kap. 7). Nach der Diagnose der Raubökonomie werden abschließend Therapie- und Reformvorschläge unterbreitet, diese können sowohl allgemeiner Art sein, d. h. mehrere Akteursgruppen gleichzeitig betreffen (► Kap. 9.1) oder auch spezifisch am Verhalten der einzelnen Raubgruppe ansetzen (► Kap. 9.2). Das Buch schließt mit einer Skizzierung einer fairen Ökonomie als utopische Vision (► Kap. 10) sowie einer Zusammenfassung der wichtigsten Ergebnisse (► Kap. 11) und einem Epilog (► Kap. 12).

2 Die neue Wirtschaftsform und die Logik des Raubes

Nachfolgend wird mit der Raubökonomie ein neues Wirtschaftsmodell beschrieben, das sich in den letzten Jahrzehnten anstelle der Sozialen Marktwirtschaft in Deutschland etablieren konnte. Die Begriffe Raubökonomie, Raub, räuberisches Verhalten werden im Folgenden als allgemeine Metapher für unkorrektes, illegitimes, amoralisches, aber auch gesetzeswidriges und illegales Verhalten von Organisationen und Individuen im Wirtschaftsleben bezeichnet. Es wird ein plakativer und provokanter Begriff wie z. B. Raubökonomie verwendet, um bei den Lesern Bewusstsein für und die Motivation zur Überwindung dieser Art des Wirtschaftens zu schaffen. Ein Wirtschaftssystem mit einem interpretationsfähigen und dehnbaren Sammelbegriff zu versehen (z. B. Soziale Marktwirtschaft, Kapitalismus, Raubökonomie) kann die öffentliche und auch die wissenschaftliche Beschäftigung mit den zu dem jeweiligen Wirtschaftssystem gehörenden Ausprägungen und Erscheinungsformen des Systems, den Vorteilen und Mängeln des Systems und den typischen Verhaltensweisen der Akteure motivieren, bündeln und fokussieren. Daher wird nachfolgend von Raubökonomie in einem allegorischen Sinn gesprochen, aber nicht impliziert, dass in der heutigen und in diesem Buch behandelten Variante der Raubökonomie (► Kap. 2.3) Transaktionen mit Waffeneinsatz und physischer Gewalt durchgeführt werden.

2.1 Raubökonomie als Gewaltökonomie

Raubökonomie ist ein Begriff, der heute nur selten verwendet wird, um eine Wirtschaftsform zu beschreiben, die auf Raub und Plünderung basiert. Der Begriff wird heute oft verwendet, um die wirtschaftlichen Aktivitäten von Warlords, Milizen und anderen nichtstaatlichen Gruppen zu beschreiben, die in instabilen oder konfliktreichen Regionen willkürlich agieren. In diesen Fällen wird die Wirtschaft oft durch Gewalt und Zwang kontrolliert, und die Einnahmen werden oft durch Erpressung, Schutzgeldzahlungen, Zwangstribute, Raub, Geiselnahme, Sklavenraub, Landdiebstahl und andere illegale Aktivitäten generiert (vgl. Büttner 2004). Diese Raubökonomie ist im Kern eine Gewaltökonomie, d.h. sie basiert auf physischer Gewalt von Menschen gegen andere Menschen.

Historisch gibt es verschiedene Erscheinungsformen und Beispiele dieser Form von Raubökonomie. Etwa die englischen Piraten, die mit einem Patent der englischen Krone spanische Schiffe ausraubten. Hier zeigt sich bereits die enge Verbindung von Privatwirtschaft (die Piraten handelten auf eigenes Risiko und eigene Rechnung mit eigenen Schiffen und eigener Besatzung, sie waren damit Unternehmer) und Staat. Die spanischen und portugiesischen Eroberer haben in Lateinamerika nach Gold gesucht, es unter Einsatz von Gewalt erbeutet und für die Krone in ihre Heimatländer verschifft. Ähnlich war es mit der Ausbeutung von Rohstoffvorkommen im 19. und 20. Jahrhundert in den Kolonien in Afrika und Asien, die europäische private Unternehmen im Auftrag ihres Heimatlandes mit einer Konzession vornahmen ohne Rücksicht auf Mensch und Natur in den Kolonien und auf die Folgewirkungen für diese Länder. Noch extremer war die gewaltsame Verschleppung von Afrikanern durch Sklavenhändler und die zwangsweise Ausbeutung ihrer Arbeitskraft als Sklaven v.a. in Amerika in der Landwirtschaft. Der Sklavenhandel war für seine Betreiber damals ein hochrentables Geschäft ähnlich dem Drogenhandel heute.

Im Kriegswesen war es spätestens seit dem Dreißigjährigen Krieg geübte Praxis, dass die Soldaten sich im gegnerischen Land aus der Landwirtschaft und den Erntevorräten des Gegners gewaltsam versorgten, dies ging zu Lasten der einheimischen Bevölkerung. Zuletzt wurde diese räuberische Vorgehensweise im Krieg des Dritten Reiches gegen die Sowjetunion 1941 bis 1944 praktiziert. Ohne staatliche Anweisung bzw. Tolerierung ist diese Form der Raubökonomie bei militärischen Feldzügen nicht denkbar, weil sie Grundsätzen des Völker- und Kriegsrechts widerspricht.

Eine Raubökonomie in ihrer totalitärsten Form war die Wirtschaft des Dritten Reiches. In Deutschland wurde durch die Inflation 1923 und die Weltwirtschaftskrise ab 1929 das marktwirtschaftliche System diskreditiert. Das Dritte Reich und der Nationalsozialismus errichteten eine staatlich gelenkte Wirtschaft mit Proforma-Privateigentum an den Produktionsmitteln. Die Wirtschaft des Dritten Reiches war eine staatlich gelenkte Raubökonomie in Reinform, eine totale und totalitäre Raubökonomie. Raubökonomie lag im Dritten Reich vor, wenn deutsche Unternehmen mit Unterstützung des Dritten Reiches jüdische Betriebe und jüdischen Besitz (z.B. Kunstwerke) »arisierten« oder Betriebe und Kunstwerke in besetzten Feindesländern zu sehr geringen, oftmals diktierten oder erzwungenen Kaufpreisen erwarben. Auch der Einsatz von Zwangsarbeitern in der Rüstungsproduktion ist eine räuberische Praktik. Die extremste Ausprägung der Raubökonomie im Dritten Reich findet sich in Konzentrationslagern, in denen die Opfer vor der Ermordung ihrer wenigen verbliebenen Güter beraubt wurden, die Arbeitskraft der Opfer ausgebeutet wurde und die Körper ermordeter Opfer systematisch verwertet wurden (Goldzähne, Haare, Brillengestelle). Die Gelegenheit zum Raub macht den Räuber, das Dritte Reich bot viele Raubchancen.

In der damaligen Zeit erschienen die meisten der oben genannten Raubökonomien als legitim, teilweise sogar legal. Aus heutiger Sicht und nach heutigem Rechtsverständnis sind sie als räuberische Aktionen, illegal, unmenschlich und unmoralisch zu charakterisieren. Die Raubökonomie als Gewaltökonomie ist heute nur noch ausnahmsweise zu beobachten, z.B. in Kriegen und in Teilen der Welt, wo es noch Formen der Sklaverei gibt.

2.2 Raubökonomie als Raubbau und Ausplünderung

Heute fasst man den Begriff »Raubökonomie« üblicherweise anders auf. So wird der Begriff verwendet, um die exzessive Ausbeutung von natürlichen Ressourcen durch Unternehmen oder Regierungen ohne Rücksicht auf Verluste bei der natürlichen Umwelt, den umliegenden Bewohnern, der Gesellschaft und den zukünftigen Generationen zu beschreiben. Im Kern sind es eine Ausbeutung und Übernutzung von natürlichen Ressourcen und ein Raubbau an der Natur auf der Suche nach Ressourcen und Bodenschätzen ohne Rücksicht auf Folgekosten und Schäden bei Dritten, für die sie auch oftmals nicht entschädigt werden.

Eine Nähe zu diesem Verständnis von Raubökonomie weist auch das Konzept der Kleptokratie (Herrschaft der Diebe) auf. Es bezeichnet den Sachverhalt, dass Herrscher (meistens Diktatoren in Entwicklungsländern) und ihre Gefolgsleute sich das Eigentum und den Besitz der Beherrschten, v. a. auch die Rohstoffe des Landes, illegal (durch Korruption, Vetternwirtschaft, Veruntreuung von Geldern, Amtsmissbrauch) aneignen. Die Herrscher bereichern sich damit persönlich auf Kosten des Landes und seiner Bürger. Das Land wird systematisch ausgeplündert vom Diktator, seiner Familie und seiner Klientel, die geraubten Vermögenswerte werden oftmals auf persönliche Konten im Ausland verbucht.

2.3 Raubökonomie als Wirtschaften mit illegalen oder illegitimen Mitteln (Lug und Trug, Täuschung, Macht)

In diesem Buch wird ein nochmals anderes Verständnis von Raubökonomie entwickelt.

Es ist eine Ökonomie, in der der Einzelne seine Interessen mit List und Tücke zu Lasten von Austauschpartnern verfolgt. Abhängigkeiten anderer Akteure werden ausgenutzt zum eigenen Vorteil, bewusst werden Intransparenz und ökonomische Sachzwänge erzeugt, um eigene Vorteile erzielen zu können. Opportunistisches Verhalten in rechtlichen Graubereichen, manchmal an der Grenze zum Betrug und Raub wird häufiger praktiziert in der in diesem Buch skizzierten Raubökonomie. Tückisches und betrügerisches Verhalten wird erwartet und vermutet beim Marktpartner und oftmals daher gerade zur selbsterfüllenden Prophezeiung im marktlichen Austausch. Es kommt zu einer Intensivierung von Verteilungskonflikten, in denen der Gewinn des einen zum Verlust des anderen führt. Statt kooperatives Miteinander und gemeinsame Wertschöpfung, kommt es zu einem Gegeneinander, Verteilungs- und Machtkämpfen. Eine Vertragsseite versucht die andere zu beherrschen, zu übervorteilen, auszunutzen, zu betrügen. Kooperative Zusammenarbeit wird erschwert, gemeinsame Wertschöpfung wird unter solchen Bedingungen schwierig. Jeder muss sich gegen den anderen absichern und schützen. Die Folge davon ist ein allgemeines Klima des Misstrauens, in dem jeder Marktpartner dem anderen Partner Täuschungsabsichten unterstellt und der eigene Vorteil oft zu Lasten und auf Kosten des Marktpartners gesucht wird. Misstrauen, Vorsicht, Pessimismus und Zynismus sind die dominierenden Gefühlslagen in der Raubökonomie. Darunter leiden Wertschöpfung und Wohlstand heute genauso wie in der klassischen gewaltbasierten Raubökonomie früher: Damals säten die Bauern nicht aus, wenn sie fürchten mussten, dass marodierende Räuberbanden ihnen die Ernte stehlen. Heute investieren Unternehmen oder private Bauherren nicht, weil sie fürchten müssen, dass der Staat nachträglich die Investitionsbedingungen und die Steuerregeln verändert oder ein Konkurrent durch Imitation und Industriespionage bzw. ein hinterlistiger Mieter sie um die Früchte ihrer Anstrengungen bringt. Der allgemeine Attentismus führt zu einer Lähmung der Investitionsbereitschaft und des Wirtschaftsklimas. Diese Welt der Raubökonomie light beschreibt eine Ökonomie der List und Tücke, der Übervorteilung von Marktpartnern, der Täuschung, des kleinen und großen Betrugs, der Erlangung eigener Vorteile zu Lasten anderer Marktpartner. Nicht der Akteur mit der besseren Arbeits- oder Marktleistung, sondern der Akteur mit der besseren List und dem rücksichtsloseren Vorgehen erzielt für sich Gewinne.

Nachfolgend werden einige Beispiele heutigen räuberischen Wirtschaftens zur Veranschaulichung aufgeführt. Monopolpreise und Kartelle beschränken den Wettbewerb und setzen überhöhte Preise zu Lasten der Konsumenten. Die Privatisierung von Gewinnen bei gleichzeitiger oder nachfolgender Sozialisierung von Verlusten konnte in der Finanzkrise 2008 und in den Jahren danach beobachtet werden (Bankenrettung). Der Staat setzt eine erdrückende Steuerlast für Bürger und Unternehmen durch bei gleichzeitig schlechter Qualität vieler staatlicher Leistungen, die mit Steuern oder Gebühren finanziert werden. Private Unternehmen setzen sehr hohe Preise für lebenswichtige Güter (Lebensmittel, Heizung, Miete, Arzneimittel) durch, bei denen die Konsumenten keine oder nur sehr wenige Ausweichmöglichkeiten, d. h. hohe Wechselkosten, auf andere Produkte oder Anbieter haben. Private Unternehmen erhöhen systematisch die Preise, indem sie die Preistransparenz für die Kunden verschlechtern und Gewöhnungseffekte der Kunden ausnutzen, gleichzeitig verschlechtern sie die Packungsgröße und die Qualität angebotener Produkte. Der Staat, Unternehmen und Konsumenten wirtschaften ohne Rücksicht auf künftige Generationen (Schulden, Raubbau an der Natur, Substanzverzehr des Vermögens von Unternehmen und des

Staates). Aktivistische Investoren zwingen Unternehmen zu hohen Dividenden, Sonderausschüttungen und Aktienrückkäufen, die manchmal höher sind als die vom Unternehmen erwirtschafteten Gewinne, was zu Lasten der Substanz und Zukunftsfähigkeit von Unternehmen geht. Unternehmen zwingen den Staat zu Subventionen, indem sie mit Abwanderung drohen oder ihre Ansiedlung von der Subventionsgewährung abhängig machen. Sie nutzen Standortvorteile, ohne selbst etwas zur Entwicklung der Standortvorteile des Landes beizutragen. Unternehmen verschieben Gewinne über Ländergrenzen hinweg, um ihre Steuerlast im Extremfall auf fast Null zu minimieren. Gut organisierte Interessengruppen setzen rücksichtslos ihre Ziele und Sonderinteressen zum Schaden der Gesamtwirtschaft, der Unternehmen und der Kunden durch (z. B. kleine verhandlungsstarke Gewerkschaften, Bauernverbände). Einzelne Manager, Politiker und Gewerkschaftsführer nutzen die ihnen übertragenen Ämter und Aufgaben zur persönlichen Bereicherung etc. Schon diese erste Aufzählung zeigt, dass Praktiken maßlosen Wirtschaftens heute durchaus weiterverbreitet sind. Davon soll das vorliegende Buch handeln. Dabei wird nicht behauptet, dass alle Akteure in der deutschen Wirtschaft räuberisch handeln. Die Begriffe Raubökonomie, Raub und Räuber sind allegorisch und idealtypisch zu verstehen.

Im Folgenden wird dargelegt, dass die Raubökonomie im Kern eine pervertierte Soziale Marktwirtschaft oder eine pervertierte Marktwirtschaft ist. Sie kann langfristig nicht funktionieren und wird daher nur eine Übergangsform sein entweder zu einer Staatswirtschaft, einer Sozialen Marktwirtschaft oder einer liberalen Marktwirtschaft. Aufgabe dieses Buches ist es, die Charakteristika der Raubökonomie und ihre Akteure darzustellen, ihr Entstehen zu erklären und Gegenmaßnahmen vorzuschlagen.

2.4 Die Logik des Raubes und des Betrugs

Die Raubökonomie wirft mehrere grundlegende Fragen auf: Wer sind die Räuber? Welche Methoden setzen sie ein? Was motiviert die Akteure (Individuen, Organisationen) zu Täuschung, Betrug und Raub? Welche grundsätzlichen Maßnahmen sind zur Unterbindung von Betrug und Raub denkbar?

Wer sind die Räuber und die Beraubten?

Analog zur Nahrungskette in der Natur lässt sich in der Ökonomie eine Raubkette, verstanden als Hierarchie der Raubakteure beschreiben.

Der Spitzenräuber ist der Finanzsektor, der nur selten selbst zum Raubopfer wird, er steht an der Spitze der Raubkette. Der große Räuber ist der Staat, der allerdings öfters auch selbst zum Raubopfer wird. Die kleinen Räuber, willigen Raubhelfer, Mitläufer und Profiteure, aber auch wieder Opfer des Raubsystems sind die Unternehmen und Individuen. Die verschiedenen Raubgruppen stehen fallweise untereinander in Konkurrenz oder gehen teilweise symbiotische Koalitionen zu Lasten Dritter (Raubopfer) ein. Jede Gruppe braucht die andere Gruppe, um an benötigte Finanzmittel, Ressourcen und Vorteile zu gelangen, steht ihr aber gleichzeitig auch misstrauisch und vorsichtig gegenüber, weil man bei übermäßigem Vertrauen und Vorleistungen selbst zum Raubopfer werden kann.

Das vorliegende Buch betrachtet mit Unternehmen, Behörden und Individuen (Kunden, Mitarbeiter, Manager, Politiker, Wähler) wichtige Gruppen, die aktiv Täuschung, Betrug und Raub begehen, aber auch selbst passiv zum Opfer werden können. Es werden aber auch wichtige Akteure aus der Betrachtung ausgeblendet. Zu nennen wären hier u. a. die Rolle der Medien, der Interessenverbände, der Lobbyorganisationen und der Wissenschaft als Raubhelfer bei der Vorbereitung, Durchführung und Legitimierung von Raubzügen.

Ausgewählte Methoden der Räuber

Es fällt auf, dass alle Raubgruppen (Finanzsektor, Staat, Unternehmen, Individuen) sehr ähnliche Methoden zur Erlangung von Vorteilen zu Lasten Dritter nutzen. Zu den universellen Raubprinzipien gehören beispielsweise:

- Schaffung und Ausnutzung von asymmetrisch verteilter Information: Kreierung von Intransparenz sowie Verschleierung von Handlungen, wahren Absichten sowie tatsächlichen Kosten und Preisen
- Bewusste Herbeiführung von Preisintransparenz durch Einsatz von dynamischen, komplexen Preisstrukturen, um den Kunden zu verwirren und seine Kenntnis von Preisstrukturen und Preis-Leistungs-Verhältnissen zu reduzieren und Preiserhöhungsspielräume aufzubauen.

- Behauptung (aber nicht Beleg und Beweis) von Knappheiten, Krisen und Zwangslagen zur Rechtfertigung von Preis- und Gebührenerhöhungen bzw. Leistungseinschränkungen (Halbleiterkrise in der Autoindustrie als Beispiel)
- Herbeiführung oder Behauptung von Krisen und Notlagen zur Legitimierung von Reformen und Veränderungen zu Lasten anderer Akteure (Standortdebatte in Deutschland)
- Verdeckte Schlechtleistung bzw. Verschlechterung von Leistungen bei gleichbleibenden oder erhöhten Preisen (Lebensmittelindustrie)
- Aufbau und Ausnutzung von Monopolstellungen und Kartellen zu Lasten von Marktpartnern
- Aufbau und Ausnutzung einseitiger Abhängigkeiten zum eigenen Vorteil
- Privatisierung von Gewinnen bei Sozialisierung von Verlusten (Banken in der Finanzkrise 2008)
- Ausnutzung von Verunsicherung, Angst, Panik und Notlagen eines Marktpartners zu seiner Übervorteilung.
- Lügen, Betrügen, Tricksen, Manipulieren und Einschüchterung als legitime Hilfsmittel der Politik und des Managements von Unternehmen zur Herbeiführung von Veränderungen
- Ignorierung, Infragestellung und Abwehr berechtigter Ansprüche von Marktpartnern (»Hauptsache der Kunde hat bezahlt«) und Bürgern (Garantie eines Kita-Platzes)
- Opportunistisches, betrügerisches Verhalten von Individuen (Arbeitszeitbetrug bei Mitarbeitern, Unterschlagung durch Manager, Diebstahl durch Kunden, Täuschung durch Politiker)

Ein ordentlicher und ehrenwerter Kaufmann oder Bankier, ein verantwortungsvoller und ethisch handelnder Politiker und Bürger sowie ein gewissenhafter Beamter würden solche Methoden nicht einsetzen. Sie spiegeln damit einen Verfall der Geschäftsmoral, von Anstand, Sitte und Respekt wider. Auch von diesen Methoden wird das vorliegende Buch handeln.

Die Logik des individuellen Betrugs und Raubs

Nachfolgend wird zwischen Täuschung, Betrug und Raub nicht näher differenziert, weil das Vorgehen zwar unterschiedlich ist, aber das Ergebnis das gleiche: Ein anderer Akteur wird in seinen Rechten und seinem Eigentum illegal oder illegitim geschädigt.

Betrug kann auf sehr unterschiedliche Weise definiert werden: »The term fraud is used in a variety of ways in the literature, depicting different types of malicious practices to intentionally deceive a target by providing an incorrect mental representation of the circumstances of a social exchange.« (Knuth, Ahrholdt 2022, S. 390). Etwas präziser ist die nachfolgende Definition von Betrug: »According to International Standard of Accounting 240 (2009) fraud is an intentional act by one or more individuals, including management and those charged with governance, employees or third parties, which involves the use of deception to obtain an unjust or illegal advantage. The act (act of fraud) will be considered as fraud if the perpetrator has the knowledge about the act and has the intent to deceive, and the victim has suffered loss or damage due to such act.« (Kakati, Goswami 2019, S. 86).

Will man individuellen Betrug und Raub besser verstehen, so muss man ihn systematisch mit einem strukturierenden Bezugsrahmen analysieren. Raub hat im Einzelnen folgende Voraussetzungen (vgl. Harrison, Dilla, Mennecke 2020, 65):

Der Räuber braucht erstens eine **Motivation zum Raub:**

1. Im einfachsten Verständnis kann Betrug durch individuelle ökonomische Notlagen (need) oder durch persönliche Gier (greed) motiviert sein, wobei aus einem anfänglichen Betrug wegen ökonomischer Bedürftigkeit (need) bei Erfolg auch fortgesetzter Betrug wegen Gier (greed) werden kann (vgl. Tunley 2011, S. 303, S. 310).
2. Motiv des Raubes ist die Erlangung eines nicht verdienten Profits oder anderweitigen ökonomischen Vorteils (vgl. Knuth, Ahrholdt 2022, S. 390).
3. Einem Raub kann auch ein Rachemotiv zugrundeliegen: »Wenn das Unternehmen die Gesellschaft betrügt, betrügen die VerbraucherInnen das Unternehmen - eine Art »Rache«-Reaktion findet statt.« (Gröppel-Klein, Spilski 2020, S. 80)

4. Manchmal ist es auch eine plötzlich sich bietende Betrugsgelegenheit, die den Betrug ermöglicht, obwohl anfangs keine Betrugsabsicht bestanden hat (vgl. Tunley 2011, S. 303, 312).

Der Räuber braucht zweitens entsprechende **persönliche Eigenschaften und Fähigkeiten**, um den Raub durchführen zu können, z. B. Manipulation von Informationen, Einflussnahme auf Dritte, Risikobereitschaft und Stressresistenz. Zu den wichtigen Fähigkeiten eines Betrügers zählen Wolfe und Hermanson (2004) die Position oder Funktion im Unternehmen, Smartness und Nervenstärke bei der Umgehung interner Kontrollen, starkes Ego und die Zuversicht, nicht entdeckt zu werden beim Betrug, Ausüben von Einfluss und Zwang auf Dritte einen Betrug zu begehen oder zu verbergen, effektives und konsistentes Lügen sowie ausgeprägte Stressresistenz (vgl. Kakati, Goswami, 2019, S. 88). Schon diese Aufzählung zeigt, dass sich – zum Glück – nicht jeder Mensch zum Betrüger und Räuber eignet.

Erforderlich ist drittens eine **Gelegenheit zum Raub:** »No one is born-fraudster. It is the situation and environment, that motivates a person to become one.« (Kakati, Goswami, 2019, S. 86). Eine Gelegenheit zum Raub oder Betrug kann in folgenden Fällen und unter folgenden Voraussetzungen gegeben sein:

1. Asymmetrische Information, z. B. in Form von Anonymität einer Vertragspartei, begünstigt tendenziell die Möglichkeiten für Fehlverhalten und Betrug (vgl. Harrison, Dilla, Mennecke 2020, S. 63, Gröppel-Klein, Spilski 2020, S. 75).
2. Ausnutzen von Abhängigkeiten eines Vertragspartners, der mit spezifischen Investitionen in Vorleistung gegangen ist.
3. Entscheidend ist, »dass die Gelegenheit zum Betrügen (»Gelegenheit macht Diebe«) subjektiv wahrgenommen wird« (Gröppel-Klein, Spilski 2020, S. 80).
4. Das wahrgenommene Risiko, beim Raub ertappt zu werden, und die Höhe zu erwartenden Sanktionen (vgl. Gröppel-Klein, Spilski 2020, S. 80) sind ebenfalls wichtige Bestandteile der Gelegenheit zum Raub.
5. Manchmal entsteht die Betrugsgelegenheit auch plötzlich, spontan oder zufällig (vgl. Tunley 2011, S. 303, 312).

Viertens ist eine **innere Rechtfertigung und Rationalisierung für den beabsichtigten Raub** erforderlich. Der Räuber legitimiert sein Handeln mit Argumenten wie: Das macht doch jeder heute. Niemand wurde geschädigt außer einem großen Unternehmen. Die Unternehmen machen doch das Gleiche mit den Kunden etc.

Und fünftens ist die Umsetzung der Absicht und der Gelegenheit zum Raub in eine **Raubhandlung** nötig.

In der Wissenschaft hat man Raub und Betrug in mehreren Bezugsrahmen und theoretischen Modellen dargestellt und analysiert. Dies führt zum Fraud-Triangle- und Fraud-Diamond-Konzept.

Fraud-Triangle-Konzept

Dieser Bezugsrahmen (vgl. Wells 2001, S. 89, Buckhoff 2001, S. 72, Anindyra, Adhariani 2019, S. 545, Hollow 2014, S. 175 f.) erklärt betrügerisches Verhalten mit dem gleichzeitigen Auftreten von drei Faktoren: Es gibt eine Motivation oder einen Handlungsdruck, einen Betrug zu begehen (z. B. eine finanzielle Notlage der Familie). Hinzukommen muss eine Gelegenheit zum Betrug (z. B. Schwachstellen interner Kontrollen, kein Vier Augen-Prinzip zur Betrugsprävention, vgl. Othman, Ameer 2022, S. 191 f., Wells 2001, S. 90). Und der Betrüger muss eine Möglichkeit finden, sein Handeln vor sich selbst zu rechtfertigen (»Jeder macht das so«, »Es entsteht doch kein Schaden für das Unternehmen«). Betrügerische Akteure rationalisieren ihre Handlungen, so dass sie sie vor sich selbst vertreten können. Häufige Argumente sind hier (vgl. Nawawi, Salin 2018, S. 894.): Ich bin nicht verantwortlich, die Handlung passierte unabsichtlich. Niemand hatte durch meine Handlung einen Nachteil bzw. Verlust. Jeder macht dies doch, es ist übliche Praxis.

Fraud-Diamond-Konzept

Nachfolgende Forschungsarbeiten haben das Fraud-Triangle Konzept zum Fraud-Diamond-Konzept ausgebaut, indem als vierter Faktor die Fähigkeit zum Betrug eingeführt wurde. Ohne entsprechende Fähigkeiten des Betrügers (z. B. fortgeschrittene IT- und Programmierkenntnisse, Insiderwissen, Talent zu lügen und andere Menschen zu manipulieren) führen Motivation zum Betrug, Gelegenheit zum Betrug und die Rechtfertigung des eigenen Handelns vor sich selbst noch nicht zu einer Betrugshandlung (vgl. Nawawi, Salin 2016, S. 1015, Othman, Ameer 2022, S. 189, 193 f.).

Sowohl das Fraud-Triangle- als auch das Fraud-Diamond-Konzept kann man zu den rationalen Theorien des Betrugs bzw. Verbrechens zählen. Der Täter kalkuliert rational den Nutzen und die Kosten seiner betrügerischen Handlungen inklusive der Wahrscheinlichkeit, ertappt und entdeckt zu werden. Ein Betrug wird insbesondere dann begangen, wenn hohe Gewinne bei geringer Entdeckungswahrscheinlichkeit und geringen Kosten in Aussicht stehen (vgl. Anindyra, Adhariani 2019, S. 547).

Die Logik des kollektiven Betrugs und Raubs durch eine Organisation

Von der individuellen Motivation zum Betrug und Raub ist die organisatorische Motivation zum Betrug zu unterscheiden (vgl. Kakati, Goswami, 2019, S. 93). Streng genommen kann eine Organisation (Unternehmen, Behörde) nicht betrügerisch oder räuberisch handeln. Es sind immer Individuen, die für die Organisation handeln (methodologischer Individualismus). Allerdings ist denkbar, dass gegenwärtige oder frühere Organisationsmitglieder Strukturen, Abläufe, eine Unternehmenskultur sowie Ziel- und Anreizsysteme geschaffen haben, die die für die Organisation handelnden Mitglieder zu illegitimem oder illegalem Verhalten antreiben. Insofern wären Betrug und Raub gleichsam direkt oder indirekt in die Organisation, ihre Ziele, Strukturen und Abläufe einprogrammiert. Daher ist es nicht völlig abwegig, Organisationen ein betrügerisches oder räuberisches Verhalten zuzuschreiben. Nicht nur Individuen in der Organisation, sondern auch die Organisation selbst kann Verhaltenstendenzen zu Betrug und Raub aufweisen.

Wenn man Betrug durch Unternehmen thematisiert, dann führt dies zu Betrugsformen wie Korruption, Steuerbetrug, Unterschlagung von Vermögensgegenständen und Bilanzfälschung. Dabei sind es jedoch immer Mitarbeiter, die für das Unternehmen die Betrugshandlungen ausführen mit Wissen oder ohne Wissen des Unternehmens, zum Schaden oder manchmal auch zum Vorteil des Unternehmens (vgl. Lin et al. 2022, S. 2). Eine Trennlinie zwischen Betrug durch das Unternehmen und Betrug durch seine Mitarbeiter ist daher nicht immer eindeutig zu ziehen. Auch wenn Mitarbeiter Betrug begehen, der gegen die Interessen des Unternehmens gerichtet ist, ist das Unternehmen daran evtl. nicht gänzlich unschuldig. Denn das Unternehmen gestaltet die Arbeitsumgebung, in der der Mitarbeiter seine Leistung erbringt und seinen Betrug begehen kann. Unzureichende Ausgestaltung von internen Kontrollsystemen und schlechte Bezahlung begünstigen Betrug durch Mitarbeiter, während wirksame interne Kontrollen und eine bessere Bezahlung das Risiko für Betrug durch Mitarbeiter reduzieren können (vgl. Nawawi, Salin 2018, S. 891). Thematisiert man den Betrug durch Behörden, dann führt dies zu Fragen nach Behördenwillkür, Rechtsbeugung, Unverhältnismäßigkeit von Zielen und Mitteln, Vorteilsnahme und Bestechung im Amt. Auch hier sind es die Mitarbeiter, die für die Behörde handeln, aber die Behörde, vertreten durch andere Mitarbeiter und die Behördenleitung, gestaltet die Arbeitsumgebung, die Anreiz- und Kontrollsysteme und die Kultur in der Behörde. Auch von daher erscheint es nicht abwegig von missbräuchlichem und betrügerischem Behördenverhalten zu sprechen.

Die Erfolgslogik von Betrugs- und Raubkoalitionen

Der Fall des einzelnen Betrügers und Räubers ist eher ein Spezialfall. Ein häufiger anzutreffender Fall ist, dass Betrug oder Raub von mehreren Individuen in Tateinheit begangen wird. Solche Raubkoalitionen finden sich im privaten Bereich bei Individuen (Räuberbanden, organisierte Kriminalität), bei Unternehmen (Kartelle) und auch im öffentlichen Bereich (z.B. Mitarbeiter eines Unternehmens bestechen Mitarbeiter einer Behörde, um öffentliche Aufträge oder vorteilhafte öffentliche Genehmigungen zu erhalten). Es gibt Raubkoalitionen aber auch innerhalb von Unternehmen. Beispielsweise wurde der Bilanzbetrug bei Wirecard oder der Dieselskandal bei VW erst möglich durch das Zusammenwirken mehrerer Mitarbeiter auf unterschiedlichen Hierarchieebenen und in unterschiedlichen Funktionsbereichen des Unternehmens. Raubkoalitionen finden sich auch in Märkten. Zu denken ist hier an illegale Kartelle zwischen mehreren Unternehmen, deren Preisabsprachen zu Lasten von Kunden oder nicht dem Kartell angehörenden Konkurrenten gehen. Im politischen Bereich können Interessengruppen als Raubkoalitionen verstanden werden, wenn sie sich unlauterer Mittel bedienen, um Einfluss auf die Politik zu ihren Gunsten und zu Lasten anderer Interessengruppen zu erlangen. Der Erfolg einer Raubkoalition hängt von mehreren Faktoren ab: Die Größe und die Zahl der Mitglieder in der Raubkoalition bestimmen, wie leicht oder schwer sich die gemeinsamen Interessen organisieren lassen und wie stark der innere Gruppenzusammenhalt ist. Der Gruppenzusammenhalt hängt auch davon ab, welche Anreize und Vorteile die Koalition dem einzelnen Mitglied bietet, welche illegalen oder illegitimen Leistungsbeiträge und Handlungen sie von ihm verlangt und mit welchen Sanktionen die Raubkoalition abweichendes Verhalten einzelner Mitglieder unterbinden kann. Dies ist wichtig z.B. für den Beitritt zur Koalition und das Verbleiben in der Koalition, also für den Erfolg und die Stabilität der Raubkoalition. Entscheidend ist ferner der Zugang der Raubkoalition zu den maßgeblichen Entscheidungsträgern, von deren Entscheidungen der Erfolg der Raubkoalition abhängt (Umfeldkontrolle). Auch die zur Durchsetzung der kollektiven Interessen verfügbaren Instrumente (Betrug, Erpressung, Drohung, Bestechung, Bilanzmanipulation etc.) entscheiden über die Durchsetzungsstärke und den Erfolg einer Raubkoalition.

Zur Dynamik von Raub und Betrug: Raubketten bzw. Raubspiralen und die Möglichkeit einer selbstverstärkenden Entwicklung zum Schlechteren

Aus Gründen der einfachen Darstellung wurden in diesem Buch nacheinander und getrennt die Akteure des Finanzsektors, die Unternehmen, der Staat und seine Behörden und die Bürger bzw. Kunden dargestellt. In der realen Wirtschaft gibt es allerdings zwischen den Akteuren der verschiedenen Sektoren vielfältige Beziehungen, Leistungsaustäusche und Geldflüsse. Erst durch die Interaktionen zwischen diesen Akteuren entsteht eine Ökonomie der Missgunst, des Betruges und des Raubes. Denn der Betrug braucht den Betrüger und den Betrogenen genauso wie der Raub den Räuber und den Beraubten braucht, um sich zu manifestieren. Diese Interaktionen der verschiedenen Akteure beeinflussen sich gegenseitig. Nachfolgend wird die These vertreten, dass sie Raubspiralen in Gang setzen können, die selbstverstärkende Prozesse der Verschlechterung darstellen, an deren Ende ein Markt oder sogar ein Gemeinwesen in langfristiger Sicht nicht mehr funktionieren. Einige Beispiele mögen dies verdeutlichen.

Der Staat erhöht die Steuern, er macht die Steuerermittlung zunehmend bürokratischer und die Steuererklärung für den Bürger immer aufwändiger und komplexer. Darauf reagiert ein Teil der Bürger mit Steuerhinterziehung. Die Einnahmeausfälle versucht der Staat durch Erschließen neuer Steuerquellen, durch Schuldenaufnahme oder durch Leistungskürzungen zu kompensieren. Wenn der Staat versucht, Steuerschlupflöcher zu schließen, die Kontrolle der Steuerpflichtigen zu intensivieren und neue Steuerarten zu kreieren, kann dies zu mehr Steuerhinterziehung auch bei den bisher steuerehrlichen Bürgern führen. Werden stattdessen die staatlichen Leistungen reduziert durch Einsparungen, so gewinnen immer mehr Bürger den Eindruck, dass sie für ihre Steuerzahlungen keine adäquaten staatlichen Leistungen erhalten, was auch bisher steuerehrliche Bürger zur Steuerhinterziehung motivieren kann. Wird der Einnahmeausfall hingegen durch Schuldenaufnahme kompensiert, so verschlechtert sich die Bonität des Staates, die Zinslasten des Staates steigen und der Schuldendienst nimmt einen immer größeren Teil des öffentlichen Haushaltes in Anspruch. Dies kann den Staat mittelfristig zu Steuererhöhungen oder Einsparungen bei öffentlichen Leistungen zwingen, was wiederum die Anreize zu Steuerhinterziehung vergrößern kann. Am Ende dieses Prozesses kann sich ein neues »Gleichgewicht« auf niedrigerem Niveau mit weniger Steueraufkommen, mehr Steuerhinterziehung, höheren staatlichen Schulden und verschlechterten staatlichen Leistungen herausbilden.

Der Kapitalmarkt drängt die Unternehmen zu steigenden Gewinnausweisen. Dies können Unternehmen erreichen, indem sie die Preise für ihre Leistungen gegenüber den Kunden erhöhen. Darauf werden einzelne Kunden mit Abwanderung reagieren und zur Konkurrenz wechseln oder nach Einsparmöglichkeiten suchen (z.B. strategisches Einkaufen und Konzentration auf Sonderangebote, Beratungsdiebstahl etc.). Für das Unternehmen ist dies zunächst kein größeres Problem, wenn die höheren Preise auch bei sinkender Mengennachfrage eine Konstanz oder Steigerung des Umsatzes bei höherem Gewinn (das niedrigere Mengengerüst führt zu geringeren Kosten der Leistungserstellung) ermöglichen. Das hohe Preisniveau wird aber mittelfristig neue Konkurrenten zum Markteintritt motivieren. Wird das Unternehmen dadurch später zu Preissenkungen gezwungen, so werden aufgrund des reduzierten Mengengerüstes die Umsätze und die Gewinne überproportional sinken. Daraufhin wird sich der Börsenkurs reduzieren und der Druck des Kapitalmarktes in Richtung Gewinnsteigerung intensivieren. Am Ende kann sich ein neues »Gleichgewicht« herausbilden mit niedrigeren Produktpreisen, niedrigeren Absatzmengen, mehr Konkurrenz und geringeren Gewinnen des Unternehmens. Alternativ (oder additiv) zur Preissteigerung kann das Unternehmen versuchen, die hohen Gewinnziele, die der Kapitalmarkt erwartet, zu erreichen, indem sie ihre Kosten reduzieren, z. B. durch Rationalisierung, Automatisierung, Arbeitsverdichtung, Auslagerung von Aktivitäten in Niedriglohnländer, Lohnkürzungen und Personalabbau. Die sich verschlechternden Arbeitsbedingungen können die Leistungsträger in der Belegschaft dazu motivieren, zu anderen Arbeitgebern zu wechseln. Dies erhöht das Arbeitsvolumen und den Leistungsdruck für die im Unternehmen verbliebenen Mitarbeiter (z. B. wenn frei werdende Stellen nicht neu besetzt werden). Einzelne Mitarbeiter, die sich von ihrem Arbeitgeber übervorteilt fühlen, rächen sich am Arbeitgeber (Arbeitszeitdiebstahl, Betrug). Andere Mitarbeiter reagieren mit Gegenmaßnahmen, wie z. B. Dienst nach Vorschrift und Demotivation. Dies verschlechtert die Performance des Unternehmens weiter. Darauf kann das Management mit weiteren Einsparbemühungen reagieren, um die Gewinnziele des Unternehmens und die Gewinnerwartungen des Kapitalmarktes doch noch zu erfüllen. Am Ende kann sich ein neues »Gleichgewicht« auf niedrigerem Niveau herausbilden mit einer zahlenmäßig kleineren Belegschaft, einer niedrigeren Arbeitsproduktivität und einer niedrigeren Arbeitszufriedenheit der Mitarbeiter.

Am Ende können die skizzierten Raubketten und Raubspiralen dazu führen, dass immer mehr Bürger, Kunden und Mitarbeiter das Grundvertrauen in das Gemeinwesen, die Marktwirtschaft im Allgemeinen und das jeweilige Unternehmen bzw. die jeweilige Behörde im Besonderen verlieren. Dann kann sich der Eindruck festigen, dass es im Arbeits- und Geschäftsleben, in der Politik und auf Märkten unfair und rücksichtslos zugeht, was wiederum Einflüsse auf das künftige Verhalten des Bürgers, Mitarbeiters oder Kunden haben wird.

B
Akteure der Raubökonomie

3 Finanzsektor

3.1 Akteure und Effizienz des Finanzsystems

Zum Finanzsystem eines Landes werden sehr verschiedene Akteure, Institutionen und Teilmärkte gerechnet: Die Zentralbank (Deutsche Bundesbank), das Geldsystem (Euro), das Zahlungssystem (Swift), die privaten, genossenschaftlichen und öffentlichen Banken, Versicherungen als Kapitalsammelstellen, Fintechs oder Insurtechs als Start-ups für digitale Bank- oder Versicherungsdienstleistungen, die Regulierungs- und Aufsichtsbehörden (Bundesanstalt für Finanzdienstleistungsaufsicht (BaFin) für die Aufsicht von Banken, Versicherungen und Investmentgesellschaften, Deutsche Bundesbank für die Bankenaufsicht), die Kapitalanlagegesellschaften, die Börsen für Waren und Rohstoffe, der organisierte Kapitalmarkt für Aktien und Anleihen von Unternehmen und Staaten, der Geldmarkt zwischen den Banken, der Devisenmarkt, spezialisierte Finanzakteure wie Private Equity (privates Beteiligungskapital) und Venture Capital (Wagniskapital für junge Unternehmen) sowie Vermögensverwaltungen. Das Bild wird nochmals komplizierter, wenn man die enge Vernetzung des deutschen Finanzsystems mit dem europäischen Finanzsystem über die gemeinsame Währung Euro, die Europäische Zentralbank, europäische Regulierungsinstitutionen wie die Europäische Bankenaufsicht und den grenzüberschreitenden Kapitalverkehr zwischen den Ländern Europas betrachtet. Das deutsche Finanzsystem ist zudem auch stark eingebunden in den globalen Kapitalmarkt, der immer noch von der Leitwährung Dollar, der amerikanischen Notenbank FED, der Größe des amerikanischen Kapitalmarktes, der Wettbewerbsstärke amerikanischer Geschäfts- und Investmentbanken sowie der Macht und Reichweite der amerikanischen Finanzaufsicht SEC maßgeblich geprägt ist. Wenn schon die Angebotsseite des deutschen Kapitalmarktes komplex und schwer zu verstehen ist, dann gilt dies in gleichem Maße auch für die Nachfrageseite. Hier stehen Privatleute (alltägliche Bankgeschäfte,

Kapitalanlagen, Kreditbedarf für die Finanzierung von Konsum, Immobilien) neben Unternehmen (Kredite, Eigenkapitalbeschaffung) und dem Staat (Finanzierung der Staatsschulden). Vollends kompliziert wird es dadurch, dass manche Nachfrager auch als Anbieter agieren, z. B. private Haushalte, die über Crowdfunding (Kapitalaufbringung durch Organisation von Gruppen privater Kapitalgeber über das Internet) oder Private Debt (private Kredite) Finanzkapital anbieten oder der Staat, der eigene Banken mit speziellem öffentlichen Auftrag (KfW, Landesbanken) betreibt und Regulierungs- und Aufsichtsinstanzen einrichtet zur Kontrolle des Finanzsystems. Zu nennen sind hier auch Unternehmen, die eigene Banktöchter zur Absatzfinanzierung (z. B. eigene Banken der Autokonzerne) unterhalten oder ihren Kunden eine Finanzierungslösung für ihre Produkte oder Kapitalanlagen vermitteln. Das Finanzsystem eines Landes leistet viel mehr als nur die Bereitstellung von Finanzmitteln, es generiert, transferiert, verarbeitet und bewertet fortlaufend Informationen über Marktchancen, Unternehmenserfolge bzw. -misserfolge, makroökonomische Zustände der Volkswirtschaft, Finanzbedarf und Finanzangebot, die Entwicklung von Preisen und Zinsen. Das weltweite Finanzsystem ist eine gigantische Maschinerie – bestehend aus Menschen, Organisationen, Daten, Informationen, Regeln und Institutionen sowie IT-Systemen – zur Verarbeitung und Bewertung von ökonomischen, politischen, gesellschaftlichen Daten und Informationen. Die Verarbeitungsleistung dieser »Finanzmaschine« dürfte die des weltweit stärksten Supercomputers als Einzelrechner um ein Millionenfaches übersteigen. Wenn es ein achtes Weltwunder gibt, dessen Komplexität und Leistungsfähigkeit jenseits der Vorstellungskraft des einzelnen Menschen liegen, dann ist es wohl das weltweite Finanzsystem. Es ist ein historisch über Jahrhunderte evolutionär gewachsenes System, das nicht von einem allwissenden Planer am Reißbrett entworfen wurde, sondern sich durch Handlungen und Interaktionen der Finanzakteure selbst herausgebildet hat. Das heutige Finanzsystem ist somit Ergebnis menschlicher Handlung, aber nicht menschlichen Entwurfs (Hayek 1945). Dabei wurde die Entwicklung des Finanzwesens stark beeinflusst von technologischen Innovationen (IuK-Technologien, digitale Medien, Computervernetzung, Telekommunikation), Innovationen bei einzelnen Finanzprodukten (z. B. Derivate, Kreditverbriefungen, Optionen etc.) sowie von staatlichen Entscheidungen der Deregulierung oder Reregulierung von Finanzmärkten und Finanzakteuren (vgl. Klagge 2023, S. 334). Die Konfiguration und Effizienz des Finanzsystems eines Landes hat entscheidenden Einfluss auf das Wachstum, die Beschäftigung und den Wohlstand dieses Landes. Wer dies infrage stellt, möge sich die große Finanz- und Wirtschaftskrise von 2008 und ihre sehr negativen Auswirkungen auf die Bilanzen von Unternehmen und Banken, die Verschuldung des Staates, das Wachstum der gesamten Volkswirtschaft und die Beschäftigung vor Augen halten. Ein funktionierendes Finanzwesen stellt Finanzmittel bereit für die Gründung von Unternehmen (Venture Capital), für die Expansion bestehender Unternehmen (Kreditaufnahme für Investitionen bei Banken oder am Anleihemarkt oder Einwerbung von Eigenkapital durch Ausgabe neuer Aktien an der Börse), für die Finanzierung des Staates (Staatsanleihen am Kapitalmarkt). Es bietet Kapitalanlagemöglichkeiten für Banken, Stiftungen und die breite Bevölkerung (Anlageprodukte von Banken und Investmentgesellschaften) an. Eine moderne, arbeitsteilige Wirtschaft im heutigen Ausmaß ist ohne die Finanzierungsleistung des Finanzsystems nicht denkbar. Es ist daher alles andere als gleichgültig, wie das Finanzsystem eines Landes ausgestaltet ist und wie effizient es arbeitet: »Finance matters for growth and development« (Schmidt, Tyrell 2003, S. 5).

Das gute Funktionieren eines Finanzsystems kann anhand von drei Kriterien, nämlich der Stabilität eines Finanzsystems (Resilienz gegen externe Schocks und Ausbleiben von Finanzkrisen, jederzeitige Bereitstellung von ausreichend Eigenkapital und Fremdkapital für Unternehmen, stabile, nicht zu volatile Anleihen- und Aktienmärkte), der Effizienz eines Finanzsystems (Erfüllung der Funktion der Kapitalallokation, niedrige Gebühren für Börsentransaktionen und Investmentfonds, kostendeckende Zinsspannen für Finanzintermediäre) und der Innovativität eines Finanzsystems (neue Finanzdienstleistungen, neue Technologien) beurteilt werden (vgl. Schmidt 2019, S. 3).

3.2 Die Besonderheiten des deutschen Finanzsystems

Das deutsche Finanzsystem hat auch heute noch eine im internationalen Vergleich einzigartige Struktur, die mehrere Besonderheiten aufweist. Sie passt auch gut zur besonderen Struktur der deutschen Wirtschaft mit ihren börsennotierten

Großunternehmen (DAX 40), ihren großen Mittelständlern (Trumpf, Carl Zeiss, Festo, Raab Kärcher) und ihren zahlreichen, kleinen Familienunternehmen sowie dem starken Einfluss des deutschen Staates auf die Wirtschaft.

Das deutsche Bankensystem kennt drei große Gruppen von Banken: Die öffentlichen Banken (Sparkassen, Landesbanken, Kreditinstitute mit speziellem öffentlichem Auftrag z.B. die KfW), die genossenschaftlichen Banken (Volksbanken, Raiffeisenbanken, genossenschaftliche Spitzeninstitute wie die DZ Bank) und die Privatbanken (große Privatbanken wie Deutsche Bank, Commerzbank, große ausländische Privatbanken wie Unicredit, Banco Santander etc. sowie kleine Privatbanken wie Metzler Bank, Schmidt Bank). Diese drei Säulen stehen untereinander im Wettbewerb um Privatkunden und Firmenkunden, die hohe Wettbewerbsintensität im Inland erklärt auch die Ertragsschwäche deutscher Banken relativ zu ausländischen Banken.

Im deutschen Bankensektor gibt es sowohl öffentliche als auch private Banken, die miteinander konkurrieren. Behr und Schmidt (2015, S. 21) stellen fest: »[...] by international standards, the role of the state is relatively strong in German banking.« Die deutschen Banken sind im Regelfall Universalbanken, die ein weites Portfolio von Finanzdienstleistungen für Privat- und Firmenkunden inkl. Investmentbanking (Börsengänge, Emission von Anleihen, M&A Beratung), Wertpapierhandel und Vermögensverwaltung anbieten.

Das deutsche Finanzsystem ist auch heute noch bankdominiert und in deutlich schwächerem Maße als in angelsächsischen Ländern von Kapitalmärkten (Anleihen, Aktien) als Quellen der Unternehmensfinanzierung geprägt. Banken üben auch Einfluss auf andere Finanzakteure, z.B. Investmentgesellschaften, Fondsgesellschaften, aus, insofern sie an ihnen beteiligt sind. Die Kapitalmarktorientierung hat in den letzten Jahrzehnten allerdings auch in Deutschland zugenommen.

Das deutsche Banksystem gilt als relativ stabil, nach dem Zweiten Weltkrieg bis zur großen Finanzkrise 2008 gab es keine große Bankenkrise (vgl. Behr, Schmidt 2015, S. 14) und nur wenige Bankkonkurse (z.B. Herstatt Bank 1974). Auch das Dreisäulen-System hat sich im Kern wenig verändert in Deutschland, während es in vielen anderen europäischen Ländern stark verändert und aufgegeben wurde (vgl. Behr, Schmidt 2015, S. 20).

Das deutsche Finanzsystem hat eine föderal-dezentrale Struktur (vgl. Klagge 2023, S. 340): Dem Finanzzentrum Frankfurt stehen starke regionale Finanzplätze wie z. B. Stuttgart (Börse Stuttgart, Landesbank LBBW, Allianz Leben), München (Bayerische Börse, Allianz, Münchener Rück) oder Köln (Versicherungen, Kapitalanlagegesellschaften, Kapitalbeteiligungsgesellschaften) zur Seite. Dies unterscheidet das deutsche Finanzwesen von den zentralistisch geprägten Finanzsystemen in Frankreich (Paris) und Großbritannien (London). Zu dieser dezentralen Struktur passen auch die relativ geringe Anbieterkonzentration und der daraus resultierende intensive Wettbewerb zwischen den Privatbanken, Sparkassen und Genossenschaftsbanken. Kritiker sehen darin einen Grund für die verglichen mit ausländischen Banken unterdurchschnittliche Profitabilität deutscher Banken (vgl. Behr, Schmidt 2015, S. 14). Befürworter sehen hingegen die Stärken der föderal-dezentralen Struktur des Bankwesens in der Förderung lokaler und regionaler Entwicklungen sowie der Finanzierung von kleinen und mittelständischen Unternehmen (KMU).

3.3 Die Deregulierung und Reregulierung des deutschen Finanzmarktes

Es gibt nicht den einen Finanzmarkt, sondern verschiedene Teilmärkte, wie z. B. den Devisenmarkt, den Aktienmarkt, den Anleihemarkt, die Rohstoffbörsen und den Geldmarkt zwischen Banken, und diese Teilmärkte gibt es jeweils in verschiedenen Ländern.

Insbesondere seit dem großen Börsenkrach 1929 in den USA und der nachfolgenden Weltwirtschaftskrise sind viele Finanzmärkte in vielen Ländern einer staatlichen Aufsicht und Genehmigungspflicht unterworfen worden (staatliche Regulierung). 1944 einigten sich die Westalliierten und ihre Verbündeten auf die Einführung eines neuen Wechselkurssystems für die Zeit nach dem Zweiten Weltkrieg. Dieses Bretton-Woods-System sah feste Wechselkurse zwischen dem US-Dollar und den damals wichtigsten anderen Währungen (z. B. Britisches Pfund, Französischer Franc) vor. Der US-Dollar war fest an Gold gebunden (Goldwährung) und musste auf Verlangen gegen Gold eingetauscht werden. Das System von Bretton Woods sorgte für eine Periode stabiler Wechselkurse. 1971 kündigten die USA das System auf, weil sich die US-Regierung stärker verschulden wollte aufgrund des Vietnam-Krieges und Frankreich sowie England zunehmend dazu übergingen, Dollarbestände in Gold einzutauschen. Mit dem Ende des Bretton-Woods-Systems ging man zum freien Floaten der Währungen über, d.h. Angebot und Nachfrage auf dem Devisenmarkt und nicht mehr staatliche Festlegungen bestimmten nunmehr die Wechselkurse zwischen den wichtigsten Währungen. Der Devisenmarkt war damit weitgehend dereguliert worden, was als der erste Schritt zur Entfesselung der Finanzmärkte nach dem Zweiten Weltkrieg angesehen werden kann. Die Öffnung eines regulierten Finanzmarktes für mehr Wettbewerb durch Abbau von regulatorischen Vorschriften wird dementsprechend als Deregulierung bezeichnet. Deregulierung ist somit immer eine politische und gesetzgeberische Entscheidung der Regierung eines Landes.

In Deutschland waren in den 1970er Jahren die Regulierung des Aktien- und Bankenmarktes in der Hand des deutschen Staates. In den 1980er Jahren zog die Europäische Gemeinschaft (EG) wichtige gesetzgeberische Kompetenzen betreffend die Regulierung oder Deregulierung von Finanzmärkten an sich (vgl. Kopper 2012, S. 91). 1985 legte die EG-Kommission ein Weißbuch zur Herstellung der Freiheit des Kapitalverkehrs bis 1990 vor. Seitdem gingen wesentliche Impulse zur Deregulierung des deutschen Finanzmarktes von der EG und auch von einzelnen europäischen Ländern (z.B. Großbritannien und Luxemburg), die bei der Deregulierung vorausgeeilt waren, aus (vgl. Kopper 2012, S. 95). 1987 öffneten die EG-Staaten ihre jeweiligen Kredit- und Wertpapiermärkte für ausländische Wertpapiere. Nachfolgend wurden die nationalen Bankenmärkte für Wettbewerber aus anderen EG-Ländern geöffnet und die Eigenkapitalvorschriften für europäische Banken (Basel I-Richtlinie) vereinheitlicht (vgl. Kopper 2012, S. 101). 1988 legte die EU-Kommission eine Richtlinie vor betreffend das Vorgehen bei einer europaweiten Bankenaufsicht (Zuständigkeit der nationalen Aufsichtsbehörde für die Banken des jeweiligen Landes und ihre Auslandstöchter, Koordination und Kooperation der nationalen Aufsichtsbehörden) (vgl. Kopper 2012, S. 103). Erst 1992 war der diskriminierungsfreie Zugang deutscher Banken zu Bankenmärkten im europäischen Ausland realisiert. Damit wurde der Eintritt deutscher Banken in andere vormals abgeschottete europäische Bankenmärkte (Aufbau von Filialnetzen mit allen Bankdienstleistungen, Übernahme ausländischer Banken) erheblich erleichtert (vgl. Kopper 2012, S. 96). Im Mai 1993 erließ der Rat der EG eine Richtlinie für die Aufsicht über die Wertpapiermärkte. Die gegenseitige Öffnung der nationalen Kapitalmärkte ermöglichte und erleichterte grenzüberschreitende Fusionen und Akquisitionen von Unternehmen, was für die deutschen Banken den Aufbau des Investmentbankings als neues Geschäftsfeld attraktiv machte (vgl. Kopper 2012, S. 106). Die deregulierten Finanzmärkte boten reichlich Gelegenheit für Finanzinnovationen (z. B. Verbriefungen, Derivate, elektronische Börsen, elektronisches Bankgeschäft, neue Bezahlformen etc.) und für spekulative Geschäfte. Kern der Spekulation ist der Kauf von Vermögensgegenständen (Devisen, Aktien, Staatsanleihen, Immobilien, Unternehmen, Rohstoffe etc.) mit eigenem oder geliehenem Geld in der Hoffnung, durch nachfolgende Wertsteigerungen des Vermögensgegenstandes bei seinem Verkauf Spekulationsgewinne zu erzielen. Exzessive Spekulation kann zum Entstehen von Vermögensmarktinflationen führen, d. h. zu Preisblasen an Aktien-, Anleihen-, Devisen- und Immobilienmärkten, die später in eine Vermögensmarktdeflation, d. h. im Platzen von Preisblasen münden (Verfall der Börsenkurse und Immobilienwerte in Japan Ende der 1980er Jahre, Krise der New-Economy-Aktien im Jahr 2000 sowie der Immobilienmärkte in USA 2008 und nachfolgend in Europa) (vgl. Herr, Stachuletz 2008, S. 19 f.). Kritiker führen an, dass die Finanzmärkte durch Deregulierung, zunehmende Spekulation und Blasenbildungen bei Vermögenswerten instabiler und anfälliger für Krisen geworden sind (vgl. Herr, Stachuletz 2008, S. 20).

Die umfassende Deregulierung des deutschen Finanzmarktes und vieler internationaler Finanzmärkte fand ein vorläufiges Ende im Jahr 2008 mit dem Ausbruch der großen Finanzkrise in den USA, die schnell auf andere Länder übergriff. Staaten und Zentralbanken waren gezwungen, systemrelevante Banken zu retten: »Ohne wiederholte und massive Hilfe der Zentralbanken und des Staates wäre das Finanzsystem in den wichtigsten wesentlichen Ländern kollabiert.« (Herr, Stachuletz 2008, S. 14). In Deutschland musste der deutsche Staat die Commerzbank und die Hypo Real Estate mit Staatshilfen retten. Im Nachgang und als Konsequenz der Finanzkrise 2008 wurde in vielen Ländern der Finanzsektor wieder stärker staatlich reguliert (Reregulierung). Ziel war, den Finanzsektor und einzelne Finanzakteure stabiler und krisenfester zu machen und damit die Realwirtschaft, die öffentlichen Haushalte und die Steuerzahler vor den finanziellen Folgen von Finanzkrisen besser zu schützen (vgl. Monatsbericht des BMF 2019, S. 13). In Deutschland kam es zu Reformen der Eigenkapitalregulierung, um die Banken zum Aufbau von finanziellen Krisenpuffern zu zwingen. Ferner wurde von der EU ein Europäischer Abwicklungsmechanismus eingeführt, um die Anteilseigner, Investoren und Gläubiger bei der Bewältigung von Bankenkrisen heranzuziehen und die Steuerzahler vor den Kosten von Bankenrettungen zu schützen. Die Krisenfestigkeit von Banken wird jetzt auch von der Finanzaufsicht im Rahmen von Stresstests geprüft. Im Rahmen dieser Stresstests werden z. B. starke Rückgänge von Aktienkursen und Devisenkursen oder starke Zinssteigerungen und ihre Auswirkungen auf die Finanzlage der Banken und die Bankbilanzen simuliert. Das Geschäft mit Derivaten wurde reguliert, um Verluste aus Derivategeschäften zu begrenzen. Seitdem muss der Handel mit standardisierten Derivaten über Börsen und Clearingstellen als zentralisierte Gegenpartien laufen, was die Handelstransparenz erhöht. Für nicht über Clearingstellen gehandelte Derivate müssen Sicherheiten der am Derivategeschäft beteiligten Handelspartner hinterlegt werden. Ebenfalls wurde die Kontrolle der Aufsichtsbehörden über Banken und Kapitalmärkte in Deutschland intensiviert (vgl. Monatsbericht des BMF 2019, S. 15 f., 18).

Es stellt sich die Frage, wem die historische Deregulierung des deutschen Finanzmarktes letztendlich Vorteile brachte. Für die Akteure des Finanzsektors eröffneten sich mit der Deregulierung viele neue Geschäfts- und Gewinnmöglichkeiten. Es wurden neue Finanzprodukte zugelassen (z. B. Derivate). Ausländische Finanzmärkte und der inländische Finanzmarkt wurden für den Eintritt neuer Anbieter geöffnet. Es wurden auch den Aktienhandel hemmende Faktoren (z. B. Börsenumsatzsteuer, Befreiung von Beteiligungsverkäufen von der Steuer) reduziert. Als Verlierer der Deregulierung können angesehen werden die Realwirtschaft (seitdem hohe Anforderungen des Finanzmarktes an die Gewinne der Unternehmen, Konjunkturkrise als Folge der Finanzkrise 2008), der deutsche Staat (Erhöhung der Staatsschulden durch die Rettung der Banken nach 2008) und diejenigen Arbeitnehmer, die durch die Finanzkrise und die nachfolgende Konjunkturkrise ihre Arbeitsplätze verloren. Ebenfalls kann man die Frage stellen, wem die Reregulierung des Finanzsektors nach der Finanzkrise 2008 Vorteile brachte. Die Banken und andere Finanzakteure haben die Reregulierung bekämpft, weil sie ihre Möglichkeiten für rentable Geschäfte begrenzte. Der Staat, der Bürger und die Unternehmen der Realwirtschaft können von der Reregulierung des Finanzsektors profitieren. Dies setzt aber voraus, dass die neuen Regulierungsvorschriften konsequent umgesetzt und die Finanzakteure und spekulative Hochrisikogeschäfte im Finanzsektor besser als in der Vergangenheit kontrolliert werden.

3.4 Wandel des deutschen Finanzsystems und Entflechtung der Deutschland AG

Das deutsche Finanzsystem hat sich in den letzten 30 Jahren stark gewandelt. Ende der 1980er Jahre war das deutsche Finanzsystem bankbasiert, d. h. Banken finanzierten Investitionen der Unternehmen. Die großen Privatbanken waren die Hausbanken der Unternehmen, was eine enge Geschäftsbeziehung signalisierte und auch die Bereitschaft von Banken umfasste, Unternehmen in Krisensituationen besonders beizustehen. Die Banken sicherten die vergebenen Kredite ab mit Hilfe von Kapitalbeteiligungen an den Unternehmen und Vertretung mit Sitz und Stimme im Aufsichtsrat der Unternehmen (Corporate Governance als wesentliche Leistung der Banken neben der Kreditvergabe), wodurch sie Informationen zur wirtschaftlichen Lage der Unternehmen und starken Einfluss auf das Management des Unternehmens erhielten. Ein Vertreter der Banken übernahm in vielen Fällen den Vorsitz des Aufsichtsrats. In den Aufsichtsräten der Unternehmen waren Vertreter der Aktionäre, v. a. Großaktionäre, Vertreter der Banken und Versicherungen sowie damals Vertreter der Arbeitnehmer (Mitbestimmung in Unternehmen) mit Sitz und Stimme vertreten. Diese drei im Aufsichtsrat vertretenen Gruppen hatten ein gemeinsames Interesse an der positiven Entwicklung und Stabilität der von ihnen beaufsichtigten Unternehmen: Großaktionäre wollen ihre Kapitalbeteiligungen langfristig gesichert sehen, Banken als Kreditgeber wollen Stabilität, Gewinne und Wachstum der Unternehmen, um die Rückzahlung ihrer vergebenen Kredite zu sichern. Sie wollten keine mit riskanten Geschäften erzielte hohe Gewinne der Unternehmen. Vertreter der Arbeitnehmer waren an sicheren Arbeitsplätzen und Aufstiegschancen im Unternehmen interessiert (vgl.

Schmidt 2019, S. 9). Alle drei Gruppen wollten somit langfristige Profitabilität und Wachstum der Unternehmen, aber nicht Maximierung des Shareholder Value, verstanden als Wert für die Aktionäre, der aus Kurssteigerungen und Dividenden resultiert. Im damaligen Aufsichtsrat waren von den drei Interessengruppen die Banken die führende Gruppe, weil sie ähnliche Interessenlagen wie die Vertreter der Großaktionäre und der Beschäftigten hatten und zwischen diesen beiden Gruppen vermitteln und schlichten konnten. Hinzu kamen enge persönliche Beziehungen zwischen den Spitzenmanagern der Finanzwirtschaft untereinander und zu den Spitzenmanagern der Realwirtschaft (vgl. Schmidt 2019, S. 8). Zudem waren die deutschen Unternehmen untereinander und mit der deutschen Politik in ständigem Kontakt, z. B. über Verbände, Arbeitsgruppen und Gesprächskreise. Die Deutschland AG war ein weitgehender »closed shop«, man blieb unter sich und wollte unter sich bleiben. Dazu passte auch das Leitkonzept des Stakeholder Values, das von der Unternehmensleitung die ausgewogene Berücksichtigung der verschiedenen Interessengruppen (Eigentümer, Mitarbeiter, Lieferanten, Banken, Gesellschaft), die zum Unternehmenserfolg beitragen, verlangte. Dementsprechend herrschten auch Konsens und Kooperation, z. B. zwischen Sozialpartnern, vor. Das so geschaffene System von Checks and Balances, persönlichen Beziehungen und Vertrauen war ein geschlossenes System, das ausländischen Banken und Investmentbanken sowie ausländischen Unternehmen den Markteintritt in Deutschland und die Übernahme eines deutschen Unternehmens erschwerte. Man sprach deshalb von der Deutschland AG und meinte damit diese enge Verflechtung zwischen der Finanzwirtschaft und der Realwirtschaft in Deutschland. Die Banken schafften es derart auch, den Einfluss des Kapitalmarktes als alternative Finanzierungsquelle und als Faktor der Corporate Governance (die Möglichkeit feindlicher Übernahmen als Disziplinierungsmechanismus des Kapitalmarktes gegenüber dem Management von börsennotierten Unternehmen) zu begrenzen. Die Deutschland AG war ein Bollwerk gegen ausländische Finanzakteure und ausländische Unternehmen, denen die Übernahme deutscher Unternehmen und der Marktzutritt erschwert wurden, und gegen die Angebote und Dienstleistungen des Kapitalmarktes.

Unternehmen und Banken waren dem Stakeholder Ansatz verpflichtet, d. h. sie verfolgten Gewinnerzielung und Wachstum des Unternehmens bei einer ausgewogenen Berücksichtigung der Interessen aller internen und externen Stakeholder (Interessengruppen wie Mitarbeiter, Zulieferer, Banken, Kunden, Staat und Gesellschaft). Shareholder-Orientierung war damals nicht die dominante Orientierung des Managements und des Aufsichtsrates der Unternehmen und auch nicht der Banken. Dies wurde dadurch ermöglicht, dass die Banken den Einfluss des Kapitalmarktes auf die Unternehmen begrenzten. Die verschiedenen Bausteine der Deutschland AG (Stakeholder-Orientierung, Banken als Kreditgeber, Kapitalbeteiligungen der Banken an Unternehmen und Vertretung der Banken in Aufsichtsräten, enge persönliche Beziehungen und das Hausbanken-System) ergänzten sich komplementär und ergaben ein konsistentes gut funktionierendes Finanzsystem. (vgl. Schmidt 2019). Kritiker der Deutschland AG monierten die Einschränkung des Wettbewerbs und der Innovation durch die engen Verflechtungen sowie die Intransparenz der kooperativen Beziehungen zwischen den Akteuren mit Tendenzen zur Kollusion. Es wurde kritisiert, dass die durch die Deutschland AG gewährleistete Stabilität des Gesamtsystems auch zur Erstarrung und Reformunfähigkeit führen kann (vgl. Schmidt 2019, S. 11).

Diese enge Verflechtung von Banken und Unternehmen änderte sich Anfang der 1990er Jahre als die drei großen deutschen Privatbanken, Deutsche Bank, Commerzbank, Dresdner Bank das rentable Geschäftsfeld des Investmentbankings (Finanzdienstleistungen für große Unternehmenskunden, z. B. Börsengänge, Begleitung von Fusionen) erschließen und sich stärker als bisher internationalisieren wollten. Die großen Privatbanken trennten sich von ihren Kapitalbeteiligungen an und den Aufsichtsratssitzen in den deutschen Unternehmen und reduzierten die Kreditvergabe an die Unternehmen, um sich stärker auf das Investmentbanking konzentrieren zu können. Diese Entflechtung zwischen deutschen Privatbanken und den großen deutschen Unternehmen wurde nötig, weil sonst Interessenkonflikte und Hemmnisse bei der Gewinnung von Unternehmenskunden für das Investmentbanking zu erwarten gewesen wären. Dies bedeutete die Auflösung der Deutschland AG. Die von den Banken verkauften Unternehmensbeteiligungen wurden von anderen deutschen Unternehmen, ausländischen Unternehmen und ausländischen Staatsinvestoren (z. B. aus dem arabischen Raum) übernommen. Die großen börsennotierten Unternehmen finanzierten sich jetzt zunehmend weniger über Kredite ihrer Hausbanken, sondern legten Anleihen am Kapitalmarkt auf und besorgten sich Eigenkapital an der Aktienbörse. Die Kapitalmarktorientierung im deutschen Finanzsystem nahm damit zu, aber die Banken aller drei Säulen (Privatbanken, Sparkassen, Genossenschaftsbanken) blieben nach wie vor die bestimmenden und einflussreichen Akteure. Gleichzeitig wurde die Shareholder-Value-Orientierung in den großen Privatbanken und den großen börsennotierten Unternehmen zunehmend zur dominanten Managementphilosophie. Die Sparkassen, Landesbanken und Genossenschaftsbanken füllten die von den großen Privatbanken gelassenen Lücken bei der Kreditvergabe an kleine und größere mittelständische Unternehmen. Sparkassen und Genossenschaftsbanken blieben nicht zuletzt aufgrund ihrer Eigentümerstruktur, Satzung und Rechtsform dem Stakeholder-Value-Ansatz verpflichtet, ebenso wie viele ihrer mittelständischen Kreditnehmer. Hier zeigten sich zunehmend zwei Sphären innerhalb der deutschen Wirtschaft und des deutschen Finanzsystems: die deutschen Großunternehmen mit den großen Investment- und Universalbanken auf der einen Seite, die kleinen und mittelständischen Unternehmen mit den Sparkassen, Genossenschafts- und Volksbanken auf der anderen Seite. Diese Entwicklung hin zu einem hybriden System aus nach wie vor primär bankbestimmtem und sekundär aber stärker als früher kapitalmarktbestimmtem Finanzsystem in Deutschland wird von einzelnen Bank- und Kapitalmarktforschern als dysfunktional und Verschlechterung gegenüber dem Finanzsystem Ende der 1980er Jahre beurteilt (vgl. Schmidt 2019, S. 2, 6, Zimmermann 2012). Dass das deutsche Finanzsystem auch heute noch stärker bankbestimmt ist, lässt sich an einer einzigen Zahl ablesen. Bei der Unternehmensfinanzierung in Deutschland haben Bankkredite einen Anteil von 81,3 Prozent, während Anleihen am Kapitalmarkt 18,7 Prozent Anteil haben. In den USA haben Bankkredite einen Anteil von 15,2 Prozent, während Anleihen am Kapitalmarkt 84,8 Prozent Anteil haben (vgl. Volkery, Waschinski 2024, S. 7).

Die von den großen Privatbanken gelassenen Lücken bei der Kreditversorgung v. a. der mittelständischen Wirtschaft wurden von Sparkassen und Genossenschaftsbanken gefüllt. Die von den Privatbanken gelassenen Lücken in den Aufsichtsräten und der Corporate Governance von Großunternehmen wurden von institutionellen Investoren (z. B. der 1988 gegründete amerikanische Finanzdienstleister Blackrock), Vertretern der Kleinaktionäre und aktivistischen Investoren, die aktiv Einfluss auf Strategie und Unternehmensführung nehmen wollen, gefüllt. Diese Finanzakteure haben sich dem Shareholder-Value-Denken und kurzfristiger Gewinnsteigerung verschrieben. Viele von den Bankvertretern freigegebene Aufsichtsratssitze wurden auch mit Top-Managern anderer deutscher Unternehmen aus anderen Branchen besetzt. Letztlich hat auch der Kapitalmarkt, den große Unternehmen jetzt zunehmend in Anspruch nahmen, die Funktion der Corporate Governance übernommen, die die großen Privatbanken aufgaben. In die von den Banken freigemachten Plätze im Aufsichtsrat rückten Finanzinvestoren aus dem Ausland, Vertreter anderer deutscher oder ausländischer Unternehmen, manchmal auch aktivistische Investoren neben die verbliebenen Aufsichtsräte, die aus dem eigenen Unternehmen, seinem Betriebsrat oder der Gewerkschaft IG Metall kamen, ein. Die Aufsichtsräte der Unternehmen wurden heterogener und pluralistischer, auch die Interessen der verschiedenen Gruppen in den Aufsichtsräten (z.B. sichere Arbeitsplätze vs. hohe Rendite und Kurssteigerungen) unterscheiden sich mehr als früher.

Etwa seit 2010 begann sich aber die Vernetzung der deutschen Unternehmen untereinander wieder zu intensivieren. Sie erfolgt heute auf andere Weise als früher: Große Kapitalsammelstellen wie das Unternehmen Blackrock halten heute an vielen Dax-Unternehmen Kapitalanteile von 3 bis 6 Prozent. In den Aufsichtsräten der großen Unternehmen finden sich Multiaufsichtsräte, die Aufsichtsratsposten in mehr als einem Unternehmen innehaben (vgl. Kewes 2023, S. 30). Heute ist es üblicher als früher geworden, dass Vorstände eines Unternehmens in einem Unternehmen einer anderen Branche Aufsichtsratsposten innehaben und ehemalige Vorstände nach ihrer aktiven Zeit bei einem Unternehmen eine zweite Karriere als Aufsichtsrat in anderen Unternehmen starten. Über all diese formellen und informellen Kanäle vernetzen sich die deutschen Unternehmen untereinander zusätzlich zu den Geschäftsbeziehungen, die sie untereinander unterhalten. War die alte Deutschland AG eine Festung, so ist die neue »Deutschland AG light« ein lockeres Netzwerk von Unternehmen, die sich bei Bedarf austauschen und fallweise mehr oder weniger identische Interessen haben, wenn sie nicht in einer direkten Konkurrenzbeziehung stehen.

Da viele große deutsche Unternehmen sich heute stärker als früher über den Kapitalmarkt (Aktienbörse, Anleihenmarkt) finanzieren, sind sie auch vom Kapitalmarkt und wichtigen Playern in diesem Markt (Kapitalsammelstellen wie

Pensionsfonds, Großaktionäre, aktivistische Investoren, Hedge Fonds, Private-Equity-Firmen, Venture-Capital-Geber) abhängiger als früher geworden. Das dazu passende Leitbild des Shareholder Value richtet die Unternehmensführung viel stärker an der Interessengruppe der Aktionäre zu Lasten der anderen Interessengruppen aus. Die Unternehmen zeigen ein deutlich geändertes Verhalten gegenüber den Kunden und dem Staat. Ihre primären Adressaten sind Investoren und der Kapitalmarkt, die ständige Gewinnsteigerung und Wachstum einfordern. Nicht nur die Bedeutung des Kapitalmarktes für die Unternehmensfinanzierung ist gestiegen, sondern es sind auch neue Kapitalmarktakteure aufgetreten. Aktivistische Investoren beteiligen sich mit einer geringen Anteilsquote an bestehenden Unternehmen und versuchen anschließend, die Strategie und Entwicklung des Unternehmens in ihrem Sinne zu beeinflussen. Dabei fordern sie oft von den Unternehmen Kostensenkungen, Abspaltung von Geschäftssparten, Kurssteigerungen der Aktie oder höhere Ausschüttungen und Sonderdividenden. Zur Durchsetzung ihrer Ziele starten sie auch öffentliche Kampagnen und drängen auf die Ablösung des bisherigen Vorstands und Sitze im Aufsichtsrat. Oftmals übernehmen angelsächsische Hedgefonds wie Elliot Management, Bluebell und Inclusive Capital die Rolle der aktivistischen Investoren. Zunehmend handeln aber auch deutsche Fondsgesellschaften wie Deka Investment und Union Investment aktivistisch und versuchen, Unternehmen im Sinne der Kapitalanleger zur Wertsteigerung zu motivieren. Auch einzelne Private-Equity-Firmen wie z.B. EQT verhalten sich zunehmend wie aktivistische Investoren. Ursprünglich traten aktivistische Investoren zuerst in den USA auf, in den letzten Jahren werden sie zunehmend auch in Großbritannien und Deutschland aktiv. Aktivistische Investoren versuchten im Jahr 2024 die deutschen Unternehmen Bayer und Brenntag zur Aufspaltung des Unternehmens zu bewegen, um den Wert des Unternehmens zu steigern (vgl. Frondhoff, Köhler, Krolle 2024, S. 20, 21 sowie Fröndhoff, Krolle 2025, S. 18 f.).

Was hat den Wandel des deutschen Finanzsystems ausgelöst und getrieben? Es waren einerseits allgemeine Faktoren wie die Globalisierung der Kapitalmärkte und der wirtschaftlichen Aktivität von Unternehmen sowie die Bedeutung von IuK-Technologien für die Innovation, die Produktion und den Vertrieb von Finanzdienstleistungen. Neben diesen allgemeinen Faktoren waren aber auch weitere wichtige Einflussfaktoren die Deregulierung des Finanzmarktes in UK, USA und verspätet in Deutschland, der Ausbau des Investmentbankings und der internationalen Aktivitäten bei den großen deutschen Privatbanken sowie der Wunsch amerikanischer und britischer Investmentbanken, Kapitalbeteiligungsgesellschaften und Unternehmen nach Eintritt in den deutschen Markt, der durch die Deutschland AG bisher sehr erschwert wurde. Eine besondere Rolle bei der Neugestaltung des deutschen Finanzsystems spielte die Regulierung der EU, die am angloamerikanischen kapitalmarktorientierten Modell ausgerichtet war. Dies setzte das deutsche Finanzsystem unter großen Anpassungs- und Veränderungsdruck: »Alliances, as they have played an important role in the public savings and cooperative banks, house bank relationships between banks and companies, the former tight capital and personal links and co-determination, as well as a more cooperative than competititve behavior in the financial system were not compatible with this model (das die EU verwirklichen wollte, Anm. d. Verf.).« (Schmidt 2019, S. 13).

Es stellt sich die Frage, wie tiefgreifend sich das deutsche Finanzsystem in den letzten drei Jahrzehnten gewandelt hat. Auf diese Frage sind drei Antworten möglich. Es fand erstens ein tiefgreifender Wandel und Übergang von einem bankorientierten Finanzsystem, das dem Stakeholder-Value verpflichtet war, zu einer immer stärkeren Orientierung am Kapitalmarkt und dem Shareholder-Value-Denken statt. Gegen diese Sichtweise spricht, dass viele Elemente des bankbasierten Finanzsystems nach wie vor Einfluss haben (siehe der nachfolgende Punkt).

Es fand zweitens eine Modernisierung des bankbasierten Finanzsystems statt, die Dreisäulen-Struktur blieb erhalten, alle drei Bankengruppen gemeinsam spielen nach wie vor eine bedeutende, aber etwas geringere Rolle bei der Unternehmensfinanzierung, nur der Beitrag der großen Privatbanken zur Unternehmensfinanzierung ging deutlich zurück (vgl. Schmidt 2019, S. 15). Das deutsche System der Corporate Governance mit einer strikten Zweiteilung von Aufgaben zwischen Vorstand und Aufsichtsrat blieb erhalten. Mitbestimmung der Mitarbeiter in Vorstand und Aufsichtsrat ist nach wie vor möglich und die Kontrollfunktion des Kapitalmarktes durch die Möglichkeit feindlicher Übernahmen von Unternehmen ist in Deutschland immer noch etwas schwächer ausgeprägt als in USA und Großbritannien (vgl. Schmidt 2019, S. 15). Gegen die These einer Modernisierung des bankbasierten Finanzsystems spricht aber der seit den 1990er Jahren stark gestiegene Einfluss angloamerikanischer Finanzinvestoren und des US-Kapitalmarktes und des deutschen Kapitalmarktes auf deutsche Unternehmen.

Es fand drittens ein Übergang zu einem Hybridsystem statt, das Elemente des anglo-amerikanischen am Kapitalmarkt orientierten Finanzsystems in das deutsche bankbasierte Finanzsystem implementierte. Dafür spricht, dass Sparkassen, Landesbanken und Genossenschaftsbanken nach wie vor wichtige Akteure für die Finanzierung von KMU und mittelständischen Unternehmen sind, die sich nach wie vor dem Stakeholder-Denken verpflichtet fühlen, während die großen deutschen Aktiengesellschaften und privaten Großbanken am Kapitalmarkt orientiert sind und dem Shareholder-Value-Denken verpflichtet sind. Eine solche hybride Struktur ist kritisch zu beurteilen, weil die Konsistenz des deutschen Finanzwesens verloren geht (vgl. Schmidt 2019, S. 16), aber sie spiegelt dafür die Struktur der deutschen Unternehmenslandschaft mit vielen KMU, einigen großen Mittelständlern und großen börsennotierten Aktiengesellschaft sehr gut wider und schafft die Möglichkeit, dass jede der drei Unternehmensgruppen eine auf ihre Bedürfnisse abgestellte Unternehmensfinanzierung und Corporate Governance erhält. Lediglich die großen Privatbanken haben in Deutschland erheblich an Marktanteil bei der Unternehmensfinanzierung und der Corporate Governance verloren. Die entsprechenden Lücken wurden von Sparkassen, Landesbanken und Genossenschaftsbanken, dem Kapitalmarkt und ausländischen Investmentbanken, institutionellen Anlegern und aktivistischen Investoren gefüllt. »However [...] the role of large banks is now quite different and less dominant compared to 20 years ago. Dresdner Bank has disappeared, Commerzbank has developed more and more into a ›private savings bank‹ and UniCredit-HVB and Postbank never even aspired to play a role which resembles that of the former triumvirate of the German big banks.« (Schmidt 2019, S. 16). Die großen deutschen Banken, die noch in den 1980er Jahren tonangebend waren, sind heute nur noch ein Schatten ihrer alten Größe. Sie haben ihre Kapitalbeteiligungen an deutschen Unternehmen aufgegeben. Die Deutsche Bank hat den Anschluss an die großen ausländischen Banken hinsichtlich Rentabilität und Kapitalmarktbewertung verloren. Die Commerzbank musste durch eine Beteiligung des deutschen Staates in der

Finanzkrise gerettet werden und versucht heute in 2026 einen feindlichen Übernahmeversuch der italienischen Unicredit abzuwehren. Die Dresdner Bank wurde übernommen von der Commerzbank und die HypoVereinsbank von der italienischen Bank Unicredit.

Reinhard Schmidt stellt insgesamt fest: »[...] the German financial system has become worse; it has lost its formerly positive role for people, the economy and society. [...] The changes in the German financial system in recent years have led to the loss of an earlier sound financial system« (Schmidt 2019, S. 18). Eine Folge davon ist die stärkere Anfälligkeit des Finanzsystems für große Krisen wie z. B. die Finanzkrise 2008, die vor allem private Großbanken (Commerzbank, Hypo Real Estate, Aareal Bank), Landesbanken (Bayerische Landesbank und Landesbank NSH Nordbanken), aber deutlich weniger Sparkassen und Genossenschaftsbanken betraf. Eine weitere Folge davon sind Veränderungen im Verhalten sowie bei den Zielen und Strategien deutscher Unternehmen aus der Realwirtschaft.

3.5 Folgen der Veränderungen im deutschen Finanzsystem: ausländischer Einfluss und Finanzkrise im Jahr 2008

Als die deutschen Privatbanken ihre Beteiligungen an Unternehmen und ihre Mitwirkung in Aufsichtsräten der Unternehmen reduzierten, löste sich die Deutschland AG nach und nach auf. Dies hatte gravierende Folgewirkungen. Es eröffnete ausländischen Finanzakteuren und ausländischen Unternehmen den Eintritt in den deutschen Markt. Gefördert wurde diese Entwicklung durch die Deregulierung und Globalisierung von Finanzmärkten in USA, Großbritannien und Deutschland sowie durch steuerliche Erleichterungen, z. B. beim Verkauf von Unternehmensbeteiligungen und der Auflösung stiller Reserven in Unternehmen. Mit staatlicher Tolerierung wurde damit eine teilweise Umorientierung des deutschen Finanzsystems und vieler deutscher börsennotierter Unternehmen in Richtung einer stärker kapitalmarktorientierten Finanzierung von Unternehmen eingeleitet. Dies führte zu einer stärkeren Bestimmung von Unternehmen durch Kapitalmärkte und Börsen und resultierte in der heutigen Struktur des deutschen Finanzwesens, das stärker als früher von angloamerikanischen Einflüssen und dem Kapitalmarkt geprägt ist: Die US-Börsen sind heute der Taktgeber für deutsche Börsen. Die amerikanischen Börsenindizes S&P 500 und Nasdaq 100 geben oft die Richtung und Tendenz der Kursentwicklung für die deutschen Börsenindizes DAX und MDAX vor. Der amerikanische Kapitalmarkt und der US-Dollar sind Leitmarkt und Referenzwährung, die amerikanische Notenbank hat eine starke Leitfunktion für die Zinspolitik der EZB. Der amerikanische Kapitalmarkt, v. a. für Staatsanleihen, zieht Anlagegelder aus aller Welt und auch aus Deutschland an. Amerikanische und englische Finanzakteure (Goldman Sachs, Blackrock, Hedgefonds, Private-Equity-Investoren, Venture-Capital-Geber, Kapitalanlage- und Investmentgesellschaften) expandierten stark im deutschen Kapitalmarkt. Der Arm der amerikanischen Börsenaufsicht SEC reicht heute weit bis nach Deutschland, das bekam Siemens zu spüren bei der Affäre um schwarze Kassen im Unternehmen und VW beim Dieselskandal. Aktien deutscher Unternehmen sind teilweise auch am US-Markt notiert (z. B. T-Mobile als US-Tochter der Deutschen Telekom AG), deutsche Startups streben nach einer Börsennotierung an einer US-Börse (Curevac, Biontech). In Einzelfällen geben deutsche Unternehmen die Börsennotierung im DAX auf und ließen sich an einer US-Börse notieren (Linde nach der Fusion mit Praxair). Die deutschen DAX 40 Unternehmen sind heute mehrheitlich in Besitz von ausländischen, v. a. angloamerikanischen Kapitalanlegern und Finanzinvestoren. Die amerikanische Firma Blackrock hält heute kleine Kapitalbeteiligungen von 2 bis 5 Prozent an vielen DAX 40 Unternehmen. Diese angloamerikanischen Finanzakteure und Finanzinstitutionen brachten ein neues, fremdartiges Denken und Handeln in den deutschen Kapitalmarkt: andere, deutlich höhere Renditevorstellungen, andere, teilweise aggressivere Vorgehensweisen bei der Hebung von Effizienzreserven und Bewertungsreserven in Unternehmen sowie andere, stärker kurzfristige Zeit- und Investitionshorizonte. Die deutschen Unternehmen wurden zu Getriebenen der stark erhöhten Renditevorstellungen von Investoren und Kapitalmärkten. Überspitzt formuliert: Die Räuber brachten sich in Position für ihren Raubzug gegen deutsche Unternehmen.

Diese Entwicklung wurde verzögert, aber nicht gestoppt durch die von Franz Müntefering (SPD) gestarteten Heuschrecken-Debatte, die ausländischen Finanzinvestoren vorwarf, deutsche Unternehmen zu übernehmen, auszupressen und dann ähnlich wie ein Heuschreckenschwarm weiterzuziehen. So polemisch diese Debatte geführt wurde, so wichtig war sie. In der Folge mäßigten einige Finanzinvestoren ihre Vorgehensweisen bei der Übernahme von deutschen Unternehmen und investierten stärker in die Restrukturierung und Expansion der übernommenen Unternehmen. Die Heuschrecke wurde zur Grille und sang ein wohlklingendes Lied, zumindest vorübergehend.

Das Verhalten von Banken, Finanzinvestoren und Kapitalanlagegesellschaften erwies sich als kurzsichtig, zerstörerisch und räuberisch. Dies wurde offenbar in der großen Finanzkrise ab 2008. Ausgangspunkt war eine Krise im amerikanischen Immobilienmarkt für Wohnimmobilien, was zu großen Verlusten bei den kreditgewährenden US-Banken führte. Die resultierenden Finanzrisiken wurden aber über die ganze Welt mit Hilfe von strukturierten Bankprodukten verteilt: Es wurden mehrere dieser Kreditportfolios zusammengefasst, verbrieft und mit einem positiven Ratingsiegel versehen. Die strukturierten Finanzprodukte wurden dann an andere Finanzinvestoren verkauft. Diese verbrieften Kreditportfolios wurden z. B. von deutschen Landesbanken aufgekauft und führten bei diesen zu großen Verlusten, als die verbrieften Kredite wegen der Immobilienkrise in den USA abgeschrieben werden mussten. Dies führte zu einer weltweiten Finanzkrise und einem Beinahe-Kollaps des gesamten Finanzsystems, weil die Banken sich mangels Vertrauen in die wirtschaftliche Lebensfähigkeit des anderen Transaktionspartners gegenseitig keine Kredite mehr gewährten und der Geldmarkt zwischen den Banken austrocknete. Ebenfalls stellten die mit großen Verlusten infolge Wertberechtigungen im Kreditportfolio konfrontierten Banken die Kreditvergabe an Unternehmen ein. Die Krise des Finanzsektors übertrug sich derart auf den Realsektor der Unternehmen und führte zu einem drastischen Rückgang der weltweiten wirtschaftlichen Aktivität, zum Verlust von Arbeitsplätzen, zur Schrumpfung vieler Volkswirtschaften, zu großen Verlusten bei Unternehmen und Finanzakteuren. Innerhalb kürzester Zeit kam für viele Beobachter und Experten völlig überraschend die wirtschaftliche Aktivität von Unternehmen über Nacht zum Erliegen. Die Krise im amerikanischen Markt für Wohnimmobilien hatte sich in kurzer Zeit zu einer globalen Finanz- und Wirtschaftskrise ausgewachsen. Der Finanzsektor musste durch Hilfs- und Rettungsprogramme vieler

Staaten und Zentralbanken gestützt und vor dem Kollaps bewahrt werden. Die Finanzakteure wussten, dass der Staat und die Zentralbanken sie retten müssen wegen ihrer Systemrelevanz und zwecks Verhinderung eines Zusammenbruchs des ganzen Finanzsystems. Sie konnten daher ihre riskanten Finanzgeschäfte in Kauf nehmen, für deren Scheitern dann die Steuerzahler, die Besitzer von Spareinlagen und die Zentralbanken einstehen mussten. In der ökonomischen Theorie spricht man hier von »moral hazard«, moralisches Fehlverhalten unter Ausnutzung von Informationsvorteilen. Dies ist der Vorwurf an die Finanzakteure, die die Finanzkrise 2008 ausgelöst haben. Der Vorwurf konnte von den Finanzakteuren nie entkräftet werden.

Die Lektionen aus der Finanzkrise waren jedoch in vielen Ländern eher kurzfristig, eine verschärfte Regulierung des Finanzsektors wurde z. B. in der Schweiz (Erhöhung der Eigenkapitalanforderungen an Banken) und in Deutschland (stärkere Regulierung von Banken) vorgenommen. In den USA wurde die Regulierung ebenfalls verschärft, aber später teilweise wieder zurückgenommen. Im Endeffekt wurde der wenig oder nicht regulierte Teil des Finanzsystems, z. B. das Schattenbankenwesen gefördert, das stark wuchs und in das viele Finanzakteure ausweichen konnten. 10 Jahre nach der Finanzkrise konnten die Akteure, die sie verschuldet hatten, weitgehend wie vor der Krise handeln. Das Finanzkasino war wiedereröffnet, die Wetteinsätze stiegen wieder, das Roulette-Rad drehte sich schneller als zuvor. Die Regulierungsprobleme und das faktische Scheitern der Regulierung waren durch folgende Faktoren verursacht: Es ist politisches Wunschdenken, dass der Finanzsektor umfassend reguliert werden kann. Die Unmöglichkeit einer detaillierten und vollständigen Regulierung resultiert allein daraus, dass die derart regulierten Finanzakteure nach Ausweichmöglichkeiten und Schlupflöchern der Regulierung suchen und sie mit immer komplexeren Finanzprodukten, Stiftungskonstruktionen und dem Ausweichen in weniger regulierte Länder und Geschäftsfelder zu nutzen verstehen. Zweitens haben einige Finanzakteure starken Widerstand gegen eine verschärfte Regulierung geleistet, weil sie dadurch ihre hohen Gewinne bedroht sahen. Dies manifestierte sich in Lobbyismus, Einflussversuchen auf Politiker und Gesetzgebungsverfahren, Hinweisen auf die Gefährdung des Finanzstandortes und auf den drohenden Verlust von Arbeitsplätzen, schlechteren Finanzierungsmöglichkeiten für Unternehmen etc. Drittens besteht eine enge Vernetzung und gegenseitige Abhängigkeit zwischen Finanzsystem, Politik und Realwirtschaft. Sie führt dazu, dass Regulierungen des Finanzsystems Auswirkungen auf die anderen beiden Sektoren, z. B. in Form von schlechteren und teureren Finanzierungsmöglichkeiten, haben. Viertens ist der Staat nicht nur Regulierer, sondern auch Großkunde des Finanzsektors, weil dieser die Staatsverschuldung finanziert. Gleichzeitig ist der Staat auch selbst Anbieter von Finanzdienstleistungen in öffentlichen Banken wie Sparkassen, Landesbanken und der KfW. Schon von daher dürfte das Interesse des Staates an einer sehr starken Regulierung, die die Geschäftsmöglichkeiten und Gewinne des Finanzsektors drastisch reduziert, eher gering sein. Aus den oben genannten Gründen dürfte eine umfassende Regulierung des Finanzsektors nicht möglich sein. Der Finanzsektor hat dem Staat die relativ milde Regulierung nach 2008 nicht gedankt, wie z. B. der Cum-Ex-Skandal zeigte, bei dem skrupellose Finanzakteure zusammen mit ihren gierigen Kunden den Staat um Milliardenbeträge durch erschlichene Steuererstattungen gebracht haben.

3.6 Der Finanzsektor als Raubopfer

Dass der Finanzsektor der Spitzenräuber ist, zeigt sich auch daran, dass er nur selten Opfer von Raubzügen anderer Akteure wird, weil er ganz oben in der Raubkette steht. Wenn dann sind dies andere, noch erfolgreichere und noch rücksichtslosere Akteure aus dem Finanzsektor, wie z. B. amerikanische Investmentbanken, die den deutschen Banken (»silly German money«) wertlose verbriefte Bündel von Immobilienkrediten verkauften, was die Ausbreitung der Finanzkrise auf Deutschland nach 2008 bewirkte. Gelegentlich kommt es auch im Finanzsektor zu feindlichen Übernahmeversuchen, wie aktuell z. B. bei der Commerzbank durch Unicredit. Institutionelle Investoren und aktivistische Investoren haben sich auch bei deutschen Banken eingekauft und versuchen Einfluss auf die Geschäftsstrategie zu nehmen. Nachdem sich die Commerzbank mit der freundlichen Übernahme der Dresdner Bank (Kauf von der Versicherung Allianz AG) übernommen hatte, musste sie nach Ausbruch der Finanzkrise vom deutschen Staat gerettet werden. Selten gelingt es großen Kreditnehmern, wie z. B. den in Konkurs gegangenen Immobilienmagnaten und Immobilienbetrügern Schneider und Benko, Banken zu täuschen und eine Kreditfinanzierung zu erhalten, die später zu hohen Verlusten für die Banken werden sollten. Insgesamt zeigen sich deutsche Finanzakteure erstaunlich robust gegen Raubzüge anderer Finanzakteure aus dem Ausland und von Unternehmen der Realwirtschaft. Dies kann mit der vorsichtigen, risikoorientierten Kreditvergabe der Banken und mit der staatlichen Regulierung des Finanzsektors, die die Banken nicht nur kontrolliert, sondern auch schützt gegen Übernahmeversuche durch andere Banken und Eingehen zu großer Risiken, erklärt werden. Vielleicht gilt für den deutschen Finanzsektor, was auch im Roulette-Spiel bei langfristiger Betrachtung gilt: Die Bank gewinnt immer.

4
Staat

4.1 Der Wandel der staatlichen Aufgaben und die Neue Politische Ökonomie

Das Verständnis und die Aufgaben bzw. Funktionen des Staates haben sich im Laufe der Zeit vielfach gewandelt sowohl in der ökonomischen Theorie als auch in der politischen Philosophie. Die klassische Ökonomie und die Neoklassik sahen die Rolle des Staates vor allem als Regelsetzer und Schiedsrichter, der den institutionellen Rahmen der Marktwirtschaft (Eigentumsrechte, innere und äußere Sicherheit, Vertragsrecht, Gerichtswesen) setzt und notwendige Infrastrukturen (Verkehrswesen, Energieversorgung, Wasserversorgung) bereitstellt. Erst später kam die Vorstellung auf, dass der Staat sich aus dem Wirtschaftsprozess umfassend zurückziehen und heraushalten sollte, weil der Markt Angebot und Nachfrage regelt (Manchesterliberalismus). Ferdinand Lassalle hat diese betont liberale Vorstellung von minimalen Staatsaufgaben und Staatsfunktionen als »Nachtwächterstaat« verspottet. Im 20. Jahrhundert setzte sich unter dem Einfluss der Keynesianischen Revolution immer mehr die Sichtweise durch, dass der Staat bei Versagen des Marktes korrigierend eingreifen soll, indem er private Wirtschaftstätigkeit staatlicher Regulierung unterwirft, öffentliche Unternehmen als Konkurrenz für private Angebote gründet und betreibt oder zur Korrektur des Marktversagens notwendige Anreize (Steuerrecht, Subventionen) und Sanktionen (z.B. Emissionsabgaben) erlässt. Durch eine antizyklische Fiskalpolitik des Staates sollten Konjunkturkrisen überwunden und inflationäre Phasen der Hochkonjunktur abgeschwächt werden.

In der Volkswirtschaftslehre wurde die Regierung früher modelliert als wohlwollender sozialer Planer, der die gesamtwirtschaftliche Wohlfahrt der Regierten und des Landes maximiert und dafür auch das notwendige Wissen, Personal und die erforderlichen Finanzmittel hat. Früher wurde in der Finanzwissenschaft und der politischen Ökonomie davon ausgegangen, dass die Regierung die soziale Wohlfahrt des Landes maximiert (vgl. Downs 1957, S. 135): »Economists have been content to discuss government action as though governments were run by perfect altruists whose only motive was to maximize social welfare.« (Downs 1957, S. 150). Der Staat korrigiert mit interventionistischen Maßnahmen, z.B. Regulierungseingriffen, das Marktversagen, um die allokative Effizienz des Marktes zu erhöhen (vgl. Sayer 2000, S. 514, Dasgupta 1997, S. 16). Seit den 1950er Jahren fand dann ein grundlegender Theorie- und Perspektivwechsel statt, der zu einem neuen Blick von Ökonomen auf den Staat und seine Verwaltung führt. Grundlegende ökonomische Arbeiten zur ökonomischen Theorie der Demokratie und der Bürokratie wurden von Anthony Downs (1957, 1968) und William Niskanen (1971) vorgelegt. Downs stellt als einer der ersten hierzu die kritische Frage, warum die Regierenden motiviert sein sollen, das öffentliche Wohl zu maximieren (vgl. Downs 1957, S. 136). Sein Bürokratiemodell geht von dem Axiom aus, dass Parteien als Mehrpersonengebilde die Regierungsübernahme anstreben, um damit persönliches Einkommen, Prestige und Macht zu erlangen (vgl. Downs 1957, S. 137). Daraus leitet Downs seine zentrale Hypothese ab: »[P]olitical parties in a democracy formulate policy strictly as a means of gaining votes.« (Downs 1957, S. 137). Dies impliziert, dass in einer Demokratie die Regierung immer so handeln wird, dass sie die Wählerstimmen maximiert. »In effect, it is an entrepreneur selling policies for votes instead of selling products for money.« (Downs 1957, S. 137). Dabei geht Downs von rationalem Verhalten der Wähler aus. Sie werden diejenige Partei wählen, die für sie am vorteilhaftesten ist und ihnen den höchsten Nutzen, z.B. das höchste Einkommen infolge der propagierten Regierungspolitik, stiftet (vgl. Downs 1957, S. 138). Niskanen (1971) hat die Arbeit von Downs weitergeführt und eine ökonomische Theorie der Bürokratie entwickelt. Bürokratien handeln nicht in einem marktgeprägten Umfeld. Sie finanzieren sich nicht aus Umsätzen und Gewinnen, sondern durch öffentliche Haushaltsmittel, die von einer staatlichen Finanzierungsagentur zugewiesen werden (vgl. Dehling, Schubert 2011, S. 140). Im Modell von Niskanen ist die zentrale Verhaltensannahme, dass ein Bürokrat versucht, seine Budgets zu maximieren und für eine möglichst hohe Zuweisung von Haushaltsmitteln durch die Finanzagentur zu sorgen (vgl. Dehling, Schubert 2011, S. 140). Dabei haben Bürokratien gegenüber der Finanzagentur in den Budgetverhandlungen aufgrund der asymmetrischen Information zu ihren Gunsten eine vorteilhafte Position. Die Finanzagentur kann kaum beurteilen, wie effizient die Bürokratie arbeitet und ob die beantragten Haushaltsansätze realistisch oder überhöht sind. Die Folgen davon sind überhöhte Haushaltszuweisungen und ineffizient arbeitende Bürokratien (vgl. Dehling, Schubert 2011, S. 140 f.). Gegen Ende der 1970er Jahre begann sich eine neue Richtung in der Volkswirtschaftslehre unter der Bezeichnung Public Choice bzw. New Political Economy zu etablieren, die die Rolle des Staates erheblich kritischer beurteilte und das Verhalten staatlicher Entscheidungsträger anders modellierte: Politiker generieren einen politischen Konjunkturzyklus, d.h. sie versuchen vor Wahlterminen eine positive Entwicklung der Volkswirtschaft zu bewirken (z.B. über Konjunkturprogramme), weil sie sich davon mehr Wählerstimmen erhoffen. Eine Regulierungsinstanz ist nicht nur wohlfahrtsmaximierend tätig, sondern sie kann auch vom regulierten Unternehmen für dessen Interessen vereinnahmt werden (Regulatory Capture). Unternehmen versuchen für sich zusätzliche Gewinne zu erzielen, indem sie politische Entscheidungen in ihrem Sinne beeinflussen (Rent Seeking). Beim Rent Seeking ist eine Rente zu verstehen als ein Einkommen, dass nicht aus eigener produktiver Leistung entsteht, sondern von anderer Seite finanziert wird (vgl. Dehling, Schubert 2011, S. 142). Rent Seeking ist dementsprechend etwas grundsätzlich anderes als Profit Seeking, d.h. die Erwirtschaftung von Gewinn im Leistungswettbewerb. Adressat von Rent-Seeking-Bestrebungen ist der Staat. Akteure setzen Ressourcen ein, um den Staat zu überzeugen, dass er Wettbewerbseinschränkungen in bestimmten Sektoren verfügt (der Schutz gegen Konkurrenten ermöglich höhere Gewinne) oder den Wettbewerb ganz unterbindet (Monopolgewährung) oder durch Umverteilung bestimmte Interessengruppen begünstigt zu Lasten anderer Interessengruppen (vgl. Dehling, Schubert 2011, S. 142 f.). Unternehmen setzen Lobbying ein, gründen Interessensverbände, üben politischen Druck aus oder gehen sogar im Extremfall zur Bestechung über, um Renten als leistungslose Einkommen vom Staat gewährt zu bekommen (vgl. Dehling, Schubert 2011, S. 143). Rent Seeking trägt in doppelter Hinsicht zu Effizienzverlusten bei, zum einen durch die Beschränkung des Wettbewerbs und zum anderen durch die für das Rent Seeking aufgewendeten Ressourcen, die für produktive Verwendungen nicht mehr zur Verfügung stehen (vgl. Dehling, Schubert 2011, S. 143).

In der Literatur wurde dem Marktversagen nunmehr die Möglichkeit des Staatsversagens und Politikversagens gegenübergestellt (vgl. Besley 2007, S. 571, 575). Man sprach nun von Staatsversagen und kritisierte damit die schlechte Qualität vieler staatlicher Dienstleistungen, hohe Steuerlasten und die geringe Effizienz der staatlichen Bürokratie, der man ein idealisiertes Verständnis privater Unternehmenstätigkeit und ihrer Effizienz als Spiegel vorhielt. Jetzt wurde der Blick darauf gelenkt, dass die Eingriffe des Staates selbst wieder negative Folgen und Wohlstandsverluste verursachen und die angestrebten Ziele der staatlichen Intervention oftmals nicht erreicht werden. Daraus ergibt sich in letzter Konsequenz, dass politische Entscheidungen und Eingriffe in Märkte bisweilen mehr Schaden als Nutzen bewirken können (vgl. Sayer 2000, S. 514), wenn sie schlecht gestaltet oder umgesetzt werden. Die Erhöhung staatlicher Verschuldung, zunehmende Staatsinterventionen in Märkte, die institutionelle Sklerose und Bürokratisierung der Verwaltung und der Wirtschaft, Verteilungskämpfe zwischen Bevölkerungsgruppen und staatliche Umverteilung von einer Gruppe zu einer anderen Gruppe, Aufstockung von Sozialtransfers vor Wahlen oder die Durchführung oder Unterlassung politischer Reformen (vgl. Sayer 2000, S. 515 f.) erscheinen durch die Public-Choice-Brille in einem anderen, kritischen Licht. Sie sind Ergebnis eigennutzorientierter Politiker, die primär Stimmengewinne und ihre Wiederwahl und weniger eine langfristige Politik, die die Wohlfahrt ihrer Wähler steigern könnte, im Auge haben (vgl. Dasgupta 1997, S. 16). Die Neue Politische Ökonomie arbeitete vielfältige weitere Ursachen staatlicher Fehl- und Schlechtleistung heraus. Zu nennen sind hier Bürokraten, die die Stellen in der Verwaltung, eigene Karriere- und Einkommenschancen mehren wollen, und daher immer neue öffentliche Aufgaben definieren, die der Staat an sich ziehen kann (vgl. Downs 1967 zur Bürokratietheorie). Interessengruppen werden versuchen, die Politik durch Lobbying oder öffentliche Kampagnen zu beeinflussen oder Koalitionen mit anderen Interessengruppen zur Durchsetzung ihrer spezifischen Interessen einzugehen. Sind die Interessengruppen erfolgreich, so gehen ihre Erfolge zu Lasten der Effizienz des Marktes und der Wohlfahrt der Gesellschaft (vgl. Dasgupta 1997, S. 13, 14). Im Licht der Public Choice Theorie erscheint auch niedrige oder hohe Inflation bzw. eine inflationär wirkende staatliche Politik als primär politisch und nicht marktlich verursacht. Interessengruppen haben eine Präferenz für hohe oder niedrige

Inflation, weil sie mit entsprechenden Umverteilungswirkungen zwischen Schuldnern und Gläubigern einhergehen, und sie versuchen, die staatliche Politik in ihrem Sinne zu beeinflussen (vgl. Sayer 2000, S. 522). Dasgupta (1997, S. 16) führt dazu aus: »The state is the fountain of privileges of all sorts, which are marketable in exchange of payments to the political leaders and bureaucrats.« Das (zynische) Ergebnis dieser Analyse ist: »[...] the predatory character of the state is emphasised: those running the state [...] are only aiming at furthering their own specific or group interests. The interest of the country and the welfare of its people do not figure in their agenda.« (Dasgupta 1997, S. 17). Politiker, Parteien, Technokraten und Verwaltungskräfte werden in der Public-Choice-Theorie modelliert »as narrow-minded, self-serving and rent-seeking« (Dasgupta 1997, S. 17). Der Staat und seine Bürokratie wurden jetzt als kollektive Akteure gesehen, in denen einzelne Menschen arbeiten, die individuelle Ziele, Interessen und Vorstellungen verfolgen und nicht immer im wohlverstandenen Interesse der Bürger handeln.

Die Public Choice Sicht wirft eine wichtige Frage auf: Wenn der Markt versagt und der Staat ebenso, wer funktioniert dann überhaupt noch? Die letzte Instanz ist nach dem Subsidiaritätsprinzip das einzelne Unternehmen als wirtschaftlicher Akteur sowie der Bürger, der sich selbst versorgen und seine Probleme eigenständig lösen muss, ohne auf Staat und Markt zu vertrauen.

4.2 Der maßlose Staat

In dem vorliegenden Buch wird eine extreme Modellierung des Staates als maßloser Staat gewählt. Das ist keine gänzlich neue Sicht in der Ökonomie. Bereits Joseph Oppenheimer hat den Staat als eine Institution charakterisiert, dessen sich eine Gruppe bedient, um Vorteile von einer anderen Gruppe zu akquirieren, bei Oppenheimer findet sich auch die Bezeichnung historisch früherer Staaten als Räuberbande (vgl. Oppenheimer 1907, S. 3). Der Staat heute ist auch wieder eine organisierte Räuberbande. Dazu wurde er heute bzw. musste er heute werden, weil er sich mit seinen umfassenden Interventionen, seinen sozialen Dienstleistungen, seiner Umverteilung und dem Ausbau der Verwaltung finanziell übernimmt und dies finanzieren muss. Der neue Leviathan 2.0 im sozialen Gewand des umfassenden Wohlfahrts- und Interventionsstaates muss – so paradox es klingt - zum Räuber werden, d. h. aus den Bürgern und Unternehmen das Maximale an Steuerzahlungen herausholen, um seine umfassenden Aktivitäten finanzieren zu können. Dazu kommt Raubbau an den Lebenschancen und Gestaltungsmöglichkeiten zukünftiger Generationen durch die zunehmende Verschuldung des Staates. Dabei wird er gleichzeitig zum Schlechtleister, der den Bürgern und Unternehmen viel / immer mehr / alles verspricht, aber von der Vielfalt und Größe seiner Aufgaben überfordert wird und daher immer weniger in immer schlechterer Qualität leisten kann. Der Citizen Value (in Analogie zum Shareholder Value oder Stakeholder Value) kann definiert werden als die Wertschöpfung des Staates für seine Bürger. Dieser Citizen Value wird für zunehmend mehr Bürger negativ, wenn sie ihre hohen Steuerzahlungen an den erhaltenen staatlichen Leistungen und ihrer Qualität messen. Der Staat rechnet sich für diese Bürger nicht. Er wird vollends zum maßlosen Staat, wenn er bei hohen Steuerzahlungen der Bürger dann noch Leistungen schlechter Qualität erbringt, in erheblichem Umfang Steuergeld zur Aufrechterhaltung der Bürokratie und Finanzierung staatlicher Repräsentation bis hin zur Versorgung von ehemaligen Staatsdienern und verdienten Parteigenossen mit lukrativen Ämtern, d. h. für eigene Zwecke und Ziele der politischen Parteien verwendet. Wenn die politische Klasse primär ihre politischen Vorstellungen und Ziele mit Hilfe des Staates verwirklichen will und von dem Staat einzelne (meistens große) Unternehmen besonders profitieren über Subventionen (vgl. Hildebrand 2025, S. 10f.), öffentliche Aufträge und staatliche Rettungsaktionen, dann wird dieser Staat zur Selbstbedienungsinstitution in den Händen einiger weniger Bürger, Politiker und Unternehmen. Gleichzeitig wird er zum maßlosen Staat gegenüber der schweigenden oder murrenden Mehrzahl der Bürger und den von ihm nicht begünstigten, meistens kleinen und mittelständischen Unternehmen. Der maßlose Staat verteilt Lebens-, Erwerbs- und Erfolgschancen von der schweigenden Mehrheit zu einer sich oftmals lautstark artikulierenden Minderheit mit Sonderinteressen um. Er tituliert diese Umverteilungsaktionen mit wohlklingenden, positiv besetzten Etiketten: soziale Gerechtigkeit, Fairness, Gleichheit, Diversität, Nachhaltigkeit, Klimarettung, Rettungsschirm, Sondervermögen, Preisbremse für Strom und Gas, Beitrag von Kinderlosen zur Finanzierung der Pflegeversicherung, Zukunftsinvestitionen, Energiewende, Verkehrswende, Bildungswende, Zeitenwende, Generationenvertrag, Solidarität und Solidarzuschlag. Diese Begriffe müssen die Leistungsträger, Steuer- und Beitragszahler dieses Landes fürchten, denn für sie bedeuten sie finanzielle Mehrbelastung durch Steuern, Abgaben und Gebühren. Trotz all der wohlklingenden Worte und Bezeichnungen sind und bleiben es Umverteilungsaktionen des Staates, die zu Lasten vieler und zu Gunsten weniger Bürger gehen.

Der Staat wird zunehmend zum maßlosen Staat. In Deutschland begann diese Entwicklung in den 1970er Jahren: Der Sozialstaat wurde immer mehr ausgebaut, ebenso die Steuerlast, in den Erhalt der Infrastruktur wurde weniger investiert, dafür die Behörden ausgebaut und die Sozialleistungen vermehrt. Trotz und unbeeindruckt von der Debatte um Privatisierung und Deregulierung in den 1980er Jahren und der Forderung nach Eigenverantwortung der Bürger ging diese Entwicklung bis heute weiter und konnte nicht gestoppt werden.

Verstärkt seit dem Ende des Zweiten Weltkriegs wird heute der Staat von vielen Menschen in Deutschland als umfassender Sozialstaat verstanden, der seine Bürger von der Wiege bis zur Bahre begleitet und sie vor allfälligen Risiken des Lebens (Krankheit, Alter, Arbeitslosigkeit, Überschwemmungen, Pandemien, Kriege, Finanzkrisen) schützt, indem er vielfältige Leistungen erbringt und in erheblichem Maße Einkommen umverteilt zwischen den Wohlhabenden und den weniger Wohlhabenden mit Hilfe des Steuersystems und der Sozialversicherung als Transfermechanismen. Der Wohlfahrtsstaat verhält sich fürsorglich und paternalistisch bzw. matriarchalisch zu seinen Bürgern. Er bestimmt das Leben des Menschen umfassend und im Detail, er lenkt und dirigiert die Unternehmen. Der Staat definiert heute Zukunftstechnologien und schafft neue Märkte für die Unternehmen (z. B. Elektromobilität in Deutschland). Unternehmen und Bürger werden von Leistungen und Subventionen des Staates dementsprechend immer abhängiger. Der Staat gestaltet Wirtschaft und Gesellschaft in der Gegenwart und erschließt und sichert die Zukunft für sie, indem er versucht, Klimakrisen zu bewältigen, eine Energie- und Verkehrswende zu organisieren, Immigration zu steuern, den Mangel an bezahlbarem Wohnraum zu lindern sowie den Fachkräftemangel und das Problem der demographischen Entwicklung anzugehen. Dass sich der Staat dabei in seiner heutigen Rolle als Wohlfahrts-, Hoheits-, Leistungs- und Lenkungsstaat selbst überfordert, ist offensichtlich. Dass dies langfristig ohne extreme Steuerlasten oder Schulden nicht finanzierbar ist, ist ebenfalls einsichtig. Dass staatliche Initiativen den Handlungsraum für private Unternehmen und die Möglichkeiten des Bürgers, sein Leben selbstbestimmt zu gestalten, reduzieren, ist ebenfalls bereits jetzt deutlich erkennbar.

Das Verständnis des Staates und seiner Aufgaben hat sich in den letzten 100 Jahren tiefgreifend entlang mehrerer Entwicklungslinien gewandelt. Vom Hoheitsstaat zum Wohlfahrtsstaat und später zum Rettungsstaat (Finanzkrise), Dealmaker und Standortinvestor bzw. Standortvermarkter. Eine zweite Entwicklungslinie verlief vom allwissenden Leviathan über den Dienstleistungs- und Sozialstaat zum heutigen übergriffigen allumfassenden Wohlfahrtsstaat und Standortmanager für die Wirtschaft. Das Resultat ist eine tiefgreifende Transformation des Selbstbildes und des Fremdbildes des Staates. Es wurden neue Ziele (Effizienz, Digitalisierung), neue Leitbilder (»der schlanke Staat«), neue Vorbilder (häufig skandinavische Länder) und immer neue Aufgaben (Klimawandel, Energiewende, Verkehrswende, Wärmewende, Bauwende etc.) für den Staat kreiert. Wenn man die Wirkkraft neuer Ziele, Leitbilder und Vorbilder vor Augen hat, wundert es dann noch, dass sich das Verhalten des Staates ebenfalls tiefgreifend veränderte in Richtung von Überforderung, Überlastung, Einnahmeerzielung sowie Ausweis von Erfolgen und Effizienz (für den Bürger oder den Politiker kurz vor der Wahl)?

4.3 Strategien des Staates als Räuber

Der Staat wird in dieser Erzählung als großer Räuber und gleichzeitig als Raubopfer skizziert. Als die vier Hauptstrategien eines maßlosen und übergriffigen Staates werden nachfolgend behandelt:

- Der Staat als Steuererheber
- Der Staat als monopolistischer Leistungserbringer
- Der Staat als Schlechtleister: Hoheitsstaat und Leistungsstaat
- Der Staat als Regulierer

4.3.1 Der Staat als großer Räuber: Das Steuersystem

Deutschland hat das komplizierteste und detaillierteste Steuersystem der Welt. Das ist bewusst gewollt, um die hohe Steuerlast zu verschleiern. Die hohe Steuerkomplexität wurde dadurch bewirkt, dass das deutsche Steuersystem in knapp 70 Jahren historisch gewachsen ist, es kamen viele neue Steuertatbestände hinzu und es fielen kaum alte Steuertatbestände weg. In dieser Zeit hat es nie eine grundlegende, große Bereinigung des deutschen Steuerrechts im Sinne einer tiefgreifenden Steuerreform gegeben. Stattdessen erfolgten immer wieder nur kleine Korrekturen am Steuersystem, die die Bezeichnung Steuerreform nicht verdienen. Die Steuerpflichtigen fühlten sich erleichtert und beruhigt, der Staat hatte ihre Wehklagen angehört und wohlwollend berücksichtigt. Anschließend wucherte der Steuerdschungel aber ungestört weiter und die Steuerlast stieg immer weiter an.

Die Steuerlast der Spitzenverdiener liegt heute bei ca. 60 Prozent, erzeugt durch ein Bouquet verschiedener Steuerarten: EKST, Kirchensteuer, Solidarzuschlag, Stromsteuer, Benzinsteuer, Versicherungssteuer, Umsatzsteuer, Sektsteuer, Tabaksteuer, Erbschaftssteuer, Schenkungssteuer etc. Die Besteuerung setzt an so vielen Tatbeständen an, dass die gesamte Steuerlast für die meisten Bürger nicht erkennbar wird. Das deutsche Steuerrecht hat sein Ziel der Einnahmengenerierung für den Staat vorzüglich erfüllt, allerdings benachteiligt es den Bürger. Zu erwähnen ist der trotz digitaler Steuererklärung hohe zeitliche und finanzielle Aufwand des Bürgers für die Steuererklärung. Ein weiterer Nachteil ist der Unterhalt einer personell gut ausgestatteten und kostenträchtigen Steuerverwaltung durch den Staat, die vom Steuerpflichtigen mit seinen Steuern finanziert wird. Allein die Entwicklung der Steuersoftware Elster hat den deutschen Staat bisher ca. 3 Mrd. Euro gekostet, heraus kam ein an Schwerfälligkeit und fehlender Ergonomie kaum noch zu überbietendes Softwaremonster, das für manche Bürger, v. a. ältere Menschen mit geringen Computerkenntnissen, kaum noch bedienbar ist aufgrund seiner hohen Komplexität. Man fühlt sich bei der Oberfläche der Elster-Steuersoftware eher an MS-DOS oder Unix aus den 80er Jahren erinnert. Rettung verspricht für den Steuergeplagten der Kauf einer kommerziellen Steuersoftware, die bedienungsfreundlicher ist und auf dem Elster-Programm der Steuerverwaltung aufsetzt.

Für das deutsche Steuerrecht ist die sehr hohe Belastung vor allem der arbeitenden Mittelschicht und oberen Mittelschicht charakteristisch. Während die mittellosen Bürger durch das Existenzminimum sichernde Freibeträge geschützt sind und daher zur Finanzierung des deutschen Staatswesens finanziell nichts beitragen, eröffnen sich für sehr wohlhabende Bürger und große Unternehmen Steuersparmodelle, Sonderregelungen und Steuervergünstigungen, die es ihnen ermöglichen, ihre Steuerlast mit Hilfe eines guten Steuer-, Vermögens- oder Bankberaters drastisch zu reduzieren. Ist das Steuergerechtigkeit? Der deutsche Staat wird faktisch von 6 bis 7 Millionen Leistungsträgern finanziert, die eine sehr hohe Steuerlast schultern müssen. Ist das Steuergerechtigkeit? Wenn man dann noch sieht, dass die 6 bis 7 Mio. Leistungsträger als Gegenleistung für ihre Zwangsabgaben keinen Dank und keine lobende Erwähnung in Politikerreden, sondern staatliche Leistungen in bisweilen mäßiger Qualität bekommen (Schulwesen, Verkehrsinfrastruktur etc.) wird die Steuergerechtigkeit noch fragwürdiger.

Altkanzler Helmut Kohl wird folgendes Bonmot zugeschrieben: Jenseits der 50 Prozent Staatsquote beginnt der Sozialismus. Eine Staatsquote dieser Höhe haben wir mittlerweile erreicht und die Steuerquote liegt noch weit darüber für einzelne Besteuerungsgruppen. Bei einer Besteuerung des jährlichen Einkommens in Höhe von mehr als 50 Prozent kann man von einer maßlosen Besteuerung sprechen. Sie nimmt dem Bürger die Möglichkeit, ein selbstbestimmtes, unabhängiges Leben zu führen und sich selbst ein Vermögen aufzubauen. Würde eine Privatperson sein Jahreseinkommen auf einem Tisch liegen lassen und ein Einbrecher nimmt davon die Hälfte mit, so wird es Diebstahl genannt. Macht der Staat mit seiner Zwangsgewalt dasselbe, so nennt man es Besteuerung. Maßlose Besteuerung, die dem Bürger ein selbstbestimmtes Leben erschwert, ist daher Diebstahl.

Eine Beispielsrechnung soll die Steuerlast anschaulich und besser verständlich machen. Ein Steuerpflichtiger hat ein Jahreseinkommen von 100.000 Euro, keine Kinder, nicht verheiratet, keine Steuersparmodelle, er ist Angestellter, Raucher, und zahlt in die Gesetzliche Krankenversicherung, Rentenversicherung und Arbeitslosenversicherung ein, er lebt in Bayern, zusätzlich erzielt er Kapitalerträge von 5000 Euro.

- Grundfreibetrag 11.604 Euro
- Spitzensteuersatz 42 %, ergibt 37.126 Euro Einkommenssteuer (vereinfachte Schätzung)
- Solidarzuschlag, 5,5 % der Einkommenssteuer: 2041 Euro
- Kirchensteuer, 8 % der Lohnsteuer (nur in Bayern, sonst 9 %): 3970 Euro

Im Falle eines Angestellten kommen die Sozialversicherungsbeiträge dazu:

- Arbeitslosenversicherung 2,6 % auf die Beitragsbemessungsgrenze von 90.600 Euro, ergibt 2355,60 Euro, davon 50 % Arbeitnehmeranteil entspricht 1172,80 Euro.
- Rentenversicherung: Beitragssatz 18,6 %, Anteil des Arbeitnehmers 50 %, d. h. 9,3 %, ergibt 8425,80 Euro (Beitragsbemessungsgrenze 90.600 Euro).
- Krankenversicherung GKV, Beitragssatz 14,6 %, Anteil des Arbeitnehmers 50 %, d. h. 7,3 %, ergibt (Beitragsbemessungsgrenze 62.100 Euro) 4533,30 Euro, zuzüglich Zusatzbeitrag von 2 %, Anteil des Arbeitnehmers 50 %, d. h. 1 % (keine Beitragsbemessungsgrenze vorgesehen!), entspricht 1000 Euro.
- Pflegeversicherung, 3.4 %, Anteil des Arbeitgebers 50 %, zusätzlicher Beitrag für Kinderlose 0,6 %, somit ergibt sich für den Arbeitnehmer 2,3 %, bei einer Beitragsbemessungsgrenze von 62100 Euro ergibt dies einen Pflegebeitrag von 1428,30 Euro

Nehmen wir weiterhin an, dass der Steuerpflichtige im Jahresverlauf viel konsumiert und investiert:

- Tanken 2000 Liter a 1,75 Euro, insgesamt 3500 Euro, Mineralöl-Steuer 48,02 Cent pro Liter, entspricht 964 Euro, enthaltene Mehrwertsteuer 19 % 665 Euro, CO_2-Steuer 12,1 Cent pro Liter, entspricht 242 Euro

- 3 Sektflaschen für insgesamt 300 Euro, Sektsteuer 3,06 Euro, Mehrwertsteuer 57 Euro
- Raucher, 728 Euro für 104 Schachteln a 20 Stück, 11,15 Cent pro Stück, ergibt 231,93 Euro Tabaksteuer, zusätzlich noch Mehrwertsteuer 19 % ergibt 138,32 Euro.
- Reparaturen des Autos 3000 Euro, Mehrwertsteuer 19 %, ergibt 570 Euro
- Lebensmittel 2400 Euro, Mehrwertsteuersatz 7 %, ergibt 168 Euro
- Restaurantbesuche 600 Euro, Mehrwertsteuersatz 19 %, ergibt 114 Euro
- Kleidung 2000 Euro, Mehrwertsteuersatz 19 %, ergibt 380 Euro
- Kfz-Versicherung 2000 Euro, Versicherungssteuer 19 %, ergibt 380 Euro
- Lebensversicherung 1000 Euro, keine Versicherungssteuer
- Heizöl, Jahresverbrauch 1000 Liter, Heizölsteuer 6,14 Cent pro Liter, Mehrwertsteuer 9,94 Cent, ergibt 159,80 Euro
- Strom, Jahresverbrauch 2000 kWh, Stromsteuer 2,05 Cent, Mehrwertsteuer 7,39 Cent, (ohne Netzumlagen und Konzessionsentgelte), ergibt eine Steuerlast von 188,80 Euro

Unser Beispielopfer hat Kapitalanlagen, die es versteuern muss:

- 5000 Euro Erträge am Kapitalmarkt: 27,82 % Kapitalertragssteuer plus Solidarzuschlag plus Kirchensteuer, ergibt 1391 Euro (bei einem Freibetrag von 1000 Euro).

Als Gesamtergebnis ergibt sich die folgende steuerliche Normalbelastung für unseren Arbeitnehmer: von 100.000 Euro Arbeitseinkommen und 5000 Euro Kapitalerträgen sind somit insgesamt abzuführen: 46.789,91 Euro Steuern, dazu kommen die Sozialversicherungsbeiträge (Arbeitslosenversicherung, Rente, Krankenversicherung) in Höhe von 17.150 Euro. Es bleiben somit bei einem Einkommen von 105.000 Euro (Lohn und Kapitalerträge) am Ende des Jahres 41.060 Euro beim Steuer- und Abgabenpflichtigen, d. h. die Quote aus Steuer- und Abgabenlast beträgt 60,90 Prozent.

Die obige Rechnung ist sehr vereinfacht, der Autor ist kein Steuerberater und kein Professor für betriebswirtschaftliche Steuerlehre, es werden auch evtl. steuerliche Abzugsmöglichkeiten, z.B. der Kirchensteuer von der Einkommenssteuer als Sonderausgabe, nicht berücksichtigt. Umgekehrt werden auch Rückerstattungen der Kirchensteuer oder Abziehmöglichkeiten der Sozialversicherungsbeiträge (Grundsicherung) bei der Einkommenssteuer ignoriert, um die Rechnung möglichst anschaulich zu halten. Auch werden steuerliche Abzugsmöglichkeiten für Werbekosten nicht berücksichtigt. Die Grundtendenz ist aber eindeutig: Die Besteuerung der Leistungsträger in Deutschland ist völlig unangemessen. Dies gilt umso mehr als der Spitzensteuersatz von 42 Prozent schon bei einem Einkommen von 62.810 Euro greift, was heute ein gehobener Facharbeiterlohn ist. Zudem profitiert der Staat von Inflation und Lohnerhöhungen, weil dann immer mehr Steuerpflichtige in die Steuerprogression hineinwachsen (sog. kalte Progression).

Vollends desaströs wird die (Schreckens-) Bilanz für den Steuerpflichtigen, wenn wir zusätzlich von außergewöhnlichen, sich nur selten ereignenden Steuervorfällen ausgehen. Der Steuerpflichtige kauft aus seinen Ersparnissen (die auf bereits versteuertem Einkommen beruhen) einen Neuwagen mit einem Kaufpreis von 20.000 Euro, Mehrwertsteuersatz 19 Prozent: 3800 Euro.

Im gleichen Jahr kauft der Steuerpflichtige mit Hilfe eines Maklers ebenfalls aus seinen Ersparnissen (die auf bereits versteuertem Einkommen beruhen) eine Zwei-Zimmer-Eigentumswohnung in Augsburg für 200.000 Euro, um selbst darin zu wohnen. Grunderwerbssteuer 3,5 Prozent (für Bayern, in anderen Bundesländern bis zu 6 Prozent) ergibt 7000 Euro Grundsteuer, der Makler berechnet für seine Leistungen 4000 Euro, darauf Mehrwertsteuer 19 Prozent, entspricht 780 Euro.

Wenn man jetzt die Steuerlast aus diesen beiden Käufen (Auto, Wohnung) dem Jahr der Steuerhebung zurechnet, dann ergibt sich, dass der Steuerpflichtige bei einem Einkommen von 105.000 Euro in diesem Jahr – verzerrt durch zwei große einmalige Anschaffungen – jetzt eine Steuerlast von 58.370 Euro zu tragen hat. Dazu kommen wie bisher die Sozialversicherungsbeiträge (Arbeitslosenversicherung, Rente, Krankenversicherung) in Höhe von 17.150 Euro. Es bleiben somit bei einem Einkommen von 105.000 Euro (Lohn und Kapitalerträge) am Ende des Jahres 29.480 Euro beim Steuer- und Abgabenpflichtigen, d.h. die Quote aus

Steuer- und Abgabenlast beträgt 71,92 Prozent. Dieses Beispiel ist extrem und konstruiert, aber es zeigt gut, dass die Besteuerung in Deutschland schon lange nicht mehr angemessen und in Einzelfällen übermäßig und räuberisch ist. Natürlich kann man gegen die obige Rechnung viele Einwände erheben: Es wird nicht berücksichtigt, dass der Steuerpflichtige außerordentliche Belastungen oder Unterhaltszahlungen an Scheidungspartner sowie Spenden an Tierschutzorganisationen und Aufwendungen für ein Arbeitszimmer oder Arbeitsmittel steuerlich geltend machen kann. Um diese Steuererleichterungen aber zu erlangen, muss der Steuerpflichtige teilweise aber selbst wieder Ausgaben tätigen und Investitionen leisten, auf die dann wieder Mehrwertsteuer fällig wird. Und die von ihm beauftragten Firmen müssen Gewerbesteuer abführen etc. und bei der Anfahrt der Handwerker im Lieferwagen fällt Mineralölsteuer an etc. Wieso drängt sich hier der Eindruck auf, dass das deutsche Steuersystem eine Art Schneeballsystem und fast schon ein steuerliches Perpetuum Mobile ist? Die von ihm ausgelöste Steuerlawine begräbt den Steuerpflichtigen.

Dazu kommen noch versteckte, d.h. von Dritten überwälzte Steuern, z.B. Verkäufer von Gütern und Dienstleistungen kalkulieren ihre Steuerlast (Gewerbesteuer, Kapitalertragssteuer) in die Preise Ihrer Leistungen ein, die sie an den Steuerpflichtigen verkaufen. Dazu kommt am Jahresende noch die Gebühr für Steuerberater 2000 Euro, der bei der Komplexität des deutschen Steuersystems fast schon unverzichtbar ist.

Zum Missvergnügen des Steuerzahlers trägt ebenfalls der Eindruck bei, dass der Staat Gewinne und Verluste des Steuerzahlers etwas asymmetrisch behandelt. Gewinne werden schnell besteuert, aber bei Verlusten des Steuerzahlers wird die Verrechnung mit anderen Gewinnen erschwert oder durch zu erfüllende Voraussetzungen und Mindestvorgaben (z.B. bei außerordentlichen Belastungen) verunmöglicht, während der Staat außerordentliche Gewinne des Steuerpflichtigen sofort, vollständig und unmittelbar besteuert.

Ein anderes erschreckendes Beispiel für die Maß- und Skrupellosigkeit des deutschen Steuerstaates ist die Grundsteuerreform: Das Versprechen der Bundespolitik war, dass es nicht teurer wird für den Bürger. Dieses Versprechen wurde scheibchenweise kassiert, später hieß es dann: Es wird für einzelne Bürger teurer aber für andere Bürger billiger. Allmählich begriffen die Steuerpflichtigen, dass der Bund zwar Steuerneutralität versprochen hatte, aber die tatsächliche Grundsteuerlast von den Grundsteuermodellen der Länder und den Hebesätzen der Gemeinden abhängt, auf die der Bund keinen Einfluss hat. Wieso erinnert dieses Versprechen »Die Grundsteuer wird aufkommensneutral sein« an das Versprechen des damaligen Arbeits- und Sozialministers Norbert Blüm »Die Rente ist sicher«, das keine Aussage zur Rentenhöhe und zum Zeitpunkt der Verrentung enthielt? Zusätzlich wurde bei der Grundsteuer der Bürger mit unglaublicher Bürokratie überlastet: Er musste Daten zu seinen Immobilien sammeln und am PC eingeben, die größtenteils bereits vorhanden waren bei den Grundbuchämtern, die Eingabe musste zudem über die Steuersoftware Elster erfolgen. Der Bürger wird endgültig zum Knecht, der Fron erbringen muss, nicht mehr auf dem Acker des Herrn, aber vor seinem heimischen PC für den Steuerstaat. Als sich mancher Bürger mit Verweigerung der Grundsteuererklärung und Einsprüchen wehrte, stellten sich die Ämter tot, sammelten die Einsprüche und erwiesen sich als vom Arbeitsaufkommen überlastet. Ein Steuerstaat, der so agiert, hat sich diskreditiert und an Ansehen und Autorität verloren. Der kluge Bürger sollte dem deutschen Steuerstaat mit Misstrauen begegnen. Mancher Steuerpflichtige reagiert mit kleinen Schummeleien bis hin zu Steuerbetrug, Steuerhinterziehung und Steuerverkürzung, also mit der Flucht in die Illegalität, auf die Gier und Maßlosigkeit des deutschen Steuerstaates. Wie wehrlos der deutsche Steuerstaat ist, zeigte der Cum-Ex-Skandal, bei dem kreative Finanzfachleute und Bankbeschäftigte Lücken bei der Abgeltungssteuer dazu nutzen, den deutschen Fiskus um Milliardenbeträge zu betrügen. Der Steuerstaat als großer Räuber fand seinen Meister im Finanzsektor als Spitzenräuber.

Spötter sagen, dass beim Roulette-Spiel am Ende nur die Spielbank gewinnt. Es drängt sich der Eindruck auf, dass beim Steuerspiel am Ende nur der Steuerstaat gewinnt. Selbst wenn er keine Steuersätze erhöht, profitiert der Staat von der Inflation, da sich die kalte Steuerprogression erhöht. Und die Finanzverwaltung hat sich beim bürokratischen Aufwand viel auf die steuerpflichtigen Bürger verlagert, sich selbst durch die Digitalisierung der Steuerfeststellung (Elster) entlastet und dann auch noch einen personellen Ausbau der Steuerverwaltung forciert. Und je mehr man sich mit dem deutschen Steuersystem beschäftigt, umso mehr hat man zudem den Eindruck, dass es ein Schneeballsystem ist, nur dass hier derjenige der

Dumme ist, der am Anfang der Kette steht, unternehmerisch etwas wagt, Risiken eingeht, Leistung bringt, korrekt seine Steuern zahlt und dafür staatliche Leistungen in guter Qualität erwartet. Am Ende der Kette steht der Staat, der auf vielen offenen und versteckten Wegen Steuern einnimmt und es meisterhaft versteht, die tatsächliche Steuerlast zu verschleiern und dafür dann noch staatliche Leistungen in mittlerer oder mäßiger Qualität erbringt.

Ein Staat, der sich so benimmt, bekommt die Bürger, die er verdient, nämlich Bürger, die jede Kleinigkeit bei der Steuer absetzen, die bei der Steuererklärung auch rechtliche Graubereiche ausloten, die im Extremfall auch fälschen, lügen, manipulieren und betrügen oder sich der Besteuerung ganz oder teilweise zu entziehen versuchen (Schwarzarbeit als boomende Branche in Deutschland). Weil der Staat die Minderheit der steuerunehrlichen Bürger und ihr Verhalten kennt, formalisiert und bürokratisiert er das Besteuerungsverfahren, intensiviert er die Kontrollen, präzisiert und verschärft er die Steuertatbestände und droht er mit immer härteren Strafen bei Steuervergehen für alle Bürger. Dies macht die Steuererklärung für alle Bürger immer aufwändiger und bürokratischer, was auch die steuerehrlichen Bürger abschreckt.

Wenn das eingangs zitierte Bonmot von Altkanzler Helmut Kohl, der jenseits von 50 Prozent Staatsquote den Sozialismus wittert, zutrifft, dann ist eine Steuerquote von 60 Prozent, im Extremfall sogar 70 Prozent als Steuerstalinismus zu bezeichnen. Die Steuerlast für die Mittelschicht und obere Mittelschicht ist so hoch, dass sie kein eigenes Vermögen bilden kann und bei großen Investitionen (Hauskauf) dann wieder auf Hilfe des Staates angewiesen ist, der entsprechende Zuschüsse und Förderprogramme für Hausbau oder energetische Sanierung von Häusern (gnädigerweise) bereitstellt, dabei aber Auflagen und Vorgaben macht. So wird aus dem stolzen und selbstbestimmten Bürger der Antragsteller bzw. Bittsteller und letztlich der vom Staat abhängige Helot.

Die Steuerlasten sind eklatant ungleich verteilt: Die Armen und Bedürftigen können nichts zahlen, die Reichen setzen sich ab (z. B. in die Schweiz) und wollen nichts zahlen, die Mittelschicht und die obere Mittelschicht finanziert daher den deutschen Staat. In Zahlen: »Die oberen zehn Prozent der Steuerpflichtigen tragen bereits heute über 50 Prozent des gesamten Lohn- und Einkommensteueraufkommens.« (Dietz 2024, S. 16). Dabei wären hier auch ganz andere Lösungen denkbar: Die Reichen bezahlen pauschal 10 Prozent Einkommenssteuer und 1 Prozent Vermögenssteuer (in Anlehnung an den Zehnt aus dem Mittelalter) ohne irgendwelche steuerlichen Abzugsmöglichkeiten. Die Armen und Mittelosen bekommen eine pauschale Steuerschuld von 5000 Euro p. a. auferlegt, die allerdings zinslos gestundet wird und erst dann getilgt werden muss, wenn wieder ein eigenes Einkommen erzielt wird. Die Mittelschicht und obere Mittelschicht zahlen pauschal 25 Prozent Einkommenssteuer p. a. ohne Abzugsmöglichkeiten, dafür sind Kapitalanlagen steuerfrei, damit der Vermögensaufbau gefördert wird. So würde jede Bevölkerungsgruppe zur Finanzierung des deutschen Staates beitragen, die Lasten wären etwas gleicher verteilt als bisher und die Steuerverwaltung könnte deutlich reduziert werden, weil das Steuersystem weniger komplex wäre. Die Verlierer dieser Reform wären vor allem die Steuerberater, deren Dienste weniger als bisher nachgefragt werden würden. Diese grob skizzierte Reform wäre auch ein Beitrag zur Steuergerechtigkeit: Dass einige der wohlhabendsten Bürger sich der Steuerverpflichtung teilweise oder vollständig entziehen mit Hilfe von Stiftungskonstruktionen, Abschreibungsmodellen und Verlegung des Wohnsitzes ins Ausland, stört das Gerechtigkeitsempfinden vieler Menschen in Deutschland. Weitergehende Abhilfe wäre auch hier möglich: die jüngst beschlossene Wegzugssteuer, eine Pflicht zur Erstattung von Ausbildungskosten bei Wegzug ins Ausland sowie die Auflösung und Versteuerung stiller Reserven und die Rückzahlung von erhaltenen Subventionen und Beihilfen bei Verlagerung des Firmensitzes ins steuergünstigere Ausland. Auch die Ärmsten müssen einen Teil zum Gemeinwesen beitragen, es verletzt das Gerechtigkeitsempfinden vor allem der arbeitenden Mittelschicht, wenn Menschen über einen sehr langen Zeitraum Leistungen des Sozialstaates in Anspruch nehmen und sich damit auch Vorteile bei der Wohnungssuche (Wohnberechtigungsschein) und allerlei Vergünstigungen verschaffen. Eine mögliche Gegenleistung des Leistungsempfängers, die diesem eine sinnvolle Aufgabe verschafft, könnte z. B. ein sozialer Dienst mit geringem Stundenumfang (z. B. Pflege, Nachbarschaftshilfe, Haushaltshilfe) oder der oben beschriebene zins- und tilgungsfreier Steuerkredit, der nur bei Wiedererlangung von Einkommen und Wohlstand getilgt werden muss, sein.

Wenn jede Bevölkerungs-, Alters- und Vermögensgruppe ohne Ausnahme zum Gemeinwesen beiträgt, dann wird es auch möglich, die hohe Steuerlast der

Mittelschicht und der oberen Mittelschicht zu reduzieren. Das Steuersystem wird dann zumindest gefühlt gerechter (wie immer man Gerechtigkeit hier definieren und messen will). Es müsste so sein, dass die Armen einen kleinen Beitrag, die Mittelschicht einen mittleren Beitrag und die Oberschicht einen großen Beitrag leistet entsprechend ihrer wirtschaftlichen Leistungsfähigkeit.

Welche Verzerrungen und Schieflagen das derzeitige Steuer- und Transfersystem erzeugt, kann man an folgendem Beispiel erkennen. Im Jahr 2024 erschien in der populären Presse ein Beitrag, der feststellte, dass in Deutschland Menschen, die 5000 Euro brutto verdienen, und Menschen, die 3000 Euro brutto verdienen, netto fast das gleiche Einkommen von ca. 3100 bis 3200 Euro erhalten. Der Grund dafür ist, dass der Geringverdiener Steuervorteile und staatliche Leistungen (z. B. Wohngeld, Sozialwohnung) erhält, die dem Gutverdiener nicht zur Verfügung stehen und der Gutverdiener zudem einen deutlich höheren Steuersatz zu entrichten hat. Das Beispiel macht deutlich, dass man Steuersystem und Sozialsystem gemeinsam betrachten muss, wenn man die Belastungen der Bürger und ihre Inanspruchnahme staatlicher Leistungen und ihre Beiträge zum Gemeinwesen abschätzen will. So wie das Steuer- und Sozialleistungssystem in Deutschland derzeit ausgestaltet ist, ist der ehrliche und leistungsbereite Bürger, der nur im echten Notfall Sozialleistungen beantragt, tendenziell der Dumme. Eine Politik, die so weitermacht, ist moralisch fragwürdig, leistungsfeindlich und nicht sozial gerecht. Sie erscheint sogar ungerecht, weil sie diejenigen belohnt, die es verstehen, aus den staatlichen Leistungen das Maximale herauszuholen und gleichzeitig die Beiträge zum Gemeinwesen zu minimieren. Es spaltet die Gesellschaft, wenn einzelne Gruppen keinen nennenswerten Beitrag zum Gemeinwesen leisten und andere Gruppen daher überproportional viel zum Gemeinwesen beitragen müssen. Es geht im Kern um die Angemessenheit der Besteuerung, die Angemessenheit der erbrachten sonstigen Leistungsbeiträge zum Gemeinwesen und die Angemessenheit der vom Gemeinwesen empfangenen Leistungen bei allen Bevölkerungs- und Einkommensgruppen. Das ist der Kern der neuen sozialen Frage in Deutschland.

Ergänzend zu einer Neuverteilung der Steuerlasten wäre eine Reduktion der Steuerlast für alle Bürger anzustreben. Dies würde erfordern, dass der Staat seine Aufgaben und sein Personal reduziert und die Staatsquote sinkt. Dass dies möglich ist, zeigt die Schweiz, die eine Staatsquote von ca. 30 Prozent hat und dennoch eines der wohlhabendsten Länder der Welt mit einer deutlich geringeren Steuerlast für ihre Bürger ist. In Deutschland hat die Staatsquote schon länger 50 Prozent überschritten, dies wird finanziert durch eine sehr hohe Abgabenlast für einige, aber nicht alle Bürger. Trotz der hohen Staatsquote und Abgabenlast ist aber in Innenstädten eine Zunahme der Armut zu beobachten und der Wohlstand in vielen Bevölkerungsschichten ist aufgrund der Inflation rückläufig.

Fazit: Das Steuersystem belohnt mit seiner Komplexität und Intransparenz die Gerissenen, Rücksichtslosen und Cleveren und es benachteiligt die Ehrlichen und die Leistungsträger der Gesellschaft aus der Mittelschicht und der oberen Mittelschicht. Es korrumpiert dadurch den Bürger und fördert den Verfall der Steuermoral und damit trägt es auch zum Verfall der Moral in Wirtschaft und Gesellschaft bei, weil der kleine Steuerbetrug hoffähig wird. Kann man von einem fairen und gerechten Steuersystem sprechen, wenn eine Gruppe gar nichts oder sehr wenig zahlt (die Armen), die andere Gruppe sich teilweise entzieht (die Reichen) und die Mittelschicht bzw. obere Mittelschicht die Hauptlast trägt?

4.3.2 Der Staat als monopolistischer Leistungserbringer

Ein wesentliches Merkmal vieler staatlicher Leistungen ist, dass sie oft nur von der öffentlichen Verwaltung erbracht werden dürfen, es also entweder ein Monopolangebot oder ein Angebot mit Zwangsmitgliedschaft des Bürgers bei privater Konkurrenz ist. Millionen Bürger sind Zwangsmitglieder in der Gesetzlichen Rentenversicherung, Arbeitslosenversicherung, Pflegeversicherung und Krankenversicherung. Es gibt zwar konkurrierende private Angebote (private Krankenversicherung und Pflegeversicherung, private Vermögensverwaltung und Altersvorsorgeprodukte), aber viele Bürger müssen in der gesetzlichen Sozialversicherung bleiben, weil sie nicht die Bedingungen für einen Austritt und den Eintritt in die private Kranken- und Pflegeversicherung (Mindesteinkommensgrenzen) erfüllen. Viele kommunale Dienstleistungen dürfen ebenfalls nur von der Kommune selbst (Zulassungsstelle, Einwohnermeldeamt, Bauamt etc.) erbracht werden. Es gibt Gründe für dieses monopolistische Angebot, z. B. die Ausübung von Hoheitsgewalt als exklusiv dem Staat vorbehaltene Tätigkeit, die einheitliche Leistungserbringung und Gleichbehandlung aller Fälle bzw. Bürger, die Verhinderung des Missbrauchs von Marktmacht durch private Anbieter oder dass private Anbieter sich nur auf lukrative Angebote konzentrieren (Rosinenpicken) und die verlustreichen Dienstleistungen dem Staat überlassen. Ein öfters zu hörendes Argument ist auch, dass überhaupt kein privates Unternehmen solche Leistungen erbringen würde, weil sie zu riskant (Versicherung von Kernkraftwerken), zu wenig rentabel sind (private Arbeitslosenversicherung) oder zu wenig Nachfrage am Markt herrscht. Viele dieser Argumente vermögen zu überzeugen, wenn auch nicht immer und auch nicht bei allen staatlichen Angeboten. Kritisch zu sehen ist jedoch das Argument, dass die Zwangsmitgliedschaft mit der wirtschaftlichen Sicherung der staatlichen Angebote gerechtfertigt wird, indem private Konkurrenz nicht zugelassen wird, oder dass der Staat mit der Zwangsmitgliedschaft verhindern will, dass Menschen nicht für Alter, Krankheit, Gesundheit und Pflege vorsorgen und später der Solidargemeinschaft zur Last fallen. Dieses Argument überzeugt am wenigsten, mit ihm wurde die Zwangsmitgliedschaft vieler (aber nicht aller) Bürger in der gesetzlichen Sozialversicherung gerechtfertigt. Sieht man sich die entsprechenden staatlichen Angebote einmal genauer an, so wird man zu dem Ergebnis kommen, dass sie oftmals nicht sehr attraktiv sind: Die Arbeitslosenversicherung nimmt von Spitzenverdienern sehr hohe Beiträge, der Bezug der Leistungen im Versicherungsfall ist aber zeitlich befristet und in der Höhe limitiert. Gerade für Gutverdiener ist die Arbeitslosenversicherung kein gutes Geschäft. Manche Arbeitnehmer zahlen 40 Jahre in die Arbeitslosenversicherung ein und nehmen sie nie in Anspruch, das eingezahlte Geld ist für sie verloren. Die Leistungen der gesetzlichen Krankenversicherung und Pflegeversicherung werden qualitativ zunehmend schlechter bei steigenden Beitragssätzen. Die gesetzliche Rentenversicherung steht unter starkem Einfluss der deutschen Politik (die bereitwillig zu Lasten des Versichertenkollektivs neue Rentenleistungen gewährt wie die Mütterrente und die Rente mit 63). Die Rente ist angesichts der demographischen und wirtschaftsstrukturellen Probleme in Deutschland nicht sicher. Die Rendite auf das in die Rentenversicherung eingezahlte Kapital dürfte für junge Leute voraussichtlich negativ sein. Nicht alle Bürger würden freiwillig eine solche Arbeitslosenversicherung, eine solche Rentenversicherung, eine solche Kranken- und Pflegeversicherung abschließen, wenn es nicht einen Kontrahierungszwang gäbe. Für die staatlichen Anbieter der entsprechenden Leistungen schafft dies eine komfortable Situation, der fehlende oder begrenzte und daher schwache Wettbewerb durch private Anbieter zwingt sie nicht zu Effizienzsteigerung und Verbesserung ihrer Angebote. Der mit den Leistungen unzufriedene Bürger kann die gesetzliche Sozialversicherung nicht verlassen, er ist ihr Gefangener. Auch das Argument, dass der Staat verhindern will, dass Bürger nicht für Krankheit, Pflege, Alter und Arbeitslosigkeit selbst vorsorgen, vermag nicht zu überzeugen. Was spricht dagegen, Bürgern den Austritt zu erlauben, wenn sie nachweisen können, dass sie eine private Vorsorge abgeschlossen haben oder eigenes Vermögen vorweisen können? Dagegen sprechen nur zwei Argumente: Die guten Risiken würden die gesetzliche Sozialversicherung verlassen, was die Umverteilung von Geldbeträgen und Leistungen zu den schlechten Risiken erschweren würde. Diese Umverteilung könnte aber auch über das Steuersystem erfolgen. Und das zweite Argument aus Sicht der Leistungserbringer ist, dass sie dann mit attraktiven Angeboten um ihre Kunden (statt wie bisher »Mitglieder«) werben und kämpfen müssten.

4.3.3 Der Staat als Schlechtleister: Hoheitsstaat und Leistungsstaat

In der modernen Wirtschaft erfüllt der Staat zwei Kernaufgaben: Ordnungspolitik, verstanden als hoheitliche Setzung von Rahmenbedingungen für privates Wirtschaften, und Leistungspolitik, verstanden als Angebot öffentlicher Dienstleistungen und Sozialleistungen. Beide Aufgaben erfüllt der deutsche Staat seit ca. zwei Jahrzehnten eher unzureichend.

Ordnungspolitik

Im Bereich der Ordnungspolitik werden unzureichend mit Personal besetzte Behörden der Finanzmarktregulierung, der Steuerfahndung sowie der Polizei und des Gerichtswesens zu einem immer gravierenderen Problem für die Durchsetzung staatlicher Ordnungsvorstellungen. Zweitens sind viele ordnungspolitische Gesetze bisweilen lückenhaft, handwerklich fehlerhaft formuliert oder zu komplex und detailliert (z. B. Reform der Grundsteuer), was die spätere Gesetzesanwendung erschwert. Dies zeigt sich an den mehrfach geänderten Rahmenbedingungen des Strommarktes und der Energiewende ebenso wie bei den Maßnahmen zur Eindämmung der Corona-Pandemie. Das deutsche Steuerrecht gilt als das komplexeste der Welt, es überfordert viele Steuerzahler und Finanzbeamte und sorgt für gute Geschäfte bei Steuerberatern und Lohnsteuerhilfevereinen. Drittens setzt der deutsche Staat die Regeln z.B. des Wettbewerbsrechts gegenüber großen, global tätigen Unternehmen immer schlechter durch. Sie entziehen sich der nationalen Besteuerung durch ausgefeilte Strategien der Steueroptimierung und der staatlichen Regulierung durch Ausweichen in andere Länder und Märkte. Die großen amerikanischen Technologiekonzerne Amazon, Facebook und Google verletzten mehrfach europäische und deutsche Wettbewerbsregeln und Datenschutzbestimmungen (vgl. Stelter 2023, S. 10).

Staatliche Leistungspolitik und nicht erfüllte Leistungsversprechen des Staates: versprochen-gebrochen

Kita für alle: Im Jahr 2013 begründete der deutsche Gesetzgeber einen rechtlichen Anspruch auf einen Kita-Platz. Der entsprechende Ausbau der Kindergärten und die Einstellung von Betreuungspersonal blieben jedoch hinter den ursprünglichen Planungen zurück. Daher haben wir auch heute noch eine Unterversorgung mit Kita-Plätzen. Entsprechende Anträge der Bürger werden oft abgelehnt. Es gibt allerdings Einzelfälle, wo Eltern mit einer Klage vor dem Verwaltungsgericht gegen den Bescheid gedroht haben und dann doch noch ein entsprechender Kita-Platz bereitgestellt wurde. Man hört, dass es ein Kontingent von Plätzen extra für die Fälle gibt, wenn Eltern mit Klage drohen oder Klage tatsächlich einreichen. Allerdings werden entsprechende Klagen nur sehr selten eingereicht. Ist die Klage erfolgreich können die Eltern Schadensersatz für Verdienstausfälle und für Mehrkosten einer privaten Kinderbetreuung geltend machen. Was ist das für ein Staat, in dem Bürger ihnen gesetzlich zustehende Leistungen erst erhalten, wenn sie sie einklagen? In der Tagesschau vom 3.8.2023 erschien ein Beitrag zu diesem Thema unter dem Titel »Kita-Rechtsanspruch mit Lücken«. Während bei den über 3- bis 6-jährigen Kindern eine Betreuungsquote von 92 Prozent erreicht wurde, beträgt sie bei den unter 3-jährigen Kindern 35,5 Prozent. Es fehlen immer noch geschätzt 384 000 Kitaplätze, für deren Bereitstellung zusätzlich zu den bereits vorhandenen 731 000 Beschäftigten (pädagogisches Personal, Leitungs- und Verwaltungskräfte) und den 42 000 Beschäftigten in der Kindertagespflege weitere 98 600 Beschäftigte eingestellt werden müssten (vgl. o. V. 2023). Der Beitrag in der Tagesschau hätte daher richtiger lauten müssen: »Rechtsanspruch auf einen Kita-Platz auch zehn Jahre nach seiner gesetzlichen Verankerung noch nicht erfüllt.« Es ist ein bis heute nicht vollständig erfülltes und damit ein gebrochenes Leistungsversprechen des Staates. Dies ist umso verwunderlicher als der deutsche Staat in den Jahren 2009 bis 2023 so viel Geld wie nie zuvor in der Geschichte zur Verfügung hatte. Seit zehn Jahren gibt es den Anspruch auf einen Kitaplatz schon, er ist immer noch nicht erfüllt. Das ist der moralische Bankrott des Sozialstaates, der viel ankündigt und verspricht und dann wenig und das noch in verbesserungsfähiger Qualität liefert. Man kann das aber auch aus einem ganz anderen Blickwinkel positiver beurteilen: Zwischen 2013 und 2024 stieg die Zahl der betreuten Kinder von 3,2 auf fast 4 Millionen, das ist eine Zunahme um 800 000. Die Zahl der Erzieher erhöhte sich um gut 50 Prozent auf 700 000, das entspricht der Einstellung von 350 000 Fachkräften. Ein so großer Kapazitätsaufbau ist eine erhebliche Leistung des Staates. Sie wird nur als unzureichend empfunden, weil sie hinter den grenzenlosen und unendlich großen Ansprüchen der Bürger und Unternehmen an den Staat zurückbleibt. Haben wir vielleicht zu hohe und unrealistische Erwartungen an den Staat und seine Leistungsfähigkeit (vgl. Greive et al. 2025, S. 50)? »Ob eine Organisation versagt, misst sich an dem, was sie leisten soll in Relation zu dem, was sie leisten kann. Beim Staat ist den Erwartungen nach oben prinzipiell keine Grenze gesetzt – und diese Erwartungen werden zudem durch den Wettbewerb der politischen Parteien immer weiter geschürt.« (Greive et al. 2025, S. 50).

Glasfaserausbau: Seit mehr als zehn Jahren wird der flächendeckende Ausbau von Glasfasernetzen in Deutschland versprochen, der Ausbau ist auch heute noch deutlich hinter dem Zeitplan. Gründe dafür sind die sehr kostenintensiven Erdarbeiten, die bisweilen noch fehlende Nachfrage und gering ausgeprägte Zahlungsbereitschaft bei Privatkunden für Hochleistungsnetze und sehr schnelle Internetverbindungen. Zum verzögerten Ausbau haben aber auch jahrelange Probleme der staatlichen Regulierung beigetragen: Die Deutsche Telekom wollte den Netzausbau erst vorantreiben, wenn sie von ihrer regulatorisch festgelegten Pflicht zur Netzzusammenschaltung mit Konkurrenten zumindest bei den neuen Glasfasernetzen entbunden wird. Statt in den Ausbau des deutschen Glasfasernetzes zu investieren, investierte die Deutsche Telekom in die Akquisition des US-Mobilfunkunternehmens Voicestream 40,7 Mrd. US-Dollar und schüttete tendenziell steigende Dividenden, auch an die noch immer größten Aktionäre, den deutschen Staat und die öffentliche Förderbank KFW aus.

Energiewende: Seit 20 Jahren treibt der deutsche Staat in Zusammenarbeit mit deutschen Unternehmen die Energiewende hin zu erneuerbaren Energien voran. Erratische Wechsel der Förderpolitik (z.B. bei Solarstrom) oder Einsparungen bei Fördermitteln (z.B. bei Windenergie) haben den Ausbau der erneuerbaren Energien gebremst. Dazu trägt insbesondere auch der aufgrund langwieriger staatlicher Planungs- und Genehmigungsverfahren stark verzögerte Ausbau des Stromnetzes bei. Der Ausbau des Stromnetzes ist zudem durch die Verlegung von Erdkabeln statt Überlandleitungen erheblich teurer als gedacht. Die Politik wollte mit Erdkabeln Widerstände von Interessengruppen und Bürgerrechtsbewegungen vermeiden. Im Jahr 2024 verursachte zudem das neu verabschiedete Heizungsgesetz (Diskussion um die Wärmepumpe) große Unsicherheit bei Hausbesitzern, was zum Investitionsstau bei der Modernisierung von Heizungsanlagen beitrug. Der immer weiter ansteigende CO_2-Preis führt zu erheblichen finanziellen Belastungen der Bürger beim Heizen und Tanken und bei Energieunternehmen – Unternehmen, die energieintensiv produzieren und viel CO_2 emittieren. Für den Staat bringt der CO_2-Preis erhebliche Mehreinnahmen, im Jahr 2024 erzielte der Staat aus dem Emissionshandel Einnahmen von 18,5 Mrd. Euro. Die bei der Einführung des CO_2-Preises 2020 versprochene Kompensation und Entlastung der Bürger (»Klimageld«) ist immer noch nicht realisiert. Lediglich einzelne Unternehmen können auf staatliche Hilfen bei der Umstellung der Produktion auf emissionsarme Technologien und einen staatlich gedeckelten Strompreis hoffen. Die Erlöse des Emissionshandels fließen in einen Klima- und Transformationsfonds, aus dem die energetische Sanierung von Gebäuden und die Dekarbonisierung der Industrie, der Ausbau der Wasserstoffwirtschaft und der Ladesäulen für Elektroautos gefördert wird. Das Geld aus dem Klimafonds ist komplett für entsprechende Förderprogramme verplant, ein Klimageld für den einzelnen Bürger ist nicht mehr vorgesehen, u. a. weil bisher kein geeigneter Auszahlungsmodus gefunden werden konnte. Kritiker monieren, dass die Einnahmen aus dem Emissionshandel als Ergänzung des staatlichen Haushaltes fungieren und für industriepolitische Vorzeige- und Prestigeprojekte verwendet werden (vgl. Stratmann 2025, S. 6 f.).

Verkehrswende: Seit etwa 20 Jahren ist der schlechte Zustand von Eisenbahnnetzen und Straßen ein Dauerthema in der öffentlichen Diskussion. Die erforderlichen Investitionsmittel überlasten Bundes- und Landeshaushalte. Probleme im öffentlichen Planungs- und Vergaberecht sowie Kapazitätsengpässe in Behörden und der Bauindustrie tragen zu den Verzögerungen der Bauprojekte bei. Daher kommt die Erneuerung der Verkehrsinfrastruktur nur langsam voran. Ebenso ist es mit der Verkehrswende auf der Straße vom Verbrennerfahrzeug zum Elektroauto. Erratische Wechsel in der staatlichen Förderung für den Kauf von Elektroautos, Mängel in der Infrastruktur für Elektromobilität (Ladestationen) und die immer noch bestehende staatliche Förderung von Verbrennerfahrzeugen (z. B. als Dienstwagen) tragen dazu bei, dass die Elektromobilität langsamer als gedacht vorankommt.

Die ebenfalls seit Jahrzehnten versprochene wirtschaftliche Sanierung und Qualitätsverbesserung der Deutschen Bahn führte letztlich dazu, dass das Unternehmen immer mehr Schulden anhäufte, die es 2024 durch den Verkauf des rentabelsten Unternehmensteils, der Spedition Schenker, an einen dänischen Logistikkonzern reduzieren musste. Die Gewerkschaften befürchten einen weitreichenden Arbeitsplatzabbau durch den neuen Eigentümer.

Im Bereich der Infrastruktur beobachten wir einen anfangs schleichenden, dann offensichtlichen Raubbau: Private Unternehmen haben zu wenig in die öffentliche Infrastruktur investiert und der Staat hat dies lange Zeit toleriert (z. B. schlechter Zustand der Stromnetze bei privaten Energieversorgern). Hat der Staat die Infrastruktur selbst betrieben, so sind die Ergebnisse genauso schlecht, vielleicht sogar schlechter (Vernachlässigung der Verkehrsinfrastruktur, der Straßen und Bahnnetze).

Bürokratieabbau: Von Politikern wird seit fast zehn Jahren immer wieder das Thema Bürokratieabbau auf die Agenda gesetzt, es wurde sogar ein Bürokratieentlastungsgesetz verabschiedet, das für Bürger und Unternehmen gewisse Entlastungen brachte. Eine substanzielle Reduktion der Bürokratie gelang dadurch nicht. Stattdessen wurden die Bürger z. B. im Rahmen der Reformierung der Grundsteuer noch mit umfangreichen Auskunftspflichten belastet (vgl. Anger

2025, S. 15). Von der Digitalisierung der öffentlichen Verwaltung erhoffen sich viele Bürger und Unternehmen eine signifikante Reduktion von Bürokratie und Papierarbeit. Länder wie Estland, Dänemark und die Ukraine zeigen, dass der digitale Staat keine Utopie bleiben muss, sondern Wirklichkeit werden kann. Eine IFO-Studie zeigte auf, dass durch eine umfassende Digitalisierung von Verwaltungsleistungen die jährliche Wirtschaftsleistung in Deutschland um 96 Mrd. Euro gesteigert werden könnte: »Haupttreiber wären Effizienzgewinne in der Verwaltung, Zeitersparnis für Bürger und Unternehmen sowie eine verbesserte Standortattraktivität für Investoren.« (Kilian, Reinhardt 2025. S. 16). Die Digitalisierung in Deutschland kommt allerdings nur sehr langsam voran, weil in vielen Behörden manche Beschäftigte ihre Arbeitsweise nicht grundlegend ändern wollen, klare Zielsetzungen und Prioritäten und Budgets für Digitalisierungsinitiativen fehlen. Vielmehr wird Digitalisierung bisweilen sogar dazu genutzt, um Bürger auf Abstand zu halten, indem beispielsweise vorher digital ein Termin vereinbart werden muss und das entsprechende Softwaresystem umständlich zu bedienen ist, das System auch teilweise intransparent ist, abgesagte Termine nicht neu vergeben werden und die Gesamtzahl der Termine auch begrenzt ist (z. B. Terminvergabe bei der Kfz-Zulassungsstelle in Stuttgart während Corona). Digitalisierung wird hier nicht zur Entlastung, sondern zur Abwehr des Bürgers genutzt.

In die Kategorie »versprochen-gebrochen« fällt auch, dass viele Probleme seit langem bekannt sind, aber nicht gelöst, sondern nur verwaltet und in die Zukunft verschoben werden. Ein bekannter deutscher Unternehmer kritisiert, dass die folgenden Probleme seit Jahrzehnten bestehen und seit Jahrzehnten von der Politik nicht gelöst werden: »Deutschland deindustrialisiert sich seit den 1970er-Jahren. Der demographische Wandel belastet das Rentensystem seit einem halben Jahrhundert. Die Bundeswehr verfehlt seit drei Jahrzehnten die Nato-Mindestanforderungen.« (Dietz 2024, S. 16).

Der Staat und seine Behörden haben kein Herz

Menschen haben in der Regel ein Herz im Sinne von Empathie und Mitgefühl, aber sie arbeiten in den Strukturen und nach den Regeln der Bürokratie. Staat und Behörden folgen ihrer eigenen institutionellen Logik, sie erfüllen Erwartungen der Gesellschaft, sind an Gesetze und Regeln gebunden und müssen alle gleichen Fälle gleichbehandeln. Solche Bürokratien sind »stahlharte Gehäuse«. Die strikten Vorgaben des Gesetzes werden umgesetzt sine ira ac studio, ohne Ansehen der Person, mitleidslos und emotionslos. Die deutsche Pflegeversicherung ist ein stark reguliertes Leistungssystem und letztlich ein inhumanes System. So detailliert und bürokratisch kann man eine Autofabrik organisieren, aber nicht die Pflege von Menschen. Ziel ist nicht die optimale Pflege, sondern Kostenbegrenzung der Altenpflege und Gewinnerzielung für die privaten Pflegeanbieter. Am Schluss wird man beides nicht erreichen, weil nicht nur die Leistungsqualität erodiert, sondern auch die Kosten immer weiter steigen. Die Sozialversicherung will immer mehr Einnahmen erzielen, ob sie Unternehmen und Privatleute ruiniert, ist ihr egal. Sie will vor allem das Sozialversicherungssystem erhalten. Die Rentenversicherung baut Stellen auf und gliedert immer neue Beitragspflichtige zwangsweise in das System ein (z. B. freiberuflich tätige Dozenten), um das Beitragsvolumen zu steigern. Ob der einzelne Bürger mit seiner späteren Rente auskommt und wie ihn die hohen Beitragssätze im Berufsleben belasten und an der Realisierung seiner Lebenspläne (z. B. Hausbau) hindern, ist für die Rentenversicherung nicht von Bedeutung. Ob der einzelne Freiberufler seine Tätigkeit aufgeben muss, weil die Rentenbeiträge sie unprofitabel machen, interessiert die Rentenversicherung auch nicht. Das Ziel ist die Erhöhung des Beitragsvolumens, »whatever it takes«. Ziel scheint auch nicht eine gute Rente für alle, von der der einzelne Rentner im Alter ordentlich leben kann, zu sein, sondern die Aufrechterhaltung des Rentensystems. Und Ziel der Politik ist es, die nächsten Wahlen zu gewinnen, und die Rentner sind eine sehr bedeutende Wählergruppe. Die Rente des Einzelnen in auskömmlicher Höhe langfristig zu sichern ist nicht das Hauptziel der Rentenversicherung und der Rentenpolitik. Das kommt dabei heraus, wenn zentrale Lebensfragen des Bürgers (Rente, Pflege, Gesundheit) einer herzlosen Bürokratie und einer eigennutzinteressierten Politik, die nach ihrer eigenen Logik handeln, anvertraut werden. Norbert Blüm hat gesagt »Die Rente ist sicher«, das ist auch korrekt. Nur über die Höhe der Rente, die Höhe der Rentenbeiträge, das Renteneintrittsalter hat er nichts gesagt. Die Alternative zu alledem wäre, dass man dem einzelnen Bürger mehr Möglichkeiten gibt, für seine Rente, Pflege und Gesundheit selbst vorzusorgen und aus den Sozialversicherungssystemen unwiderruflich auszutreten.

Das stört viele Menschen an dem Staat, den Behörden und auch an den Unternehmen: Sie haben kein Herz. Der einzelne Mensch wird zum Behandlungsfall, Transportfall, Rentenfall, Krankheitsfall, Kundenauftrag und Beschwerdefall. Er bekommt eine Mitgliedsnummer, wird in Kategorien eingeordnet, die standardisiert sind, die Prozeduren sind standardisiert und die Regeln vorgegeben, Abweichungen im Einzelfall begründungsbedürftig und daher für manche Sachbearbeiter zu mühsam. Der einzelne Fall wird schematisch abgearbeitet und abgeschlossen in der Bürokratie. Die Bürokratie arbeitet sich am Fall ab, sieht aber nicht den individuellen Menschen und sein Schicksal dahinter. Dabei betreffen wichtige bürokratische Entscheidungen nicht selten essenzielle Grundtatbestände im Leben von Menschen.

Die Ziele staatlicher Leistungen decken sich nicht immer mit den Interessen und Zielen der Bürger

Der Staat ist kein Selbstzweck, sondern Mittel zum Zweck, nämlich der Sicherheit und des Wohlstands seiner Bürger. Daran muss man heute manche Politiker und Verwaltungsbeamte wieder stärker erinnern. Ein Staat, der nur seine Einnahmen maximiert (durch unnötige Verkehrskontrollen oder durch hohe Steuern und Gebühren, denen keine angemessene staatliche Leistung gegenübersteht) wirtschaftet zu Lasten seiner Bürger, er verfehlt seinen Zweck.

Bei vielen Kommunen sind Verkehrsverstöße und die dafür verhängten Ordnungswidrigkeiten und Geldstrafen einkalkuliert in den öffentlichen Haushalt. Daher haben manche Kommunen einen starken Anreiz zu intensiven Verkehrskontrollen. Man kann unterscheiden zwischen notwendigen Verkehrskontrollen und solchen Verkehrskontrollen, die Einnahmen für die Gemeinde erzielen sollen. Vor Krankenhäusern, Pflegeheimen, Altenheimen, Kitas und Orten, wo gehäuft Unfälle passierten in den letzten sechs Monaten, sind strenge Verkehrskontrollen notwendig und geboten. Alle anderen Verkehrskontrollen dienen primär der Einnahmeerzielung des Gemeinwesens. Was ist das für ein Gemeinwesen, das Regelübertretungen seiner Bürger vorab in den Haushalt einkalkuliert, um einen ausgeglichenen oder zumindest weniger defizitären Haushalt aufzustellen?

Ein Geschäftspartner, der sich so verhält – da hätte man schon lange die Geschäftsbeziehung beendet bzw. die Insolvenz käme immer näher. Einem Freund, der sich so verhält, hätte man schon lange die Freundschaft gekündigt. Nur der Staat kann sich das erlauben. Dem Staat kann man nur zu sehr hohen Kosten die Gefolgschaft aufkündigen (Auswanderung, Bußgelder, Haftstrafen). Mancher Bürger geht in die innere Kündigung, verdeutlicht durch immer weiter abnehmende Wahlbeteiligung, die lediglich bei der Bundestagswahl 2025 deutlich gestiegen ist. Wieder ein anderer Bürger wird zum Raubbürger, der aus dem Staat, v. a. dem Sozialstaat, herausholt was nur geht, weil er weiß, dass der Staat aus dem Bürger herausholt, was nur geht.

Der Staat ist nicht die Lösung, sondern häufig das Problem

»Der Staat ist nicht die Lösung, sondern häufig das Problem« (Stelter 2024, S. 15). Dies zeigt sich deutlich am deutschen Immobilienmarkt, der seit Jahren durch geringe Neubautätigkeit, Wohnungsknappheit und steigende Kaufpreise für Immobilien und steigende Mieten gekennzeichnet ist. Es gibt mehrere Argumente dafür, dass der Staat die Mietpreise und Kaufpreise im Immobilienmarkt gewollt oder ungewollt in die Höhe treibt.

Die zurückhaltende Ausweisung von Neubaugebieten durch die Kommunen hält die Grundstückspreise hoch, dies verteuert das Bauen, was mittelfristig zu höheren Mieten führt.

Der Staat gibt einkommensschwachen Mietern vielfältige Hilfen. So übernimmt er beim Bezug von Bürgergeld die Mietzahlung oder er hilft bedürftigen Familien mit Wohngeld. Diese Maßnahmen sollen dem Mieter helfen, in Wahrheit können sie vom Vermieter genutzt werden, um höhere Mieten durchzusetzen, die dadurch möglich werden, dass der Staat die Miete bezahlt (Bürgergeld) oder Mietzuschüsse gewährt (Wohngeld) (vgl. Anger, Kersting 20245, S. 8).

Der Staat hat in den letzten Jahren die Anforderungen an die energetische Sanierung von Gebäuden (Dämmung, Heizanlage, Photovoltaik) stark erhöht, dies verteuert das Bauen und führt mittelfristig zu steigenden Kaltmieten (bei hoffentlich geringeren Nebenkosten) für die Mieter.

Zur Förderung der energetischen Sanierung von Gebäuden gewährte der Staat die Möglichkeit, anfangs 11 Prozent der Modernisierungskosten auf den Mieter umzulegen. Für manche Mieter bedeutete das sehr starke Mieterhöhungen, die durch die geringeren Nebenkosten nicht annähernd ausgeglichen wurden. Für den

Vermieter war dies attraktiv, da sich die Modernisierung bereits nach ca. 8 Jahren amortisiert hatte und der Wert des Gebäudes durch die Modernisierung stieg.

Mit vielfältigen Förderinstrumenten fördert der Staat den Erwerb von Immobilieneigentum durch junge Familien, er gewährt Zinsvergünstigungen, Baukindergeld oder Zuschüsse für den Erwerb und die energetische Sanierung von Wohneigentum. Auf den ersten Blick helfen diese Maßnahmen dem Immobilienkäufer, aber sieht man genauer hin, so kann es auch möglich sein, dass der Immobilienverkäufer oder Projektentwickler die Preise sehr hoch setzen kann, weil er weiß, dass die Käufer aufgrund der staatlichen Hilfen ein höheres Budget zur Verfügung haben. Höhere Kaufpreise bedeuten dann später auch höhere Mieten.

Der Staat treibt die Baukosten und die Mieten auch dadurch, dass viele Bundesländer die Grunderwerbssteuer und die Grundnutzungssteuer in den letzten Jahren stark erhöht haben.

Die detaillierte staatliche Vorgabe von energetischen Sanierungsmaßnahmen wie Dämmen der Gebäudehülle beschert den Anbietern der entsprechenden Baustoffe eine hohe Nachfrage, was sie zu Preiserhöhungen nutzen können. Das verteuert das Bauen und Sanieren von Wohnraum und trägt auch zum Mietanstieg bei.

Die inflationäre Geldpolitik der EZB hat jahrelang Nullzinsen oder Negativzinsen durchgesetzt. Dies hat die Kaufpreise von Immobilien stark erhöht, weil Immobilien für mehr Käufer als bisher erschwinglich waren. Dass aus höheren Kaufpreisen mittelfristig auch höhere Mieten resultieren, war abzusehen. Zudem wirkt die von der EZB nach 2022 mitverursachte Inflation bei Mietverträgen mit einer Indexpreisklausel unmittelbar mieterhöhend.

Die Probleme im deutschen Mietmarkt wurden auch dadurch verschärft, dass sich die Bundesländer aus dem sozialen Wohnungsbau teilweise zurückgezogen haben. Dadurch wurde weniger Wohnraum für einkommensschwache Bevölkerungsgruppen geschaffen als in der Vergangenheit. In Deutschland gibt es im Jahr 2024 noch 981100 Sozialwohnungen, 1990 waren es noch 3 Millionen Sozialwohnungen. Viele Wohnungen sind aus der Sozialbindung gefallen und der Neubau von Sozialwohnungen ist stark rückläufig (vgl. Anger, Kersting 2024, S. 8). Problemverschärfend kam hinzu, dass die Bautätigkeit der Projektentwickler sich sehr stark auf Luxuswohnraum in guten Lagen konzentrierte, weil diese eine höhere

Rendite ergaben. Der Bau erschwinglichen Wohnraums mit geringerem Komfortniveau in B- und C-Lagen oder in sozialen Brennpunkten wurde vernachlässigt, weil er nur geringere Renditen für Verkäufer und Vermieter erbringt. Der Markt sorgte somit für ein gutes Angebot im Luxussegment und ein unzureichendes Angebot im preiswerten Marktsegment.

Ebenfalls mieterhöhend wirkten sich die erratischen Wechsel der staatlichen Wohnungspolitik aus. In Berlin führte der Berliner Senat einen Mietendeckel ein. Kurz vor der Einführung haben viele Vermieter, die längere Zeit die Mieten nicht erhöht haben, schnell noch einmal die Mieten nach oben angepasst. Als der Mietpreisdeckel vor dem Verfassungsgericht scheiterte, konnten die Vermieter Mieten nachfordern. Vermutlich hat erst der drohende Mietpreisdeckel manche Vermieter alarmiert und dazu motiviert, die Miete zu erhöhen. Auch mehrfache Wechsel der staatlichen Förderpolitik (z. B. Förderung von Solaranlagen und Wärmepumpen) haben Bauherren und Finanzinvestoren verunsichert. Immobilieninvestments werden heute als riskanter beurteilt als früher. Dass Investoren dann höhere Renditen zur Kompensation des gestiegenen Risikos verlangen, verwundert nicht. Dass in so einem Investitionsklima der Neubau zurückgeht, wundert auch nicht – dass dann die Mieten weiter steigen, noch weniger. Zur Verunsicherung vieler Immobilienbesitzer tragen ebenfalls von Brüssel und Berlin erwartete Modernisierungszwänge bei Immobilien mit geringem energetischen Standard bei. Diese Immobilien haben stärker an Wert verloren seit 2022. Dies schlägt sich aber noch nicht in sinkenden Kaltmieten in solchen energetisch veralteten Immobilien nieder. Nur die Nebenkosten steigen wegen der staatlichen Energiepolitik immer weiter.

Die Freigabe des CO_2-Preises für eine marktliche Preisbildung könnte den CO_2-Preis ab 2026 stark erhöhen. Damit würde für Mieter und Vermieter das Heizen teurer, vor allem wenn die Immobilie eine Gas- oder Erdölheizung hat. In energetisch nicht sanierten Häusern soll der Vermieter einen Teil des CO_2-Preises tragen. Manche Vermieter werden versuchen, diese Mehrkosten bei der nächsten Vermietung durch eine höhere Kaltmiete hereinzuholen.

Der Staat ist auch nicht gegen Fehlentwicklungen im Mietmarkt mit der notwendigen Konsequenz eingeschritten. Seit Jahren ist das Problem der Fehlbelegung im sozialen Wohnungsbau bekannt. Vormals einkommensschwache Mieter erzielen Einkommens- und Wohlstandsgewinne, bleiben aber nach wie vor in ihren günstigen Sozialwohnungen. Die Einführung und Durchsetzung einer Fehlbelegungsabgabe könnte preiswerten Wohnraum frei und für Bezieher geringer Einkommen verfügbar machen. Neue ordnungspolitische Instrumente der Wohnungspolitik wie die Mietpreisbremse, Kappungsgrenzen bei Mieterhöhungen und Mietspiegel wurden langsam, manchmal auch nur teilweise oder nur in bestimmten Städten umgesetzt (vgl. Streit 2020, S. 19). Zudem ließen die neuen Mietregeln auch Spielräume und Lücken für Mieterhöhungen, die der Gesetzgeber nicht reguliert hatte (z.B. bei Vermietung möblierter Wohnungen) und von manchen Vermietern genutzt wurden für starke Mieterhöhungen.

Dass in Ostdeutschland preiswerte Plattenbauten nicht mehr saniert oder abgerissen werden, nimmt Angebotskapazitäten und damit Wettbewerb aus dem dortigen Immobilienmarkt und dürfte mittelfristig auch mieterhöhend wirken. Mieterhöhend wirkte sich letztlich auch die staatliche Migrations- und Flüchtlingspolitik aus. Flüchtlinge suchen preiswerten Wohnraum entsprechend ihrer geringen oder nicht vorhandenen Einkommen und Vermögen. Dieser Wohnraum war aber schon vor dem Jahr 2015, dem Beginn der großen Flüchtlingswellen, in Deutschland knapp.

Zusammenfassend hat der deutsche Staat eine katastrophale, dem ökonomischen Sachverstand widersprechende und letztlich unsoziale Wohnungsbau- und Mietpolitik betrieben, die für die wirklich bedürftigen Menschen keine Hilfe war. Es spricht im Gegenteil vieles für die Vermutung, dass der Staat die Erhöhung der Mieten in Deutschland antreibt, sei es gewollt (energetische Sanierung) oder ungewollt (falsch konzipierte Hilfen für Mieter und Immobilienkäufer) oder als Nebenwirkung politischer Entscheidungen in anderen Politikbereichen (Geld- und Zinspolitik, Migration). Neben der staatlichen Politik wirkten sich auch die hohen Anforderungen vieler Immobiliennutzer an größere Wohnflächen, steigenden Wohnkomfort, steigende Wohnsicherheit und ästhetische Innenausstattung mit teuren Markenprodukten preiserhöhend aus. Der dritte preistreibende Faktor waren die hohen Gewinnspannen der Immobilienentwickler (eines der rentabelsten Geschäftsfelder überhaupt, rentabler als Softwareentwicklung und Halbleitertechnik) und die Spekulation von Grundstückbesitzern auf weiter steigende Preise, was Baugrund verknappt und verteuert. Ein vierter Faktor dürften ineffiziente, veraltete Arbeitsweisen in der Bauindustrie sein, die abgesehen vom Einsatz moderner Baumaschinen auf die gleiche ineffiziente Art und Weise Wohnraum baut wie seit 100 Jahren. Wer schon einmal das Geschehen auf manchen Baustellen, den langsamen Baufortschritt und die Leerkapazitäten mancher Arbeiter auf einer Baustelle beobachtet hat, ahnt das Potenzial für Effizienzsteigerungen in der Bauindustrie. Fünftens ist die Mietenfrage zur neuen Sozialen Frage auch deshalb geworden, weil der Staat die Einkommen in Deutschland sehr hoch besteuert. Das reduziert das für Mietzahlungen benötigte verfügbare Einkommen vieler Menschen drastisch. Würde die Einkommenssteuerlast sinken, könnten die Menschen mehr für den Kauf und die Anmietung von Immobilien ausgeben. Vielleicht wäre dies sogar die effektivste Wohnungspolitik?

Ein Politikschritt in die richtige Richtung war die Abschaffung der Maklerprovision, die früher vom Mieter der Wohnung bezahlt werden musste. Heute muss der Vermieter als Auftraggeber des Maklers die Maklerprovision bezahlen (Verursacherprinzip). Dies hat für die Mieter eine spürbare Entlastung bewirkt. Möglicherweise haben aber manche Vermieter die Maklerprovision in die geforderte Kaltmiete einkalkuliert. Letztlich bezahlt dann doch der Mieter den Makler, wenn auch indirekt.

In der Wohnungspolitik sind wichtige Politikthemen der Kündigungsschutz des Mieters und die Begrenzung der Mietsteigerungen. Beides wirkt sich auf die Investitions- und Bautätigkeit, die Bereitschaft privater Wohnungsbesitzer zur Vermietung und damit auch auf die Höhe der Mieten aus.

Das teilweise Versagen des Staates bei der Regulierung des Mietmarktes hat weitreichende Folgen. Es beschädigt das Vertrauen mancher Bürger in das Funktionieren von Märkten und die Marktwirtschaft. In einer im Jahr 2023 vom Allensbach Institut durchgeführten Befragung äußerten 64 Prozent der Befragten den Wunsch, dass der Staat die Mietpreise festlegen soll (vgl. Sigmund 2023).

Ein Reformvorschlag für den Mietmarkt könnte die Schaffung von fünf Marktsegmenten vorsehen. Denkbar wäre es dabei, drei neue, teilweise deregulierte Marktsegmente im deutschen Mietmarkt einzuführen: ein Segment, in dem es keinen Kündigungsschutz, aber dafür gedeckelte Mieten gibt, und ein anderes Segment, in dem es Kündigungsschutz, aber dafür keine Mietbegrenzung gibt. Beide Segmente könnten Neubautätigkeit und die Bereitschaft zur Vermietung steigern. Das dritte Marktsegment wäre der bisherige Immobilienmarkt mit Kündigungsschutz und Mietbegrenzung. Für Bezieher sehr hoher Einkommen könnte ein neues, viertes, völlig dereguliertes Marktsegment ohne Kündigungsschutz und ohne Mietpreisgrenzen eingeführt werden. Die Aushandlung eines dennoch gültigen Kündigungsschutzes oder einer Mietbegrenzung wäre dann Aufgabe der Vertragspartner und würde zum Bestandteil des privaten Mietvertrages. Das fünfte Marktsegment wäre der soziale Wohnungsbau für wirklich bedürftige Familien mit geringen Mieten (in weniger komfortablen Wohnungen, z.B. ohne Aufzug) bei Kündigungsschutz. Die fünf Segmente des Immobilienmarktes könnten die Bedürfnisse und Interessen sehr unterschiedlicher Mietergruppen besser bedienen als der bisherige Mietmarkt mit seinen einheitlichen und starken Regulierungen.

Das paradoxe Verhalten des Staates als Räuber und Retter – Zufall oder Absicht mit System?

Die Kommunen treiben die Wohnungsmieten und die Immobilienpreise, indem sie Bauland verknappen bzw. nicht ausweisen. Ferner erhöhen sie in Zusammenarbeit mit den Ländern und dem Bund die Baunormen, was die Baukosten treibt. Viele staatliche Förderprogramme, die für Familien den Erwerb von Wohneigentum ermöglichen sollen (z.B. Zinszuschüsse) steigern die Nachfrage nach Wohnraum und werden von den Verkäufern der Immobilie und den Bauträgern in die Preise einkalkuliert, sie verteuern also Immobilien. Der Staat erhebt Grunderwerbssteuern und Grundnutzungssteuern, damit verteuert er den Erwerb einer Immobilie, der Erwerber kann diese staatlichen Steuern in die Miete einkalkulieren. Der Staat schafft also teilweise selbst das Problem des Wohnraummangels und der hohen Mieten, das er vorgibt zu lösen. Ebenso ist es in anderen Wirtschaftsbereichen: Der Staat begünstigt alternative Energien (Wind- und Solarenergie), das Unternehmen Siemens beabsichtigt daher ein Werk für Gasturbinen in Ostdeutschland zu schließen. Sofort eilt der Wirtschaftsminister (medienwirksam) zur Hilfe und redet mit dem Siemens-Management, ob die Schließung nicht vermieden werden kann. Auch in diesem Fall hat der Staat als Problemlöser das Problem teilweise selbst verschuldet. Der Staat hat den Finanzsektor dereguliert in den 1980er und 1990er Jahren, die Banken machten daher riskante Finanzgeschäfte, was zur Finanzkrise 2008 führte. Der Staat rettet die Banken, die wissen und einkalkuliert haben, dass sie gerettet werden müssen, weil sie systemrelevant sind. Für die Entstehung des Rettungsbedarfes trägt der Staat wegen der vorausgegangenen Deregulierung des Finanzsektors eine Mitschuld. In der öffentlichen Diskussion wurde die Schuld an der Krise überwiegend den Banken angelastet. Man fragt sich bei allen diesen Beispielen: Ist das Dummheit, schlechte Planung und Koordination; Wahnsinn staatlicher Entscheidungsträger oder Absicht mit System und Methode der staatlichen Entscheidungsträger?

4.3.4 Der Staat als Regulierer

Der Staat greift mit Regulierungseingriffen in den Markt ein, er erlässt Gebote, Verbote, setzt Grenzwerte bei Emissionen, verpflichtet Netzanbieter zu einer flächendeckenden Versorgung oder zum Anschluss von Konkurrenten an ihre Netze (Deutsche Telekom AG, Bahn AG). Der Staat macht privaten Anbietern Auflagen zur Sicherheit und Hygiene. Er verpflichtet private Internetplattformen, gegen Hassrede und Hetze in sozialen Netzwerken vorzugehen; er definiert Maßnahmen des Datenschutzes, des Mutterschutzes, an die sich private Unternehmen halten müssen etc. Viele dieser staatlichen Regulierungseingriffe erscheinen sinnvoll und wichtig. Kritiker fragen sich zunehmend, ob es aber nicht zu viele Regulierungseingriffe sind.

Die staatliche Regelungsdichte nimmt immer weiter zu. Im Jahr 2025 galten in Deutschland 4663 Gesetze und Verordnungen mit 96876 Einzelvorschriften, gegenüber 2010 ist das eine Erhöhung um 21 Prozent (vgl. Greive et al. 2025, S. 50).

Einher mit den Regulierungseingriffen geht eine umfangreiche staatliche Bürokratie (Dokumentationspflichten, Auskunftspflichten etc.), die für private Unternehmen zu zusätzlichen Kosten führt. So mussten Unternehmen im Jahr 2024 insgesamt 12390 Informationspflichten erfüllen, was eine Zunahme um fast 1000 Informationspflichten in den letzten 6 Jahren bedeutet (vgl. Greive et al. 2025, S. 50). Die staatlichen Regulierungseingriffe behindern manchmal Innovationen und effiziente Lösungen, sie verzerren Investitionsanreize und das Verhalten am Markt. Sie haben also einen Preis, den andere, nämlich private Unternehmen und ihre Kunden, zahlen müssen. Und sie werden immer mehr, immer detaillierter, immer umfangreicher: »Wenn der Markt im Übermaß politisch gelenkt oder gar deformiert wird, sprechen Ökonomen von Dirigismus. Das heißt, dass der Staat immer stärker in Investitions- und Finanzierungsentscheidungen, in die Organisationsstruktur von Unternehmen und sogar in die Preisgestaltung eingreift.« (Di Fabio 2024, S. 52).

In seinem 1929 erschienenen Buch »Kritik des Interventionismus« behandelt Ludwig von Mises die staatliche Regulierung (er verwendet dafür die Bezeichnung Interventionismus) privater Unternehmenstätigkeit und privaten Eigentums als dritten Weg zwischen Markt (Kapitalismus) und Staat (Sozialismus). Dabei wird das Privateigentum an den Produktionsmitteln nicht abgeschafft, aber durch staatliche Eingriffe eingeschränkt (vgl. Mises 2013, S. 22). Mises weist auf Ausweich- und Umgehungsversuche der regulierten Unternehmen hin, was weitere Interventionen sowie eine Verschärfung und stärkere Detaillierung der staatlichen Eingriffe nach sich zieht, d. h. eine Interventionsspirale in Gang setzt (vgl. Mises 2013, S. 41). Der Markt wird durch den Staat deformiert, der immer stärker in Marktprozesse und Marktergebnisse regulierend eingreift.

Mises prognostiziert aufgrund der zunehmenden Umgehung und Konterkarierung von Eingriffen durch die regulierten Unternehmen einen Verfall der Geschäftsmoral und der öffentlichen Moral (vgl. Mises 2013, S. 44). Mises wies ebenfalls auf die zersetzenden Folgewirkungen des staatlichen Interventionismus hin: »In the interventionist state it is no longer of crucial importance for the success of an enterprise that operations be run in such a way that the needs of the consumer are satisfied in the best and least expensive way; it is much more important that one has ›good relations‹ with the controlling political fractions, that the interventions redound to the advantage and not the disadvantage of the enterprise. [...] Consequently the men who reach the top of such enterprises are not those who know how to organize operations and give production a direction which the market situation demands, but rather men who are in good standing both ›above‹ and ›below‹, men who know how to get along with the press and with all political parties [...]«. (Mises 1978, S. 16 f.).

Der Interventionismus wird nach Ansicht von Mises aufgrund inhärenter Probleme (Interventionsspiralen, Bürokratisierung) langfristig entweder zu Kapitalismus (Aufgabe des Interventionismus wegen Erfolgslosigkeit) oder zu Sozialismus (immer weitergehende Eingriffe des Staates schaffen faktisch eine Planwirtschaft, auch wenn das Privateigentum formal noch bestehen mag) führen. »Der Interventionismus selbst ist als Wirtschaftssystem zweck- und sinnwidrig, und wenn man dies einmal erkannt hat, dann bleibt nur die Wahl zwischen der Beseitigung aller Eingriffe oder ihrer Ausgestaltung zu einem System, in dem die Regierung alle Schritte der Unternehmer leitet, in dem die Entscheidung darüber, was und wie produziert werden soll und unter welchen Bedingungen und an wen die Produkte abgegeben werden sollen, dem Staate zusteht, kurz zu einem System des Sozialismus, in dem vom Sondereigentum an den Produktionsmitteln höchstens noch der Name übrigblieb.« (Mises 2013, S. 93). Zwei Abhilfen sind denkbar, um Regulierungseingriffe des Staates zu vermindern oder abzuschaffen.

Der Staat kann bisher fast nach Belieben (die Grenze sind die Grundrechte der Verfassung) eine Regulierung privater Unternehmenstätigkeit erlassen, die Regulierungsmaßnahmen verursachen dem Staat nur relativ geringe Kosten für die eigene Bürokratie. Wir haben so viele und so weitgehende Regulierungseingriffe, weil der Staat die Regulierungslasten der regulierten Unternehmen und der Bürger nicht direkt bezahlen muss, sie also in das Nutzen- und Kostenkalkül des Staates nicht einfließen. Müsste der Staat das regulierte Unternehmen hingegen für die aufgebürdete Regulierungslast (Zeitaufwand, Auskunftspflichten, neu eingestellte Mitarbeiter extra für die Regulierungsaufgabe) bezahlen, so ist zu vermuten, dass wir lange nicht so viel staatliche Regulierung hätten.

Die Alternative zur Bepreisung von Regulierungseingriffen wäre eine umfassende Deregulierung, d. h. die Abschaffung von Regulierungseingriffen. »Das ist nichts anderes als eine Umschreibung des Grundsatzes: Laissez faire, laissez passer.« (Mises 2013, S. 71). Mises prognostiziert, dass die Abkehr von einer lange verfolgten interventionistischen Politik ein langwieriger Prozess ist: »Jahre würden selbst unter den günstigsten Umständen vergehen, bis es möglich wäre, die Spuren der verkehrten Politik der letzten Jahrzehnte zu tilgen. Aber: es gibt keinen anderen Weg zu steigendem Wohlstand für alle.« (Mises 2013, S. 49). Entsprechende radikale Deregulierungskampagnen können derzeit in Argentinien und USA beobachtet werden, die teilweise drastischen Auswirkungen auf Teile der Bevölkerung sind deutlich erkennbar. Auch Deregulierung ist nicht kostenlos, sondern hat einen Preis. Die Frage ist, wer ihn bezahlt.

4.4 Die Beurteilung der Ergebnisse staatlicher Politik

Viele Menschen haben zunehmend den Eindruck, dass der deutsche Staat in einer Krise steckt, die staatliche Leistungserstellung ineffizient ist, der Staat seine Verpflichtungen nicht mehr einhält und teilweise nicht mehr funktioniert. Die Folgen sind schleichender Vertrauensverlust in staatliche Einrichtungen (vgl. Meckl 2024, S. 29). Das oft zu hörende Lamento in Talkshows, der populären Presse und bei Interessengruppen lautet etwa so: Der Staat wird übergriffig, er zieht immer mehr Aufgaben an sich, mischt sich in alle Belange des Lebens ein, er ist teuer (hohe Steuern), er ist teilweise ineffizient und erbringt nicht selten Leistungen schlechter Qualität, bei denen die Nutzer keine Ausweichmöglichkeiten haben, weil es nur das staatliche Leistungsangebot gibt. Eine drastische Formulierung zur Leistungsfähigkeit des deutschen Staates wählt ein bekannter deutscher Unternehmensgründer: »Die Liste staatlicher Fehlschläge ist lang: gescheiterte Wohnungsbauziele, schleppende Digitalisierung, Wärmepumpengesetz, Bildung, Forschung und Infrastruktur sind essenziell, um Innovationskraft zu sichern.« (Dietz 2024, S. 16). Wir haben heute keine funktionierende Marktwirtschaft oder Soziale Marktwirtschaft, sondern eine von staatlichem Dirigismus verformte und degenerierte Wirtschaftsform, eine Raubökonomie.

Die Leistungsfähigkeit des deutschen Staates war Gegenstand mehrerer Umfragen in jüngerer Zeit. In der Befragung des Meinungsforschungsinstituts Forsa, die vom Deutschen Beamtenbund in Auftrag gegeben wurde, gaben 70 Prozent der befragten 2001 Bürger an, dass der Staat überfordert ist. Dabei wurden vor allem die Politikbereiche der Asyl- und Flüchtlingspolitik (30 Prozent), der Schul- und Bildungspolitik (20 Prozent) und der inneren Sicherheit (13 Prozent) genannt. Diese Ergebnisse zeigen ein zurückgehendes Vertrauen in die Leistungsfähigkeit des Staates und einen Verfall des Ansehens und der Autorität des Staates (vgl. Specht 2024, S. 14). In einer anderen Umfrage der Hertie School of Governance und der Organisation »Wegweiser Research und Strategy« unter Behördenleitern hielten 49 Prozent der Teilnehmer den Staat für überfordert. 40 Prozent der befragten 336 Behördenleiter konstatierten, dass der öffentliche Dienst an Leistungsfähigkeit verloren hat. 60 Prozent der befragten Behördenleiter »sehen die

Verwaltung nicht in der Lage, die digitale Transformation von Staat, Wirtschaft und Gesellschaft erfolgreich anzugehen« (Specht 2023, S. 7).

Kritik wird nicht nur an staatlichen Dienstleistungen, sondern auch an der staatlichen Haushaltsführung geübt. Eine Studie des ZEW ergab, dass nur 20 Prozent des Bundeshaushalts Investitionen und Ausgaben für die Zukunft sind. Von den Gesamtausgaben des Bundeshaushalts im Jahr 2023 von 458 Mrd. Euro waren nur ca. 90 Mrd. Euro für zukunftsbezogene Aufgaben verwendet worden. Der größte Ausgabenblock entfällt auf die Sozialversicherung, d.h. Leistungen des Sozialstaates, die dem gegenwärtigen Konsum zuzurechnen sind (vgl. Greive, Hildebrand 2024). Aus den geringen Investitionen des Staates in Infrastruktur, Forschung und Bildung und infolgedessen dem schlechten Zustand der Infrastruktur, Schulen und Hochschulen in Deutschland wurde die These des kaputtgesparten Staates abgeleitet. Diese These ist so nicht zutreffend. Der deutsche Staat hatte im Jahr 2023 so viel Steuereinnahmen wie nie zuvor seit 1949, er gibt nur überproportional viel davon für Sozialleistungen und nicht für Zukunftsinvestitionen aus (vgl. Buggeln 2024). Die Ursache für die Misere staatlicher Haushalte ist auf der Ausgabenseite, nicht auf der Einnahmenseite zu suchen. Zwei zugespitzte Zitate aus einem Beitrag eines bekannten deutschen Unternehmensgründers machen dies deutlich: »Deutschland hat kein Einnahmeproblem: 1,9 Billionen Euro flossen 2023 in die Staatskassen. Die Staatsquote liegt bei über 50 Prozent, die Sozialquote bei über 30 Prozent ...« (Dietz 2024, S. 16). »Seit der Wiedervereinigung wuchsen die Bundesausgaben im Schnitt um etwa zwei Drittel schneller als das Bruttoinlandsprodukt (BIP). Der Staat agiert als Raupe Nimmersatt!« (Dietz 2024, S. 16).

Viele Menschen in Deutschland wünschen sich dennoch immer noch mehr Staat. Ein Meinungsforschungsinstitut befragte im Auftrag der von Unternehmen finanzierten Initiative Neue Soziale Marktwirtschaft 2024 in Deutschland 5000 Bürger nach ihrer Einstellung zu Staat und Markt. Es zeigte sich, dass die Deutschen bei bestimmten Themen eher marktwirtschaftlich denken. Sie präferieren die Festlegung des Mindestlohns durch Tarifparteien und nicht den Staat. Sie äußern den Wunsch nach weniger staatlichen Eingriffen in die Wirtschaft und lehnen die Rettung notleidender großer Unternehmen durch Beteiligung des Staates an den Unternehmen ab. Sie befürworten mehr Eigenverantwortung bei der Absicherung persönlicher Lebensrisiken und Klimaschutz mit marktwirtschaftlichen Mitteln und nicht mit staatlicher Regulierung. Ebenfalls findet sich ein mehrheitliches Plädoyer für Steuersenkungen und die staatliche Regulierung von Preisen lebenswichtiger Güter wie Strom und Lebensmittel. Bei bestimmten Themen überwogen in dieser Befragung hingegen etatistische Tendenzen. Eine Mehrheit der Befragten befürwortet Umverteilung durch das Steuersystem, höhere Besteuerung von Vermögen, staatliche Bereitstellung der Infrastruktur, staatliche Sozialversicherung statt privater Vorsorgeeinrichtungen. In Summe und über alle Themen und befragten Bürger hinweg betrachtet zeigte sich eine fast ausgewogene Verteilung von marktwirtschaftlichen und etatistischen Denkhaltungen mit einem leichten Überwiegen etatistischer Einstellungen (vgl. Olk 2024, S. 13).

Letztlich stellt sich aber auch die Frage, ob die Erwartungen vieler Bürger an staatliche Leistungen nicht zu hoch und unrealistisch sind. Dazu haben sicherlich Wahlversprechen von Politikern (»Die Rente ist sicher«) und zahlreiche politische Reformversuche beigetragen. In den letzten 40 Jahren versuchte die deutsche Politik mehrere Bahnreformen (gemeinsam mit dem Management der Bahn), zwei größere Pflegereformen, mehrere Reformen der Krankenkassen, eine große Reform der Krankenhausfinanzierung, eine große Reform der Arbeitslosenversicherung, die dann sukzessive wieder zurückgenommen wurde in den nachfolgenden Jahren, mehrere Reformen der Rentenversicherung, der deutschen Universität und der Wohnungsbauförderung sowie eine permanente Reform des deutschen Steuerrechts und eine permanente Nicht-Reform des deutschen Schulwesens. Die Reform wird zum Dauerzustand. Seit Jahren wird den Bürgern versprochen, dass alles besser wird. Wann wird es denn endlich mal gut?

Im Jahr 2024 hat Deutschland eine Staatsquote von 49,3 Prozent, die Schweiz eine erwartete Staatsquote von 31,5 Prozent (vgl. Statista 2025). Die jährlichen absoluten Staatsausgaben (Bund, Länder, Gemeinden, staatliche Unternehmen, Sozialversicherung) belaufen sich auf fast 2 Bio. Euro, das ist eine Verdoppelung in 20 Jahren. Dabei ist der größte Budgetposten nicht Verteidigung, innere Sicherheit oder Bildung, sondern die Sozialversicherung. Durch jahrzehntelange Verzögerung und Unterlassung von Erhaltungs- und Modernisierungsinvestitionen sind jetzt enorme Haushaltsmittel erforderlich für den klimaneutralen Umbau der Wirtschaft, die Erneuerung der Energieversorgung, die Reparatur der Verkehrsinfrastruktur, die Verbesserung der Bausubstanz von Schulen und Universitäten, den Ausbau der digitalen Infrastruktur und die Ertüchtigung der Bundeswehr. Es ist absehbar, dass die nötigen Investitionen in Billionenhöhe die deutschen Staatsfinanzen völlig überfordern werden (vgl. Matthes 2024, S. 5). Immer mehr Bürgern dämmert, dass das jahrzehntelange Unterlassen von Investitionen einen Scheinwohlstand durch Substanzverzehr bedeutet hat, weil die nicht investierten Gelder in den Ausbau des Sozialstaates und der staatlichen Verwaltung investiert werden konnten. Die dadurch aufgelaufene Rechnung wird jetzt präsentiert, sie müsste eigentlich zu einem erheblichen Teil von der vorigen Generation beglichen werden, die von den unterlassenen Investitionen profitiert hat. Die Lösung könnte eine nach Altersgruppen gestaffelte Infrastruktursteuer sein, wobei die älteren Bürger höhere Abgaben zu leisten hätten, wenn die Kosten der Erneuerung der Infrastruktur wenigstens annähernd generationen- und nutzungsgerecht verteilt werden sollen.

Fazit: Wäre der deutsche Staat nicht eine Hoheitsinstanz mit Zwangsgewalt, sondern eine börsennotierte Aktiengesellschaft, so würden vermutlich viele Bürger-Aktionäre ihre Staatsaktie bald verkaufen, der Kurs der Staatsaktie Deutschland würde an der Börse vermutlich stark sinken.

Viele staatlichen Leistungen sind schlecht. Mancher (aber nicht jeder) Bürger bekommt einen schlechten Gegenwert für die hohe Steuer-, Beitrags-, Abgaben- und Gebührenlast. Ob private Anbieter allerdings bessere Leistungen in höherer Qualität erbringen könnten, ist hingegen auch nicht garantiert und daher im Einzelfall zu prüfen.

4.5 Zum Verhältnis von Politik und Wirtschaft: Plutokratie, Oligarchie und politisches Unternehmertum in der Parteiendemokratie

Plutokratie ist ein Kampfbegriff, er bezeichnet die Herrschaft des Geldes in einem Land, wobei die Hochvermögenden (Plutokraten) mit Hilfe ihrer wirtschaftlichen Macht Einfluss auf die Politik gewinnen. Jüngst wurden Stimmen laut, dass die

USA unter dem neuen Präsidenten Trump eine Plutokratie werden könnten, weil Stephan Schwarzman (Blackstone, Finanzinvestor), Elon Musk (Autoherstellung, Raumfahrt, Kommunikationsplattform X), Peter Thiel (Venture Capitalist, Gründer von Paypal), Marc Andreesen (Venture Capitalist, Mitgründer von Netscape Communications) und Ben Horowitz (Venture Capitalist, Mitbegründer des Softwareunternehmens Opsware) dem Präsidenten Trump sehr nahestehen. Sie haben während des Wahlkampfes 2024 den Präsidentenkandidaten Trump mit Spenden, Testimonials und Wahlempfehlungen unterstützt. Plutokraten versuchen mit ihrem Geld Einfluss auf die Politik zu gewinnen, damit staatliche Regulierungs- und Beschaffungsentscheidungen im Sinne ihrer Unternehmen ausfallen. Diese politischen Entscheidungen könnten dann nachteilig für die Konkurrenten der Plutokraten wirken (vgl. Riecke 2024, S. 9). Plutokraten betreiben damit Rent Seeking und nutzen ihre Nähe zur Politik und ihren Einfluss auf die Politik zum Vorteil ihrer Unternehmen und zur Mehrung ihres privaten Vermögens. Die Plutokratie ist damit eine Raubökonomie, weil der Erfolg des Unternehmens nicht nur von der marktlichen Leistung im Wettbewerb, sondern auch von der Begünstigung durch die Politik und dem politischen Einfluss des Unternehmensinhabers abhängt. Die Folgen davon sind erheblich: »Der Effekt: eine massive Machtkonzentration bei wenigen, das Verschwimmen der Grenze zwischen Wirtschaft und Politik in fraglichem Ausmaß und das kulturelle Signal, dass sich politischer Einfluss kaufen lässt. Ein Bärendienst für die Demokratie.« (Buchheim 2024, S. 70).

Die russische Variante der Plutokraten sind Oligarchen. Es handelt sich um private Unternehmer, denen es gelungen ist, in den Wirren nach Auflösung der Sowjetunion staatliches Vermögen und staatliche Unternehmen weit unter ihrem Marktwert zu erwerben und so den Grundstock für große Vermögen zu legen. Bekannte Oligarchen sind Vladimir Potanin (Norilsk Nickel, Bergbauunternehmen), Roman Abramowicz (Evraz, Stahlherstellung, Beteiligung an Aeroflot, Fluglinie, lebt heute in Großbritannien), Mikhail Chodorkowski (Yukos, Ölkonzern, später inhaftiert unter Putin, lebt heute in London), Oleg Deripaska (Rusal, Aluminiumherstellung). Oligarchen haben eine Nähe zur russischen Politik und zeichnen sich durch Loyalität gegenüber der herrschenden Politikerkaste aus. Der Unterschied zur Plutokratie ist im umgekehrten Wirkmechanismus zu sehen: Plutokraten benutzen ihre bereits vorhandene wirtschaftliche Macht, um Einfluss auf die Politik und politische Macht zu gewinnen. Demgegenüber streben Oligarchen danach, ihre Nähe und ihre Beziehungen zur Politik und den Machthabern zu kapitalisieren und zum Aufbau von persönlichem Wohlstand und wirtschaftlicher Macht zu benutzen, z.B. durch Kauf staatlicher Unternehmen weit unter Wert oder durch Verdrängung von Konkurrenten mit politischer Hilfe. Eine gewisse Nähe zur russischen Mafia wurde bei einzelnen Oligarchen bisweilen vermutet. Es lässt sich konstatieren, dass plutokratische und oligarchische Systeme sehr wesensnah und verwandt mit Raubökonomien sind.

Differenzierter ist der Fall der Bestreitung politischen Wettbewerbs unter Einsatz von Geld und Kontakten zur Wirtschaft zu sehen. Die Verbindung von Politik und Wirtschaft kann von Politikern verschieden benutzt werden. Sie kann dazu benutzt werden, um sich Vorteile im politischen Wettbewerb zu verschaffen, der dadurch verzerrt und verfälscht wird. Wenn Altkanzler Helmut Kohl illegale Parteispenden aus der Wirtschaft annahm, mutmaßlich um im politischen Wettbewerb mit der wirtschaftlich stärkeren SPD, die z.B. mit der WAZ-Gruppe eine eigene Medienholding besitzt, mithalten zu können, so verletzt dies das Parteispendengesetz. Umgekehrt verzerrt es aber auch den politischen Wettbewerb, wenn der politische Konkurrent eine bessere Finanzausstattung im Wahlkampf hat, weil er ein höheres Parteivermögen in Form einer Kapitalbeteiligung an einem Unternehmen besitzt. Einzelne Politiker haben einen Teil ihrer Reputation auf ihrer Nähe zur Wirtschaft aufgebaut (»Genosse der Bosse«) und sie haben ihre Kontakte zur Wirtschaft benutzt, um für ihr Bundesland oder für Deutschland wirtschaftlich vorteilhafte Entscheidungen herbeizuführen (z.B. Konzeption der Hartz-4-Reformen durch einen ranghohen VW-Manager auf Ansuchen von Bundeskanzler Schröder), aber auch nach dem Ausscheiden aus dem Amt von der Nähe zur Wirtschaft und zur ausländischen Politik zu profitieren (Gazprom). Altkanzlerin Merkel hat nach dem Ausscheiden aus dem politischen Amt einen sehr lukrativen Autorenvertrag mit einem bekannten deutschen Verlag für ihre politischen Memoiren ausgehandelt. Bundesgesundheitsminister Jens Spahn hat sich eine luxuriöse und sehr teure Villa in Berlin gekauft, den zinsgünstigen Kredit erhielt er von einer Sparkasse, in deren Beirat er vor Jahren einmal Mitglied war. Olaf Scholz hatte in seiner Amtszeit als Regierungschef von Hamburg Kontakt mit Bankiers, die in den Cum-Ex-Skandal verwickelt waren, die genaue Rolle von Olaf Scholz dabei ist noch ungeklärt. Kanzler Konrad Adenauer ließ sich vom Geschäftsführer von Rolex eine teure Rolex-Uhr schenken und von befreundeten Unternehmern ein Haus bauen, das aber nie fertiggestellt wurde. Heute wäre ein solches Verhalten eindeutig als Korruption eingestuft worden. Es zeigt sich, dass die Nähe von Politik und Wirtschaft viele Facetten aufweist und dass Politiker von Kontakten zur Wirtschaft Vorteile sowohl für ihre politische Arbeit als auch für ihre private wirtschaftliche Situation ziehen können. In beiden Fällen handeln Mandatsträger als politische Unternehmer, allerdings kann die Grenze zur Vorteilsnahme im Amt nicht immer scharf bestimmbar sein.

4.6 Reform der öffentlichen Verwaltung in den 1980er Jahren: New Public Management

Die volks- und gesamtwirtschaftliche Public Choice-Konzeption fand ihre Parallele in einem betriebs- und einzelwirtschaftlichen Konzept, das eine neue Art der Steuerung von Verwaltungsbehörden und öffentlichen Einrichtungen vorsah: New Public Management. Das New Public Management hat als Leitidee und Konzept, dass es »für staatliche Verwaltungsarbeit eine stärkere Management-, Ergebnis- und Leistungsorientierung sowie Eigenverantwortlichkeit empfiehlt.« (Dehling, Schubert 2011, S. 141).

Das bisherige Referenzmodell der Bürokratie war die traditionelle, an Max Weber und Rechtsstaatlichkeitsprinzipien ausgerichtete Verwaltung. Die Webersche Bürokratie ist eine strikt hierarchische Organisation, die aus sorgfältig ausgewählten und ausgebildeten professionellen Beamten besteht. Die Webersche Bürokratie hat klare Über- und Unterordnungsverhältnisse, eindeutig abgrenzte Verantwortlichkeiten, klar definierte und einzuhaltende Dienstwege und Weisungsrechte auf Basis formaler Autorität bei Gehorsam der Weisungsunterworfenen. Das Entscheiden und Handeln der Beamten in der Bürokratie ist strikt an Gesetze und Weisungen der Regierung und des Parlaments gebunden. So wird Stabilität und Gesetzeskonformität von Verwaltungsentscheidungen, Gleichbehandlung der Bürger und Verlässlichkeit des Verwaltungshandelns gewährleistet (vgl. Czerwick 2002, S. 199). Die ideale Verwaltung handelt sine ira ac studio, ohne

Ansehen der Person, nur nach Gesetz und Recht. Die Webersche Verwaltung ist das, was man in der heutigen Organisationssoziologie ein »stahlhartes Gehäuse« nennt. Essenziell für die Konzeption von Weber ist darüber hinaus, dass Politik und Administration strikt getrennt sind. Politische Führer werden in Wahlen bestimmt und stellen die Legislative, der Kampf um die Macht ist ihre essenzielle Aufgabe. Demgegenüber müssen Verwaltungsbeamte Gesetze pflichtbewusst, neutral und ohne Parteinahme vollziehen, dabei alle Bürger gleich behandeln und ihre Aufgaben mit Rationalität und Effizienz erfüllen (vgl. Sager, Rosser 2009, S. 1137–1139, 1144)

Die Bemühungen um Verwaltungsreform sind so alt wie die Verwaltung selbst. In Deutschland wurden bereits in der Weimarer Republik Forderungen nach durchlässigen Verwaltungslaufbahnen, Mitbestimmung sowie dem Streikrecht für Beamte erhoben. Eine Gesamtreform der vom Kaiserreich übernommenen Verwaltung gelang nicht (vgl. Czerwick 2002, S. 187). Die nach 1945 aufgebaute öffentliche Verwaltung in Westdeutschland wurde an Recht und Gesetz gebunden. Sie unterschied sich fundamental von der stark durch Vorgaben der kommunistischen Partei SED und der Parteiideologie geprägten Kaderverwaltung, die in Ostdeutschland nach 1945 realisiert wurde. Insgesamt lassen sich in Westdeutschland zwei große Reformwellen erkennen, zum einen in den 1960er Jahren (Verwaltungsmodernisierung), zum anderen ab den 1980er Jahren (New Public Management) (vgl. Wollmann 2013, S. 73).

Verwaltungsmodernisierung und Dienstrechtsreform

Bereits in den 1960er Jahren kamen Forderungen nach Verwaltungsmodernisierung und Dienstrechtsreform in Westdeutschland auf. Diese erste Reformwelle in den 1960er und 1970er Jahren zielte auf die Schaffung von Planungs-, Informations- und Bewertungskapazitäten und Personalaufbau in der Verwaltung ab, um den Ausbau des Sozialstaates zu ermöglichen (vgl. Wollmann 2013, S. 73 f.). Man orientierte sich am Managementzyklus, der aus Planung, Zielsetzung, Implementierung und Evaluierung bestand (vgl. Wollmann 2013, S. 74). Entsprechende Instrumente und Konzepte wurden in der Verwaltung eingeführt. Die »herbrachten Grundsätze des Berufsbeamtentums« (Art. 33 Abs. 5 GG, z. B. Leistungsprinzip, Alimentation durch den Dienstherrn, Bekenntnis zur freiheitlich demokratischen Grundordnung) und die Beamtenprivilegien wurden zunehmend kritisch hinterfragt (vgl. Röper 1970). Es wurden Forderungen nach einem einheitlichen Dienstrecht, d.h. nach Gleichstellung von Beamten, Angestellten und Arbeitern im öffentlichen Dienst z.B. bei der Besoldung, bei den Rechten und Pflichten und beim Status erhoben. Ebenfalls wurde im Rahmen der Reformdiskussion Ende der 1960er Jahre bereits die Einführung von Leistungsanreizen in der öffentlichen Besoldung gefordert und damit eine leistungsbezogene Besoldung, die Neuordnung des Laufbahnrechts und der Versorgung, sowie Privatisierung von Aufgaben der unternehmerischen Verwaltung und der Leistungsverwaltung sowie die Einführung einer aus der zu erfüllenden Aufgabe abgeleiteten globalen Personalkostenzuweisung an Geschäftsbereiche der Verwaltung. Insgesamt wurde somit eine grundlegende Reform des öffentlichen Dienstes bereits 1970 diskutiert (vgl. Röper 1970).

Die Reformbestrebungen endeten oder wurden stark reduziert angesichts der Ölkrise 1973 und der dadurch ausgelösten Rezession und Probleme in den öffentlichen Haushalten. An die Stelle von euphorischer und proaktiver Verwaltungsreform traten Ernüchterung und reaktives Krisenmanagement (vgl. Wollmann 2013, S. 74). Im Ergebnis blieben die klassischen Verwaltungsstrukturen mit ihrem Fokus auf Regelbefolgung und Hierarchie erhalten, aber es konnten sich auch Reformelemente wie Politikevaluierung sowie die Notwendigkeit der Qualifizierung des Personals und der Steuerung von Verwaltungshandlungen vom Ergebnis her etablieren. Damit konnten Voraussetzungen für die nächste große Reformwelle in den 1980er und 1990er Jahren geschaffen werden (vgl. Wollmann 2013, S. 75).

New Public Management

Auch die zweite Reformwelle wurde von Budgetproblemen diesmal infolge der deutschen Wiedervereinigung motiviert. Getrieben wurden die erneuten Reformversuche auch durch die zunehmende Unzufriedenheit mit öffentlichen Dienstleistungen v.a. der Daseinsvorsorge und des Wohlfahrtsstaates. Die Schlagworte, die die Reformversuche leiteten, waren New Public Management und Neues Steuerungsmodell.

Das Konzept des New Public Management ist das betriebswirtschaftliche Pendant zur volkswirtschaftlichen Public-Choice-Konzeption. New Public Management wurde ab den 1980er Jahren in West- und Ostdeutschland unter dem Namen »Neues Steuerungsmodell« in vielen Kommunalverwaltungen rezipiert und implementiert.

Der Begriff New Public Management (NPM) bezeichnet ein Reformkonzept für die öffentliche Verwaltung, das Verwaltungshandeln primär betriebswirtschaftlich analysiert und die Effektivität und Effizienz des Verwaltungshandelns mit Hilfe privatwirtschaftlicher Konzepte und Managementmethoden steigern möchte (vgl. Schröter, Wollmann 2005, S. 63). Ausgehend von entsprechenden Reformversuchen in den 1980er Jahren in angelsächsischen Ländern wurden Elemente des NPM-Konzeptes auch in Deutschland implementiert. Zwei Hauptelemente des Konzeptes sind die Frage nach dem Umfang und den Kernaufgaben der Staatstätigkeit (»schlanker Staat«) sowie Vorschläge für die Reform der Binnenstrukturen und der Funktionsweise von Verwaltungseinrichtungen (vgl. Schröter, Wollmann 2005, S. 63). Ziele der Reformen waren die Effizienzsteigerung in der Verwaltung, Verwaltungshandeln transparenter zu machen (Zielvorgabe, Leistungsindikatoren, Definition von Verwaltungsprodukten, Output- statt Input-Kontrolle), Wettbewerb zu fördern und die Orientierung der Verwaltung am Bürger bzw. Kunden zu verbessern (vgl. Schröter, Wollmann 2005, S. 66). Die Orientierung an privatwirtschaftlichen Managementmethoden und Steuerungsinstrumenten (z. B. Methoden der Kosten- und Leistungsrechnung und des Personalmanagements) sollte diese für die öffentliche Verwaltung nutzbar machen und den Public Manager bei seinen Führungsaufgaben unterstützen. Dies führte zu einer neuen Steuerungslogik (Ergebnis- und Outputsteuerung statt Inputsteuerung über Budgetvorgaben) und Führungsorganisation für die Verwaltung (Reduktion von Führungsebenen), versinnbildlicht im sog. Neuen Steuerungsmodell (NSM) für die kommunale Verwaltung. Damit einher gingen Bestrebungen, das Verwaltungshandeln zu dezentralisieren durch Schaffung stärker verselbstständigter Einheiten (vgl. Schröter, Wollmann 2005, S. 67) bis hin zur Auslagerung auf Dritte (materielle Privatisierung). Die gleichzeitig angestrebte Entbürokratisierung sollte durch Reduzierung der Regelungs- und Vorschriftendichte das Verwaltungshandeln flexibilisieren und vereinfachen (vgl. Schröter, Wollmann 2005, S. 69). Ebenfalls charakteristisch für diese Reformwelle waren eine starke Ausweitung formeller Privatisierungen (Nutzung privatrechtlicher Rechtsformen wie GmbH und AG bei der Erfüllung öffentlicher Aufgaben) und die organisatorische Verselbständigung vormaliger Verwaltungsbereiche in Form von Eigenbetrieben. Auch kam es zur Gründung gemischtwirtschaftlicher Unternehmen, bei denen sich privates Kapital an öffentlichen Betrieben beteiligte (vgl. Wollmann 2013, S. 80). Auch materielle Privatisierungen, z.B. der Verkauf von Stadtwerken an internationale Energiekonzerne, fanden statt v.a. aufgrund von Haushaltsnöten in Kommunen.

Kritiker des Neuen Steuerungsmodells führen die schlechte Übertragbarkeit privatwirtschaftlicher Managementkonzepte auf die öffentliche Verwaltung als Haupteinwand an. Die Kritik am NSM hielt jahrelang an und wurde nicht weniger, sondern eher mehr (vgl. Vogel 2006, S. 378, 380). Letztlich verlief die Diskussion um das NPM im Sande, statt über die Modernisierung der Binnenstrukturen der Verwaltung wurde nun vermehrt um die Privatisierung öffentlicher Leistungen gerungen (vgl. Vogel 2006, S. 381). New Public Management konnte somit als Gesamtkonzept nicht in der öffentlichen Verwaltung in Deutschland implementiert werden (vgl. Vogel 2006, S. 383). Die deutsche Verwaltungstradition (Rechtsstaatlichkeit, Max Weber) und der kontroverse wissenschaftliche Diskurs um das NPM/NSM erwiesen sich als hemmend. Die Orientierung an Rechtsstaatlichkeit und an der Verwaltungstradition von Max Weber (Rationalität des Verwaltungshandelns) war eine gesetzliche und kulturelle Barriere gegen einen einfachen Transfer privatwirtschaftlicher Managementmethoden in den öffentlichen Sektor (vgl. Wollmann 2013, S. 75). Ein Wandel hin zu einem betriebswirtschaftlich fundierten New Public Management ist nicht gelungen (vgl. Kuhlmann, Bogumil, Grohs 2008, S. 860).

Die praktischen Erfahrungen mit New Public Management und dem Neuen Steuerungsmodell waren insgesamt teilweise enttäuschend. Auch empirische Studien zum Stand der Implementierung von NPM kommen zu eher ernüchternden Ergebnissen: 92 Prozent aller großen Kommunen in Deutschland haben sich für Verwaltungsreformen entschieden, 80 Prozent haben das Neue Steuerungsmodell verwendet. Es wurde allerdings nur in 15 Prozent der Kommunen vollumfänglich als ganzes Konzept implementiert, während 66 Prozent der Kommunen nur einzelne Elemente des NSM-Konzeptes umgesetzt haben (vgl. Kuhlmann, Bogumil, Grohs 2008, S. 854). Als besondere Hürden erwiesen sich die Definition von Verwaltungsprodukten und die Implementierung der Kosten- und Leistungsrechnung (Doppik) (vgl. Wollmann 2013, S. 77).

Tatsächliche Effizienzgewinne (z.B. in Form von Personalabbau) lassen sich nicht eindeutig auf das NPM zurückführen, sondern haben ihre Ursachen in allgemeinen Budgetkürzungen und von der Verwaltungsspitze verfügten Personaleinsparungen. Vermutlich wurden tatsächliche Effizienzgewinne durch das NPM kaum erzielt, auch wenn sie in Befragungen von Verwaltungsfachkräften oft behauptet wurden (vgl. Kuhlmann, Bogumil, Grohs 2008, S. 856 f.). Durch das NPM bewirkte Qualitätsverbesserungen und eine stärkere Kundenorientierung der Verwaltung lassen sich feststellen (vgl. Kuhlmann, Bogumil, Grohs 2008, S. 857 f.). Dagegen wurden in einzelnen Reformkommunen die Steuermöglichkeiten der Verwaltungsspitze gegenüber den nunmehr dezentral organisierten Verwaltungseinheiten beeinträchtigt, was zu einem Kontrollverlust der Verwaltungsspitze in einigen Kommunen führte: »[...] awkward centrifugal forces have occurred. In the City of T, it is noted that the departments have a (quasi-autonomous) independent existence, and it is nearly impossible to control and steer them from above.« (Kuhlmann, Bogumil, Grohs 2008, S. 858). Auch die Steuerung der Verwaltung durch politische Entscheidungsträger wurde kaum verbessert (vgl. Kuhlmann, Bogumil, Grohs 2008, S. 858). Die Motivation der Verwaltungsbeschäftigten ging zurück, es zog Reformmüdigkeit ein, Verwaltungsmodernisierung wurde zunehmend mit Personalabbau gleichgesetzt (vgl. Kuhlmann, Bogumil, Grohs 2008, S. 859). Die zahlreichen Reformen haben das Selbstverständnis und die Selbstsicherheit mancher öffentlicher Bediensteter untergraben, intrinsische Motivation (aus der Aufgabe heraus) wurde teilweise durch extrinsische Motivation (Erfolgsprämie, Leistungszulage) verdrängt.

Czerwick (2002, S. 193 f.) formuliert hierzu, dass »eine nicht strikt gesetzlich gebundene und Weisungen unterworfene Bürokratie sehr schnell die Neigung entwickeln könnte, eigene Ermessenserwägungen und Interessen zur Geltung zu bringen.« Gerade Reformen wie Dezentralisierung und Privatisierung (formell oder materiell), große Ermessenspielräume der Verwaltung, eine kaum noch übersehbare Zahl von Gesetzen, Verordnungen und Verwaltungsakten und die Vorbereitung gesetzgeberischer Initiativen durch die Verwaltung haben dazu beigetragen, den Durchgriff des Parlaments und des Gesetzgebers auf die Verwaltung zu reduzieren. Die nach wie vor bestehenden Informations- und Kompetenzvorteile der Verwaltung auf allen Ebenen (Kommune, Land, Bund, Ministerialverwaltung) gegenüber dem Gesetzgeber erschweren die Kontrolle durch das Parlament und demokratisch legitimierte Regierungsmitglieder wie z.B. Minister (vgl. Czerwick 2002, S. 198, 200).

Die Implementierung des NSM hat operative Verwaltungsprozesse und die Verwaltungskultur verändert und die Performancemessung (z.B. in Form von Benchmarking) hoffähig gemacht in der öffentlichen Verwaltung (vgl. Wollmann 2013, S. 78). Wollmann stellt dazu fest: »[M]anagerialist and cost-efficiency prone tools and procedures were merged and ›amalgamated‹ with traditional (›Max Weberian‹) administrative structures as well as with reform concepts that were pursued in the earlier reform wave of the 1960's and 1970's.« (Wollmann 2013, S. 78). »Although the NPM/NSM-driven modernisation has distinctly remained behind its original aims and rhetoric it has strenghtened the operational capacity of the administrative structure and personnel of *government* by inserting managerial efficiency-orientied principles and thinking.« (vgl. Wollmann 2013, S. 83). Eine wesentliche Leistung der durch NPM angestoßenen Reformen könnte in der Implementierung einer stärkeren Bürger- und Kundenorientierung der öffentlichen Verwaltung liegen. Sie zeigt sich in ausgedehnten Sprechzeiten, Bürgerbefragungen, Einrichtung von Beschwerdemanagement und Qualitätsmanagement. Diese Instrumente dürften einen langsamen Kultur- und Mentalitätswandel in der öffentlichen Verwaltung angestoßen haben. »Overall, the reform steps toward strengthening customer orientation can be considered the most successful modernization measures.« (Kuhlmann, Bogumil, Grohs 2008, S. 855).

Man kann sich folgender Gesamtbeurteilung anschließen: »A comprehensive ›paradigm shift‹ from the Weberian bureaucracy to a managerial NSM administration has not occured. [...] Quite frequently, the ›old‹ methods of steering (legal rules and hierarchy) are being weakened before the ›new‹ managerial ones function (economic incentives and decentralized management)« (Kuhlmann, Bogumil, Grohs 2008, S. 860). »Yet there has been no shift to a managerial administration, and the NSM has lost most of its initial attraction« (Kuhlmann, Bogumil, Grohs 2008, S. 860).

In der öffentlichen Verwaltung erfolgt derzeit eine dritte Reform- und Modernisierungswelle seit ca. 2015 unter dem Leitbild Digitalisierung der öffentlichen Verwaltung. Während New Public Management von betriebswirtschaftlichen Instrumenten getrieben war, ist die Digitalisierung der Verwaltung ein technologiegetriebener Ansatz. Zumindest Visionen werden schon einmal angeboten: »Doch eigentlich hat man dort (Gov Tech-Campus in Berlin, Anmerk. d. Verf.) eine größere Vision: eine digitale Plattform, über die alle Services und Dienstleistungen des Staates digital, zentral und über die Cloud verfügbar sind. Eine Art Betriebssystem für das ganze Land, an das sich Bund, Bundesländer und Kommunen anschließen können.« (Matthes 2025, S. 5). Ob und wann diese Vision erreicht wird, hängt auch ab von den komplexen föderalen Strukturen in Deutschland, den unterschiedlichen IT-Systemen und Hardwarelandschaften in der öffentlichen Verwaltung von Bund, Ländern und Gemeinden und den starken Beharrungstendenzen in Teilen des öffentlichen Verwaltungspersonals ab (vgl. Greive et al. 2025, S. 49). Auch bei dieser Reformwelle der Digitalisierung versprechen die Befürworter große Produktivitätsgewinne und leichteren Zugang zu Verwaltungsdienstleistungen. Die Kritiker monieren Implementierungsprobleme, Mangel an IT-Fachkräften und Datenschutzprobleme in der öffentlichen Verwaltung. Ob der Digitalisierung der Verwaltung mehr Erfolg beschieden ist als dem New Public Management, bleibt abzuwarten.

Die zentrale und bis heute nicht gelöste Frage bleibt nach wie vor: »An welche inhaltlichen Kriterien sind Verwaltungsentscheidungen zu binden? Sollen sie dem Allgemeinwohl, dem Transparenzgebot, dem Gerechtigkeitsprinzip oder dem Gleichheitsprinzip genügen oder sollen Effizienz- und Effektivitätsgesichtspunkte im Vordergrund stehen?« (Czerwick 2002, S. 184 f.). Der Vorsitzende des Normenkontrollrates, Lutz Goebel, äußerte hierzu in einem Interview folgendes: »In Deutschlands Verwaltung dominiert noch immer eine legalistische Denkschule. Rechtssicherheit steht über allem – oft zulasten von Wirtschaftlichkeit, Nachvollziehbarkeit und Effizienz.« (Greive et al. 2025, S. 49). Nur kann man dieses Zitat sehr verschieden interpretieren. Rechtsstaatlichkeit ist ein hohes Gut, es gibt sie nicht umsonst, sie hat wie alles einen Wert und einen Preis, die deutsche Gesellschaft muss sich entscheiden, ob sie ihn wie bisher bezahlen will. Eine andere Interpretation wäre: Die legalistische Vorgehensweise in der deutschen

Verwaltung führt zu Ineffizienz und Verschwendung. Es gibt hier noch erhebliche Möglichkeiten für Effizienzsteigerung, wenn die bisherige an Rechtsstaatlichkeit ausgerichtete Verwaltungstradition reformiert und das Juristenmonopol in Teilen der Verwaltung gebrochen wird. Nur: Wollen die Bürger hocheffiziente und rasche Genehmigungsprozesse, wenn es um den Bau eines Atomendlagers in ihrer Nachbarschaft geht, oder ist hier nicht gewissenhafteste Prüfung, Anhörung von Einsprüchen, genaue Anwendung von Gesetzen, also Rechtsstaatlichkeit, ein hohes, wenn nicht das höhere Gut als Wirtschaftlichkeit? Auf die oben aufgeworfene Frage gibt es keine einfachen Antworten.

Kritik am New Public Management und an Reformen im öffentlichen Sektor

Der Verfasser dieser Arbeit kritisiert die grundlegende Reformlogik des New Public Management und der Digitalisierung der Verwaltung: Man will öffentliche Verwaltungen mit privatwirtschaftlichen Methoden steuern und mit in der Privatwirtschaft entwickelten und bewährten Technologien (KI, Software, dezentrale Computersysteme) modernisieren. Dann darf man sich aber nicht wundern, wenn sich die Verwaltungseinheiten dann auch immer mehr wie private Unternehmen verhalten. Im Rahmen des NPM wurde versucht, das Gute und Vorteilhafte zweier inkompatibler Welten, die jeweils eigenen Logiken folgen, zu kombinieren: die Rechtsbindung und Stabilität der öffentlichen Verwaltung mit dem Streben nach Effizienz und kaufmännischem Erfolg der Privatwirtschaft. Tatsächlich wurde aber eher das Schlimmste beider Welten kombiniert: Bürokratische Strukturen und rigide Mentalitäten der Verwaltung mit privatwirtschaftlicher Dezentralisierung von Entscheidungen und starker Anreizsetzung für die Bediensteten. Die öffentliche Zielsetzung der flächendeckenden Daseinsvorsorge und der Gleichbehandlung aller Bürger ist nicht immer kompatibel mit der privatwirtschaftlichen Zielsetzung der Kostensenkung und der Gewinnerzielung. Heraus kam eine eigentümliche, inkonsistente Mischstruktur, eine Art Bastard-Verwaltung, mit einem stark veränderten Verwaltungsverhalten, das in diesem Kapitel beschrieben wird.

Der Übergang vom Verwaltungsmodell nach Max Weber und den Grundsätzen des Berufsbeamtentums zum New Public Management ist nicht nur eine

Organisations- und Managementreform. Er führte zu einer tiefgreifenden Transformation des Selbstbildes und des Fremdbildes der Verwaltung, es wurden neue Vorbilder, Ideen, Grundorientierungen und mentale Modelle in der öffentlichen Verwaltung implementiert. Wenn man die Wirkkraft neuer Ideen und mentaler Modelle vor Augen hat, wundert es dann noch, dass sich das Verhalten der öffentlichen Verwaltung ebenfalls tiefgreifend veränderte in Richtung von Einnahmeerzielung, Ausweis von Erfolgen und Effizienz? Letzten Endes muss man sich fragen, ob mit dem New Public Management nicht ein Fremdkörper in der öffentlichen Verwaltung implementiert wurde, der zunehmend seine dysfunktionalen Wirkungen zeigt.

Am Beispiel der Deutschen Bundesbahn lässt sich aufzeigen, wohin schlecht konzipierte Reformen führen können. Die Deutsche Reichsbahn war vor dem Zweiten Weltkrieg das profitabelste deutsche Unternehmen. Nach dem Zweiten Weltkrieg wurde die Deutsche Bundesbahn als nicht rechtsfähiges Sondervermögen des Bundes und damit als Behörde organisiert, sie hatte dementsprechend auch Arbeiter, Angestellte und Beamte und war dem öffentlichen Dienstrecht unterworfen. Der Wiederaufbau der Infrastruktur nach dem Zweiten Weltkrieg und die immer stärkere Substitutionskonkurrenz durch den LKW und den PKW im Güter- und Personenverkehr führte schon in den 1950er Jahren in große Defizite. Dennoch war die Bahn nach Erinnerung des Verfassers noch in den 1970er Jahren sehr zuverlässig, es gab fast nie Verspätungen und auch im Winter fuhren die Züge planmäßig. Viele Kunden waren mit den Dienstleistungen der Bahn zufrieden, es gab keine massive öffentliche Kritik an der Bahn wie heutzutage. Das Problem waren allerdings die stark steigenden Defizite der Bahn, die den Bundeshaushalt sehr belasteten. Daher hat die Politik mit einer umfassenden Bahnreform im Jahr 1994 der Bahn eine privatrechtliche Rechtsform (AG) gegeben und sie aus dem öffentlichen Dienstrecht herausgelöst. Das Unternehmen blieb aber in Staatsbesitz (formelle, nicht materielle Privatisierung), es wurde entschuldet vom Eigentümer. Die Zielsetzung der Bahnreform war, das Defizit der Bahn zu begrenzen und die Finanzzuschüsse des Bundes an die Bahn zu reduzieren. Die Bahn wurde ein gewinnorientiertes Unternehmen im Staatsbesitz mit Privatrechtsform. Eine große Herausforderung war nach 1989 die Integration der Deutschen Reichsbahn der untergegangenen DDR in die Strukturen der Deutschen

Bahn AG. Die Reichsbahn war unrentabel und personell überbesetzt, Streckennetz und Bahnhöfe waren stark sanierungsbedürftig. Die Zusammenführung der westdeutschen und ostdeutschen Bahngesellschaften, die Sanierung der ostdeutschen Infrastruktur (Streckennetz, Bahnhöfe) und die Bewältigung des starken Personalabbaus waren Meisterleistungen des Bahnmanagements, vergleichbar einer Großfusion in der Privatwirtschaft. Sie wurden für außenstehende Beobachter mit großer Geschwindigkeit und Geräuschlosigkeit vollzogen, waren aber unternehmensintern sicherlich mit größten Problemen und Herausforderungen verbunden. Das fusionierte Unternehmen modernisierte den Fahrzeugpark und teilweise die Signal- und Sicherungstechnik des Bahnnetzes. Besonders hohe Investitionen erforderten die Neubaustrecken, die für den Schnellzugverkehr geeignet sein mussten. Durch alle diese Maßnahmen erhöhte sich aber die Verschuldung des fusionierten Unternehmens wiederum sehr stark. Die Probleme der fusionierten Deutsche Bahn AG fingen an, als das Ziel gesetzt wurde, die Deutsche Bahn teilweise (ohne die Infrastruktur, die im Besitz des Staates bleiben sollte) an die Börse im Jahr 2008 zu bringen, d.h. sie kapitalmarktfähig zu machen. Dafür war der Ausweis von Gewinnen unerlässlich. Die Bahn wurde profitabel und wies Gewinne aus, die allerdings mit unterlassenen Investitionen in die Infrastruktur (Netze, Bahnhöfe, Züge), starker Rationalisierung beim Personal, Kostensenkung bei Wartung und Instandhaltung von Material und Infrastruktur sowie zunehmend auch mit Qualitätsproblemen (Rückgang der Pünktlichkeit und Sauberkeit in den Zügen) »erwirtschaftet« wurden. Die Bilanz der Bahn AG im Jahr 2005 war durchaus beeindruckend: Umsatz 25 Mrd. Euro, Jahresüberschuss 0,66 Mrd. Euro, EBITDA 4,1 Mrd. Euro, EBIT 1,3 Mrd. Euro, langfristige Vermögenswerte 42 Mrd. Euro, Eigenkapital 7,6 Mrd. Euro, Finanzschulden 20 Mrd. Euro, Brutto-Investitionen 6,3 Mrd. Euro, v.a. in Netz und Bahnhöfe (vgl. Deutsche Bahn AG, 2005, S. 2, 85, 88). Die Bahn wies zwar bilanzielle Gewinne aus und entlastete den Bundeshaushalt, verschliss aber ihre Substanz und verspielte ihre Reputation bei den Privatkunden und den Kunden der gewerblichen Wirtschaft und den eigenen Mitarbeitern. Der Substanzverzehr der Bahn hatte aber bereits in den 1960er Jahren begonnen, da die Bruttoinvestitionen der Bahn bereits seit 1965 stark rückläufig waren. Der geplante Börsengang wurde 2008 wegen der weltweiten Finanzkrise abgesagt, weil die Bahn nur die Hälfte der geplanten Privatisierungserlöse hätte erzielen können. Gleichzeitig formulierte die Politik die Forderung an die Bahn, mehr Verkehr auf die Schiene zu bringen und einen Beitrag zur Erreichung der Klimaziele Deutschlands zu leisten. Dabei blieb die Bahn unter Kontrolle der Verkehrspolitik des Bundes und der Länder und von Politikern, die die betriebswirtschaftlich gebotene Stilllegung von unrentablen Bahnstrecken, Bahnhöfen und Gleisanschlüssen eher behinderten als unterstützten. Gleichzeitig nahmen die Probleme der Bahn bei der Leistungsqualität und vor allem der Pünktlichkeit weiter zu, und die Bahn musste immer mehr Schulden aufnehmen, um anstehende Investitionen in Züge, Gleisstrecken und Bahnhöfe finanzieren zu können. Die Kunden erwarteten zuverlässige Transportleistungen zu niedrigen Preisen, der Kapitalmarkt steigende Gewinne und die Politik eine flächendeckende Versorgung bei gedeckelten Finanzzuschüssen. Vermutlich hätte kein Bahnmanagement dieses magische Dreieck bewältigen können, die wirtschaftliche Entwicklung der Deutschen Bahn war zudem erfolgreicher als die manch anderer europäischer Eisenbahn. Die Bahn AG verhielt sich jedoch in jederlei Hinsicht wie ein privates Unternehmen: Sie behinderte nach Kräften das Aufkommen neuer Konkurrenten auf dem Schienennetz, sie übernahm andere Güterverkehrsbahnen im Ausland, sie kaufte die Logistikunternehmen Schenker und Bax um einer der drei weltgrößten internationalen Logistikanbieter zu werden, sie führte sehr harte Tarifverhandlungen mit den Gewerkschaften und harte Preisverhandlungen mit der Bahnzulieferindustrie, nach dem verunglückten neuen Preissystem nutzte sie jede Gelegenheit für Preiserhöhungen etc. Das Management der Bahn AG trat eine Flucht nach vorne an: Es erfolgte die Übernahme der Speditionen Schenker und Bax und des britischen Busbetreibers Arriva, deren Gewinne zur Stabilisierung der Deutschen Bahn beitragen sollten. Diese Beteiligungen wurden später auch unter dem Druck der deutschen Verkehrspolitik verkauft (die Beteiligung an Schenker mit Gewinn, die Beteiligung an Arriva mit Verlust), die die Konzentration auf die Sanierung des Schienenverkehrs in Deutschland forderte. Angesichts der stark gestiegenen Verschuldung war die Bahn letztlich gezwungen, diese beiden Beteiligungen zu veräußern, die Verkaufserlöse sollen zum Schuldenabbau genutzt werden. Die Deutsche Bahn AG im Jahr 2024 hat nichts mehr gemein mit der Deutschen Bundesbahn der 1970er Jahre. Die Züge, Bahnhöfe sind moderner und komfortabler, die Mitarbeiter gut ausgebildet und serviceorientiert, die Bahn bietet innovative Internetangebote wie z. B. die Navigator-Website. Dennoch sind die wirtschaftliche Lage und die Verschuldung der Bahn sogar noch kritischer als in den 1970er Jahren. Das Unternehmen befindet sich seit Jahren in einer schweren Krise, die Verluste nehmen stark zu, die Verschuldung steigt weiterhin stark an, Beobachter sehen mittlerweile die Existenz der Bahn AG als gefährdet an. Das Unternehmen ist stark abhängig von Finanzzuschüssen des Bundes und damit vom Bundesfinanzminister. Eine betriebswirtschaftliche Unternehmensführung ist auch deswegen nur eingeschränkt möglich. Für den externen Beobachter stellen sich verschiedene Fragen, die wenn überhaupt nur Insider, wahrscheinlich aber niemand beantworten kann: Wie würde die Deutsche Bahn heute aussehen, wenn sie eine Behördenbahn geblieben wäre und der Bund weiterhin alle Verluste ausgeglichen hätte? Tragen mehrere Bahn-Vorstände zusammen die Verantwortung für den Niedergang der Bahn oder die Verkehrspolitik, oder war der Niedergang unvermeidbar, weil die Bahn die Konkurrenz mit dem PKW und dem LKW prinzipiell ohne staatliche Begünstigung der Bahn bei Beschränkung der anderen Verkehrsträger nicht bestehen kann? Sind die heutigen Probleme der Bahn in den Bereichen Zuverlässigkeit und Pünktlichkeit nur auf die Mängel der Infrastruktur infolge unterlassener Ersatzinvestitionen oder auch auf den starken Kostensenkungsdruck (Personalabbau, Kosteneinsparung bei Wartung und Instandhaltung des rollenden Materials) oder auf die komplexe Organisationsstruktur der Bahn zurückzuführen? Wären die Verschuldung und die wirtschaftliche Lage der Bahn besser, wenn man statt teurer Neubaustrecken und luxuriöser ICE-Hochgeschwindigkeitszüge auf Ausbau und Modernisierung des vorhandenen Netzes gesetzt hätte? Wäre die Entwicklung der Bahn AG günstiger verlaufen, wenn die Infrastruktur vom Betrieb getrennt worden wäre und der Staat die Verantwortung für die Infrastruktur übernommen hätte? Hat die Bahnreform 1994 die wirtschaftlichen Probleme der Bahn nur in die Zukunft verschoben (Abbau und erneuter Aufbau der Verschuldung), ohne sie zu lösen? Wie würde die Deutsche Bahn AG heute aussehen, wenn die deutsche Politik (ähnlich wie die Schweizer Politik die Bahnen der Schweiz) großzügig finanziell unterstützt hätte oder wenn sie sie (ähnlich wie in Großbritannien, das allerdings ein abschreckendes Beispiel ist) gleich 1994 nicht nur formell, sondern auch materiell privatisiert hätte? Auf diese Fragen gibt es sehr widersprüchliche Antworten. Das Beispiel der Bahn AG zeigt aber, dass die Reform einer Behörde, die Gewährung stärkerer Autonomie an die Behördenleitung (bzw. den späteren Vorstand der Bahn AG) nicht notwendigerweise zu einer Verbesserung der Wirtschaftlichkeit in langfristiger Betrachtung führen muss und dass die Bürger bzw. Kunden nicht unter allen Bedingungen von Reformen im öffentlichen Sektor profitieren. Weil die Verkehrspolitik die staatlichen Zuschüsse reduzieren und das Bahnmanagement unbedingt Gewinne ausweisen wollte, ist die unternehmerische Substanz der Bahn AG möglicherweise irreversibel beschädigt sowie verzehrt worden und die Verkehrspolitik zunehmend weniger bereit, die Bahn mit Zuschüssen zu alimentieren. Die weitere Entwicklung der Bahn AG ist offen: Denkbar wären sowohl der Konkurs einzelner Unternehmensteile wie z. B. DB Cargo (defizitäre Güterverkehrssparte der Bahn) bis zur Reverstaatlichung der Bahn als Behörde oder gemeinwirtschaftliche Gesellschaft, wie zuletzt bereits versucht mit der Umwandlung der DB Netz AG in die InfraGO mit starkem staatlichen Einfluss auf das Netz.

4.7 Die Ohnmacht des deutschen Staates: Der Staat als Raubopfer

Die vorstehenden Ausführungen haben den Staat als maßlosen Akteur charakterisiert, der eingehegt und begrenzt werden muss. Da der Staat aber nicht der Spitzenräuber ist, wird er auch oft selbst zum Raubopfer anderer Akteure. Hierfür gibt es mehrere exemplarische Beispiele: Politische Parteien machen den Staat zu ihrer Beute und besetzen wichtige Verwaltungsposten mit loyalen Parteimitgliedern, die nicht immer die qualifiziertesten und besten Aufgabenträger sind. Parteimitglieder gelangen in wichtige Positionen bei Medienanstalten, Ministerien, nachgeordneten Behörden und öffentlichen Unternehmen. Parteien instrumentalisieren den Staat und seine Ressourcen zur Verwirklichung ihrer Parteiziele und politischen Programme, zur Machtausübung und Machtsicherung. Bisweilen werden staatliche Entscheidungen unter dem Einfluss der Parteien so getroffen, dass für die von den Parteien protegierten jeweiligen Interessen- und Bevölkerungsgruppen Vorteile generiert werden. Die entsprechenden Entscheidungen der Verwaltung müssen nicht notwendigerweise die besten Entscheidungen im Sinne des ganzen Staates und der ganzen Gesellschaft sein.

Der Staat wird oft zur Beute von privaten Unternehmen, dafür gibt es zahllose Beispiele: Halbleiterfirmen siedeln sich nur an, wenn sie umfangreiche Subventionen erhalten, die Unternehmen nutzen den Standortwettbewerb, um für sich Sondervorteile zu erzielen, die das jeweilige Gastland finanziert. Ebenso ist es mit dem Verbleib eines Unternehmens an seinem Standort oder wichtigen Entscheidungen zu Werkserweiterungen oder Werksschließungen. Es kann vermutet werden, dass vor Ergreifen der Maßnahme die Unternehmen die Subventions- und Unterstützungsbereitschaft staatlicher Stellen eruieren. Unternehmen haben viel mehr Möglichkeiten, sich der Besteuerung zu entziehen, als Privatleute. Dies zeigt das Beispiel der amerikanischen Technologiekonzerne Apple, Amazon und Google, die in Europa Milliardengewinne erzielen, aber in Europa kaum Steuern zahlen, weil sie alle Möglichkeiten der Steueroptimierung und Steuervermeidung exzessiv ausschöpfen. Ganze Branchen erwarten Vorleistungen des Staates, die sie möglichst unentgeltlich nutzen können. Sie profitieren vom Technologietransfer aus staatlichen Universitäten und Forschungseinrichtungen, beteiligen sich aber nur in geringem Ausmaß an den Kosten dieser Einrichtungen. Perfektioniert haben das die großen Energiekonzerne: Die friedliche Nutzung der Kernkraft war nur möglich, weil der Staat ihre Erforschung finanziert hat. Die Unternehmen haben Atomkraftwerke gebaut, die jahrzehntelang gute Profite erzielten. Den staatlich erzwungenen Ausstieg aus der Kernkraft ließen sich die Energieversorger entschädigen und vergolden. Am Ende gelang es ihnen sogar, die Problematik der Endlagerung von Atommüll gegen Zahlung eines Beitrages von ca. 25 Mrd. Euro dem deutschen Staat zu überlassen. Wie hoch die tatsächlichen Kosten für die Endlagerung am Ende sein werden, kann derzeit niemand abschätzen. Sie könnten durchaus das Zehnfache der von den Energiekonzernen bezahlten Ablasssumme betragen. Alle diesbezüglichen Risiken liegen beim Staat, die Energieversorger haben vermutlich einen guten Deal gemacht. Die Privatisierung von Gewinnen und die Sozialisierung von Verlusten aus der Kernkraftnutzung ist ihnen mustergültig gelungen. Ganze Branchen erwarten vom Staat umfangreiche Hilfen und Unterstützungsleistungen bei der grünen Transformation und der digitalen Transformation ihrer Branchen: Die Transformation der Stahlindustrie zur Produktion von grünem Stahl, der Hochlauf der Elektromobilität und die Energiewende lassen sich manche Unternehmen trotz eigener Milliardengewinne mit staatlichen Milliardenbeträgen subventionieren. Der bereits erwähnte Cum-Ex-Skandal war ein systematischer, von Finanzfachleuten organisierter Raubzug gegen den deutschen Staat. Durch Nutzung eines Steuerschlupfloches bei der Abgeltungssteuer gelang es einzelnen Banken, einen Steuerausfall von geschätzten 25 Mrd. Euro beim deutschen Staat zum Vorteil ihrer steueroptimierenden Privatkunden herbeizuführen. Entsprechende Strafprozesse zur Ahndung dieses Raubzuges laufen seit mehreren Jahren, bisher mit wenig Ergebnissen und Verurteilungen. Private Unternehmen nutzen oftmals die schlechte Kenntnis staatlicher Entscheidungsträger über marktliche Bedingungen, Zukunftsaussichten und den Wert von Unternehmensbeteiligungen. Manche Privatisierung der Treuhand AG nach 1989 oder der Verkauf der Bayernwerk AG an die Viag AG durch den bayerischen Staat (was die Entstehung der heutigen E.ON AG ermöglichte), erfolgten vermutlich unter dem Wert der staatlichen Beteiligung. Die staatlichen Verhandlungsführer kannten entweder den wahren Wert der Unternehmen nicht oder standen unter großem Entscheidungs- und Zeitdruck, was ihre privaten Verhandlungspartner zu nutzen verstanden. Ebenfalls bereits erwähnt ist die Rettung der in Not geratenen Banken nach der Finanzkrise 2008. Die Rettungsaktionen waren für den Steuerzahler oftmals ein Verlustgeschäft, sie führten zu enormer Verschuldung der öffentlichen Haushalte. Die vor 2008 erzielten Gewinne aus den riskanten Finanzgeschäften durften die geretteten Banken behalten. Auch hier befand sich der deutsche Staat unter großem Zeitdruck und Handlungszwang, um einen Zusammenbruch des Finanzsystems zu verhindern. Der deutsche Staat wird nicht nur von politischen Parteien und Unternehmen, sondern auch von einzelnen Bürgern instrumentalisiert und ausgenutzt. Man denke hier an Steuerhinterziehung und Steuerbetrug, Erschleichung von Sozialleistungen, die für selbstverständlich gehaltene Inanspruchnahme weitgehend unentgeltlicher oder subventionierter staatlicher Leistungen (Schulwesen, Universitäten, Kunst und Kultur), denn man hat ja »dafür« Steuern bezahlt und will einen Gegenwert dafür haben. Viele Bürger entwickeln eine maßlose Anspruchshaltung gegenüber dem Staat: Sie erwarten umfassende und perfekte Staatsleistungen, Rettung aus persönlichen Notlagen (Flutopfer, Corona-Geschädigte) und die weitgehende Abschirmung gegen die typischen Risiken des Lebens (Alter, Pflege, Krankheit, Tod, Rente) und des Wirtschaftens (Strompreise, Mieten, Heizungskosten). Staatliche Hilfen und Zuschüsse (energetische Sanierung, Kaufprämie für Elektromobilität) werden gerne in Anspruch genommen bzw. mitgenommen, dabei wird vergessen, dass irgendjemand auch die Steuern dafür bezahlt hat bzw. bezahlen muss. Dem Markt misstrauen manche Bürger, vor allem wenn er Marktergebnisse zu ihrem Nachteil (steigende Mieten und Lebensmittelpreise) mit sich bringt, daher soll es der Staat richten und den Markt regulieren. Der deutsche Bürger schwankt zwischen Staatsgläubigkeit und Staatshass, er erwartet entweder nur Gutes oder nichts Gutes von seinem Staat. Eine realistische Einschätzung staatlicher Möglichkeiten und Grenzen und eine Bereitschaft zu Eigenverantwortlichkeit und Selbsthilfe finden sich tendenziell bei immer weniger Bürgern. Der deutsche Staat wird zur Beute der maßlosen Ansprüche seiner Bürger, die von den Politikern vor und während Wahlkampfzeiten geweckt und befeuert werden.

Der Staat kann selbst zum Raubopfer werden, denn auch innerhalb des Staates gibt es auch Konflikte um die Verteilung von Lasten. Das zeigt das folgende Beispiel: 1971 wurde auf Veranlassung der Bundesregierung und der Landesregierung NRW ein Kugelhaufen-Hochtemperaturreaktor in Hamm-Uentrop gebaut, der als besonders sicherer Kernreaktor galt. Es war ein experimenteller Versuchsreaktor und ein neuer Typ von Kernreaktor. Die Baukosten wurden zu 60 Prozent vom Bund, der Rest vom Land NRW und den Gesellschaftern (RWE, Stadtwerke) getragen. Der Reaktor wurde bereits nach 3 Jahren Betrieb stillgelegt. Im Jahr 2024 (also 40 Jahre später) stellt sich das Problem, wer die Rückbaukosten in Höhe von geschätzt 1 Mrd. Euro tragen soll. Die Betreibergesellschaft (RWE und Stadtwerke) klagte vergeblich auf Übernahme der Abrisskosten durch den Bund und das Land NRW. Daraufhin meldete die Betreibergesellschaft Insolvenz an. Damit fällt die Übernahme der Abrisskosten dem Land NRW zu, das seinerseits versucht, die Kosten auf den Bund zu überwälzen (vgl. Stratmann 2024c).

5
Unternehmen

5.1 Der Übergang vom Stakeholder Value zum Shareholder Value

Ende der 1980er Jahre fand ein tiefgreifender Wandel zuerst in den großen deutschen Unternehmen statt. Es begann nicht nur eine neue Globalisierungsrunde mit dem Zusammenbruch der Planwirtschaft und der Marktöffnung in Osteuropa, der Sowjetunion (bzw. nach deren Zerfall: der Nachfolgestaaten) und China sondern ausgehend von den USA breitete sich auch eine neue Managementphilosophie aus – Shareholder Value statt Stakeholder Value – die von den deutschen Großunternehmen erst zögerlich, dann aber engagiert rezipiert wurde. Das Konzept des Stakeholder-Ansatzes wurde von Edward R. Freeman in seinem Buch »Strategic Management: A Stakeholder Approach« (vgl. Freeman 1984) dargelegt. Dieses Managementdenken ist auf eine gleichmäßige Berücksichtigung aller Interessengruppen (Stakeholder), die Ansprüche an das Unternehmen herantragen, gerichtet. Stakeholder waren sowohl interne Gruppen (das Management, die Belegschaft, die Eigentümer) als auch externe Gruppen (Zulieferer, Kunden, Banken, die Gesellschaft). Diese verschiedenen Interessengruppen haben Vorstellungen, welche Ziele (Zielinhalte, Zielausmaß) das Unternehmen verfolgen sollte. Diese Vorstellungen sind teilweise konfliktär (z.B. das Interesse der Anteilseigner an hoher Rendite ihrer Investitionen vs. das Interesse der Arbeitnehmer an sicheren und gut bezahlten Arbeitsplätzen). Der Interessensausgleich wurde in Verhandlungs- und Kompromisslösungen gesucht, dabei kam dem Management des Unternehmens eine zentrale Rolle zu: Es sollte als Treuhänder des Unternehmens agieren und einen Interessensausgleich zwischen den verschiedenen Anspruchsgruppen herbeiführen. Dabei sollte den Interessen der verschiedenen Stakeholder ausgewogen Rechnung getragen werden. Unternehmen werden als Organisationen verstanden, die »in einem Beziehungsgeflecht divergenter Interessen operieren und sich erst durch ihre Beziehungen zu ihren Umwelten legitimieren« (Karmasin 2002, S. 3). Der Stakeholder-Ansatz impliziert eine eigenständige Auffassung des Unternehmens: »A business firm is a purposive organization in which all voluntary stakeholders collaborate for mutual benefit.« (Clarkson Centre for Business Ethics 2002, S. 262.) Aus Sicht des Stakeholder-Value-Ansatzes kommen dem Management des Unternehmens verschiedene zentrale Aufgaben zu (vgl. Kleb und Talaulcar 2022, S. 491, 495):

- Das Management muss relevante Stakeholder und ihre Ansprüche identifizieren und bewerten, ihren Anliegen Gehör schenken, mit ihnen kommunizieren, interagieren und zusammenarbeiten.
- Die Beziehungen zu den verschiedenen Stakeholdern müssen gestaltet und entwickelt, die Leistungsbeiträge der verschiedenen Stakeholder angemessen honoriert werden, um sie zu weiteren zukünftigen Leistungsbeiträgen zum Unternehmen zu motivieren.
- Die Ansprüche der verschiedenen Stakeholder sind grundsätzlich gleich zu behandeln, die Bevorzugung oder Benachteiligung der Interessen einer einzelnen Stakeholder-Gruppe sind vom Management zu begründen. Bei widersprechenden Interessen verschiedener Stakeholder muss das Management über die Priorisierung der Stakeholder und ihrer Interessen entscheiden.

Das Clarkson Centre for Business Ethics (2002, S. 260) formulierte sieben ethische Prinzipien für das Management von Stakeholder-Beziehungen:

- Anerkennung der Sichtweisen und Interessen aller legitimen Stakeholder und ihre angemessene Berücksichtigung bei Entscheidungen des Unternehmens. Dabei gibt es aber auch Grenzen: »In taking particular decisions and actions, managers should give primary consideration to the interests of those stakeholders who are most intimately and critically involved.« (Clarkson Centre for Business Ethics 2002, S. 261)
- Zuhören und offene Kommunikation mit Stakeholdern über deren Interessen, Befürchtungen und Einwände. Allerdings gibt es dafür eine Einschränkung: »A commitment to engage in dialogue, however, does not constitute a commit-

ment to collective decision-making.« (Clarkson Centre for Business Ethics 2002, S. 260)

- Sensibles und angemessenes Verhalten des Managements gegenüber allen Stakeholdern.
- Die Beiträge der verschiedenen Stakeholder zum Unternehmenserfolg (z. B. Bereitstellung von Finanzkapital, Arbeitskraft) und die den verschiedenen Stakeholdern vom Unternehmen offerierten Anreize (Belohnungen, Sanktionen) sind vom Management in ein Gleichgewicht zu bringen, die Verteilung von Vorteilen und Lasten der unternehmerischen Aktivität auf die Stakeholder soll fair sein und dem entsprechen, was die einzelnen Stakeholder an Vorteilen erwarten und an Lasten tragen wollen bzw. können.
- Kooperative Zusammenarbeit mit den Stakeholdern, so dass unerwünschte Konsequenzen und Risiken (z. B. negative externe Effekte wie Umweltschäden) infolge der unternehmerischen Entscheidungen für die Stakeholder minimiert oder kompensiert werden.
- Verzicht auf Aktivitäten und Entscheidungen, die Menschenrechte verletzten und aus Sicht relevanter Stakeholder unakzeptabel sind.
- Akzeptanz der rechtlichen und moralischen Verpflichtung des Managements gegenüber allen Stakeholdern und dem Unternehmen als Ganzes sowie Bewusstmachung und Austarierung von aktuellen oder potenziellen Konflikten zwischen den Eigeninteressen des Managements als einzelner Stakeholdergruppe und den Interessen der anderen Stakeholder und des Unternehmens als Ganzes. Interessenkonflikte sollen vom Management offen kommuniziert und in Berichtssystemen und Anreizsystemen sowie bei der Überwachung des Managements durch Dritte (z. B. einen Aufsichtsrat) berücksichtigt werden. Das ist für die Funktionsfähigkeit des Unternehmens notwendig: »Without mutual credibility, stakeholder trust diminishes and the collaborative character of the organization may be jeopardized.« (Clarkson Centre for Business Ethics 2002, S. 264)

Unternehmen haben vier grundsätzliche Handlungsoptionen im Verhältnis zu ihren Stakeholdern: »Ein Unternehmen kann Erwartungen und Ansprüchen einer Gruppe

1. zustimmen und sie ins eigene Zielsystem integrieren,
2. sie ablehnen und Maßnahmen zur Verhinderung von deren Durchsetzung ergreifen,
3. eine Anpassung an die eigenen Interessen mittels manipulativer oder kooperativer Methoden anstreben oder
4. die Ansprüche ignorieren.« (Beschorner 2022, S. 394)

Was ist das letztliche Ziel des Stakeholder-Managements? Eine Antwort darauf gibt Beschorner (2002, S. 395): »Stakeholder-Management als kontinuierliche Aufgabe des Ausgleichs und der Integration von Stakeholder-Interessen soll das dauerhafte Überleben eines Unternehmens sichern und das Erreichen der grundlegenden Unternehmensziele auch in einem turbulenten Unternehmensumfeld ermöglichen.«

Viele deutsche Unternehmen fühlten sich in den 1980er Jahren dem Stakeholder-Ansatz verpflichtet, auch wenn sie die dahinterstehende Managementtheorie oftmals nicht explizit kannten und benennen konnten. Der Stakeholder-Ansatz skizzierte das Verhalten, das große Teile der deutschen Gesellschaft von Unternehmen damals erwarteten. Das Stakeholder-Value-Denken kam der Mentalität vieler Deutscher sehr entgegen, das auf Konsens, Kooperation und Sozialpartnerschaft ausgelegt war und weniger auf Konflikte und Verteilungskämpfe zwischen Interessengruppen. Es trug auch der in Teilen der Bevölkerung kritischen Einstellung gegenüber einem ungezügelten Kapitalismus Rechnung und war kompatibel mit dem Wirtschaftsmodell der Sozialen Marktwirtschaft, d.h. einer vom Staat regulierten Wettbewerbswirtschaft mit integriertem Schutz der Alten, Schwachen und Kranken. Der zu erreichende Konsens in den Unternehmen spiegelte den angestrebten Konsens der verschiedenen Gesellschaftsgruppen und Sozialpartner auf der Ebene des Wirtschaftsmodells wider. Im Stakeholder-Value-Ansatz wird das Unternehmen verstanden »als ›öffentlich exponierte‹ bzw. ›quasi-öffentliche‹ (gesellschaftliche) Organisation« (Karmasin 2022, S. 2). Zentrale Managementaufgabe war die Ausbalancierung der verschiedenen Interessengruppen. Davon und vom Vertrauen der Stakeholder in das Unternehmen hing langfristig das Überleben des Unternehmens ab (vgl. Karmasin 2002, S. 4). Das Problem mit dem Stakeholder-Value-Ansatz war nur, dass offenblieb, was eine ausgeglichene

Berücksichtigung der verschiedenen Interessensgruppen ist und wie sie operationalisiert und gemessen werden kann. Ist eine Lohnerhöhung von 5,5 Prozent bei 5,5 Prozent Inflation eine ausgewogene Berücksichtigung der Interessen der Arbeitnehmer und der Kapitaleigner? Trägt ein Unternehmen, das bei seinen Zulieferern Preisrückgänge durchsetzt, den Interessen der Zulieferer, der eigenen Mitarbeiter und der Aktionäre gleichermaßen Rechnung? Wie ist dies kurzfristig, wie langfristig zu beurteilen? Ein Problem war auch die starke Position des Managements im Stakeholder-Ansatz – es sollte den Interessensausgleich der Gruppen herbeiführen, aber was ist, wenn das Management zu einer bestimmten Interessengruppe stärker tendierte als zu einer anderen? Letztlich konnte für das einzelne Unternehmen nicht eindeutig belegt und nachgewiesen werden, »ob es sich um eine glaubwürdige und integre Selbstverpflichtung handelt, die das Vertrauen der Stakeholder auch verdient – und nicht an ihrem Vertrauen verdient« (Karmasin 2002, S. 5). Unter dem Stakeholder-Denken gaben sich Unternehmen mehrdimensionale Zielsysteme entsprechend den jeweiligen Stakeholdern, die sie zufriedenstellen mussten. Damit wurde aber die Erfolgskontrolle für das Unternehmen und sein Management erschwert, wenn einzelne Ziele verfehlt, andere aber erreicht, wieder andere übererfüllt wurden. Wie ist das dann bei einer Gesamtschau zu würdigen, als Erfolg oder Misserfolg des Unternehmens, als gute oder schlechte Leistung seines Managements?

Diesen und vielen weiteren Kritikpunkten trug das Ende der 1980er Jahre entwickelte Managementkonzept des Shareholder Value Rechnung. Erste Arbeiten hierzu publizierte Alfred Rappaport Anfang der 1980er Jahre (vgl. Rappaport 1981). Große Wirkung entfaltete sein Buch »Creating Shareholder Value«, es erschien im Jahr 1986 und wurde erst 1994 ins Deutsche übersetzt (vgl. Rappaport 1994). Shareholder Value ist nicht nur ein neues Rechenverfahren, es ist eine neue Managementlogik und eine neue Managementphilosophie. Die neue Managementphilosophie bedeutete einen radikalen Bruch mit dem bisher vorherrschenden Stakeholder-Value-Ansatz. Im Shareholder-Value-Ansatz werden die Interessen einer herausgehobenen Interessengruppe, nämlich der Aktionäre, in den Mittelpunkt gerückt. Ein Unternehmen sollte so geführt werden, dass der Wert für die Aktionäre, gemessen in Kurssteigerungen und Dividendenzahlungen, maximiert wird. Die Interessen der Aktionäre werden somit bevorzugt berücksichtigt.

Wenn es einem Unternehmen gelingt, die Shareholder zufriedenzustellen, dann profitieren davon in langfristiger Betrachtung auch die anderen Stakeholder wie Mitarbeiter, Zulieferer, Banken. Denn nur ein wettbewerbsfähiges und effizientes Unternehmen kann langfristig auch für die anderen Interessengruppen Wert schaffen. Der Shareholder-Value-Ansatz bedeutete in mehrerlei Hinsicht einen Fortschritt gegenüber dem Stakeholder-Value-Ansatz: Die Zielvorgabe war eindeutig bestimmt, nämlich Maximierung des Wertes für die Aktionäre. Die Zielerreichung war operationalisierbar, messbar und damit kontrollierbar: Rendite für die Aktionäre durch Kurssteigerungen und Dividenden, positiver Discounted Cash Flow (DCF) (zur Ermittlung des Shareholder Value vgl. im Detail Skrzipek 2005, S. 18, 24 und Poeschl 2013, S. 86–100, wo die einzelnen Elemente der Berechnung und Steuerung des Shareholder Value, nämlich Operating Free Cash Flow, Werttreiber, Prognosehorizont, Residualwert und gewichteter Kapitalkostenzinssatz dargestellt werden). Werttreiber sind Einflussfaktoren, mit denen das Management den Shareholder Value erhöhen bzw. reduzieren kann. Rapppaport nennt hier die folgenden Faktoren als Werttreiber: Erhöhung des Operating Free Cash Flow durch Steigerung der zukünftigen Umsatzerlöse (Prognosewerte), Steigerung der Wachstumsrate der Umsatzerlöse, die Erhöhung der durchschnittlichen Cashflow Marge vor Steuern (entspricht der betrieblichen Gewinnmarge), die Senkung des auf den Cashflow bezogenen Steuersatzes, die Senkung der Erweiterungsinvestitionsrate in das Umlaufvermögen und in das Anlagevermögen (vgl. Poeschl 2013, S. 91). Sieht man sich diese Werttreiber an, so werden viele Aktionen des Managements im Zusammenhang besser verständlich: Umsatzwachstum soll erreicht werden durch Erhöhung der Absatzmenge, Erschließung neuer Märkte, Preissenkungen (bei preisreagiblen Nachfragern) oder Preiserhöhungen (bei wenig preissensiblen Nachfragern). Die Gewinnmarge kann durch Rationalisierung, Personalabbau, Automatisierung, strenges Kostenmanagement, Ausschöpfung von Größenvorteilen durch hohe Stückzahlen etc. erreicht werden. Investitionen in das Netto-Umlaufvermögen können durch Optimierung des Lagerbestandes oder der Kassenbestände reduziert werden. Investitionen in das Anlagevermögen können reduziert werden durch Verkauf nicht mehr benötigter Anlagen, effizientere Nutzung vorhandener Anlagen, Verzögern und Hinausschieben von Ersatzinvestitionen. Oder das Management tätigt nur solche Neuinvestitionen, die eine höhere Rendite als bisher erwirtschaften, was ebenfalls den Cashflow erhöht (vgl. Poeschl 2013, S. 117). Weitere wichtige Werttreiber sind: Das Management bemüht sich um ein besseres Kreditrating durch Ratingagenturen. Das würde den Fremdkapitalkostenzinssatz (ein Bestandteil des Kapitalkostenzinssatzes) reduzieren, was den Shareholder Value steigert. Weitere Ansatzpunkte des Managements zur Steigerung des Shareholder Value sind eine verbesserte Kommunikation (Investor Relations) mit Finanzanalysten und dem Kapitalmarkt, um eine höhere Bewertung des Unternehmens zu erreichen, die Kreierung neuer Strategien, die Steigerung der operativen Effizienz, Akquisitionen und Fusionen, die den Unternehmenswert erhöhen, Desinvestitionen und Börsengänge von Konzernteilen, um verborgene Unternehmenswerte zu heben bis hin zur Optimierung der Finanzstruktur im Sinne eines besseren Verhältnisses von Eigenkapital und Fremdkapital (vgl. Poeschl 2013, S. 106). Der Vollständigkeit halber sei noch erwähnt, dass es neben dem DCF-Konzept von Rappaport auch alternative Steuerungskonzepte für den Shareholder Value gibt, nämlich Economic Value Added (EVA), Market Value Added (MVA), Return on Capital Employed (ROCE), Cash Flow Return on Investment (CFRI) und Cash Value Added (CVA) (vgl. hierzu die Darstellung bei Poeschl 2013, S. 101–115 sowie Srzipek 2005, S. 43–45, der auch die Stärken der verschiedenen Konzeptionen und deren verschiedene Anwendungsbereiche thematisiert). Teilweise haben die verschiedenen Konzepte auch unterschiedliche Werttreiber zur Steigerung des Shareholder Value identifiziert (vgl. Skrzipek 2005, S. 27 f.) Ein großer Vorteil aller Shareholder-Value-Konzepte ist ihre breite Anwendbarkeit auf verschiedene Bereiche im Unternehmen. Man kann Shareholder Value anwenden »zur strategischen Steuerung und Kontrolle ganzer Unternehmen, einzelner Konzerngesellschaften und Geschäftsbereiche« (Busse von Kolbe 1997, S. 274). Auch einzelne Maßnahmen des Unternehmens, z. B. die Entscheidung über eine Sachinvestition, den Erwerb einer Beteiligung an einem anderen Unternehmen, Verkäufe von Unternehmensteilen, Rationalisierungsmaßnahmen oder Desinvestitionen können danach beurteilt werden, ob sie Wert für die Aktionäre schaffen oder vernichten (vgl. Busse von Kolbe 1997, S. 283 f.).

Es gibt fünf wichtige Einflussfaktoren, die das Management eines Unternehmens dazu anhalten, sich an den Interessen der Aktionäre zu orientieren und nicht zum Schaden des eigenen Unternehmens zu wirtschaften. Von entscheidender

Bedeutung sind die Anreizsysteme für das Management und ihre Ausgestaltung. Ziel ist es, ein Entlohnungs- und Anreizschema im Unternehmen zu implementieren, das am Shareholder-Value-Ansatz orientiert ist und schlechte Managementleistungen mit Gehaltseinbußen sanktioniert und gute Managementleistungen mit Gehaltszuwächsen belohnt. Durch die Gestaltung von Anreizsystemen soll nachteiliges Verhalten des Managements zu Lasten des Unternehmens (z. B. Vernichtung von Unternehmenswert, Konsum am Arbeitsplatz durch Luxus, teure Dienstwagen, Privatreisen auf Kosten der Firma etc.) reduziert werden. Mit Vordringen des Shareholder-Value-Denkens wurde es üblich, Top-Manager mit Aktien oder Aktienoptionen als variable Gehaltsbestandteile zusätzlich zum Fixgehalt zu entlohnen. Die Manager wurden zu Aktionären gemacht, um sicherzustellen, dass sie bei ihren Entscheidungen die Interessen der Aktionäre bevorzugt im Blick haben. Der Preis dafür waren stark steigende Managergehälter, was in Deutschland immer wieder neue und intensive Diskussionen über die Angemessenheit von Managergehältern und ihre Relation zu Gehältern von Politikern und einfachen Arbeitnehmern entfacht (vgl. Müller-Stewens, Stonig, S. 325, 327). Neben der Gestaltung von Anreizsystemen soll auch die Kontrollfunktion des Kapitalmarktes Manager disziplinieren und zu einem an den Interessen der Aktionäre ausgerichteten Managerhandeln anhalten. Einem schlecht geführten Unternehmen, das keinen Wert für seine Aktionäre schafft oder sogar durch falsche Wettbewerbsstrategien und Verzicht auf Effizienzsteigerung Unternehmenswert vernichtet, droht die feindliche Übernahme durch andere Unternehmen. Der Käufer wird anschließend das erfolglose Management des übernommenen Unternehmens auswechseln. Daher wirkt die Möglichkeit einer feindlichen Übernahme auf Manager disziplinierend und hält sie zur Berücksichtigung der Shareholder-Interessen an (vgl. Skzipek 2005, S. 13). Gleichzeitig soll die Möglichkeit einer feindlichen Übernahme das Management von nachteiligem Handeln zu Lasten des eigenen Unternehmens und seiner Aktionäre abhalten. Wenn Manager ihr Handeln an den Interessen der Aktionäre und an Wertsteigerung ausrichten und infolgedessen der Börsenkurs steigt, ist das Unternehmen vor feindlichen Übernahmen und das Management vor dem Verlust seiner Managementposition besser geschützt (vgl. Skrzipek 2005, S. 13 f.). Voraussetzung dafür ist, dass der Kapitalmarkt und damit der Markt für Unternehmenskontrolle wirklich funktionieren. Ein weiterer

Einflussfaktor soll das Management disziplinieren und zur Beachtung der Shareholder-Interessen anhalten: Es muss intensiver Wettbewerb auf dem Absatz- und Beschaffungsmarkt sowie dem Arbeitsmarkt herrschen, so dass ineffizientes Wirtschaften des Managements und der Verlust von Wettbewerbsfähigkeit des Unternehmens schnell sichtbar werden im rückläufigen Unternehmenserfolg. Eine weitere Voraussetzung ist, dass der Markt für Managerstellen gut funktioniert, so dass schlecht wirtschaftende Manager entlassen werden und nicht sofort eine neue Anstellung in einem anderen Unternehmen finden.

Diese fünf Voraussetzungen sind in der Realität jedoch nicht in allen Ländern, zu allen Zeiten und in allen Unternehmen und Märkten erfüllt.

Zentrale Aufgabe des Managements im Shareholder-Ansatz ist nicht mehr der konsensorientierte Ausgleich der verschiedenen Interessen im Unternehmen (Stakeholder-Ansatz), sondern die Erwirtschaftung von Rendite für eine Interessensgruppe: die Aktionäre. Dem müssen sich die Interessen der anderen internen und externen Gruppen unterordnen. In Summe betrachtet bedeutet der Shareholder-Value-Ansatz einen radikalen Bruch mit dem bisherigen Managementansatz des Stakeholder Values. Die Rezeption des neuen Managementansatzes in Deutschland geschah anfangs zögerlich, er wurde zuerst von den Banken und von den großen börsennotierten deutschen Unternehmen aufgegriffen. Eine Vorbild- und Leitfunktion kam dabei der Deutschen Bank (unter Führung von Josef Ackermann, Rolf-Ernst Breuer und Hilmar Kopper) und Mercedes-Benz (unter Führung von Jürgen Schrempp) bei der Übernahme und Propagierung von Shareholder-Value-Denken zu. Die neue Managementphilosophie erschien auf den ersten Blick sehr rational und objektiv. Dies manifestierte sich darin, dass die Leistung eines Unternehmens gemessen wird durch Kurssteigerungen und Dividendenrendite und einzelne Projekte danach beurteilt werden, ob sie einen positiven Discounted Cash Flow erwirtschaften. Sieht man hingegen genauer hin, so bemerkt man schnell, dass Kurssteigerungen und Dividende am Kapitalmarkt nicht nur von rationalen Faktoren, sondern auch von Gerüchten und Emotionen (Gier, Angst, Neid) der Anleger, Einstellungen der Investoren (Risikoneigung, Risikoscheu), subjektiven Einschätzungen von Finanzanalysten, veröffentlichten Prognosen des eigenen Unternehmens und anderer Branchenunternehmen sowie den rhetorischen Fähigkeiten und der Selbstinszenierung des Managements gegenüber der Öffentlichkeit und den Shareholdern beeinflusst werden. Aus der Vergangenheit ist bekannt und in der Finanzmarktforschung akzeptiert, dass Kapitalmärkte temporäre Überbewertungen, Hypes und Blasen genauso wie Unterbewertungen und Zeiten langer Stagnation erzeugen. Auch die Zielgröße Discounted Cash Flow ist nicht so objektiv, wie zuerst angenommen. Sie basiert auf Prognosen (!) zukünftiger Einzahlungs- und Auszahlungsströme sowie der Festlegung eines risikoadäquaten Zinssatzes (Wer bestimmt diesen, wie wird er bestimmt?) für die Abzinsung der zukünftigen Zahlungsströme auf den Gegenwartszeitpunkt. Je weiter die Zahlungsströme in der Zukunft liegen, umso ungenauer und fehleranfälliger werden die Prognosen, auf denen das Shareholder-Value-Konzept basiert (vgl. Busse von Kolbe 1997, S. 280). Das Ergebnis jeder DCF-Berechnung hängt sehr stark ab von den zugrundeliegenden Prognosen und dem gewählten Zinssatz, dies eröffnet Spielräume für Einflussnahmen des Managements. Man kann es diplomatisch auch so formulieren: »Da zukunftsbezogene Bewertungsmodelle wie der Shareholder-Value-Ansatz auf Prognosen über Zukunftszustände und Projektionen historischer bzw. aktueller Daten basieren, sind Unsicherheit und Abweichungen zwischen Annahmen und tatsächlichen Entwicklungen als systemimmanent zu betrachten.« (Poeschl 2013, S. 121). Oder noch kritischer: »Der Shareholder-Value-Ansatz läuft damit Gefahr, aufgrund der dadurch entstehenden Spielräume für die Begründung jeder gewünschten Entscheidung mißbraucht werden zu können.« (Theuvsen 1996, S. 10). Auch wenn das Shareholder-Value-Denken hinsichtlich Messbarkeit und Kontrollierbarkeit des Managerhandelns einen Fortschritt erbrachte, so bleiben doch Unschärfen durch Prognosebasierung und Einfallstore für die Gestaltung durch die Manager des Unternehmens. Dies wurde von manchen deutschen Unternehmen dazu benutzt, um nach außen hin Shareholder-Value-Orientierung zu propagieren, intern aber weitgehend wie bisher zu wirtschaften und eine ausgeglichene Bedienung der verschiedenen Stakeholder anzustreben. Andere Unternehmen verstanden Shareholder Value als Aufforderung zur Gewinnmaximierung, die Interessen der Aktionäre bediente man dann aber nur widerwillig und erst wenn es sich nicht mehr vermeiden ließ mit hohen Gewinnausschüttungen und echter Orientierung an den Interessen der Aktionäre. Nicht in allen Unternehmen wurde Shareholder-Value-Denken verstanden und auch wirklich gelebt. Doch in den 1990er Jahren wurde es immer mehr zur Managementorientierung zumindest der großen börsennotierten deutschen Unternehmen, gerade wenn sie sich mehr als bisher über den Kapitalmarkt anstelle über ihre bisherigen Hausbanken finanzierten. Kritisiert wird am Shareholder-Value-Denken auch die einseitige Bevorzugung der Shareholder zu Lasten anderer wichtiger Stakeholder und die Konzentration auf eine quantifizierbare Hauptzielgröße, nämlich die Steigerung des Shareholder Value (vgl. Skzipek 2005, S. 38-43, Poeschl 2013, S. 124). Grundlegendere Kritik aus wissenschaftlicher Sicht merkt an, dass wesentliche Elemente des Shareholder-Value-Konzeptes bereits seit längerem bekannt sind, z. B. die Abzinsung von Cashflows geht zurück auf die Kapitalwertmethode und Verfahren der dynamischen Investitionsrechnung (vgl. Busse von Kolbe 1997, S. 273). Theuvsen (1996, S. 7) merkt hierzu kritisch an: »Die Erkenntnis, daß der Barwert der zukünftigen Einzahlungsüberschüsse den richtigen Wert eines Unternehmens darstellt, ist weder neu noch Rappaport zuzuschreiben.« Ebenfalls muss man sich fragen, ob effiziente Kapitalmärkte als Grundvoraussetzung des Shareholder-Value-Ansatzes wirklich in jedem Land gegeben sind – für die USA und Großbritannien ist dies wohl zu bejahen, für China und Russland ist es zu prüfen. Shareholder Value macht nur Sinn, wenn es liquide und effiziente Kapitalmärkte in einem Land mit freien Entscheidungen der Anleger gibt (vgl. Theusven 1996, S. 8 f.) Ebenfalls eine wichtige Voraussetzung der Shareholder-Value-Orientierung ist, dass Unternehmen sich am Kapitalmarkt (und nicht primär über Hausbanken) finanzieren und börsennotiert sind (vgl. Theuvsen 1996, S. 9). Für die überwiegende Mehrzahl der deutschen Hidden Champions, Mittelständler, Familien- und Kleinunternehmen ist diese Annahme nicht erfüllt. Für Unternehmen ohne Börsennotierung muss man einzelne Elemente des Shareholder-Value-Konzeptes ermitteln durch Bezugnahme auf vergleichbare börsennotierte Unternehmen der gleichen Branche.

Trotz aller Fortschritte im Managementdenken teilt auch das Shareholder-Value-Denken grundlegende Mängel mit dem Stakeholder-Value-Ansatz: Zwar gab es Fortschritte bei der Messbarkeit, aber es blieb immer noch eine Scheinrationalität und eine Kontrollillusion: Die Kurssteigerungen, Dividendenrenditen und DCF-Prognose erweckten den Schein von Objektivität, blieben aber prognosebasiert, subjektiv und beeinflussbar durch Managemententscheidungen und -handlungen. Kluge Manager lancieren im richtigen Moment Übernahmegerüchte, um die angestrebte Kurssteigerung zu erreichen. Das Verkünden ambitionierter Unternehmensziele und die Ankündigung von Überlegungen zur Unternehmensspaltung oder Ausgliederung von Geschäftsteilen wirken in die gleiche Richtung. Die Streuung von Gerüchten über bevorstehende bahnbrechende Neuproduktentwicklungen dienen dem ebenso wie die kurzfristige Effizienzsteigerung zu Lasten von Zukunftsinvestitionen und der Produktqualität. Eine verbesserte Kommunikation mit Finanzanalysten kann helfen, die erstrebten Kurssteigerungen zu realisieren, auch wenn das Unternehmen tatsächlich nicht effizienter wirtschaftet, sondern sich nur besser selbst darstellt und vermarktet gegenüber institutionellen Investoren und Finanzanalysten. Shareholder-Value-Denken kreiert eine Managementlogik, deren Gefangener das Management selbst werden kann. Das Mantra des Shareholder Values scheint in einigen Unternehmen und ihrem Management so interpretiert zu werden: Tue (hoffentlich, vermeintlich) Gutes für das Unternehmen, kommuniziere sehr viel darüber mit dem Kapitalmarkt (Börsenstory) und optimiere dabei kurzfristig den Börsenkurs (von dessen Entwicklung die Vertragsverlängerung des Managements und ein Teil der Managementvergütung abhängen), denn langfristig ist das derzeitige Management nicht mehr in Amt und Würden. Kritisiert wird auch, dass einzelne Aktionäre und Aktionärsgruppen heute überzogene Renditevorstellungen haben, die das Unternehmen nur durch Substanzverzehr (z. B. Dividendenausschüttung trotz Gewinnrückgang oder Verlusten) erfüllen kann.

Fraglich ist auch, ob die heute immer wieder beschworene Shareholder-Value-Orientierung in den Unternehmen und Banken tatsächlich gelebt wird oder ob die Unternehmen den Begriff Shareholder Value nicht nur als Schlagwort zur Rechtfertigung aller möglichen Maßnahmen wie Fusionen, Akquisitionen, Reorganisationen und Personalabbau heranziehen. Fraglich ist damit auch, ob die Unternehmen mit ihrer heutigen Interpretation von Shareholder Value und der heutigen Anwendung dieses Konzeptes – unter dem Einfluss des deregulierten Kapitalmarktes mit seinen extrem hohen Renditeanforderungen – sich nicht vom ursprünglichen Shareholder-Value-Konzept von Alfred Rappaport entfernt haben.

5.2 Problemfelder und offene Fragen der Shareholder-Value-Orientierung

Über all der Rhetorik zu Shareholder-Value und Kapitalmarktorientierung sollte man aber nicht zwei wichtige Dinge vergessen: Ein häufiger Irrtum ist, dass das Unternehmen den Aktionären gehört. Vielmehr ist ein Unternehmen eine eigene Rechtspersönlichkeit, die sich selbst gehört. Das kann man daran erkennen, dass kein Aktionär zu dem Unternehmen gehen kann und die Herausgabe eines Teils des Lagerbestandes, einer Maschine oder eines nicht genutzten Grundstücks im Gegenzug für seine Aktien verlangen kann. Aktien gewähren Ansprüche auf Gewinnbeteiligung (sofern das Unternehmen überhaupt Gewinn erzielt), aber sie begründen keine umfassenden und vollständigen Eigentumsrechte am Unternehmen, auch nicht anteilige Eigentumsrechte am Unternehmen. Ebenfalls irreführend ist die Betonung der Kapitalmarktorientierung von Unternehmen. Viele Unternehmen versuchen sich eher vom Kapitalmarkt zu emanzipieren. Im Extremfall ziehen sie ihre Aktien ein und nehmen das Unternehmen von der Börse (Delisting). Eine Kapitalerhöhung versuchen viele Unternehmen zu vermeiden, weil sie den Wert der bestehenden Aktien senken kann. Zwischen Unternehmen und einzelnen Großaktionären finden oft Konflikte statt, wieviel des Gewinns ausgeschüttet werden soll und wieviel im Unternehmen verbleiben soll. Unternehmen in der Krise, Unternehmen mit Gewinnrückgängen oder an der Börse unterbewertete Unternehmen müssen den Kapitalmarkt sogar fürchten, weil die Unterbewertung andere Interessenten anlockt, die eine feindliche Übernahme anstreben könnten. Manche Unternehmen nehmen gerne das Geld der Aktionäre, wollen den Aktionären aber möglichst wenig Mitsprache bei der Entwicklung des Unternehmens einräumen. Wiederum andere Unternehmen und ihr Management versuchen alles Mögliche (Strategieänderung, Kostensenkungsprogramme, verbesserte Investor Relations, Aktienrückkäufe, hohe Dividenden und Sonderdividenden), um dem Kapitalmarkt, den Aktionären und den Finanzanalysten zu gefallen und eine hohe Börsenbewertung zu erreichen. Das Verhältnis zwischen Unternehmen und Kapitalmarkt ist also erheblich vielschichtiger als es die einfache Formulierung von der »Kapitalmarktorientierung« vermuten lässt.

Ein weiteres Problem ist auch: Wie misst man den Erfolg eines Unternehmens? Der Gewinnausweis ist trügerisch. Ein hoher Gewinn muss nicht bedeuten, dass das Unternehmen prosperiert. Das zeigt das Beispiel der Deutschen Bahn und vieler Energieversorger, die in den letzten Jahren hohe Gewinne auswiesen, die aber teilweise durch Substanzverzehr erzielt wurden, weil die Ersatzinvestitionen in das Anlagevermögen (Schienennetz, Stromnetz) verzögert wurden oder ganz unterblieben. Ebenfalls kann ein Gewinnausweis auch mit zunehmender Verschuldung des Unternehmens »erkauft« werden – der sog. Leverage Effekt: Solange die Fremdkapitalzinsen niedriger sind als die Rendite beabsichtigter Investitionsprojekte, ist es lohnend Kredite aufzunehmen. Der Gewinnausweis wird dadurch immer besser, gleichzeitig steigt aber auch die Verschuldung des Unternehmens an, was irgendwann eine Überschuldung herbeiführen kann. Ebenfalls gibt es nicht den einen Gewinnbegriff, sondern viele verschiedene Gewinnbegriffe: Jahresüberschuss, Bilanzgewinn, Gewinn vor Steuern und nach Steuern, EBIT (Gewinn vor Steuern und vor Zinszahlungen), EBITDA (Gewinn vor Steuern, Zinszahlungen und Abschreibungen), Gewinn aus der gewöhnlichen Geschäftstätigkeit vs. außerordentlicher Gewinn, betrieblicher Gewinn vs. außerbetrieblicher Gewinn etc. Man muss schon genau definieren, um welchen Gewinn es im konkreten Fall geht. Dabei spielt auch die jeweilige Rechnungslegungsvorschrift eine Rolle: Mancher Aktionär wunderte sich, dass dasselbe Unternehmen im selben Geschäftsjahr in der Bilanz nach Handelsgesetzbuch (HGB, deutsche Rechnungslegungsnorm) einen Verlust auswies und in der Bilanz nach IAS (internationale Rechnungslegungsnorm) einen Gewinn. Die Ursache dafür sind unterschiedliche Ansatz- und Bewertungswahlrechte in beiden Rechnungslegungsnormen. Zudem ist jeder Gewinnausweis auch eine Managemententscheidung, denn das Management kann darüber entscheiden, wieviel vom Gewinn es in die Gewinnrücklagen des Unternehmens einstellt und wieviel es am Schluss als Bilanzgewinn ausweist, zudem hat jedes Management Ansatz- und Bewertungswahlrechte, die den Gewinnausweis steuerbar machen. Man kann sagen, dass der Gewinn kein objektiver Indikator des Unternehmenserfolgs ist. Gewinn ist das, was das Management des Unternehmens als Gewinn ausweisen will und ausgewiesen hat und was die Bilanzierungsregeln als Gestaltungsspielräume dabei gewähren. Gewinn ist damit eine vom Management nicht nur durch sein Wirtschaften in den operativen Unternehmensbereichen, sondern auch durch seine Entscheidungen zur Bilanzpolitik beeinflussbare Größe. Die Bedeutung des Gewinnausweises als Erfolgsmaß wurde auch im Shareholder-Value-Ansatz relativiert: Ein Unternehmen kann Gewinne erzielen und dennoch Wert für seine Aktionäre vernichten, wenn es seine Eigenkapitalkosten nicht verdient.

Die Bilanz ist ein vereinfachtes Abbild der wirtschaftlichen Aktivität eines Unternehmens in einer Zeitperiode. Sie kann kein objektives Abbild eines Unternehmens sein, denn das Management hat Spielräume bei der Ansetzung von Bilanzwerten und Bewertungsmethoden sowie bei der Entscheidung über die Einstellung in die Gewinnrücklagen. Auf diese Weise kann das Management stille Reserven und Rücklagen anlegen für schlechte Zeiten. Das ist vom Gesetzgeber bewusst gewollt, man spricht hier von Bilanzpolitik eines Unternehmens. Der Gesetzgeber hat in der Vergangenheit zudem mehrfach die Bilanzregeln geändert, z.B. müssen Banken voraussichtlich nicht mehr einbringbare Forderungen gegenüber Gläubigern nicht sofort in der Bilanz abschreiben. Vermutlich hat diese Regelung mehrere Banken nach der Finanzkrise 2008 vor dem Konkurs gerettet. Auch wurde unter bestimmten Bedingungen die Aktivierung von FuE-Aufwendungen in der Bilanz gestattet anstelle der sofortigen Ansetzung als FuE-Aufwand. So können FuE-Ausgaben über mehrere Bilanzjahre verteilt werden, was Einfluss auf den Gewinnausweis in einzelnen Jahren hat. Bilanzen geben ein Teilbild, schlimmstenfalls ein Zerrbild der wirtschaftlichen Lage eines Unternehmens. Man muss sich heute mit Bilanzen sehr intensiv befassen, um zu erkennen, ob sie die tatsächliche Lage des Unternehmens darstellen oder Risiken verbergen und Chancen überbetonen bis hin zum Aufbau einer Parallel- und Scheinwelt in der Bilanz (Wirecard als extremes Beispiel). Auch das Testat des Jahresabschlusses als Gütesiegel eines Wirtschaftsprüfers schützt nicht immer vor Bilanzbetrug.

Der Bilanzausweis eines Unternehmens wird auch dadurch beeinflusst, ob ein ausscheidender oder ein soeben in die Position des Vorstands neu eingetretener Manager ihn erstellt. Die Erfahrung lehrt oft, dass ein neues Management oft alle Verlustquellen und Bewertungsprobleme zu Beginn seiner Tätigkeit in der Bilanz ausweist, es macht tabula rasa in der Bilanz und legt damit die Fehler des vorherigen Managements offen. Wenn das Managementteam des Unternehmens hingegen abtritt (z.B. wegen Pensionierung), dann möchte manches Management zum

Schluss eine schöne Bilanz mit einem glanzvollen Gewinnausweis vorlegen und wird daher z. B. nach Bewertungsreserven in der Bilanz suchen. Es ist daher nicht gleichgültig für das Bilanzergebnis, wer die Erstellung der Bilanz verantwortet.

Zur Rechtfertigung des Shareholder-Value-Ansatzes wird auch oft darauf hingewiesen, dass die Maximierung des Wertes für die Aktionäre auch Vorteile für die anderen Interessensgruppen des Unternehmens (z. B. Mitarbeiter, Lieferanten etc.) führt. Dieser Aussage ist unter zwei Bedingungen grundsätzlich zuzustimmen: Erstens kann es länger dauern, bis Wertsteigerung für die Aktionäre auch zu Wertsteigerung für die anderen Stakeholder führt und zweitens setzt dies voraus, dass intensiver Wettbewerb auf Absatz-, Beschaffungs- und Arbeitsmärkten herrscht. Kurzfristig und bei fehlendem Wettbewerb kann die Maximierung des Shareholder Values sich aber auch negativ auf die anderen Stakeholder auswirken.

Der Übergang vom Stakeholder- zum Shareholder-Ansatz führte zur Bevorzugung einer Interessengruppe (Aktionäre) gegenüber anderen Gruppen. Eine sehr wichtige, aber oft übersehene Frage ist: Wer sind eigentlich die Aktionäre und in welchem Ausmaß profitieren sie? Man muss hier unterscheiden zwischen Kleinaktionären, Großaktionären und institutionellen Anlegern wie Kapitalsammelstellen (Pensionsfonds, Blackrock). Vor allem die Großaktionäre und institutionellen Anleger profitieren vom SV-Konzept, weil sie ihre Interessen machtvoll artikulieren und durchsetzen können. Der SV nutzt weniger den Unternehmen, und nur teilweise den Kleinaktionären.

5.3 CSR und ESG – eine neue Managementphilosophie und Grundorientierung für Unternehmen?

Die Frage ist, was nach der Shareholder-Value-Orientierung kommt (vgl. Müller-Stewens, Stonig 2023). Denkbar ist, dass sich eine um Aspekte der Nachhaltigkeit und der Verantwortung von Unternehmen gegenüber ihrer Umwelt erweiterte (bzw. genauer: korrigierte) Shareholder-Value-Orientierung also eine teilweise Rückkehr zum Stakeholder-Value-Denken etablieren könnte. Dann bekommen die Unternehmen allerdings mehrdimensionale Zielsysteme, in denen neben finanziellen Zielen auch nichtfinanzielle Ziele fixiert sind. Eine strikte Erfolgsmessung und Erfolgsbeurteilung des Unternehmens und seines Top-Managements ist dann nicht mehr möglich. Wenn finanzielle Ziele in einem Geschäftsjahr nicht erreicht werden, aber die Schadstoffemissionen des Unternehmens reduziert und die Diversität auf der Führungsebene erhöht wird, ist das Management dann gescheitert oder erfolgreich? Ein weiteres anspruchsvolles Problem dürfte sein, wie man nichtfinanzielle Ziele in langfristige Anreizsysteme für Führungskräfte integriert, die bisher vom Erreichen finanzieller Ziele dominiert waren. Wenn man z.B. Zielvorgaben für Frauenquoten und Schadstoffemissionen in die Anreizsysteme einbaut, gleichzeitig aber Ziele für Wachstum- und Gewinnsteigerungen vorgibt sowie für Kurssteigerungen und Dividende und die Shareholder-Value-Orientierung durch Zuteilung von Aktienoptionen an das Management fördert, dann ist es letztlich im Ermessen des Managements, welchen Zielen es mehr und welchen weniger Rechnung trägt. Am Schluss kehrt man zu einem Stakeholder-Value-Denken integriert in einen Shareholder-CSR (Corporate Social Responsibility)-ESG (Nachhaltigkeit) Ansatz zurück. Wobei dann einige Investoren fordern werden, dass die Verfolgung von ESG-Zielen nicht zu Lasten der Börsenkurs- und Gewinnentwicklung gehen darf (vgl. Müller-Stewens, Stonig 2023, S. 325, 327). Andere Stakeholder wie die Gesellschaft und die Mitarbeiter könnten monieren, dass die Verfolgung von Shareholder-Zielen die Erreichung der anderen Ziele (CSR, ESG) erschwert. Die Konflikte der Interessengruppen muss dann das Management des Unternehmens austarieren, was letztlich eine Rückkehr zum Stakeholder-Ansatz bedeutet.

Wäre es denkbar, private Unternehmen nur auf CSR- und Nachhaltigkeits-Ziele zu verpflichten und die Verfolgung von Gewinn- und Wachstumszielen nachrangig zu betreiben und zu vernachlässigen? Ja, es wäre möglich, aber es wären keine privatwirtschaftlichen Unternehmen mehr, sondern sie würden den volkseigenen Betrieben der DDR oder den öffentlichen und kommunalen Betrieben der 1970er Jahre in Westdeutschland ähneln. Der Anreiz zu Produktivitätssteigerungen würde schwinden, weil sie sich zwar in steigenden Gewinnen ausdrücken würden, aber die Managementleistung von den Eigentümern und den Anreizsystemen des Unternehmens nicht honoriert werden würde. Die Planerfüllung der von der Politik oder der Gesellschaft vorgegebenen Ziele würde im Vordergrund stehen. Das würde zur Dominanz des Effektivitätsdenkens über das Effizienzdenken führen, wenn die vorgegebenen Ziele erreicht werden müssen, koste es, was es wolle. Ressourcenverschwendung wäre die Folge. Nur Philantropen oder Altruisten würden überhaupt noch ein Unternehmen gründen, aber nicht Privatleute, die von den Gewinnen eines Unternehmens leben wollen bzw. müssen. Es wäre faktisch und auf lange Sicht das Ende privatwirtschaftlicher Unternehmenstätigkeit, wie wir sie heute kennen. Wirtschaftliche Stagnation auf allen Ebenen könnte die Folge sein. Daher ist die Schlussfolgerung: Entweder Stakeholder-Value oder Shareholder-Value, aber es gibt keinen dritten Weg, der zwischen beiden vermitteln könnte.

Heute werden vereinzelt Forderungen erhoben, Unternehmen sollen auf Wachstum verzichten, um die natürlichen Ressourcen und die Umwelt zu schonen. Oder wenn schon Wachstum, dann qualitatives Wachstum (wie immer definiert) statt quantitativem Mengen- und Umsatzwachstum. Ein Verzicht auf Wachstum ist durchaus möglich, das zeigt das Beispiel Siemens: Von 2011 bis 2021 wuchs Siemens insgesamt um 1 Prozent (Umsatzwachstum), das ergibt ein jährliches Umsatzwachstum von gerade mal 0,1 Prozent, also auf den ersten Blick eine stagnierende Unternehmensentwicklung. Im gleichen Zeitraum verdoppelte sich aber der Gewinn von Siemens. Das Beispiel Siemens kann man daher in die Kategorie »qualitatives Wachstum« einordnen. Man sollte sich aber nicht täuschen: In diesem Zeitraum ist Siemens ein ganz anderes Unternehmen geworden, es gliederte Unternehmensbereiche und Geschäftsfelder aus, brachte sie an die Börse oder verkaufte sie an andere Unternehmen (Lasertechnik Rofin Sinar, Halbleitertechnik Infineon, Netzwerkausrüstung, Gebäudetechnik, Automobilelektronik). Dafür wurden andere Unternehmen zugekauft, v.a. im Geschäftsfeld Medizintechnik. Gleichzeitig führte das Unternehmen mehrere große Kostensenkungsprogramme durch. Die Kultur und die Organisationsstruktur des Unternehmens veränderten sich deutlich. Bei Siemens blieb kaum ein Stein auf dem anderen. Man sollte daher nicht den Verzicht auf quantitatives Wachstum als anstrengungslosen Ruhezustand eines Unternehmens, seines Managements und seiner Mitarbeiter interpretieren.

Das Shareholder-Value-Denken hat die Art, wie Unternehmen geführt und gemanagt werden, deutlich verändert, was nachfolgende Beispiele zu zeigen versuchen.

5.4 Die drastische Verbesserung der Wirtschaftsergebnisse von Unternehmen als Ergebnis der Shareholder-Value-Orientierung?

Man kann sich fragen, ob sich das Shareholder-Value-Denken positiv auf die Gewinne der Unternehmen ausgewirkt hat. Hier eine eindeutige Kausalität herzustellen, dürfte sehr schwierig sein. Dennoch ist die Entwicklung der Unternehmensgewinne von 1980 bis heute sehr bemerkenswert.

Deutsche Unternehmen hatten in den 1980er Jahren eine durchschnittliche Umsatzrendite von 1–2 Prozent. Selbst Daimler-Benz als eines der profitabelsten deutschen Unternehmen erzielte 1979 eine Umsatzrendite von 2,33 Prozent. Heute im Jahr 2024 beträgt die durchschnittliche Umsatzrendite der DAX 40 Unternehmen ca. 5 Prozent, in einzelnen Branchen liegt sie noch deutlich höher: In der Vermögensverwaltung und bei Immobilienentwicklern sind Umsatzrenditen bei einzelnen Unternehmen von bis zu 50 Prozent denkbar, Softwarefirmen wie SAP erreichen Umsatzrenditen bis ca. 25 Prozent, Pharmaunternehmen und Halbleiterunternehmen ebenso mit einzelnen Firmen sogar bis zu 50 Prozent Umsatzrendite. Die deutschen Autobauer erzielten in ihrem besten Geschäftsjahr 2024 Umsatzrenditen zwischen 4 und 11 Prozent.

Wie kann man diese hohen Gewinnsteigerungen in den letzten 40 Jahren erklären? Es war eine historisch einmalige Konstellation von Faktoren, daher dann die erzielte Gewinnsteigerung nicht einfach in die Zukunft fortgeschrieben werden. Welchen Beitrag das Shareholder-Value-Denken zu diesen Gewinnsteigerungen erbrachte, ist kaum ermittelbar, vermutlich wirkte es motivierend auf das Management, die sich bietenden Möglichkeiten für Gewinnsteigerung auch zu nutzen.

Vergleicht man die Kennzahlen aus der Bilanz von Mercedes-Benz 1979 mit den Bilanzen der zwei Nachfolgegesellschaften Daimler Trucks und Mercedes-Benz Car Group 2022, dann zeigen sich die enormen Produktivitätsfortschritte in mehr als 40 Jahren. Denkt man sich die beiden heutigen Nachfolgegesellschaften noch als ein Unternehmen, so hat sich die Zahl der hergestellten LKWs verdoppelt, die Zahl der hergestellten PKWs vervierfacht, der Umsatz ist um das 30-fache gestiegen, der Gewinn um das 60-fache in 43 Jahren. Diese enormen Fortschritte erzielte Mercedes-Benz mit 60 Prozent mehr Beschäftigten. Die Produktivität und Rentabilität des Unternehmens haben sich dramatisch verbessert. Dies ist kein Einzelfall, wenn man z. B. die Kennzahlen von Toyota heranzieht (vgl. hierzu Toyota 1979 und 2022):

Daten aus der Bilanz	Toyota 1979	Toyota 2022
Umsatz	10,35 Mrd. Euro	275,4 Mrd. Euro
Gewinn	313 Mio. Euro	19,1 Mrd. Euro
Beschäftigtenzahl	185.000	370.000
Zahl der hergestellten Autos	2,6 Mio.	9,5 Mio.
Zahl der hergestellten LKWs	120.000	137.600

Hier zeigen sich enorme Produktivitäts- und Gewinnsteigerungen. Welchen Anteil daran die große Kapitalmarktorientierung von Mercedes-Benz und die geringere Kapitalmarktorientierung von Toyota (japanische Unternehmen haben sich erst in letzter Zeit für Shareholder Value geöffnet) an diesen beeindruckenden Ergebnissen hat, ist nicht ermittelbar.

Die heute sehr hohen Unternehmensgewinne sind durch eine historisch einmalige Kombination von besonderen Bedingungen und Umständen entstanden. Die Unternehmen profitierten lange Zeit von sehr niedrigen Zinsen (erleichtert die Refinanzierung) und der niedrigen Bewertung des Euros (erleichtert Exporte). Der Eintritt Osteuropas und Chinas in die Weltwirtschaft machte billige Arbeitskräfte in Schwellenländern verfügbar. Es entstanden mit steigendem Wohlstand in den Schwellenländern neue Absatzmärkte mit großer Nachfrage und teilweise hoher Zahlungsbereitschaft für westliche Produkte. Ferner profitierten die Unternehmen von jahrzehntelang relativ günstigen Energiepreisen (Gas aus Russland) in Deutschland. Rationalisierung und Automatisierung sowie neue Technologien (Internet, KI, Robotertechnik) halfen dabei, bisher nicht erschlossene Effizienzreserven zu heben. Die Unternehmen profitierten ferner auch von Steuererleichterungen und staatlichen Subventionen v. a. infolge der deutschen Wiedervereinigung. Die Agenda 2010 schuf einen Niedriglohnsektor, was viele Unternehmen für

Kostensenkung bei wenig qualifizierter Arbeit nutzten. Und zuletzt gab es auch Bilanzierungsreformen, die den Unternehmen Wahlrechte z.B. bei der Abschreibung von Aktiva und der Ausweisung von Verlusten (Banken nach der Finanzkrise) erlaubten. Das war insgesamt eine historisch einmalige Bedingungskonstellation, die so nicht mehr besteht und vermutlich auch nicht mehr wiederkommen wird. Die Firmen werden das erreichte hohe Gewinnniveau nur halten oder steigern können, wenn sie die Preise für ihre Produkte drastisch erhöhen. Dies versuchen die Unternehmen derzeit und werden dabei unterstützt von der Rückkehr der Inflation nach dem Jahr 2020 infolge des Ukraine-Kriegs und der langjährigen expansiven Geldmengenpolitik der EZB. Die Kostensenkungspotenziale durch Globalisierung sind größtenteils ausgereizt, die versprochenen Produktivitätsgewinne durch Künstliche Intelligenz noch nicht erschlossen. Jetzt versuchen die Unternehmen, ihre Erlöse in Deutschland zu steigern. Beispiele hierfür sind die preistreibende Luxusstrategie von Mercedes-Benz im Autobau oder das Vortäuschen und Simulieren von Engpässen und Knappheit bei Produkten, um hohe Preise zu rechtfertigen und zu halten (künstliche Verknappung bei Luxusuhren und Luxushandtaschen).

5.5 Die Unternehmen als Getriebene des Kapitalmarktes – das spannungsreiche Verhältnis von Unternehmen und Kapitalmarkt und seine Auswirkungen auf Unternehmen

Der Kapitalmarkt stellt heute hohe Anforderungen an die Profitabilität und die Wachstumsperspektiven von Unternehmen. Werden diese Anforderungen längere Zeit nicht erfüllt, hat dies für das Unternehmen Konsequenzen. Zunehmend verkaufen Aktionäre ihre Aktien, was den Aktienkurs senkt. Da die Vergütung von Vorstand und Aufsichtsrat in vielen Unternehmen auch an die Kursentwicklung der Unternehmensaktie geknüpft ist, erleiden sie Einkommensverluste. Bei fortgesetzter schlechter Entwicklung wird der Aufsichtsrat den Vorstand oder einzelne Vorstandsmitglieder abberufen. Da die Verträge vieler Vorstände in der Regel auf 3–5 Jahre befristete Organschaftsverträge sind, erhalten die entlassenen

Manager weiterhin das vereinbarte Gehalt, haben also keinen Gehaltsverlust. Ein Unternehmen, das am Kapitalmarkt sehr niedrig und unter seinem wahren Wert notiert ist und keine Ankeraktionäre hat, kann zum Opfer einer feindlichen Übernahme durch ein anderes Unternehmen werden. Das übernehmende Unternehmen wird das Management des übernommenen Unternehmens austauschen und Restrukturierungs- und Kostensenkungsprogramme starten, um das übernommene Unternehmen wieder wettbewerbsfähig zu machen. Eine jederzeit mögliche feindliche Übernahme durch ein anderes Unternehmen hält – selbst, wenn sie nicht erfolgt – das Management zu Maßnahmen an, die die Wettbewerbsfähigkeit und Rentabilität des Unternehmens verbessern. Selbst rentable Unternehmen können heute zunehmend unter den Druck des Kapitalmarktes geraten. Im Extremfall werden auch erfolgreiche Unternehmen auf Druck von Großaktionären, Finanzanalysten und Hedgefonds aufgespalten oder zum Börsengang von Tochtergesellschaften aufgefordert, wenn die nunmehr unabhängigen Nachfolgeunternehmen mehr wert sind als das gesamte Unternehmen vor der Aufspaltung. Ein frühes und extremes Beispiel dafür war das Chemieunternehmen Hoechst, es war in den 1980er Jahren einer der drei großen deutschen Chemiekonzerne neben BASF und Bayer. In den 1980er Jahren restrukturierte sich das Unternehmen Hoechst auf dramatische Weise, um den Wert für die Aktionäre zu steigern. Wesentliche Unternehmensteile wurden an andere Unternehmen verkauft (das Pharmageschäft fusionierte mit Sanofi, das Farben- und Pflanzenschutzgeschäft wurde an Clariant und BASF veräußert) oder an die Börse gebracht (z. B. das Chemiegeschäft unter dem Namen Celanese AG). Am Ende dieses Prozesses stand die vollständige Auflösung der Hoechst AG. Jüngere, ähnliche Beispiele dafür sind folgende: Bayer gliederte wesentliche Teilbereiche seines Chemiegeschäftes aus und brachte sie als zwei eigenständige Unternehmen Lanxess und Covestro an die Börse. Siemens machte einen Teilbörsengang bei seinem Medizintechnikgeschäft und seinem Geschäft mit der Energieerzeugung. Beide Unternehmen sind heute unter den Namen Healthineers und Siemens Energy an der Börse notiert, Siemens hält derzeit noch bedeutende Kapitalanteile an beiden Unternehmen. Nachfolgend forderten Finanzanalysten immer wieder von Siemens den Abbau dieser beiden Beteiligungen und weiterhin den Verkauf der im Vergleich mit anderen Konzernteilen weniger profitablen Bahntechniksparte, das Management sprach sich aber dafür aus, die Sparte Bahntechnik im Konzern zu behalten (vgl. Höpner 2024, S. 16). Dem Unternehmen Siemens gelang im Jahr 2023 eine Verdoppelung des Nettogewinns auf 8,5 Mrd. Euro. Die Dividende wurde um knapp 10 Prozent von 4,25 Euro auf 4,70 Euro je Aktie erhöht. Doch den Investoren, Fondmanagern und Finanzanalysten reichten diese Ergebnisse nicht, weil mit Siemens vergleichbare Unternehmen wie Rockwell Automation und ABB in Teilbereichen noch bessere Ergebnisse vorweisen konnten. Fondmanager forderten daher eine weitere Entflechtung von Siemens und den Verkauf der Zugsparte Siemens Mobility und eine weitere Reduktion der Beteiligung am Medizintechnikgeschäft Healthineers, um den Börsenwert von Siemens mit Hilfe einer stärkeren Fokussierung auf das Kerngeschäft der digitalen Fabrik zu steigern. Dabei sind beide Geschäftsfelder wachstumsträchtig und sehr rentabel derzeit, dennoch fordern Finanzanalysten und Investoren ihre Abspaltung von Siemens. Der Vorstandsvorsitzende verteidigte die derzeitige Struktur von Siemens unter Verweis auf Synergien zwischen den Geschäftsfeldern, die Strategie von Siemens und drei vergangene Rekordjahre von Siemens (vgl. Höpner 2024c, S. 22 und Höpner 2024d, S. 1, 4) Dennoch hält der Druck der Finanzanalysten, die die weitergehende Zerschlagung von Siemens fordern, an.

In all den genannten Beispielen versuchen Manager durch Verselbständigung von Teilgeschäften oder Unternehmensspaltung bisher verborgene Wertpotenziale zu heben und den Börsenwert zu erhöhen. Oftmals finden die entsprechenden Managemententscheidungen unter dem Druck von Finanzanalysten, Großaktionären oder Hedgefonds etc. statt, die auf Wertsteigerung der von ihnen gehaltenen Aktien setzen. Im Extremfall kann das auch das Ende eines Unternehmens in seiner heutigen Struktur und Konfiguration bis hin zum Ende der Unternehmensexistenz bedeuten.

Dass die Orientierung an den Interessen der Shareholder manchmal für Unternehmen nachteilig sein kann und dass die Vertreter des Shareholder-Value Konzepts bisweilen überhöhte Forderungen an die Unternehmen stellen, soll das folgende Beispiel verdeutlichen.

Der englische Mobilfunkkonzern Vodafone verkaufte seine Beteiligung am US-Mobilfunkunternehmen Verizon. Die daraus resultierenden Milliardengewinne schüttete Vodafone mit Sonderdividenden an seine Aktionäre aus. Kritiker vertreten die Auffassung, dass Vodafone stattdessen bei seiner Tochter in Deutschland in Netzausbau, Instandsetzung und Modernisierung der Netze sowie verbesserten Kundenservice investieren hätte können. Dann hätte Vodafone den Verlust von Marktanteilen in Deutschland vermeiden und seine früher gute Reputation bei den Kunden in Deutschland erhalten können (vgl. Alvares de Souza Soares 2024, S. 13). Doch statt in das eigene Kerngeschäft zu investieren, schüttete Vodafone Gewinne an die Aktionäre aus.

5.6 Veränderungen in Geschäftsberichten von Unternehmen als Spiegelbild von Shareholder-Value-Orientierung

Die Daimler-Benz AG legte im Jahr 1979 einen Geschäftsbericht vor (vgl. Daimler-Benz 1979), der aus heutiger Sicht sehr bemerkenswert ist. Die Kurzübersicht zu den Zahlen des Daimler-Benz-Konzerns auf Seite 2 nennt zuerst die Mitarbeiter (174431) und die Personalaufwendungen (7,574 Mrd. DM), dann die Zahl der produzierten Personenkraftwagen (422149) und LKWs (256467), anschließend den Umsatz (27,367 Mrd. DM), die Investitionen (1,969 Mrd. DM), die Abschreibungen (1,342 Mrd. DM), den Jahresüberschuss (638 Mio. DM) und am Schluss erst die Dividendensumme (270 Mio. DM) und die Dividende je Aktie (10 DM).

Diese Auflistung ist bemerkenswert, weil Gewinn und Dividende am Schluss genannt werden und am Anfang die Zahl der Mitarbeiter, die Zahl der hergestellten PKW und LKW sowie der Umsatz. Auf Seite 4 ist in großer Schrift geschrieben: »Wir gedenken aller Mitarbeiter und Pensionäre, die im vergangenen Jahr verstorben sind«. Auf Seite 8 des Geschäftsberichts wird der Aufsichtsrat dargestellt: Ehrenvorsitzender war Hermann J. Abs (Deutsche Bank), Vorsitzender Dr. Wilfried Guth (Deutsche Bank), stellvertretender Vorsitzender Herbert Lucy (Vorsitzender des Gesamtbetriebsrats), einfache Mitglieder des Aufsichtsrats waren sieben Vertreter der IG Metall und des Betriebsrats (u. a. Franz Steinkühler), ein Mitglied war aus der Geschäftsführung von Bosch, ein Mitglied aus dem Vorstand von Siemens, drei Mitglieder aus dem Vorstand von Mercedes-Benz und eine Abteilungsdirektorin von Mercedes Benz. Ebenfalls im Aufsichtsrat vertreten waren Friedrich Karl Flick (damals Großaktionär von Mercedes-Benz), Dr. Wolfgang Röller (Dresdner Bank), Dr. Alfred Herrhausen (Deutsche Bank), Robert Dohm (Commerzbank), ein Jurist aus Stuttgart, ein Diplom-Kaufmann aus Düsseldorf. Unter den 21 Mitgliedern des Aufsichtsrates war somit eine Frau.

Der damalige Vorstand der Mercedes Benz AG bestand aus sieben Männern: Dr. jur. Gerhard Prinz (Vorsitzender), Prof. Dipl.-Ing. Werner Breitschwerdt (Forschung und Entwicklung), Heinz C. Hoppe (Vertrieb), Dr.-Ing e.h. Werner Niefer (Produktion), Dr. jur. Richard Osswald (Personal- und Sozialwesen, Verwaltung), Edzard Reuter (Finanz- und Betriebswirtschaft), Walter Ulsamer (stellvertretend, Materialwirtschaft). Die ersten Graphiken im Geschäftsbericht (S. 12) zeigen die Produktionszahlen von Mercedes-Benz. Im Bericht des Vorstands (S. 13) wird zu Beginn die Höhe des Gewinns nicht erwähnt, es findet sich lediglich die Formulierung »Das bessere Ergebnis ermöglicht eine Erhöhung der Ausschüttung an unsere Aktionäre.« Im Bericht des Vorstands finden sich umfangreiche Darstellungen zur Wettbewerbslage, zur Einführung der neuen S-Klasse, zu Produktions- und Umsatzzahlen, zur Wertschöpfung etc. Erst auf Seite 19 des Geschäftsberichts findet sich die erste Information zum Gewinn. Der Text lautet: »Erfreuliches Ergebnis. Der Jahresüberschuss im Konzern stieg von 593 auf 638 Mill. DM, bei der Daimler-Benz AG allein von 474 auf 540 Mill. DM. Er hat im Konzern rein rechnerisch mit dem Zuwachs des Umsatzes nicht ganz Schritt gehalten. [...] Das Ergebnis der Daimler-Benz AG wurde durch den Umsatzzuwachs und die gute Auslastung der Kapazitäten bei Personenwagen und Nutzfahrzeugen günstig beeinflußt. Gegenläufig wirkten die höheren Kosten für Personal und Material, die durch die Preisanpassungen, die wir im Jahre 1979 vorgenommen haben, nicht voll ausgeglichen werden konnten.« (Daimler-Benz Geschäftsbericht 1979, S. 19). Der Geschäftsbericht hat insgesamt 92 Seiten und ist reich bebildert mit Darstellungen von Produkten, Produktionsprozessen und arbeitenden Mitarbeitern. Er enthält reichlich Zahlen und detaillierte Auskünfte über neue Modelle, Motoren etc.

Vom Verfasser dieses Buches wurde aus den Zahlen des Geschäftsberichts die Umsatzrendite des Daimler-Benz Konzerns im Jahr 1979 ermittelt: 2,33 Prozent. Die Süddeutsche Zeitung berichtete euphorisch (nach der Erinnerung des Verfassers): Wenn die Bilanzen der deutschen Autohersteller gut sind, dann ist die Bilanz von Mercedes-Benz aus Gold.

Aus heutiger Sicht mutet der Geschäftsbericht von 1979 fast wie ein Relikt aus einer Welt von gestern an. Er ist dominiert von Zahlen und Fakten sowie umfangreichen Ausführungen zu neuen Produkten, Neuerungen in der Produktion, Wertschöpfung etc. Würde Daimler-Benz heute so einen Geschäftsbericht und eine Umsatzrendite von 2,33 Prozent vorlegen und den Gewinn wie oben dargestellt begründen, wäre ein sofortiger Einbruch des Aktienkurses und vermutlich der von Aktionären, Finanzanalysten, aktivistischen Investoren und Investmentgesellschaften erzwungene Rücktritt des Vorstandsvorsitzenden die Folge.

Zum Vergleich der Geschäftsbericht der Mercedes-Benz Group aus dem Jahr 2022 (vgl. Mercedes-Benz Group 2022). Es gibt zu Beginn keine Kurzübersicht zu den Zahlen der Mercedes-Benz Group. Auf Seite 3 und 5 ist in großer Schrift und Fettdruck geschrieben: »An unsere Aktionärinnen und Aktionäre«. Auf Seite 7 ist das erste sehr große Porträtfoto des Vorsitzenden des Vorstands, Ola Källenius, er trägt keine Krawatte, der Hemdknopf oben ist offen. Es folgt ein kurzer Bericht an die Aktionäre. Er nennt einen Umsatz von 150 Mrd. Euro, ein EBIT von 20,5 Mrd. Euro, eine Nettoliquidität im Industriegeschäft von 26,6 Mrd. Euro, ein Konzernergebnis von 14,8 Mrd. Euro und eine Dividende von 5,20 Euro je Aktie (Geschäftsbericht 2022, S. 8. Anmerkung des Verfassers: Die Dividende ist damit genauso hoch wie 1979). Andere Zahlen, z. B. Produktions- und Mitarbeiterzahlen werden nicht genannt. Auffällig sind vor allem verbale Ausführungen mit vielen allgemeinen Formulierungen. Der erste, sehr vage Satz lautet: »2022 war ein Jahr, in dem wir unsere Widerstandsfähigkeit in einem herausfordernden Umfeld unter Beweis stellen und großen wirtschaftlichen Erfolg erzielen konnten. Gleichzeitig haben wir die Umsetzung unserer Strategie konsequent vorangetrieben.« (S. 8). Auf Seite 10 sind acht größere Porträtfotos der Vorstandsmitglieder dargestellt: Ola Källenius (Vorsitzender), Dr. Jörg Burzer (Produktion und Supply Chain Management, Bestellung bis November 2024), Renata Jungo Brünegger (Integrität & Recht, Bestellung bis Dezember 2024), Sabine Kohleisen (Personal & Arbeitsdirektorin, Bestellung bis November 2024), Markus Schäfer (Chief Technology Officer, Entwicklung & Einkauf, Bestellung bis Mai 2024), Britta Seeger (Vertrieb, Bestellung bis Dezember 2024), Hubertus Troska (Greater China, Bestellung bis

Dezember 2025), Harald Wilhelm (Finanzen & Controlling/Mercedes-Benz Mobility, Bestellung bis März 2027).

Auf Seite II des Geschäftsberichts ist ein ganzseitiges Porträtfoto des Vorsitzenden des Aufsichtsrates Dr. Ing. e. h. Dipl.-Ing. Bernd Pischetsrieder dargestellt. Der Bericht des Aufsichtsrats beschreibt die Tätigkeit des Aufsichtsrates (Zahl der Sitzungen, Themen der Aufsichtsratssitzungen, Strategiesitzungen, Sitzungen zur Unternehmensplanung, Angaben zu Corporate Governance, Frauen- und Männeranteil in Führungspositionen des Aufsichtsrats und des Vorstands, Arbeit in den Ausschüssen, Veränderungen im Aufsichtsrat und im Vorstand, Prüfung des Jahres- und Konzernabschlusses). Der Bericht des Aufsichtsrats umfasst sieben Seiten und nennt keine einzige Zahl zu Umsatz, Gewinn, Mitarbeiterzahl, Wertschöpfung, etc.

Der Aufsichtsrat 2022 umfasst folgende Mitglieder: kein Ehrenvorsitzender, Vorsitzender Dr. Bernd Pischetsrieder (früher BMW und VW), stellvertretender Vorsitzender Ergun Lümali (Vorsitzender des Gesamtbetriebsrats, des Konzernbetriebsrats, des Betriebsrates des Werkes Sindelfingen), einfache Mitglieder des Aufsichtsrats sind acht Vertreter der IG Metall und des Betriebsrats- ein Mitglied ist aus der Geschäftsführung von Nokia (Telekommunikationsunternehmen), ein Mitglied ist ein ehemaliger Vorstandsvorsitzender von Shell (Ölunternehmen), ein Mitglied ist Vorsitzender des Vorstands von BASF (Chemieunternehmen), ein Mitglied ist Chief Strategy Officer von Cisco (Internet- und Netzwerkausrüster), ein Mitglied ist Vorstandsvorsitzender von Salvatore Ferragamo (Modeunternehmen), ein Mitglied ist Vorsitzender des Vorstands der Deutschen Telekom AG, ein Mitglied ist Partner und Managing Director der Zintinus GmbH (Venture Capital Fonds mit Fokus auf die Nahrungsmittelindustrie), ein Mitglied ist ehemalige Direktorin des University of Cambridge Institute for Sustainability and Leadership, Großbritannien, ein Mitglied ist Professorin für Nanobiotechnologie am Royal Institute of Technology, Schweden, ein Mitglied ist Centerleiter von Mercedes-Benz und Vorsitzender des Konzernsprecherausschusses der leitenden Angestellten der Mercedes-Benz Group. Es findet sich kein einziger Bankenvertreter im Aufsichtsrat. Unter den 20 Mitgliedern des Aufsichtsrates sind 6 Frauen. Der Vorstand der Mercedes-Benz Group besteht aus 5 Männern und 3 Frauen.

Die erste Grafik im Geschäftsbericht (S. 27) zeigt in sehr allgemeiner Form die »Mercedes-Benz Cars«-Strategie. Im Brief an die Aktionäre wird auf der ersten Seite die Höhe von Umsatz, EBIT, Nettoliquidität und Konzernergebnis sowie die Höhe der Dividende erwähnt (S. 8). Die Begründung für die Zahlen: »Möglich gemacht hat diese Ergebnisse der unermüdliche Einsatz unseres Teams.« (S. 8). Der Geschäftsbericht hat insgesamt 363 Seiten und ist reich bebildert mit Porträtfotos des Vorstands und des Aufsichtsrates. Es finden sich im 363-seitigen Geschäftsbericht fünf ganzseitige Fotos von aktuellen Mercedes-Modellen und eine ganzseitige Darstellung des Mercedes-Sterns. Bilder von Produktionsprozessen und arbeitenden Mitarbeitern sind nicht enthalten. Der Geschäftsbericht enthält extrem umfangreiche Zahlenwerke (v. a. Finanzkennzahlen), aber keine detaillierten Auskünfte über neue Modelle, Motoren etc. Vom Verfasser dieses Buches wurde die Umsatzrendite des Daimler-Benz Konzerns im Jahr 2022 ermittelt: 9,86 Prozent. Der Kapitalmarkt hat die Ergebnisse von Mercedes-Benz zunächst sehr positiv im Jahr 2022, dann aber verhalten aufgenommen, im Jahr 2023 gab es sogar Kursverluste bei der Aktie.

Der 2022er-Geschäftsbericht würde vermutlich dem Vorstand von Mercedes-Benz des Jahres 1979 wie ein Objekt aus einer anderen Welt erscheinen. Er ist dominiert von Zahlen, heroischen Darstellungen von Personen in sehr großen, dominanten Fotos, allgemeinen und vagen, stellenweise sogar reißerisch und marktschreierisch klingenden Aussagen. Vermutlich würden Manager der 1979er Jahre den Geschäftsbericht als oberflächlich, stillos, seelenlos (kaum Darstellungen von Produkten, neuen Motoren), formalistisch und bürokratisch empfinden. Die öffentliche Presse im Jahr 1979 wäre bei dem Geschäftsbericht 2022 vermutlich ein wenig pikiert gewesen, nicht zuletzt, weil kein Mann auf den Bildern eine Krawatte trägt und die Bilder des Vorstandsvorsitzenden und des Aufsichtsratsvorsitzenden Großporträts auf einer ganzen Seite sind. Würde man die fünf Fotos der Mercedes-Produkte im Geschäftsbericht 2022 ersetzen durch Fotos von anderen Produkten (Mode, Mobiltelefone, Hamburger und Pommes Frites) und den Text entsprechend anpassen, dann könnte der Geschäftsbericht 2022 beim ersten flüchtigen Betrachten durchaus auch für einen Geschäftsbericht eines anderen Unternehmens einer anderen Branche gehalten werden. Die Geschäftszahlen sind wichtig, nicht die hergestellten Produkte, beschäftigten Mitarbeiter und Produktionskapazitäten, die sind nur Mittel zum Zweck der Gewinnerzielung und Dividendengenerierung.

Wie konnte es innerhalb von 35 Jahren zu einem solchen Wandel in der Berichterstattung des Unternehmens Daimler kommen? Fragt man nach den tieferen Ursachen, so kann man folgende Faktoren nennen: Der Einfluss des Kapitalmarktes auf die Unternehmen ist heute größer als früher, weil sich viele Unternehmen stärker über den Kapitalmarkt finanzieren. Der Kapitalmarkt (vertreten durch Finanzanalysten, Ratingagenturen, institutionelle Großanleger) interessiert sich weniger für die Produkte, die Mitarbeiter und die Produktionsprozesse, sondern primär für die Geschäftszahlen, vor allem Umsatz, Anteil neuer Produkte am Umsatz, Umsatzanteil nach Ländermärkten, Umsatzsteigerung, Investitionen, Verschuldungsgrad des Unternehmens, Gewinn in absoluter und relativer Höhe, letzteres als Umsatzrentabilität oder Gewinnvergleich mit Unternehmen derselben Branche, Gewinnsteigerung gegenüber dem Vorjahr. Der Kapitalmarkt hat kein Herz, er belohnt keine Sentimentalitäten (Gedenken an verstorbene Mitarbeiter), er honoriert vor allem zukünftige Erfolgspotenziale und Chancen des Unternehmens, nicht so sehr die Unternehmensleistung der Vergangenheit. Der Kapitalmarkt sieht angebotene Produkte und Dienstleistungen als Mittel zum Zweck der Umsatz- und Gewinnrealisierung. Dabei fokussiert sich der Kapitalmarkt vor allem auf die Ergebnisse, ausgedrückt in Finanzkennzahlen wie Umsatz, Gewinn und Wertsteigerung. Die Welt des Kapitalmarktes ist eine kalte Welt von hoher Rationalität und Logik. In diese Logik des Kapitalmarktes passt aber auch, dass Portraits von Managern groß herausgestellt werden. Schließlich sind es nach dem Verständnis vieler Finanz- und Börsenanalysten die Manager, die mit kreativen Unternehmensstrategien und visionärem Weitblick den Erfolg des Unternehmens ermöglichen. Als ob es die Mitarbeiter, die Produkte, die Vorleistungen des Staates und die Nachfrage der Kunden gar nicht gäbe bzw. sie nicht so erfolgsentscheidend sind. Die Heroisierung des Managements führt dazu, dass ausgewählte Manager zum Gesicht und Botschafter des ganzen Unternehmens werden. Steve Jobs bzw. Tim Cook steht für Apple, Jeff Bezos für Amazon, Marc Zuckerberg für Meta. In Deutschland hat diese starke Heroisierung des Managements noch nicht in diesem Maße stattgefunden, vielleicht erinnern sich manche Deutsche noch daran, dass übertriebener Führerkult in den Untergang führen kann. Gescheiterte Manager kennen in Deutschland aber viele Bürger (Mehdorn/Deutsche Bahn, Middelhoff/Arcandor, Benko/Signa). Das Scheitern hat ein einprägsames Gesicht, aber nur selten der Erfolg, der vom Kapitalmarkt selbstverständlich erwartet wird. Hohe Sichtbarkeit in der Öffentlichkeit hatten damals wie heute nur wenige deutsche Manager, wie z. B. Schrempp/Daimler-Chrysler, Zetsche/Mercedes-Benz, Herrhausen/Deutsche Bank, Kopper (»Peanuts«)/Deutsche Bank, Ackermann/ Deutsche Bank, von Pierer/Siemens und Kaeser/Siemens, Piech/VW und Winterkorn/VW. Die große Menge der Manager wird von der deutschen Öffentlichkeit nicht als Person wahrgenommen oder wenn überhaupt dann pauschal und eher negativ wahrgenommen (z. B. bei den gesellschaftlichen Reizthemen Managerentlohnung, Stellenabbau und Werksschließung, Konkurs). Dennoch hat sich etwas verändert: In den 1980er Jahren wurden Unternehmen noch von Managern, Vertretern der Banken und der Belegschaft still und effizient in geschlossenen Gremien gesteuert, aus denen nur wenig an die Öffentlichkeit drang (»Hinterzimmer der Macht«). Heute dringen aus den Zirkeln der Macht in den Unternehmen viel mehr Informationen als früher an die Öffentlichkeit, z. B. auch Intrigen, Machtkämpfe, Richtungsstreite, Konflikte im Management, nicht zuletzt aufgrund des Internets und der Wirtschaftspresse. Die Folgen von Managemententscheidungen werden heute auch in Politik und Gesellschaft intensiv diskutiert. Da die Arbeit des Managements heute sichtbarer als früher ist, wundert es nicht, dass der Kapitalmarkt trotz all seiner Rationalität auch Gesichter und Personen sehen will, er bekommt sie als Großporträts in heutigen Geschäftsberichten. Dass die Personen entscheidend sind, kann man daran erkennen, dass die Berufung erfolgversprechender oder die Abberufung gescheiterter Manager oftmals zu Reaktionen im Börsenkurs der Firma führt. In Erinnerung geblieben ist dem Verfasser, dass der Börsenmarkt die Abberufung des gescheiterten Managers Jürgen Schrempp am Tag der Bekanntgabe mit einem starken Kurssprung der Daimler-Chrysler Aktie beantwortete.

5.7 Verteilungskonflikte zwischen und innerhalb von Unternehmen sowie zwischen den Aktionären eines Unternehmens

Verteilungskonflikte zwischen und innerhalb von Unternehmen sind alltäglich im Wirtschaftsleben. Sie folgen der Logik »ich gewinne, du verlierst«. Dabei gibt es innerhalb von Unternehmen Verteilungskämpfe um Budgets, Stellen, oder sonstige Ressourcen wie Büroräume, Karrierechancen etc. Zwischen selbständigen Unternehmen geht es in der Regel um die Verteilung von Gewinnen und die Lösung von Schadensfällen und Haftungsfragen.

5.7.1 Verteilungskonflikte zwischen Unternehmen

Verteilungskonflikte werden zum räuberischen Verteilungskampf, wenn eine Seite die wirtschaftliche Existenz der anderen Seite wissentlich gefährdet, um daraus eigene Vorteile zu erzielen. Solche Verteilungskämpfe finden sich beispielsweise vereinzelt zwischen OEM-Herstellern und Lieferanten. In der Autoindustrie ist seit langem gängige Praxis, dass die OEM-Hersteller eigene Probleme und Krisen auf Kosten der Zulieferer lösen, indem sie ständig niedrigere Preise oder Vorfinanzierung und Vorleistungen der Lieferanten fordern und dabei ihre Marktmacht ausspielen bzw. die Abhängigkeit des Lieferanten ausnutzen. Dem Preisdruck der OEMs können die großen Systemlieferanten (Bosch, ZF, Continental) aufgrund ihrer eigenen Markt- und Verhandlungsmacht eher standhalten als kleine Autozulieferer am Ende der Zulieferkette. Gerade bei den kleinen Autozulieferern führen die Forderungen der OEMs zu zunehmenden Insolvenzen und bei den großen Systemlieferanten zu Zwängen, Personal abzubauen und Kosten zu senken. Die OEMs lösen ihre eigenen Probleme auf dem Rücken der Lieferanten und nutzen dabei ihre Verhandlungsmacht als Mittel. Umgekehrt ist aber auch – wenn auch seltener – das gleiche Verhalten bei einigen Zulieferern zu beachten. Bekannt geworden ist der Fall der bosnischen Zuliefergruppe Prevent, die deutsche Autozulieferer aufkaufte und so bei einzelnen Bauteilen gegenüber VW eine starke Verhandlungsposition erreichte. Dies benutzte Prevent im Jahr 2016 zur Durchsetzung großer Preiserhöhungen gegenüber VW. VW hat daraufhin unter

Inkaufnahme großer Kosten die Geschäftsbeziehung zu Prevent im Jahr 2018 beendet und neue Lieferanten für die bisher von Prevent gelieferten Teile aufgebaut. Der Zuliefererkonflikt eskalierte zu einem »bizarren Machtkampf« (Kisling 2020, S. 1) zwischen zwei Unternehmensgruppen. Die Folgen für alle Beteiligten waren negativ: VW hatte Stillstände in der Fertigung und musste für das Finden und Entwickeln neuer Zulieferer 200 Mio. Euro aufwenden (vgl. Reimann, Bergermann 2018). Der eher schlechte Ruf von VW als harter Preisverhandler mit Lieferanten wurde bestätigt. Die Prevent-Gruppe hat nach dem Ende der VW-Aufträge Arbeitsplätze abgebaut und Tochtergesellschaften in Deutschland (TWG, Halberg-Guss) geschlossen (vgl. Germis 2020, Kisling 2020). Prevent erwarb sich einen Ruf als streitbarer Zulieferer. Für Außenstehende ist die Sachlage nicht eindeutig und schwer zu beurteilen: Hat Prevent die Belieferung eingestellt, nachdem VW seine Markt- und Einkaufsmacht nutzte, um einseitig Vertragskonditionen wie Abnahmemengen und Preise zu verändern und zu diktieren (vgl. Ulrich, Rössig 2020), oder hat VW die hohen Preisforderungen von Prevent abgelehnt, die erst durch die einseitigen Abhängigkeiten von VW möglich wurden, und mit seiner Kündigung von Aufträgen erst den Belieferungsstopp von Prevent provoziert (vgl. Ulrich, Petermann 2021, Kisling 2020)? Umstritten vor Gericht blieb auch die Frage, ob die von Prevent geforderte Preiserhöhung von 25 Prozent wirklich eine Drohung oder gar Erpressung war (Kisling 2020), oder war sie gerechtfertigt durch Kostensteigerungen bei Prevent, die auf die reduzierten Auftragsmengen von VW zurückgingen? Wehrte sich hier ein streitbarer Zulieferer gegen den fortwährenden Kostensenkungsdruck eines marktstarken Großkonzerns (vgl. o. V. 2020), oder nutzte ein Zulieferer die Abhängigkeiten seines Kunden aus, um sehr starke Preiserhöhungen durchzusetzen (vgl. Germis 2020)? Letztlich ist VW an seiner Abhängigkeit von Prevent sogar selbst schuld, weil es wichtige Bauteile nur von einem einzigen Lieferanten wegen Kostenvorteilen beschafft hatte, also sich für »single sourcing« und gegen »multiple sourcing« entschieden hatte (vgl. Ulrich, Rossig 2020). VW hätte auch dadurch gewarnt sein müssen, dass VW mit der Prevent Gruppe schon früher Konflikte hatte, z. B. bei der Aufkündigung der Vertriebsrechte für die Marke VW auf dem Balkan oder bei der Belieferung von VW Brasilien (vgl. Krull 2018). Die Prevent Gruppe hatte schon früher Konflikte mit anderen OEM-Herstellern wie Daimler sowie Ford, Hyundai, VW und Fiat-

Chrysler, in deren Verlauf Prevent die Belieferung einstellte und Preiserhöhungen forderte (vgl. o. V. 2017). VW ist andererseits in der Branche bekannt für harte Verhandlungen und aggressives Umgehen mit Zulieferern. So wird Christoph Münzer, Hauptgeschäftsführer beim Wirtschaftsverband industrieller Unternehmen Baden mit den Worten zitiert: »Der Volkswagen-Konzern hat bei den Zulieferern den schlechtesten Ruf, was das Thema Preisverhandlungen im Einkauf angeht.« (Ulrich, Petermann 2021, S. 1). Es könnte auch das Ziel von VW gewesen sein, an Prevent ein abschreckendes Exempel zu statuieren, dass Belieferungsstopps durch Zulieferer zum Ende der Geschäftsbeziehung mit VW führen und dass VW sich nicht erpressen lässt (vgl. o. V. 2020). Beide Konfliktparteien überzogen sich nachfolgend gegenseitig mit zahlreichen Gerichtsprozessen, der Streit wurde zur jahrelangen »Dauerfehde« (Gürtler 2024). Bisher hat Prevent mehr als zehn Gerichtsprozesse in USA und Deutschland gegen VW verloren, wobei es aber zwei Gerichtsprozesse in Deutschland gewinnen konnte (vgl. Baumann, Of-Alinger, Harloff 2020). Leidtragende waren am Ende die Beschäftigten von VW und Prevent, die mit Kurzarbeit (VW) oder Entlassungen (Prevent) konfrontiert wurden. Im Kern handelt es sich um einen hart ausgetragenen Verteilungskonflikt zwischen zwei Unternehmen in Bezug auf Preise und Konditionen, der zu einem Machtkonflikt eskalierte, bei dem jede Partei versuchte, in der Öffentlichkeit die Deutungshoheit über die Vorfälle zu behalten.

Verteilungskämpfe gibt es nicht nur zwischen Unternehmen, sondern auch innerhalb von Unternehmen zwischen verschiedenen Unternehmensteilen. Dies zeigt das Beispiel von Thyssen-Krupp.

5.7.2 Verteilungskämpfe innerhalb von Unternehmen

Der Stahlbereich ist seit fast 20 Jahren ein Problem für den Thyssen-Krupp Konzern. Die Stahlsparte ist sehr zyklisch, d. h. Zeiten hoher Gewinne wurden abgelöst von Zeiten hoher Verluste (vgl. Müller-Arnold 2023, S. 75). Starke Schwankungen von Umsatz und Gewinnen sind typisch für dieses kapital- und fixkostenintensive Geschäft. Nach der Fusion von Thyssen und Krupp war der Stahlbereich profitabel. Zwei sehr ambitionierte Großprojekte zum Bau neuer Stahlwerke in Brasilien und USA liefen jedoch unter Zeit- und Kostenaspekten völlig aus dem Ruder.

Die Stahlwerke wurden viel teurer als geplant, sie erwiesen sich nie als profitabel und wurden mit großem Verlust verkauft. Dieser Managementfehler führte zu permanenten Finanzproblemen im Stahlbereich und im gesamten Konzern in den folgenden Jahren. Das Unternehmen war gezwungen, profitable Unternehmensbereiche wie das Aufzugsgeschäft und den Edelstahlbereich zu verkaufen (vgl. Wermke, Murphy 2024a, S. 22 und Murphy 2024, S. 18). In der Vergangenheit scheiterten mehrere Versuche von Thyssen-Krupp, die Stahlsparte aus dem Konzern herauszulösen. Die Fusion mit dem indischen Stahlkonzern Tata scheiterte ebenso wie der geplante Verkauf der Stahlsparte an Liberty Steel (vgl. Müller-Arnold 2023, S. 75). Thyssen-Krupp hat seine Konzernstrategie auch mehrfach geändert, mal war die Stahlsparte Schwerpunkt des Unternehmens, mal die Aufzugssparte, zuletzt dachte man über eine Dachholding mit gleichberechtigten Geschäftsbereichen nach. Keine dieser Strategien führte zum Erfolg, jede wurde bald wieder verworfen (vgl. Murphy 2024, S. 18). Nach vergeblichen Versuchen, das Stahlgeschäft zu verkaufen oder mit einem Partner zu fusionieren, wurde das Stahlgeschäft wieder zum Kerngeschäft erklärt, um dann nach erneuten schweren Verlusten im Stahlbereich teilweise an den tschechischen Investor Kretinsky verkauft zu werden. So haben hohe Wertberichtungen auf das Anlagevermögen des Stahlgeschäftes beim Gesamtkonzern im Jahr 2023 zu einem Verlust von 2,1 Mrd. Euro geführt (vgl. Wermke 2023, S. 22). Trotz der Verluste schüttete Thyssen-Krupp eine Dividende aus, von der vor allem die Thyssen-Krupp-Stiftung als größter Aktionär profitiert. Die Stahlsparte ist zudem mit Pensionsverpflichtungen von 2,6 Mrd. Euro belastet. Thyssen-Krupp beabsichtigt, die Pensionsverpflichtungen der Stahlsparte bei einer Ausgliederung oder einem Verkauf an ein anderes Unternehmen mitzugeben (vgl. Müller-Arnold 2023, S. 75, Wermke 2023, S. 22). Zusätzlich muss erheblich investiert werden für die angestrebte Dekarbonisierung der Stahlproduktion durch die geplante Produktion grünen Stahls auf Wasserstoffbasis. Der Konzernvorstand hat seine Kontrolle der Stahlsparte durch eine Zentralisierung der Führung im Konzernvorstand verstärkt (vgl. Wermke, Murphy 2023a, S. 22). Dies führte zu starken Konflikten zwischen dem Vorsitzenden des Konzernvorstands, Lopez, und dem Vorsitzenden des Stahlvorstands, Osberg. Dabei wurde Lopez von den Anteilseignern, v. a. der Thyssen-Krupp Stiftung, und vom Aufsichtsrat unterstützt, Osberg von den Mitarbeitern der Stahlsparte und der Gewerkschaft IG Metall. Der Konflikt eskalierte weiter, als der Aufsichtsratsvorsitzende Russwurm gegen den Willen der Arbeitnehmervertreter unter Nutzung seines Doppelstimmrechts, das vorher noch niemals angewandt worden war, eine Erweiterung des Konzernvorstands von drei auf fünf Mitglieder und personelle Besetzungen der geschaffenen Vorstandsposten vornahm, mit denen die Arbeitnehmervertreter nicht einverstanden waren. Der Konflikt wurde damit auch zum Machtkampf zwischen Vorstand und Arbeitnehmervertretern auf der Konzernebene (vgl. Wermke, Murphy 2023, S. 30). Gleichzeitig eskalierte der Konflikt zwischen dem Konzernvorstand und dem Vorstand der Stahltochter weiter. Für den geplanten Teilverkauf wollte der Stahlvorstand vom Konzern Finanzzuschüsse von 4 Mrd. Euro, um die Rücklagen für die Pensionsverpflichtungen der Stahlsparte und anstehende Investitionen finanzieren zu können. Die Summe war auch erforderlich, weil der Konzern in seine Stahlsparte in der Vergangenheit zu wenig investiert hatte und nunmehr Anlagen modernisiert werden müssen. Der Konzernvorstand wollte aber die Finanzmittel des Konzerns schonen, er bot maximal 2,5 Mrd. Euro als Finanzzuschuss und forderte, dass die Stahlsparte die anstehenden Investitionen selbst finanziert durch Verkauf von rentablen Tochtergesellschaften, was der Stahlvorstand ablehnte. Wird die Stahltochter mit zu wenig Finanzmitteln ausgestattet, könnte sich der tschechische Investor Kretinsky ohne Probleme als Käufer zurückziehen aus der vertraglichen Abmachung, zumal er bisher auch keine Investitionen getätigt hat in Thyssen-Krupp außer der Kapitalbeteiligung. Die Finanzmittel für die Unterstützung der Stahlsparte hätte der Konzern verfügbar, da er vor einigen Jahren das Aufzugsgeschäft mit sehr hohen Buchgewinnen verkauft hatte (vgl. Wermke, Murphy, Bender 2024, S. 18 f.). Nicht nur über die Finanzausstattung, sondern auch über die Unternehmensstrategie der Stahlsparte ist ein Konflikt zwischen Stahlvorstand und Konzernvorstand entstanden. Der Konzernvorstand fordert für die Unternehmensplanung der Stahlsparte die Ansetzung höherer Planwerte bei den Verkaufspreisen des Stahls. Der Stahlvorstand fordert mehr Finanzmittel, um eine bedeutende Stahlkapazität zu erhalten (vgl. Wermke, Murphy, Bender 2024, S. 18 f.). Bei Annahme höherer Stahlpreise in der Planung der Stahltochter hätte die Mitgift der Konzernmutter an die Stahltochter geringer ausfallen können, der Stahlvorstand lehnte die Kalkulation mit höheren Preisen als unrealistisch ab. Der unternehmensinterne

Konflikt zwischen dem Konzernvorstand und dem Stahlvorstand eskalierte über Wochen hinweg und wurde zu einer persönlichen Fehde zwischen dem Konzernchef Lopez und dem Stahlchef Osberg. Der Konflikt eskalierte zum Machtkampf: »Im Kern geht es um die Frage, wer das Sagen bei der Stahlsparte hat. Osberg und sein Vorstand hätten zu frei und mit Rückendeckung der Gewerkschaft IG Metall agiert, die traditionell bei dem Montanunternehmen eine starke Position hat. Dieser Widerstand solle nun gebrochen werden, hieß es in Konzernkreisen.« (Wermke, Murphy 2024, S. 19). Der Konflikt wurde öffentlich ausgetragen und letztlich entschieden, indem Teile des Stahlvorstands und des Aufsichtsrates der Stahltochter von ihren Ämtern zurücktraten und der Konzernvorstand sich mit Rückendeckung der Eigentümer, v.a. der Thyssen-Krupp-Stiftung, mit seinen Plänen durchsetzte. Die entsprechende Aufsichtsratssitzung wurde in der Wirtschaftspresse als »Schlammschlacht« bezeichnet (Murphy, Iverson, Wermke 2024, S. 22). Im Kern handelt es sich um einen Macht- und Verteilungskampf zwischen dem Vorstand des Stahlbereichs, dem Vorstand des Gesamtkonzerns und der Thyssen-Krupp-Stiftung als Großaktionärin. Er wurde zu einem persönlichen Konflikt zwischen starken Managerpersönlichkeiten untereinander und mit den Arbeitnehmervertretern, wobei die Bundes- und Landespolitik sich aus diesem Konflikt weitgehend herausgehalten haben, obwohl der zurückgetretene Aufsichtsratsvorsitzende der Stahltochter Sigmar Gabriel, ein SPD-Politiker, war. Man kann sich fragen, wer in diesem Machtkampf eigentlich der Räuber und wer der Beraubte ist. Der Konzernvorstand, der der Stahltochter nur eine minimale Finanzausstattung mitgeben möchte und damit die Zukunft der Stahlsparte als eigenständiges Unternehmen gefährdet? Oder der Stahlvorstand, der maximale Finanzforderungen für Investitionen an die Muttergesellschaft stellt, um Investitionen zu finanzieren und mit dem Geld der Mutter jahrelang komfortabel wirtschaften zu können? Oder die Thyssen-Krupp-Stiftung, die unbedingt Ausschüttungen von Thyssen-Krupp trotz hoher Verluste des Unternehmens benötigt, um ihre wohltätigen Projekte zu finanzieren. Oder der tschechische Investor, der auf eine gute Finanzausstattung der Stahltochter durch den Konzern drängt, um eigene Risiken möglichst zu reduzieren?

In der Wirtschaftspresse und Publikumszeitschriften wurde der gesamte unternehmensinterne Konflikt um die Verselbständigung der Stahlsparte ausführlich analysiert und überwiegend negativ beurteilt. In der Presse fanden sich dazu folgende Formulierungen: »beschämend, Machtspiele, großes Chaos, Fehde, Die Politik duckt sich weg, verletzende Verunglimpfungen und persönliche Anfeindungen« (Wermke 2024a, S. 13, Wermke 2024b, Wermke 2024c, S. 13, S. 18, Müller-Arnold 2023), was Reputationsverluste für Thyssen-Krupp bedeutet.

Nach dem Ende des Machtkampfes kündigte die Stahlsparte an, 5000 Arbeitsplätze bis 2030 abzubauen und die Produktionskapazität zu senken. Ein kleiner Standort soll aufgegeben werden, von der Beteiligung an den Hüttenwerken Krupp-Mannesmann (HKM) will sich die Stahltochter nunmehr trennen. Falls letzteres nicht gelingt, könnte HKM geschlossen werden. Darüber hinaus sollen weitere 6000 Arbeitsplätze durch Verkauf von Unternehmensteilen oder Outsourcing ausgelagert werden. Dieser Plan wurde als Eckpunktepapier und Zukunftskonzept tituliert (vgl. Wermke 2024d, S. 17, Wermke, Murphy 2024c, S. 7). Später stellte sich heraus, dass der Konzernvorstand zwar den Personalabbau angekündigt, aber überhaupt kein Umsetzungs- und Abbaukonzept ausgearbeitet hatte, die Planungen waren nur von wenigen Mitarbeitern rund um den Konzernvorstand erstellt worden. Es lag auch kein Businessplan für die Stahlsparte vor (vgl. Wermke, Murphy 2024c., S. 6). Die Gewerkschaft IG Metall hat Verhandlungen über das Konzept verweigert (vgl. Wermke, Murphy 2024c, S. 7). Ebenfalls wurde nach dem Machtkampf bekannt, dass es für die Stahltochter mit dem Finanzinvestor CVC einen zweiten Interessenten neben dem tschechischen Investor Kretinsky gegeben hatte. Bei einem Verkauf an CVC hätte die Sanierung der Stahltochter möglicherweise mit weniger Arbeitsplatzverlusten durchgeführt werden können. CVC hatte mehrere Anläufe zur Übernahme der Stahltochter unternommen. Der Konzernvorstand hatte aber die Pläne von CVC als zu unkonkret abgelehnt, vermutlich weil der Thyssen-Krupp Konzern sich an der Sanierung der Stahlsparte finanziell hätte beteiligen sollen. Der Konzernvorstand favorisierte den Teilverkauf an den tschechischen Investor Kretinsky, obwohl dieser einen niedrigeren Kaufpreis bot und sich an den Sanierungskosten für die Stahltochter nicht beteiligen möchte. Der tschechische Investor kann jederzeit von den vertraglichen Vereinbarungen zurücktreten ohne Kosten und möchte erst nach Vorlage des neuen Businessplans über die Erhöhung seiner Beteiligung von 20 Prozent auf 50 Prozent an der Stahltochter entscheiden (vgl. Wermke, Murphy

2024b, S. 22 f.). Am Ende des Geschäftsjahres 2023/24 wies der Thyssen-Krupp Konzern wegen hoher Abschreibungen auf die Stahltochter wieder einen Verlust von 1,5 Mrd. Euro aus. Dennoch wurde eine Dividende in Höhe von 15 Cent pro Aktie ausgeschüttet an die Aktionäre, v. a. die Thyssen-Krupp Stiftung als größten Aktionär (vgl. Wermke 2024e, S. 21).

Im Nachgang des Machtkampfes, der mit dem Rücktritt der Führungspersonen der Stahltochter endete, zeigte sich ein weiteres Problem des Stahlbereichs. Die Umstellung auf grünen Stahl, der mit Hilfe von Wasserstoff produziert wird, erfordert sehr hohe Investitionen. Hierfür hat das Bundeswirtschaftsministerium Fördergelder in Höhe von 2 Mrd. Euro bereitgestellt, von denen Thyssen-Krupp bereits 500 Mio. Euro erhalten hat. Der Konzernvorstand ließ nach der Entlassung des Managements der Stahltochter nachrechnen, ob dieses Projekt rentabel ist. Als Ergebnis zeigte sich, dass weitere Kostensteigerungen drohen, Thyssen-Krupp überlegt sich daher, aus der grünen Transformation auszusteigen. Dies würde aber bedeuten, dass die Stahltochter die bereits ausgezahlten Fördergelder zurückzahlen müsste. Da die Stahltochter aber defizitär ist, ist fraglich, ob sie die Förderung zurückzahlen kann. Mit dem Einstieg des tschechischen Investors endete am 30.9.2024 der Gewinn- und Verlustabführungsvertrag zwischen Stahltochter und Thyssen-Krupp (vgl. Wermke 2024c, S. 19). Der tschechische Investor sieht das Projekt des grünen Stahls kritisch. Die Politik befürchtet, dass die Stahltochter die Rückzahlung der gewährten Zuschüsse nicht leisten könnte, falls das Projekt gestoppt wird, und drängte daher auf eine Garantie der Rückzahlungen durch den Gesamtkonzern, die Thyssen-Krupp zusagte. Eventuelle Mehrkosten der Dekarbonisierung werden auch bei der finanziellen Ausstattung des Stahlbereichs durch die Mutter eine Rolle spielen (vgl. Wermke, Murphy, Olk 2024, S. 18, Murphy, Olk 2024, S. 27).

Fragt man nach den tieferen Ursachen für die Krise von Thyssen-Krupp im Speziellen und der deutschen Stahlindustrie im Allgemeinen, so kommt man bald zur staatlich orchestrierten Energiewende, die den Strompreis, die Netzentgelte und die Gaspreise stark erhöht hat. Kostenerhöhend wirken auch der zunehmend steigende CO_2-Preis und die Kosten für Emissionszertifikate für die Stahlindustrie. Damit wird aber eine energieintensive Branche wie die Stahlindustrie mit hohen und tendenziell steigenden Energiekosten und Kosten der Umweltnutzung belastet, die Unternehmen in anderen Ländern wie China und USA nicht haben. Dies führt zu sinkender Wettbewerbsfähigkeit und zunehmend zu Unternehmensverlusten deutscher Stahlunternehmen, worauf manche Unternehmen mit Kapazitäts- und Arbeitsplatzabbau reagieren. Diese finanziellen Mehrbelastungen nehmen den Unternehmen die Möglichkeit, die Investitionen für den Umstieg auf grünen Stahl selbst zu finanzieren. Daher benötigen sie Zuschüsse des Staates, um die Dekarbonisierung der Stahlproduktion zu bewältigen (vgl. Müller 2024, S. 25, 27). Die drei großen Stahlhersteller in Deutschland, Thyssen-Krupp Steel, Salzgitter und Arcelor-Mittal Germany, haben für die Umstellung auf grünen Stahl bisher staatliche Förderungen in Höhe von 7 Mrd. Euro von Bund und Ländern erhalten (vgl. Wermke 2025, S. 14). Grüner Stahl gilt als zukunftsfähig, ist aber in der Herstellung sehr teuer. Die Befürchtung ist, dass traditionell erzeugter Stahl, der mit hohen CO_2-Emissionen verbunden ist, bald nicht mehr marktfähig sein könnte (vgl. Wermke, Olk, Delhaes 2025, S. 23) Es mutet paradox an: Der Staat steht Unternehmen unterstützend mit Subventionen zur Seite, deren Hauptprobleme er selbst vor einigen Jahren mit der Energiewende verursacht hat. Die staatlichen Eingriffe in den Wirtschaftskreislauf werden immer intensiver und die Abhängigkeit der Unternehmen von staatlichen Entscheidungen und Hilfen nimmt tendenziell zu.

5.7.3 Verteilungskämpfe zwischen den Aktionären eines Unternehmens (mit staatlicher Flankierung)

Raubzüge finden nicht nur zwischen selbstständigen Unternehmen und innerhalb eines Unternehmens zwischen verschiedenen Unternehmensteilen, sondern seit neuestem auch verstärkt zwischen den Aktionären eines Unternehmens statt. Ein Beispiel soll verdeutlichen, dass Raubzüge zwischen Aktionären bisweilen eine staatliche Flankierung benötigen oder erst durch staatliche Fehler in der Gesetzgebung möglich werden. In Deutschland wurde vor kurzem das Unternehmensstabilisierungs- und -restrukturierungsgesetz (StaRUG) verabschiedet. Es soll bezwecken, dass vom Konkurs bedrohte Unternehmen, die ansonsten ein stabiles und zukunftsfähiges Geschäftsmodell aufweisen, saniert und damit erhalten werden können. Dies geschieht u. a., indem die Gläubiger des Unternehmens auf

Forderungen verzichten müssen, u. U. auch gegen ihren Willen (vgl. Mock 2024, S. 14). Erste Anwendungen des StaRUG auf sanierungsfähige Unternehmen zeigten folgende unerwarteten Ergebnisse: Sowohl bei der Leoni AG als auch bei der Varta AG gelang mit Hilfe des StaRUG eine Unternehmenssanierung und -fortführung. Allerdings um den Preis, dass ein einzelner Aktionär seine Stellung ausbaut und die anderen Aktionäre und die Gläubiger im Extremfall einen Totalverlust erleiden. Das zeigt die Rettung des Autozulieferers Leoni AG mit Hilfe des StaRUG. Die Kleinaktionäre verloren ihre gesamten Investitionen. Der dominierende Aktionär Stefan Pierer wurde zum Alleinaktionär und verkaufte kurz darauf die Mehrheit von 50,1 Prozent des Unternehmens an das chinesische Unternehmen Luxshare. Eine Garantie für den Erhalt von Arbeitsplätzen und Standorten wurde nicht vereinbart. Ähnlich verlief der Fall der Varta AG, die seit Jahren in einer Krise steckte und ebenfalls durch das StaRUG-Verfahren gerettet wurde. Dabei verloren die Gläubiger, v.a. Banken, die Hälfte ihrer Forderungen und alle Aktionäre, also alle Kleinaktionäre und der Mehrheitsaktionär Michael Tojner, durch einen Kapitalschnitt auf null ihre gesamten Unternehmensanteile. Das Unternehmen soll von der Börse genommen werden (Delisting). Der vormalige Mehrheitsaktionär Michael Tojner (vor dem Kapitalschnitt 50,1 Prozent des Grundkapitals) und die Porsche AG planen anschließend, Varta jeweils 30 Mio. Euro Eigenkapital im Wege einer Kapitalerhöhung zuzuführen und halten nun die Mehrheit am geretteten Unternehmen (vgl. o. V. 2024a, S. 39). Die Gläubiger verlieren mehr als die Hälfte ihrer Kredite, bekommen aber dafür Zusagen, am künftigen Unternehmenserfolg der entschuldeten Varta beteiligt zu werden. Die Kleinanleger dürfen an dieser Kapitalerhöhung nicht teilnehmen, ihre Aktien werden völlig wertlos. Die Schutzvereinigung für Wertpapierbesitz (DSW) sprach von einem skandalösen Vorgang und der missbräuchlichen Anwendung des StaRUG (vgl. Backovic et al. 2024, S. 24), Kommentatoren in der Wirtschaftspresse sprachen von einer Beschädigung der Aktionärskultur durch das StaRUG (vgl. Höpner 2024, S. 17) und einem »Gau für Kleinaktionäre« (Buchenau 2024, S. 14).

Diese Vorgehensweisen einzelner Aktionäre wurden möglich, weil das StaRUG zwar genau regelt, in welchem Umfang Gläubiger für die Sanierung des Unternehmens auf Forderungen ganz oder teilweise verzichten müssen, aber nicht hinreichend klar regelt, was im Sanierungsprozess mit den Gesellschaftern geschehen soll. Das StaRUG sieht Vorkehrungen vor, damit nicht einzelne Gesellschafter eine Sanierung verhindern können. In den bisher bekannten Fällen wurde es jedoch von einzelnen Gesellschaftern genutzt, um alle anderen Gesellschafter aus dem Unternehmen zu drängen. Dies kann im Sanierungsplan geregelt werden, der von der Mehrheit der Gläubiger beschlossen wird. Die Folge davon ist gravierend: »Kein Investor kann sicher sein oder ausschließen, dass sich sein Investment in eine Gesellschaft kurze Zeit später in einem Restrukturierungsverfahren ohne Entschädigung in Luft auflöst – und ein anderer zum Alleingesellschafter aufsteigt.« (Mock 2024, S. 14). Die Restrukturierung mit Hilfe des StRUG wird dazu genutzt, sich das ganze Unternehmen anzueignen. Wenn das nicht ein Raubzug eines Gesellschafters gegen alle anderen ist, was soll es dann sein? Es wird zunehmend die Forderung an den Gesetzgeber erhoben, das StaRUG nachzubessern und z. B. »mehr Transparenz für den Fall zu schaffen, dass Gesellschafter Verbindlichkeiten der Gesellschaft aufkaufen, da ihnen diese Verbindlichkeiten umfassende Mitwirkungsbefugnisse bei Restrukturierungen ermöglichen« (Mock 2024, S. 14).

5.8 Systematische Raubstrategien von Unternehmen

Ein Klassiker in der Betriebswirtschaftslehre ist heute das Konzept der fünf Wettbewerbskräfte nach Michael Porter (vgl. Porter 1977). Porter entwirft hier ein einfaches industrieökonomisches Modell, das schnell Akzeptanz fand, weil es in der Unternehmenspraxis gut anwendbar war. Die Modellmechanik war wie folgt: Unternehmen sehen sich mit fünf Wettbewerbskräften konfrontiert: aktueller Konkurrenz, potenzieller (zukünftig denkbarer) Konkurrenz, Bedrohung durch Ersatzprodukte (die die gleiche Funktion erfüllen, aber auf Grundlage einer anderen Technologie), Verhandlungsmacht der Kunden und Verhandlungsmacht der Lieferanten. Aufgabe der Unternehmensführung ist es, das Unternehmen gegenüber diesen fünf Wettbewerbskräften zu positionieren in seiner Branche. Dabei stehen dem Management neben vielen Handlungsmöglichkeiten (z. B. Markteintrittsbarrieren aufbauen, Wechselkosten für den Kunden erhöhen) auch drei generische Wettbewerbsstrategien zur Auswahl: Kostenführerschaft, Differenzierungsstrategie, Nischenstrategie. Porter empfiehlt Unternehmen, die Wettbewerbsstrategie in eine dieser strategischen Richtungen zu entwickeln, aber Mischstrategien (»stuck in the middle«) zu vermeiden. Durch Positionierung in seiner Branche gegenüber den fünf Wettbewerbskräften und Wahl einer geeigneten Wettbewerbsstrategie kann das Unternehmen sich im Wettbewerb behaupten und seine Gewinne erhöhen.

Das ist der Kern des Porterschen Konzeptes, man kann es aber auch anders interpretieren und die Wettbewerbsstrategien zu Aktionsfeldern und Strategien räuberischer Unternehmen machen. In dieser Sicht muss sich das Unternehmen nicht nur gegenüber den Wettbewerbskräften behaupten, sondern kann diese sogar zum Gegenstand und Ziel eigener Raubstrategien machen. Entsprechend könnte man analog modellieren:

- Übervorteilung und Ausbeutung von Kunden
- Übervorteilung und Ausbeutung von Lieferanten (inkl. Übervorteilung und Ausbeutung von Mitarbeitern als Lieferanten von Arbeitskraft)
- Behinderung, Verdrängung, Ruinierung oder Übernahme aktueller Konkurrenten
- Behinderung, Abschreckung, Ruinierung oder Übernahme potenzieller Konkurrenten
- Einsatz substitutiver Technologien zur Disruption von Branchen und Märkten sowie zur Verdrängung von Konkurrenten

Man kommt zu einer anderen Lesart des Porterschen Modells, sobald man die Perspektive wechselt: Das Unternehmen behauptet sich nicht gegenüber den Wettbewerbskräften der Branche, sondern es nutzt seine vorhandene Wettbewerbs-, Finanz- und Marktstärke zur Beseitigung von Konkurrenten. Die von Porter empfohlenen drei generischen Strategien für Unternehmen (Kostenführerschaft, Differenzierung, Nischenstrategie) müssen dann ersetzt werden durch Raubstrategien, mit denen das Unternehmen seine Konkurrenten schädigt oder sie sogar beseitigt. Die fünf wesentlichen Raubstrategien von Unternehmen sind:

- Verminderung und Ausschaltung des Wettbewerbs (z. B. durch Predatory Pricing)

- Erzeugung von Intransparenz und Komplexität in Märkten und gegenüber Marktpartnern (z.B. durch komplexe Preisstrukturen, Verschleierung von Kostenstrukturen)
- Ausnutzung von Abhängigkeiten und Notlagen von Marktpartnern zum eigenen Vorteil (z.B. Abhängigkeit von Zulieferern vom eigenen Unternehmen)
- Exzessive Ausbeutung der natürlichen Umwelt, um Kostenvorteile zu erlangen (Raubbau an natürlichen Ressourcen wie Bodenschätzen unter Inkaufnahme von Umweltschäden in Abbaugebieten und schlechten Arbeitsbedingungen, Umweltschädigung durch Emissionen, solange sie für das Unternehmen nicht zu Kosten führen, nicht nachhaltiges Wirtschaften zu Lasten künftiger Generationen)
- Ausbeutung des Staates und des Standortes (z.B. von Intel inszenierter Subventionswettbewerb zwischen Ländern, die um die Ansiedlung von Halbleiterfabriken konkurrieren, Nutzung von Standortvorteilen des Landes, ohne zu ihrer Weiterentwicklung beizutragen, Verlagerung von Gewinnen in andere Länder zur Steueroptimierung)

Die ersten drei dieser Strategien werden nachfolgend beispielhaft näher erläutert.

Unternehmen reduzieren oder beseitigen den Wettbewerb auf Märkten

Wettbewerb wird immer gerne beschworen und gefordert wegen seiner positiven Wirkungen. Wettbewerb auf Märkten zwingt Unternehmen zur ständigen Steigerung ihrer Effizienz und zum Hervorbringen von Innovationen. Wegen dieser ökonomischen Vorteile wird Wettbewerb von vielen Ökonomen und den Kartellämtern hochgeschätzt und verteidigt bzw. geschützt. Manche Unternehmen haben jedoch kein Interesse an intensivem Wettbewerb, er wird als unbequem und herausfordernd empfunden, daher versuchen sie dem Wettbewerb auszuweichen, ihn zu beschränken oder gänzlich zu verhindern. Es ist im Eigeninteresse von Unternehmen, möglichst wenig oder keinem Wettbewerb (Monopolstellung) ausgesetzt zu sein. Dies ermöglicht höhere Gewinne bei weniger Anstrengung und Leistung des Unternehmens und erhöht zumindest kurzfristig die Wahrscheinlichkeit für ein Fortbestehen des Unternehmens. Dementsprechend ist in vielen Märkten eine Abnahme des Wettbewerbs zu beobachten. Bei Fernwärmenetzen oder an Ladestationen für Elektroautomobile gibt es meistens nur einen Anbieter. Der Markt für Großflugzeuge wird derzeit von zwei Anbietern (Airbus, Boeing), der Markt für die elektronische Ausstattung von Flugzeugcockpits wird ebenfalls von zwei Anbietern (General Electric, UTC) beherrscht. Der Weltmarkt für Flugzeugtriebwerke ist geprägt durch einige wenige große Anbieterkonsortien (General Electric kooperiert mit Safran, Rolls-Royce, Pratt & Whitney als Tochter von UTC, MTU München, die mit mehreren Herstellern kooperiert). In der Zementindustrie gibt es zwei große Anbieter aus Europa (Holcim, Heidelberg Materials), wobei der Wettbewerb auch dadurch eingeschränkt wird, dass bei Zement eine Lieferung nur im näheren Umkreis von Zementwerken lohnend ist wegen der ungünstigen Relation von Transportkosten zum Produktwert. Starke Konzentrationen auf wenige Anbieter gibt es im deutschen Lebensmittelhandel (Rewe, Edeka, Aldi und Lidl beherrschen einen Großteil des Marktes) und im Tankstellenbereich (marktstarke Unternehmen wie Aral, Shell, und wenige kleinere Anbieter wie Jet/Conoco, Agip und Orlen). Auch in Märkten mit vielen Anbietern muss kein wirklicher Wettbewerb herrschen, wenn die Anbieter erlaubte oder illegale Kartelle eingehen, d.h. den Markt durch Absprachen von Preisen, Bedienungsgebieten und Konditionen unter sich aufteilen und den Wettbewerb behindern. In den letzten Jahren wurden von der EU und dem deutschen Kartellamt zahlreiche illegale Kartelle aufgedeckt, so beispielsweise bei Autoglas, Badarmaturen, Zement, Aromastoffen, im Automobilsektor bei der technischen Normung von Adblue-Tanks, etc. (eine Liste aufgedeckter Kartelle in Deutschland findet sich bei o. V. 2024). Selbst wenn es keine hochkonzentrierten Marktstrukturen und keine Kartelle gibt, haben Unternehmen weitere Ansatzpunkte, um den Wettbewerb zu reduzieren. Praktiziert werden manchmal die Verdrängung von Konkurrenten aus dem Markt durch vorübergehende Preise unter den Selbstkosten (Predatory Pricing) oder die Beeinflussung von Vertriebskanälen oder Zulieferern, Vertragsbeziehungen mit dem Konkurrenten nicht einzugehen. Im Extremfall wird der Konkurrent in einer freundlichen oder feindlichen Übernahme des Unternehmens als wirtschaftlich selbstständige Einheit im Markt ausgeschaltet. Neben Marktkonzentration, Kartellen und wettbewerbsbehindernden Maßnahmen nutzen Unternehmen auch oft Instrumente des monopolistischen Wettbewerbs. Dieses theoretische Konzept mit großer praktischer Bedeutung geht zurück auf die Arbeiten von Chamberlain (1938). Aus Sicht des einzelnen Unternehmens impliziert es, sich von Konkurrenten abzuheben, zu differenzieren und so sich eine einzigartige Marktstellung zu verschaffen, die von Konkurrenten nicht oder nur wenig attackiert werden kann. Hebel dazu sind Markennamen, die Kunden an das Unternehmen binden, eine überlegene Produktqualität oder Produkttechnologie, ein besonderes Produktdesign, die Bindung von Kunden mit langfristigen Verträgen, die Erhöhung der Kosten für die Kunden beim Wechsel zu einem anderen Anbieter (z.B. verlorene Rabatte). Diese Hebel ermöglichen es dem Unternehmen, von den Kunden als einzigartig bzw. anders als konkurrierende Unternehmen wahrgenommen zu werden, was dem Unternehmen Preissetzungsmacht verleiht und höhere Preise ermöglicht. Der Wettbewerb wird nicht eliminiert, aber reduziert.

In manchen Unternehmen scheint sich das Management mehr mit der Frage zu befassen, wie man Wettbewerb ausschalten kann, als mit der Frage, wie man ihn erfolgreich bestehen kann, z.B. durch qualitativ und technisch überlegene Produkte, durch exzellenten Kundenservice, durch gutes Preis-Leistungs-Verhältnis der Produkte etc. Es stellt sich die Frage, in welchen Märkten wir heute noch wirklich funktionierenden Wettbewerb haben und was die Gründe für schwindenden Wettbewerb sind. Bei letzterem sind es nicht nur die Unternehmensinteressen an weniger Konkurrenz, sondern oftmals auch staatliche Regulierungen und Marktzugangsschranken, die den Unternehmen die Beschränkung des Wettbewerbs auf dem Markt oft erst ermöglichen, weil sie den Marktzutritt neuer Konkurrenten erschweren.

Heutzutage streben viele Unternehmen aber nach Ausschaltung des Wettbewerbs (Preisabsprachen, Kartelle, Monopolbildung, Spezialisierung und Differenzierung von Konkurrenten). Dies ermöglicht den Unternehmen die Steigerung der Gewinne und des Wertes für die Aktionäre.

Eine besondere Form der Preissetzung ist das Predatory Pricing. Es kann zur Ausschaltung von Konkurrenten und ihrer Verdrängung vom Markt eingesetzt werden. Hierbei setzen Unternehmen kurzfristig Preise unterhalb der üblichen Marktpreise oder sogar der Selbstkosten, nehmen bewusst Verluste in Kauf, um Konkurrenten aus dem Markt zu drängen und Marktanteile zu gewinnen. Diese Strategie ist nur dann lohnend, wenn sich mittelfristig der Wettbewerb auf dem Markt reduziert und das Unternehmen langfristig dann die Preise erhöhen kann, um die zuvor hingenommenen Verluste zu kompensieren (vgl. Funk und Jaag 2018, S. 3). Die Logik zur Rechtfertigung von Predatory Pricing lautet: »[...] an efficient incumbent should be able to lower prices as a result of its efficiency and exclude inefficient competitors, subject to the provision that there is no reduction in consumer welfare.« (Mateus 2011, S. 245). Bildlich gesprochen kauft sich das etablierte Unternehmen Marktanteile unter Hinnahme vorübergehender Verluste. So verstandenes Predatory Pricing ist kartellrechtlich verboten, wenn es sich um ein marktbeherrschendes Unternehmen handelt, das seine marktbeherrschende Stellung missbraucht, um mit Preisen unter Kosten Konkurrenten vom Markteintritt abzuschrecken oder aus dem Markt zu drängen: »Currently, predation is only illegal for dominant firms.« (Funk und Jaag 2018, S. 4). Dabei ist das Ziel von Predatory Pricing in vielen Fällen, mit dieser Strategie eine ex post dominante Marktstellung zu erreichen. Für ex ante dominierende Unternehmen ist Predatory Pricing hingegen weniger attraktiv, weil sie ihre eigenen Gewinne reduzieren und dadurch nur kleine Marktanteilsgewinne erzielen können, weil sie den Markt bereits beherrschen (Funk und Jaag 2018, S. 17). Predatory Pricing ist hingegen erlaubt bei Unternehmen, die keine marktbeherrschende Stellung innehaben. Es handelt sich um eine bei Unternehmen ohne Marktmacht erlaubte Wettbewerbsstrategie, die einer rationalen Logik folgt: »[...] predation can be a perfectly rational strategy in the sense that it may lead to higher long-run profits than a no predation or accomodating strategy.« (Mateus 2011, S. 245).

Im Extremfall entwickelt sich der Wettbewerb zu ruinöser Konkurrenz, das am Ende übrigbleibende Unternehmen hat dann eine Monopolstellung, die es zur Erzielung höherer Gewinne (die die Anlaufverluste für die Ausschaltung der Konkurrenten kompensieren sollen) nutzen kann.

Erzeugung von Intransparenz und Komplexität in Märkten und gegenüber Marktpartnern

Viele Unternehmen vermeiden Transparenz in Märkten und streben sogar nach Intransparenz gegenüber Marktpartnern, das ermöglicht ihnen höhere Gewinne. Die wahren Kosten der Produktion werden zum Geschäftsgeheimnis erklärt und gegenüber Kunden verschleiert. Mancher Kunde würde sich wundern, wie niedrig die Kosten für die Herstellung eines Turnschuhs oder eines Automobils der oberen Mittelklasse sind. Erst durch die Kosten für die Verwaltung des Unternehmens, Marketing und Vertrieb sowie Forschung und Entwicklung und die Gewinnspannen des Unternehmens und der verschiedenen Handelsstufen werden die beim Verkauf an den Kunden aufgerufenen viel höheren Preise erklärbar. Würden Kunden diese Gewinnspannen und die Kostenstruktur des Herstellers kennen, könnten sie an Verhandlungsmacht gewinnen. Verschleiert werden nicht nur die tatsächlichen Produktionskosten des Unternehmens, sondern die wahren Kosten der Produktion unter Einschluss von negativen Auswirkungen auf Dritte. So erzeugt die Massentierhaltung hohe externe und soziale Kosten, die der Kunde an der Fleischertheke nicht sehen soll: Tierleid, Umweltschäden und Emissionen, Übertragung von Krankheiten von Tieren auf Menschen und Zivilisationskrankheiten beim Menschen aufgrund schlechter Nahrungsmittel, schlechte Arbeitsbedingungen und Löhne in der Fleischproduktion. Kaum ein Konsument sieht diese hohen externen Kosten bzw. er will sie vielleicht auch nicht sehen. In letzterem Fall unterstützt und finanziert er das mit hohen sozialen und externen Kosten verbundene »Geschäftsmodell« des Fleischproduzenten.

Auch bei den Preisen streben Unternehmen nicht nach transparenten, sondern nach möglichst intransparenten und komplexen Preisstrukturen, z. B. durch ständige Änderungen von Preisen, durch eine große Vielzahl von Einzel-, Sonder- und Rabattpreisen etc. Diese Thematik wird im nachfolgenden Kapitel vertieft erläutert.

5.9 Neue Preisstrategien von Unternehmen zur Steigerung des Gewinns und des Unternehmenswertes

Problematisches Preisverhalten von Unternehmen ist kein neues Phänomen: Schon immer gab es intransparente Preise, bewusst sehr hoch angesetzte Preise (»Mondpreise«), Kampfpreise, um Konkurrenten aus dem Markt zu drängen (Predatory Pricing), versteckte Preisbestandteile, intransparente und sehr umfangreiche AGB-Regelungen, Ausschluss von Leistungsansprüchen des Kunden etc. Vorher kurzfristig durchgeführte Preiserhöhungen, die die Senkung der Preise finanzierte und marketingtauglich machte, mangelnde oder fehlende Preisauszeichnungen, Lockvogelangebote etc. gehören und gehörten schon immer zur »marktlichen« Preisbildung. Es drängt sich aber der subjektive Eindruck auf, dass dies immer häufiger geschieht, zumindest häufiger als früher. Und die Politik und die Wirtschaftswissenschaft wundern sich, dass Teile der Bevölkerung das Vertrauen in die Marktwirtschaft, die Funktionsfähigkeit des Marktes und das Verhalten der Unternehmen zunehmend verlieren und stattdessen der Eindruck vorherrscht, dass es am Markt nicht fair und gerecht (was immer man darunter im Einzelfall verstehen mag) zugeht.

Die Frage nach dem gerechten Preis und Preiswucher

Die Frage nach dem gerechten Preis ist so alt wie die Marktwirtschaft und die Beschäftigung mit wirtschaftlichen Fragen selbst. Schon in der Bibel wird die Frage nach dem gerechten Preis aufgeworfen und nicht eindeutig beantwortet. Bereits Luther hatte dieses Thema in seiner Schrift »Von Kauffshandlung und Wucher« 1524 thematisiert. Wucher ist ein Vorwurf von unangemessenem Verhalten bzw. Fehlverhalten, der schon im negativ besetzten Wort selbst anklingt. Umgangssprachlich hat sich die Bezeichnung Wucher für stark überhöhte Mieten und Zinsen etabliert. Wucher ist ein moralischer Tatbestand, der sich einer ökonomischen Analyse teilweise entzieht. Es ist eine gefühlte Preisunfairness verbunden mit dem Ausnutzen einer Notlage auf einer Marktseite und dem Ausspielen von Verhandlungsstärke auf der anderen Marktseite.

In der deutschen Gesetzgebung und Rechtsprechung sowie in der Umgangssprache fällt der Begriff des Wuchers vor allem bei Mieten (Mietwucher) und bei Zinsen (Zinswucher). Dies liegt daran, dass es für beide Preise Orientierungsgrößen gibt: Bei Mieten die ortsübliche Vergleichsmiete, bei Zinsen das vorherrschende Zinsniveau am Kapitalmarkt mit seinen Referenzzinsen, z. B. Libor, Zinsen von Staatsanleihen, Zinsen für erstklassige Unternehmensanleihen. Mieten sind in Deutschland vom Staat reguliert, Zinsen von der Notenbank. Große Abweichungen von den Referenzgrößen bei der Mieten- und Zinshöhe in privaten Vereinbarungen sind daher sehr leicht zu konstatieren und zu identifizieren.

Wie kann man in anderen Wirtschaftsbereichen stark überhöhte Preise bestimmen? Auf die Frage nach dem angemessenen Preis gibt es auch in der ökonomischen Theorie keine universelle und befriedigende Antwort außer der, dass ein angemessener Preis im Wettbewerb gebildet werden muss, d. h. es muss mehrere Anbieter und Nachfrager des Gutes geben, die zueinander im Wettbewerb stehen und über den Preis konkurrieren. Die Vermutung überhöhter Preise ist daher anzunehmen bei Preisen, die nicht wettbewerblich gebildet werden, sondern von einem Monopolisten oder einem Kartell von Unternehmen gesetzt werden. Monopole und Kartelle unterliegen in einer Marktwirtschaft der Kontrolle durch Wettbewerbsbehörden oder Regulierungsinstanzen. Wenn es Monopolen und Kartellen gelingt, überhöhte Preise durchzusetzen, ist das nicht nur ein Marktversagen, sondern auch ein Staatsversagen.

Neue Preisinstrumente von Unternehmen

Kluge Unternehmen wenden heute viel feinere und diskretere, aber auch viel komplexere Preisinstrumente als früher an. Unternehmen, die bei ihren Kunden überdurchschnittliche Preiserhöhungen durchsetzen, verwenden oft im Kern sehr ähnliche Preisstrategien. Änderungen im Verhalten von Unternehmen zeigen sich darin, wie sie ihre Preise ermitteln und in welcher Höhe sie Preise setzen. Früher war der Standard, dass Unternehmen ihre Preise als Kostenzuschlagskalkulation ermittelten. Ausgangspunkt waren die mit Hilfe der innerbetrieblichen Kostenrechnung ermittelten Herstellkosten eines Gutes, in die dann ein Gewinnzuschlag einkalkuliert wurde. In den letzten 10 Jahren verwendeten Unternehmen zahlreiche neue Preisermittlungsmethoden, die neben die oder an Stelle der Kostenzuschlagskalkulation traten. Beim Value Based Pricing sind nicht die Herstellkosten des Produktes, sondern der durch das Produkt generierte Kundennutzen Ausgangspunkt der Preisfestlegung. Beispielsweise könnte die vom Kunden realisierbare Strom-, Benzin- oder Steuerersparnis im Laufe des Produktlebenszyklus oder der höhere Wiederverkaufswert des umweltfreundlichen Automobils nach 4 Jahren einkalkuliert werden in den Verkaufspreis. Das Wertversprechen des Produktes wird damit bei der Preisfindung berücksichtigt. Das Value Based Pricing setzt also bei dem Nutzen des Produktes für den Kunden und damit der Zahlungsbereitschaft der Kunden und nicht bei den Kosten des Herstellers oder den Preisen von Konkurrenten an (vgl. Krämer, Schmutz 2020, S. 45). Preise, die wertbasiert kalkuliert werden, können ganz andere Werte annehmen als Preise, die kostenbasiert oder konkurrenzorientiert kalkuliert werden. In der Praxis ist immer noch die kostenbasierte Preissetzung sehr weit verbreitet und dominierend (vgl. Krämer und Schmutz 2020, S. 45, Michel und Pfäffli 2009, S. 26). Value Based Pricing ist hingegen mit mehreren Umsetzungsproblemen behaftet, z. B. erfordert es eine sehr tiefgehende Kenntnis des Kundennutzens und der Zahlungsbereitschaft des Kunden, bzw. genauer formuliert, »welcher Kunde welche Produkt- und Service-Features wie stark wertschätzt« (vgl. Krämer und Schmutz 2020, S. 47). In vielen Unternehmen liegen diese Daten aber nicht vor, ihre Beschaffung geht mit hohen Marktforschungskosten einher (vgl. Krämer und Schmutz 2020, S. 53 sowie Michel und Pfäffli 2009, S. 28). Ein weiteres Problem des Value Based Pricing sind die damit einhergehenden sehr komplexen und umfangreichen Preisstrukturen des Unternehmens, was Fehler in der Preissetzung begünstigt, die strategisch handelnde Kunden erkennen und ausnutzen. Ein weiteres Argument gegen diese wertbasierte Preisstrategie ist: »Value Based Pricing bedeutet, dass Kunden unterschiedliche Preise bezahlen für dasselbe oder für ein sehr ähnliches Angebot. Dies kann bei den Kunden und der Öffentlichkeit zu sehr negativen Reaktionen führen, wenn diese Preisdifferenzierung als unfair betrachtet wird.« (Michel und Pfäffli 2009, S. 30). Wertbasierte Preissetzung verlockt auch zu strategischem Verhalten einzelner Kunden, die den Nutzen des Produktes infrage stellen und den Nutzen von Konkurrenzprodukten hervorheben, um die Preise herunterzuhandeln.

Teilweise führen ausdifferenzierte dynamische oder wertbasierte Preisstrukturen auch dazu, dass einzelne Kunden sich strategisch verhalten und die Preispolitik des Unternehmens erkennen und für sich ausnützen, wenn sie Informationen haben, wie viele Einheiten des Produktes das Unternehmen auf Lager hat oder bisher verkauft hat. Unternehmen mit gieriger Preispolitik bekommen dann gierige Kunden, die sich strategisch verhalten und Fehler in den Preisen und Angeboten der Unternehmen erkennen. Die hohen Preise bezahlen dann die Kunden, die sich vorher nicht informieren und sich nicht strategisch verhalten (Dasu und Tong 2010, S. 570).

In den letzten 5 Jahren sind neue Verfahren der Preisbildung vor allem dank des Internets und der umfassenden Kenntnis vieler Unternehmen über das Verhalten der Kunden, die auf der statistischen Auswertung von Kundendaten basieren, möglich geworden. Bei der dynamischen Preissetzung verändern sich die

Preise mehrmals am Tag, teilweise sogar stündlich oder im Minutentakt, nach oben oder nach unten. Es gibt also nicht mehr einen Fixpreis, sondern sich ständig ändernde Preise. Seit vielen Jahren ist das bei Tankstellen zu beobachten. Mit dem Aufkommen elektronischer Preisanzeigetafeln wurden für die Tankstellen Preisänderungen viel rascher umsetzbar (früher musste noch der Tankstellenpächter auf eine Leiter steigen und große weiße Buchstaben an der Tafel von Hand austauschen). Seitdem ändern sich die Benzinpreise bei Tankstellen teilweise im Stundentakt. Morgens und im Berufsverkehr sind die Benzinpreise oftmals höher, abends nach 18 Uhr sinken sie oft. Dann gibt es aber Tankstellenketten, die genau dieses Schema, an das sich zunehmend viele Kunden gewöhnt haben und das sie mit strategischem Verhalten konterkarieren können, durchbrechen und z. B. morgens niedrige Preise setzen. Dynamic Pricing bezeichnet häufige Preisänderungen in einem definierten Zeitraum, es impliziert eine Abkehr von festen und stabilen Preisen. Ausgestaltungen für Dynamic Pricing sind zeitbasiertes, konsumentenbasiertes, kanalbasiertes und standortbasiertes Dynamic Pricing (vgl. Vomberg, Lauer, Weikämpfer 2020, S. 653).

Zeitbasiertes Dynamic Pricing entwickelte sich zuerst im Tankstellenbereich und im Elektrizitätsmarkt, wo sich anfangs die Preise täglich änderten. Die häufige Preisanpassung im Zeitverlauf als Absatzstrategie etablierte sich dann im Ticketverkauf von Airlines und Eisenbahnen, wo v. a. Leerkapazitäten durch Last-Minute-Preisangebote vermieden werden sollten. Dynamic Pricing fand seine Perfektionierung in Online-Märkten, wo sich heute z. B. der Preis einer Digitalkamera bei Amazon 275-mal innerhalb von drei Tagen verändert (vgl. Vomberg, Lauer, Weikämpfer 2020, S. 657). Dynamic Pricing etablierte sich sehr stark in Online-Märkten, weil dort Preisänderungen schnell umgesetzt werden können, teilweise sogar von Computern und KI-Systemen automatisch veranlasst werden (vgl. Vomberg, Lauer, Weikämpfer 2020, S. 656). Der Einsatz von Dynamic Pricing ist bisher vor allem in den USA sehr verbreitet, weniger stark in Deutschland, wo es aber verglichen mit anderen europäischen Ländern häufiger praktiziert wird als früher, wobei in Deutschland zeitbasiertes Dynamic Pricing am häufigsten von Firmen verwendet wird (vgl. Vomberg, Lauer, Weikämpfer 2020, S. 664–666).

Konsumentenbasiertes Dynamic Pricing differenziert die Preise nach Konsumenten bzw. Konsumentengruppen, was zu einem Personalized Pricing führt, das die unterschiedliche Zahlungsbereitschaft verschiedener Kundensegmente durch unterschiedliche Preise abzuschöpfen versucht (vgl. Vomberg, Lauer, Weikämpfer 2020, S. 658). Konsumentenbasiertes Dynamic Pricing ist bisher in Deutschland wenig verbreitet (vgl. Vomberg, Lauer, Weikämpfer 2020, S. 664–666).

Beim kanalbasierten Dynamic Pricing werden die Preise von Online-Vertriebskanälen und Offline-Vertriebskanälen (z. B. in stationären Läden) differenziert (vgl. Vomberg, Lauer, Weikämpfer 2020, S. 659).

Beim standortbasierten Dynamic Pricing werden Online-Preise differenziert nach dem Standort des Konsumenten. Das ist beim stationären Handel seit jeher üblich, wo Filialen desselben Anbieters in wohlhabenden Stadtteilen höhere Preise als Filialen in ärmeren Stadtteilen haben oder Geschäfte in frequentierten Lagen höhere Preise verlangen als in selten aufgesuchten Lagen, wobei die Filialen in frequentierten Lagen oft auch höhere Mieten und Kosten haben. Gerade auch im Online-Handel kann der Standort des Konsumenten z. B. mit Tracking im Internet identifiziert werden, bisher ist standortdifferenziertes Pricing im Onlinehandel in Deutschland nicht üblich (vgl. Vomberg, Lauer, Weikämpfer 2020, S. 668 f.).

Mit Hilfe von Dynamic Pricing können Unternehmen Umsatz- und Gewinnsteigerungen erzielen (vgl. Vomberg, Lauer, Weikämpfer 2020, S. 655). Empirische Studien zeigen, dass zeitbasiertes Dynamic Pricing Umsatzsteigerungen von 2 bis 8 Prozent und Gewinnsteigerungen bis zu 25 Prozent ermöglichen kann (vgl. Vomberg, Lauer, Weikämpfer 2020, S. 660).

Bei den Konsumenten rufen einige der neuen Preismodelle allerdings Widerstände und Misstrauen hervor, die wahrgenommene Preisfairness leidet. Entscheidenden Einfluss auf die Wahrnehmung von Preisen als fair haben die Häufigkeit und das Ausmaß von Preisänderungen und die Vorhersehbarkeit von Preisänderungen. Konsumenten empfinden v. a. sehr häufige Preisänderungen in erheblichem Umfang, die nicht vorhersehbar sind, als unfair. Auch auf konsumentenbasiertes Dynamic Pricing, d. h. auf individuell differenzierte Preise reagieren viele Konsumenten negativ (vgl. Vomberg, Lauer, Weikämpfer 2020, S. 661 sowie Roll und Loh 2019, S. 37). Die Gefahr bei diesen neuen Preismodellen ist, dass das Kundenvertrauen in den Anbieter beschädigt wird und Kunden verunsichert werden (vgl. Roll und Loh 2019, S. 35). Diese negativen Reaktionen von Kunden können Unternehmen durch vorsichtigen Einsatz der Preisinstrumente abmildern. Negative Kundenreaktionen sind dann geringer, wenn die Kunden bewusst informiert werden, dass ein dynamisch sich ändernder Preis vorliegt oder der im Moment aufgerufene Preis als vorteilhaft – da niedriger als der Durchschnittspreis – ausgewiesen wird. Transparenz und die Kommunikationsstrategie des Anbieters können somit die Akzeptanz von Dynamic Pricing beim Kunden steigern. (vgl. Roll und Loh 2019, S. 36). Als zentrales Problem des Dynamic Pricing ist anzusehen: »In Anbetracht dieser Spannungen stellt sich daher die Frage, ob Dynamic Pricing kurzfristige Gewinne realisiert, die jedoch zu Lasten langfristiger Kundenbeziehungen gehen.« (vgl. Vomberg, Lauer, Weikämpfer 2020, S. 655).

Dynamische Preissetzung verfolgt zwei Ziele: Zum einen geht es darum, die Zahlungsbereitschaft der Kunden einzuschätzen und besser als bisher abzuschöpfen, d. h. nicht bei allen, aber bei vielen Kunden einen höheren Preis zu erzielen. Zum anderen geht es darum, dass der Kunde durch die häufigen Preisänderungen die Orientierung verliert und die gesamte Preisstruktur und die Angemessenheit der Preise schlechter einschätzen kann. Neben dynamischer Preissetzung ist auch eine weitere Möglichkeit die individualisierte Preissetzung. Sie setzt ein umfassendes Verständnis der Präferenzen und Zahlungsbereitschaft der einzelnen Kunden voraus, das beispielsweise durch Auswertung der Kundendaten genau dieses Kunden aus der Vergangenheit und seines Kaufprofils gewonnen werden kann. Ziel ist hier die möglichst gute Abschöpfung der Zahlungsbereitschaft und Kaufkraft des Kunden, dem ein maßgeschneiderter Preis unterbreitet wird. Beispielsweise machen einige Anbieter im Internet den angezeigten Preis davon abhängig, ob der Kunde von einer Preisvergleichsseite auf die Seite des Anbieters geleitet wurde oder direkt die Seite des Anbieters besucht hat. Ebenso kalkulieren manche Anbieter höhere Preise, wenn sich der Kunde über ein teures Endgerät eines bekannten Markenherstellers mobil einloggt, als wenn er stationär sich von seinem PC zu Hause einloggt. Unternehmen setzen bei mobilen Kunden, die teure Endgeräte nutzen, auf die Bereitschaft zu Spontankäufen. Individualisierte Preise können auch an biographischen und persönlichen Daten des Kunden ansetzen, sofern das Unternehmen sie in Erfahrung bringen kann: Alter, Geschlecht, ledig oder verheiratet mit Kindern, Kontostand, Schufa-Einträge, Berufsanfänger vs. Pensionist, Immobilienbesitz, vorherige Käufe bei dem Anbieter etc. geben Hinweise auf die Zahlungsmöglichkeiten und Zahlungsbereitschaft des Kunden, dem dann ein entsprechender Preis angezeigt wird. Neuere Preisinstrumente sind verhaltensbasiertes Pricing und konditionierte Preise. Bei der verhaltensbasierten Preissetzung wird auf das Verhalten des Kunden in der Vergangenheit geachtet. Hat er beispielsweise das entsprechende Produktangebot (z.B. Preise für eine bestimmte Flugverbindung) in den letzten Tagen mehrfach aufgerufen, kann das System auf ein erhöhtes Interesse des Kunden schließen, dem dann ein höherer Preis angezeigt wird. Verhaltensbasierte Preissetzung kann auch die vom Kunden abgegebenen Anbieterbewertungen auswerten und auf diese Art erkennen, ob der Kunde besonders anspruchsvoll hinsichtlich der Qualität, preissensibel, rational oder eher emotional handelt oder besonders kritisch eingestellt ist gegenüber dem Unternehmen und seiner Branche. Dementsprechend können dann auch die vorgeschlagenen Preise diesem Verhalten des Kunden Rechnung tragen. Verhaltensbasiertes Pricing wird von Verbraucherschützern und Kunden eher negativ beurteilt (vgl. Neuerer 2024, S. 8), sie monieren ein Gefühl der Unfairness bei der Preisbildung und der »Abzocke«. Bei der konditionierten Preissetzung wird die Höhe des zu zahlenden Preises an bestimmte Konditionen gebunden. So kann im Vertrag eines Mobilfunkkunden, der einen besonders günstigen, herabgesetzten Tarif gewählt hat, die Klausel enthalten sein, dass beim vorzeitigen Wechsel des Tarifs die Preisnachlässe rückgängig gemacht werden. Oder der Kunde eines Stromanbieters erhält einen vom Preis abgezogenen Bonus, der an die Bedingung gebunden ist, dass der Kunde mindestens 1 Jahr bei dem Anbieter bleibt. Konditionierte Preise verfolgen mehrere Zielsetzungen, zum einen die längerfristige Bindung des Kunden an den Anbieter, zum anderen wird einkalkuliert, dass der Kunde die Konditionen der Rabattgewährung im Laufe der Zeit vergisst und damit verletzt, was Preiserhöhungen ermöglicht. Auch werden die Preisstrukturen damit komplexer und von den Konsumenten sogar auf Preisvergleichsseiten im Internet schwerer vergleichbar.

Die verschiedenen Methoden der Preisermittlung schließen sich nicht gegenseitig aus und sind auch kombinierbar. Vorstellbar ist, dass ein Unternehmen die Untergrenze seiner Preise mit einer Cost-plus-Kalkulation und die anzustrebende Obergrenze mit einer wertbasierten Kalkulation ermittelt. In dem so definierten Preiskorridor kann das Unternehme Preise dynamisieren, individualisieren und an bestimmte Bedingungen koppeln.

Und es werden immer wieder neue Preismodelle entwickelt, z. B. Freemium- und Abo-Modelle oder For-Free-Angebote, bei denen der Kunde mit seinen Nutzerdaten »zahlt« (vgl. Krämer und Schmutz 2020, S. 45). Denkbar sind auch Preismodelle, die den Preis in Abhängigkeit vom aktuellen Wetter setzen (bei Regen werden Schirme teurer, bei Hitze das Speiseeis). Ebenfalls finden sich bereits Ansätze zu einem Relationship-Pricing und einem Kundenwert-Pricing, bei dem die längerfristige Kundenbeziehung zur Grundlage der Preisfindung wird (vgl. Krämer und Schmutz 2020, S. 51). Ein neueres Preismodell ist Multichannel-Pricing, bei dem die Preise verschiedener Vertriebskanäle differenziert und integriert werden, z. B. von Online- und Offline-Vertriebskanälen (vgl. Vomberg, Lauer, Weikämpfer 2020, S. 654).

Die Preisstrukturen vieler Unternehmen sind für Privatkunden heute kaum noch durchschaubar in einigen Branchen. Hochkomplexe Preisstrukturen finden sich bei Telekommunikationsunternehmen, Stromversorgern, in der privaten Krankenversicherung und beim Kauf von Neuwagen. Sowohl im Internet als auch im stationären Handel finden sich große Preisdifferenzen zwischen den Anbietern und die angebotenen Sachgüter und Dienstleistungen sind kaum vergleichbar, da sie sich hinsichtlich Qualität, Service, Funktionalität, Image und Markenname unterscheiden. Preisüberblick und Preisvergleich sind für die Kunden teilweise nur noch mit Hilfe von Preisvergleichsseiten im Internet möglich, die Suche nach einem günstigen Preis nimmt Zeit und Mühe in Anspruch, das in Verbindung mit der geringen Preistransparenz ist von den Anbietern durchaus so gewollt.

Rechtfertigung von Preiserhöhungen mit Versorgungskrisen

Unternehmen setzen Preiserhöhungen durch, indem sie auf Krisen verweisen und daraus resultierende Störungen der Lieferkette, was Produkte verknappt. So haben Unternehmen auf die Blockade des Suezkanals durch einen havarierten Frachter, Streiks der Dockarbeiter in chinesischen Häfen, den Abbrand einer Halbleiterfabrik in Indonesien oder eine generell knappe Halbleiterversorgung, die Corona-Pandemie, den Ukraine-Krieg oder den Konkurs wichtiger Lieferanten verwiesen, um Knappheiten bei wichtigen Gütern und nötige Preiserhöhungen zu begründen. Neben Störungen in den Lieferketten werden auch oftmals Personalknappheit und Lohnkostensteigerungen oder Energiepreissteigerungen als Grund für reduzierte Öffnungszeiten, schlechteren Service und höhere Preise angeführt. Dabei fällt als Muster auf, dass die Knappheit wichtiger Vorprodukte, Personalknappheit und Energiepreissteigerungen behauptet, aber nur selten mit Beweisen belegt werden. Unternehmen könnten auch auf evtl. vorhandene Lagerbestände zurückgreifen, und nicht alle Unternehmen sind von Personalknappheit, steigenden Löhnen und Energiepreissteigerungen gleichermaßen betroffen. Manche Unternehmen haben sich beispielsweise mit langfristigen Strompreisverträgen oder mit mehreren Bezugsquellen, mehreren Lieferanten für dasselbe Bauteil oder unterschiedlichen Lieferrouten gegen Engpässe abgesichert. Bei ihnen wäre die Notwendigkeit für Preiserhöhungen also deutlich geringer.

Viele Unternehmen haben eine große Kreativität bei der Rechtfertigung von Preiserhöhungen an den Tag gelegt. Höhere Preise wurden gerechtfertigt mit Störungen in den Versorgungsketten (gestörte Halbleiterversorgung führte zu Störungen in der Autoproduktion und langen Wartezeiten der Kunden und wurden von den Herstellern für Preiserhöhungen genutzt). Im Lebensmittelbereich finden sich immer wieder Hinweise auf schlechte Ernten. Auch die durch Corona generierten Versorgungsengpässe und Verteuerungen von Energie wurden als Argument für Preiserhöhungen herangezogen. Ebenso rückgängig gemachte Steuervorteile (Mehrwertsteuer für Gastronomie in Deutschland) oder neu eingeführte oder erhöhte Abgaben (z. B. Steigerung des CO_2-Preises) sind ebenso wie Versorgungsprobleme infolge von Krieg oder die Zerstörung von Zuliefererfabriken durch Überschwemmung oder Brand oft herangezogene Begründungen für Preiserhöhungen. An vielen Begründungen fällt auf, dass sie von den Anbietern behauptet, aber selten mit konkreten Daten und Statistiken belegt werden.

Als Beispiel für derartige Preisstrategien, die auf Krisen verweisen, kann die Chipkrise im deutschen Autobau angesehen werden. In der Corona-Pandemie rechneten die Autohersteller mit stark rückläufigen Absatzzahlen in der Zukunft. Daher haben die Autozulieferer die Lieferverträge mit den Halbleiterunternehmen gekündigt, nicht zuletzt, um Lagerkosten zu sparen und Kapitalbindung zu reduzieren. Als nachfolgend aber nach Ende der Corona-Krise die Autonachfrage stark anstieg, konnten die Autohersteller nach eigenem Bekunden weniger Fahrzeuge als früher herstellen. Der Grund dafür war die Knappheit von Halbleitern. Die Halbleiterhersteller hatten zwischenzeitlich die vom Marktvolumen viel wichtigere Elektronikindustrie mit Halbleitern beliefert, für die Autobranche waren weniger Halbleiter verfügbar. Die Autohersteller begründeten mit dem Verweis auf die Halbleiterkrise stark steigende Lieferfristen und Knappheit bei bestimmten Automodellen. Sie konzentrierten sich auf die Produktion hochpreisiger Automobile mit hohen Gewinnmargen, um die knappen Halbleiter möglichst effektiv zu verwenden. Dementsprechend wurden die Lieferfristen bei vielen Standardmodellen länger. In diesem Marktumfeld haben die Autohersteller in Deutschland starke Preiserhöhungen durchgesetzt. Bemerkenswert ist, dass nach Wegfall der Versorgungsengpässe die Autopreise fast nie auf das alte Niveau vor der Krise zurückgingen sind und die Geschwindigkeit der Preisrückgänge viel geringer war als die Geschwindigkeit der Preiserhöhungen.

Die Knappheit bei Halbleitern wurde behauptet, aber nicht mit konkreten Belegen nachgewiesen. Die Autohersteller haben nie eine konkrete Statistik gezeigt, um wie viel die Halbleiterversorgung zurückgegangen ist, welche Halbleiter welchen Typs besonders knapp sind, bei welchen kein Problem mit der Versorgung besteht, wie sich die Fabrikabgabepreise der Halbleiterhersteller geändert haben etc. Auch wurden keinerlei Zahlen zu den Lagerbeständen und Bestellungen von Halbleitern bei den Autoherstellern genannt. Die Medien, v.a. die Wirtschaftspresse, haben das Narrativ der Halbleiterkrise übernommen, ohne kritisch zu hinterfragen, ob hier wirklich Engpässe in der Halbleiterversorgung vorliegen und wie groß und gravierend sie sind. Auffällig ist auch, dass die allgemeine Presse und die Wirtschaftspresse relativ kritiklos die Begründungen der Hersteller übernommen haben, aber auch in der Wirtschaftspresse keine konkreten Belege und Beweise für Versorgungsengpässe aufgezeigt wurden.

Will man die Aussagen der deutschen Autohersteller zur Halbleiterkrise 2022 und 2023 insgesamt überprüfen, so bräuchte man folgende Daten:

- Hatten die deutschen Autobauer lange Lieferfristen auch in anderen Ländern oder nur in Deutschland?
- Kam es zu starken Preiserhöhungen auch in anderen Ländern?
- Produktionszahlen deutscher Hersteller in Deutschland 2021–2023.
- Exportzahlen deutscher Hersteller nach Europa, USA, China 2021–2023.

- Produktion deutscher Hersteller in Europa (außerhalb Deutschlands), USA, China 2021–2023.
- Export von in den USA produzierten Fahrzeugen deutscher Hersteller nach Europa, Deutschland und China 2021–2023.
- Export von in China produzierten Fahrzeugen deutscher Hersteller nach Europa, Deutschland und USA 2021–2023.
- Export von in Europa (außerhalb Deutschlands) produzierten Fahrzeugen deutscher Hersteller nach Deutschland, in andere europäische Länder, USA und China 2021–2023.

Zusätzlich wären zur Absicherung der Untersuchung noch Zulassungszahlen deutscher Hersteller in Deutschland, Europa, USA und China 2021–2023 erforderlich. Die Überprüfung der Herstelleraussagen könnte noch besser fundiert werden, wenn die Lagerbestände und Bestellmengen an Chips bei den Autozulieferern 2021–2023 bekannt wären und sowohl Stückzahlen und Zulassungszahlen hergestellter und abgesetzter Automobile als auch Umsätze in einzelnen Märkten bekannt wären. Zur Abrundung wäre auch noch zu untersuchen: Wie hat die Halbleiterkrise andere Autohersteller in anderen Ländern betroffen, z.B. Toyota in Japan und Tesla in USA? Wenn sie weniger stark betroffen waren, was sind die Ursachen dafür?

Eine kritische Halbleiterversorgung in der Autoindustrie 2021–2023 erscheint glaubhaft, wenn eine tatsächliche belegbare Chipknappheit vorgelegen hat (viel spricht aber auch für eine künstliche Verknappung, weil die Autozulieferer Hamsterkäufe bei Chips tätigten und viel höhere Chipmengen bestellten als für die Autoproduktion erforderlich), wenn die an allen Standorten deutscher Hersteller produzierten Fahrzeuge einheitlich zurückgingen, wenn räumliche Verschiebungen hergestellter Automobile im Produktions- und Exportverbund der Hersteller nicht stattgefunden haben, wenn die Zulassungszahlen in allen Teilmärkten aufgrund der Chipkrise rückläufig waren und wenn die Preissteigerungen bei deutschen Automobilen aufgrund der Chipkrise in allen Märkten stattgefunden haben.

Es ist unnötig zu erwähnen, dass viele dieser Daten für Außenstehende der Autokonzerne nicht erhältlich sind und zu den Geschäftsgeheimnissen der Unternehmen zählen könnten. Es verbleibt aber doch der Eindruck, dass die Ursachen der Verknappungen behauptet werden, aber nicht mit Fakten belegt sind. Solange diese Daten nicht vorliegen, kann nicht ausgeschlossen werden, dass die Halbleiterversorgung nicht so kritisch wie behauptet war, dass in Deutschland produzierte Autos in andere, lukrativere Automärkte exportiert und daher der deutsche Markt unterversorgt wurde und diese Unterversorgung als Ursache für Preiserhöhungen in Deutschland angeführt wurde. Alle diese Fragen zu beantworten, erfordert erheblichen Rechercheaufwand sowie umfangreiche Datenerhebungen, viele der Daten sind nur sehr schwer zu bekommen. Erste Hinweise und mögliche Tendenzaussagen könnten die folgenden Fakten ermöglichen:

Die Halbleiterkrise hatte auf den Absatz deutscher Hersteller im US-Markt im Jahr 2022 unterschiedliche Auswirkungen: Mercedes-Benz konnte den Absatz in diesem Markt um 4,01 Prozent steigern im Vergleich zum Vorjahr, BMW hatte einen Rückgang der abgesetzten Stückzahl um 2,91 Prozent, bei Volkswagen betrug der Rückgang 20,92 Prozent. Ob dies an Lieferschwierigkeiten wegen der Halbleiterkrise oder an Produkten, die den Geschmack amerikanischer Kunden nicht so gut trafen, oder an verstärkter Konkurrenz durch japanische, koreanische und US-Hersteller auf dem amerikanischen Markt liegt, kann von einem Außenstehenden kaum beurteilt werden. Betrachtet man die unterjährige Entwicklung im Verlauf des Jahres 2022 auf dem US-Markt, so zeigen sich zwischen dem 1. und 4. Quartal 2022 stark schwankende Verkaufszahlen bei Audi, stetig zunehmende Verkaufszahlen bei BMW, schwankende Verkaufszahlen bei Mercedes-Benz, Mini und Porsche, wobei im 4. Quartal der Absatz bei allen drei Herstellern höher war als im 1. Quartal. Volkswagen hatte ein starkes Wachstum der Absatzzahlen auf dem US-Markt im 1., 2. und 3. Quartal, verzeichnete aber einen starken Einbruch im 4. Quartal. Insgesamt ergibt sich kein einheitliches Bild in den Daten, aber eine krisenhafte Zuspitzung der Halbleiterversorgung müsste sich stärker auswirken in den Absatzzahlen.

Vergleicht man den Absatz im US-Markt zwischen dem 1. Quartal 2023 und dem 1. Quartal 2024, so zeigt sich eine deutliche Zunahme der Verkaufszahlen bei BMW, Mercedes-Benz und Volkswagen. Absatzrückgänge hatten in diesem Zeitraum Audi, Mini und Porsche. Die Halbleiterkrise wurde im US-Automarkt anscheinend sehr schnell überwunden. Ob dies an Produktverfügbarkeit, Preissenkungen oder attraktiven neuen Automodellen lag, kann schwer beurteilt werden.

Betrachtet man den chinesischen Markt, so fällt auf, dass der Export deutscher Autohersteller nach China in 2022 und 2023 trotz Halbleiterknappheit konstant blieb. Dies lässt sich erklären mit dem Aufbau von Lagerbeständen für Halbleiter bei den deutschen Herstellern und der Priorisierung auf margenstarke Fahrzeuge und elektrische Fahrzeuge, für die der chinesische Automarkt sehr aufnahmefähig war.

Insgesamt blieb vielen Kunden nur die Möglichkeit, die von den Herstellern behaupteten und in den Medien gebetsmühlenartig wiederholten Engpässe in der Chipversorgung und Autoproduktion zu glauben. Ob man ihnen vertrauen darf, ist eine andere Frage, die bis heute unbeantwortet ist.

Als Abhilfe gegen solche und ähnliche Fälle wäre denkbar, dass der Gesetzgeber Anbieter, die Versorgungsengpässe behaupten, dazu verpflichtet, die vertraulichen Daten, die die Versorgungsengpässe belegen, gegenüber einer vertrauenswürdigen Instanz (z. B. Wirtschaftsprüfer, Ombudsmänner) offenzulegen und testieren zu lassen. Dagegen kann der Einwand zunehmender Bürokratie erhoben werden, aber eine solche Maßnahme wäre grundsätzlich geeignet, das Vertrauen zwischen Herstellern und Abnehmern zu stärken bzw. wiederherzustellen.

Produkt- und Preisstrategien von Unternehmen

Unternehmen verfolgen heute komplexe und sehr ambitionierte Preisstrategien, die aus vielen Einzelmaßnahmen bestehen, die genau aufeinander abgestimmt werden. Im Zuge der Corona-Krise und des nachfolgenden Ukraine-Kriegs zeigten sich z. B. im Lebensmittelbereich folgende Verhaltensmuster: Preise für industriell hergestellte Lebensmittel wurden von den Lebensmittelherstellern stark angehoben mit den Begründungen gestiegene Energiepreise, Probleme in den Lieferketten oder schlechte Ernten. Wenn diese Teilstrategie ausgereizt war, gingen manche Hersteller dazu über, die Packungsgrößen bei gleichem Preis zu reduzieren (»Shrinkflation«) in der Hoffnung, dass der Konsument die reduzierte Inhaltsmenge nicht bemerkt. Unternehmen haben ferner hochwertige Inhaltsstoffe durch weniger hochwertige Inhaltsstoffe, die aber kostengünstiger herzustellen sind, ersetzt (»Downgrading«), ohne die Preise entsprechend zu senken. So wurde teures Palmöl durch günstigere Fette ersetzt in manchen Lebensmitteln. Der nächste Schritt könnte dann die allmähliche Verknappung und Verteuerung des Angebots an preisgünstigen No-Name-Produkten und Eigenmarken sein, so dass der Kunde auf höherpreisige Ware ausweichen muss. Jüngste empirische Erhebungen haben genau dies ergeben: Die Eigenmarken und No-Name-Produkte des Handels haben prozentual viel stärkere Preiserhöhungen als Markenprodukte seit 2022 aufgewiesen. Der Grund dafür ist in den vorher niedrigen Preisen und geringen Margen der Eigenmarken zu sehen, bei denen Erhöhungen der Energiekosten, Frachtkosten, Materialkosten daher überproportional preissteigernd wirken. In absoluten Preisen sind No-Name-Produkte aber immer noch billiger als Markenprodukte, auch wenn sich der Preisabstand deutlich reduziert hat. Manche Lebensmittelhändler haben auch die starke Nachfrage nach No-Name-Produkten für Preiserhöhungen genutzt (vgl. Scheppe, Terpitz 2024, S. 1, 20, 21, dieselben 2024 a, b, c). Es mutet fast paradox an, dass die vormals preisgünstigen No-Name-Produkte nunmehr inflationstreibend wirken. Preissteigernd wirkt auch, dass Supermärkte attraktive Rabattprogramme durch weniger attraktive Rabattprogramme ersetzt haben. Abschließend kann dann eine erneute Preissteigerungsstrategie mit dem gleichen oder einem leicht variierten Muster (Preissteigerung, Packungsgröße, stoffliche Zusammensetzung, Sortimentsbereinigung bei preiswerten Produkten, Reduktion von Rabattprogrammen) gestartet werden. Dies wird dadurch erleichtert, dass mancher Kunde durch stark variierende Preise, gelegentliche Sonderaktionen und die Aufrufung anderer Preise bei Online-Angeboten mit der Zeit das Gefühl für die Preisstruktur und die Preise der Vergangenheit verliert und sich an das allgemein höhere Preisniveau gewöhnt. Einem zunehmend orientierungslosen Kunden kann man jeden Preis nennen, er kann nicht mehr vergleichen. Sehr interessant waren in diesem Zusammenhang die Ergebnisse einer Preisvergleichsstudie im Jahr 2024: Sie zeigte auf, dass für die meisten Lebensmittel die Preise bei allen Händlern auf den Cent genau seit Jahren gleich sind. Damit weichen die Discounter und die Supermärkte dem Preiswettbewerb aus. »Der angeblich harte Preiswettbewerb im deutschen Lebensmittelhandel ist heute nur noch Show« (Kolf, Terpitz 2024, S. 20). Kartellrechtlich ist dies wohl nicht zu beanstanden, solange nicht nachgewiesen werden kann, dass die Preise vorher abgesprochen wurden, Parallelverhalten und Nachziehen bei Preiserhöhungen eines Konkurrenten sind kartellrechtlich nicht zu beanstanden. Dieses Verhalten wird erleichtert durch die fortschreitende Anbieterkonzentration im Lebensmittelhandel, wo vier Anbieter 80 Prozent des Marktes innehaben. Der Eindruck von Preisunterschieden zwischen den Händlern wird durch die gelegentlichen Sonderangebote einzelner Händler beim Kunden erzeugt. Auch bei den Eigenmarken von Edeka, Rewe, Aldi und Lidl zeigen sich keine wesentlichen Preisunterschiede. Verbraucherzentralen fordern daher eine Preisbeobachtungsstelle im Lebensmittelbereich analog zur Preistransparenzstelle bei Mineralöl (vgl. Kolf, Terpitz 2024, S. 20, 21), letztere dürfte allerdings den meisten Käufern auch heute noch relativ unbekannt sein.

Die beschriebene Preisstrategie wurde durch zwei Faktoren erleichtert und begünstigt: Letztlich war für viele Kunden nicht nachvollziehbar, wer der maßgebliche Preiserhöher war: Landwirte, Lebensmittelhersteller und Lebensmittelhändler beschuldigten sich gegenseitig der Preistreiberei und rechtfertigten ihre Preiserhöhungen damit, dass die vorgelagerten Wertschöpfungsstufen Kostensteigerungen weitergegeben hätten an sie. Die Landwirte verwiesen auf gestiegene Energiepreise und teuren Dünger, die Lebensmittelhersteller auf gestiegene Energiepreise und die Preiserhöhungen der Landwirte und die Supermärkte auf gestiegene Energiepreise und die Preiserhöhungen der Lebensmittelhersteller. Begleitet wurde dies durch eine bühnenreife Inszenierung der Lebensmittelhändler, die öffentlichkeitswirksam gegen die Preiserhöhungen durch die Lebensmittelhersteller zu Felde zogen und die harten Verhandlungen mit ihnen eskalierten, was zur Entfernung mancher Produkte aus dem Sortiment führte. Wer ist der Schuldige? Eine Analyse des Handelsblattes mit Hilfe von Bilanzdaten der börsennotierten Lebensmittelhersteller (z. B. Nestlé, Danone, Unilever) ergab, dass diese keine stark gestiegenen Gewinne realisieren konnten. Es verbleiben damit die Landwirte und der Lebensmittelhandel als preistreibende Akteure. Eine vergleichbare Analyse für die Lebensmittelhändler war aber nicht möglich, weil die großen Lebensmittelhändler (Lidl, Edeka, Rewe, Aldi) nicht börsennotiert sind und damit keine ausführlichen Bilanzen veröffentlichen müssen. Eine vergleichbare Analyse war auch für die Landwirtschaftsbetriebe nicht möglich, weil viele Landwirtschaftsbetriebe ebenfalls nicht börsennotiert sind. Börsennotiert sind in Deutschland lediglich einige Großhändler landwirtschaftlicher Produkte, wie z. B. Baywa, und wenige große Fleischerzeuger (Vion) und Zuckerhersteller (Südzucker). Die wirtschaftliche Situation vieler Fleischerzeuger und landwirtschaftlicher Betriebe war in den letzten Jahren tendenziell schwierig, was dafür spricht, dass sie keine überdurchschnittlichen Preiserhöhungen durchsetzen konnten. Es verbleibt somit die Vermutung, dass die Preissteigerungen sehr stark von den Lebensmittelhändlern verursacht wurden.

Nicht nur die geringe Preistransparenz über die gesamte Wertschöpfungskette, sondern auch der schwach entwickelte Verbraucherschutz in Deutschland haben die starken Preiserhöhungen im Lebensmittelbereich erleichtert. Wieso gibt es keine staatliche Regulierung, die die Lebensmittelhersteller und Lebensmittelhändler zwingt, geänderte Preise, geänderte Packungsgrößen und geänderte stoffliche Zusammensetzungen ihrer Produkte gut sichtbar an einer definierten Stelle auf der Produktverpackung kenntlich zu machen und im Internet darüber zu informieren? Wieso hat noch keine Aufsichtsbehörde darauf reagiert, dass in Supermärkten die genormten Preise seit Jahren mal für 100 g und mal für 1 kg in kleinstmöglicher Schrift am Preisschild »kenntlich« gemacht werden. Wieso reagieren Aufsichtsbehörden kaum darauf, dass in Schaufenstern mancher Läden zunehmend Preisauszeichnungen fehlen, Waren falsch ausgezeichnet sind, und die an der Kasse verbuchten Preise in manchen Supermärkten bisweilen von den Preisauszeichnungen am Regal abweichen? Wieso sind die Preise vieler Lebensmittel in mehreren Händlerketten von der Preisstruktur und den Preisrelationen her so ähnlich? Wieso wird es toleriert, dass Unternehmen mit Lockvogelangeboten werben, im Laden dann aber nur sehr wenige Produkte dafür vorrätig sind? Haben die Verbraucherschützer und Wettbewerbsbehörden überhaupt ausreichend personelle Kapazität, um Missbräuchen nachzugehen und kundenschädliche Praktiken zu unterbinden? Ist dies überhaupt gewollt und möglich, wenn entsprechende gesetzliche Regeln fehlen? Hier werden Defizite im Verbraucherschutz und in der Wettbewerbsaufsicht deutlich, die der Staat und die Politik zu verantworten haben. Manches Unternehmen hat im staatlichen Aufseher anscheinend eher einen Verbündeten als einen Maßregler und unabhängigen Schiedsrichter gefunden. Nur funktionierender Wettbewerb kann die Interessen der Verbraucher schützen. Ob er bei Supermärkten, Tankstellen, Restaurants und

Energieversorgern noch voll funktionsfähig ist, wäre von der Wettbewerbsbehörde zu untersuchen.

Fazit

Insgesamt haben einzelne Unternehmen in den letzten Jahren ein Preissetzungsverhalten an den Tag gelegt, das die Bezeichnung maßlos und gierig, in Einzelfällen sogar die Bezeichnung räuberisch durchaus verdient. Aus Sicht vieler Konsumenten haben sich gerade die lebensnotwendigen Güter, Lebensmittel, Strom, Gas, Gesundheit und Wohnen verteuert, bei denen die Konsumenten nicht oder nur mit großer Mühe auf andere Anbieter ausweichen oder auf die Inanspruchnahme der Leistung verzichten können. Starke Preissteigerungen gibt es auch bei Luxusgütern (Uhren, Lederwaren, Luxusautos), die von den Anbietern künstlich verknappt werden und bei denen manche Konsumenten für bestimmte Marken eine hohe Zahlungsbereitschaft besitzen. Man kann sich als Konsument fragen, welche Güter in den letzten 4 Jahren überhaupt billiger wurden, selbst Computer, Tablets und Smartphones, bei denen die Preise jahrelang zurückgingen, haben sich in der Coronakrise stark verteuert. Dies führte unter dem Stichwort »Greedflation« in den USA zu einer intensiven Diskussion über den Beitrag hoher Preise von Unternehmen zur allgemeinen Inflation, eine entsprechende öffentliche Diskussion der »Gierflation« fand in Deutschland kaum statt. In Deutschland wurde dafür stärker eine öffentliche Diskussion über die preistreibende Wirkung der staatlich administrierten Energiewende und der Klimarettung auf Wohnung und Konsum unter dem Schlagwort »Greenflation« geführt.

Das stark veränderte, sehr renditeorientierte Preissetzungsverhalten mancher Unternehmen kann man auch als Ausdruck einer allmählich verfallenden Geschäftsmoral des nicht mehr ganz so ordentlichen und ehrenwerten Kaufmanns sehen: Er hält seine Kunden für wenig kenntnisvoll und versucht den Customer Value zu maximieren, verstanden als Wert des Kunden für das Unternehmen und nicht als Wert des unternehmerischen Angebots für den Kunden. Ein räuberischer Kaufmann versucht, durch intransparente, stark veränderliche, bisweilen auch strategische und listige Preissetzung das Maximum an Deckungsbeiträgen zu erwirtschaften, umgangssprachlich formuliert: aus dem Kunden herauszuholen, was nur geht, als ob es kein Morgen gäbe, und dafür nur den definierten, oftmals geringen, erforderlichen Aufwand zu betreiben. Ein ordentlicher und ehrenwerter Kaufmann wird das Verhältnis zum Kunden nicht als »I win you lose«-Beziehung, sondern als Beziehung, in der beide langfristig etwas gewinnen, sehen.

5.10 Ausbeutung als tragfähiges Geschäftsmodell von Unternehmen?

Eine Branche, die seit langem für skandalöse, maßlose und ausbeuterische Praktiken anfällig ist, ist die deutsche Fleischindustrie. Ihre Gewinne in der Vergangenheit basierten auf der Ausbeutung von Tieren, deren Massentierhaltung und Schlachtung in Einzelfällen nicht gesetzeskonform und fast nie tiergerecht und überwiegend am Kosten- und Gewinnziel ausgerichtet waren. Das Tierwohl wurde nur insoweit in das betriebswirtschaftliche Kalkül einbezogen, als Verletzungen von Tierschutzgesetzen (sofern sie überhaupt entdeckt werden) vorübergehende Reputationsschäden und Geldbußen mit sich bringen können. Des Weiteren ist für die Fleischindustrie der Einsatz von osteuropäischen Leiharbeitern typisch, die für ihre harte körperliche Arbeit sehr schlecht bezahlt werden. Die Arbeiter werden von Subfirmen und Vermittlungsfirmen eingestellt, die ihrerseits Werkverträge mit den großen Fleischverarbeitern haben. Unseriöse Subfirmen benachteiligen die osteuropäischen Werkvertragsarbeiter mit falschen Lohnabrechnungen, Vermittlungsgebühren und hohen Unterbringungskosten. Das Geschäftsmodell der Fleischindustrie beruhte in der Vergangenheit stark auf der Ausbeutung von Tieren und Leiharbeitern und der großindustriellen Verarbeitung von Lebendtieren zu kundengerecht portionierten Fleischstücken. Es wurde von vielen Konsumenten unterstützt, die vor allem billiges Fleisch nachfragten und nicht wissen wollten, wie und unter welchen Bedingungen es produziert wurde. Die vier bis fünf großen Fleischbetriebe der Rindfleisch- und Schweinefleischherstellung bezogen die zu verarbeitenden Nutztiere von großagrarischen Massenhaltungsbetrieben sowie von mittelgroßen und kleineren Landwirtschaftsbetrieben, von denen manche bei der Aufzucht und Mästung der Tiere (»Tierproduktion«) ebenfalls die Tierschutzgesetze gerade noch einhielten oder missachteten. Dies war möglich, weil viele Aufsichtsbehörden personell unterbesetzt waren und die Lebensmittelkontrollen daher nicht permanent, sondern eher stichprobenartig und bei Verdacht auf Missstände erfolgen. Zudem waren die großen Fleischkonzerne in manchen Regionen sehr bedeutende Arbeitgeber und wurden daher von der lokalen Politik eher hofiert als reguliert. Diese großindustrielle Fleischproduktion geriet in den 1980er und 1990er Jahren durch diverse Fleischskandale (BSE-Rinderwahnsinn, Trichinen in der Fleischproduktion) und infolge der Aufdeckung von Missständen durch aktivistische Tierschützer erstmals unter Erklärungs- und Rechtfertigungszwang. Auch wuchs zunehmend das Bewusstsein für die umweltschädlichen Wirkungen der Massentierhaltung (Methangas, Gülleproblem). In der Coronakrise 2020 erwiesen sich viele Schlachthöfe als Brutstätten für die Ausbreitung des Virus, was erstmals den Blick der Öffentlichkeit auf die schlechten Arbeitsbedingungen in den Schlachthöfen lenkte. Die großen Fleischverarbeiter sahen sich immer marktmächtigeren, verhandlungsstarken und sehr kostenbewussten Großabnehmern, nämlich den vier großen Lebensmittelketten in Deutschland gegenüber, was die Rentabilität der Fleischbranche schmälerte. In Verbindung mit dem seit Jahren stark rückläufigen Fleischkonsum (aufgrund eines merklichen Trends zu vegetarischer und veganer Ernährung sowie Fleischersatzprodukten auf Pflanzenbasis), zaghaften und sehr zögerlichen Gesetzesinitiativen zur verbesserten Tierhaltung (die aber immer noch weit entfernt war von einer guten und artgerechten Tierhaltung), in Teilen kritischeren Käufern, die auf die Qualität des Fleisches und das Tierwohl mehr Wert legten, geriet das jahrzehntelange Geschäftsmodell der Fleischbranche ins Wanken. Die Fleischindustrie ist heute ein Sanierungsfall geworden. Die Zahl der Schlachthöfe sinkt seit Jahren, sie sind auch immer schlechter ausgelastet. Dies hat wiederum negative Auswirkungen auf das (ohnehin geringe) Tierwohl, weil die Transportwege länger werden, und auf die Bauern, die Lebendtiere an immer weniger Schlachthöfe liefern. Das Verbot der Werkverträge seit 2021 und die Erhöhung des Mindestlohns haben die Produktionskosten der Schlachtbetriebe erhöht. Die Fleischindustrie erzielt heute immer noch einen Umsatz von 46 Mrd. Euro in Deutschland. Das Fleischgeschäft macht aber kaum noch Gewinne, viele Anbieter sogar Verluste. Der niederländische Großschlachter Vion kämpft mit steigenden Verlusten und möchte aus dem deutschen Markt austreten durch Verkauf seiner Betriebe an andere Unternehmen (vgl. Terpitz, Verfürden 2020, S. 22–23, Terpitz 2024, S. 20–21). Damit könnte sich allerdings die Anbieterkonzentration im Fleischmarkt weiter erhöhen. Der Kunde ist das letzte Opfer in der Kette, er bekommt heute nach den starken Preiserhöhungen 2022 und 2023 nicht selten schlechtes Fleisch für immer mehr Geld.

Das Beispiel verdeutlicht, dass sich räuberische Praktiken langfristig nicht rechnen. Kostensenkung durch Ausbeutung und Gier als Grundlage eines Geschäftsmodells sind nicht empfehlenswert, sondern allenfalls kurzfristig vorteilhaft und langfristig nachteilig und teuer. Hätte die Fleischindustrie früher auf ein solideres und ethisch akzeptableres Geschäftsmodell gesetzt und die Verbraucher an teures Fleisch hoher Qualität gewöhnt, wäre sie evtl. kein Sanierungsfall geworden.

5.11 Zur Abgrenzung von effizientem Wirtschaften und räuberischem Wirtschaften von Unternehmen

Die Frage ist, wo die Grenze zwischen effizientem Wirtschaften und räuberischem Wirtschaften verläuft. Eine eindeutige Bestimmung dieser Grenze ist nicht möglich, ein paar Abgrenzungskriterien zu ihrer näherungsweisen Bestimmung sind sehr wohl möglich.

Es gehört zum effizienten Wirtschaften, wenn Unternehmen ihre Kosten senken z. B. durch Automatisierung und Arbeitsplatzabbau oder durch Verlagerung der Produktion in kostengünstigere Länder, ihre Preise erhöhen, Investitionen an einem Standort und Desinvestitionen an einem anderen Standort tätigen. Diese Maßnahmen sind effizienzorientiert, sie dienen der Gewinnsteigerung, was ein legitimes Ziel in marktwirtschaftlichen Ordnungen ist.

Die Grenze zum räuberischen Wirtschaften ist hier fließend. Es kann z. B. dort vermutet werden, wo Unternehmen ihre Gewinne erhöhen, indem sie Fertigung in Niedriglohnländer verlagern und dort keine Arbeitsschutzvorschriften, Sozialstandards und Umweltschutzstandards einhalten, Kinderarbeit einsetzen, das Arbeitsrecht des Landes (sofern überhaupt vorhanden) ignorieren und existenzielle Abhängigkeiten ihrer Arbeitnehmer ausnutzen, um Löhne zu senken. Für Unternehmen aus westlichen Ländern ist eine solche »Strategie« in Schwellen- und Entwicklungsländern jedoch in Zeiten von umfassender Transparenz, Lieferkettenverpflichtungen und Internet sowie Social Media reputations- und damit existenzgefährdend in ihren Heimatländern. Denkbar ist aber, dass solche »Strategien« von lokalen einheimischen Unternehmen in Schwellen- und Entwicklungsländern praktiziert werden.

Räuberisches Wirtschaften fängt auch dort an, wo sehr starke Preiserhöhungen vorgenommen werden und die Unternehmen es ausnutzen, dass die Kunden keine Alternative haben (Monopolstellung oder marktbeherrschende Stellung) und es sich um ein lebenswichtiges und unersetzliches Gut aus Sicht des Konsumenten handelt (z.B. Strom, Gas, Fernwärme). In westlichen Ländern ist dies nur denkbar, wenn der Gesetzgeber, die Kartellbehörden und sonstige Regulierungsbehörden nicht aktiv werden oder Regelungslücken im Regulierungssystem und Kartellgesetz bestehen.

Investitionen und Desinvestitionen können dann räuberischen Charakter annehmen, wenn der »Investor« wirtschaftliche Abhängigkeiten (größter Arbeitgeber am Ort, große Bedeutung des Unternehmens für die Prosperität und Zukunft des Standortes) ausnutzt oder irreführende Versprechungen macht, um von einer Stadt oder Region erhebliche Subventionen für die Ansiedlung oder den Verbleib am Standort einzufordern und er wenige Jahre später den Betrieb doch verlagert an einen anderen Standort, der nochmals bessere Konditionen bietet. Dieses Verhalten kann man in Anlehnung an den früheren SDP-Vorsitzenden Franz Müntefering mit dem Analogiebild des Verhaltens einer Heuschrecke beschreiben.

Gewinne jeder Höhe sind in marktwirtschaftlichen Ordnungen legitim, entscheidend ist die Frage, wie sie erzielt werden. Unter Raubverdacht stehen damit außerordentlich hohe Gewinne, die aufgrund von Monopolstellungen oder der Ausnutzung von Abhängigkeiten und Notlagen und damit zu Lasten anderer Stakeholder wie Kunden und Zulieferer realisiert werden, ohne diesen Stakeholdern eine entsprechend wertvolle und nutzenstiftende Gegenleistung zu bieten. Räuberischen Charakter haben sehr hohe Gewinne auch, wenn sie auf rücksichtslosen Geschäftspraktiken (ruinöse Konkurrenz zur Verdrängung von Konkurrenten vom Markt als Investition in zukünftige Monopolstellungen) oder auf Verletzungen von Patenten Dritter beruhen, Gesetzeslücken opportunistisch ausnutzen, auf Intransparenz und bewusster Verschleierung von Tatsachen, Manipulation, Täuschung und Betrug (z.B. Bilanzmanipulation bei Wirecard) beruhen oder sich in rechtlichen Graubereichen bewegen. Der Kern des Problems ist dabei oft fehlender Wettbewerb oder mit Hilfe der Politik beschränkter Wettbewerb, der dem Unternehmen erst die Gelegenheit für Raubzüge bietet, oder eine schlecht arbeitende bzw. personell unterbesetzte Aufsichtsinstanz, die Missstände überhaupt nicht oder zu spät entdeckt.

Gewinnausschüttungen an Aktionäre oder Aktienrückkäufe nehmen dann räuberischen Charakter an, wenn sie ungewöhnlich hoch – gemessen am Durchschnitt in der Branche – ausfallen und gleichzeitig nicht aus Gewinnen, sondern aus der Substanz des Unternehmens erfolgen und/oder zu Lasten der Zukunftsfähigkeit des Unternehmens oder einzelner Stakeholder des Unternehmens gehen. In diesem Sinne kann man schon davon sprechen, dass das Unternehmen von den Aktionären ausgeplündert wird.

Wo die Grenze zwischen effizientem und räuberischem Wirtschaften verläuft, ist damit letztlich davon abhängig, was der Beurteiler als ethisch vertretbar und akzeptabel, angemessen, fair und gerecht, allgemein üblich oder sehr unüblich ansieht. Damit ist die Grenze nur subjektiv bestimmbar. Nur wenn das Unternehmen eindeutig gesetzliche Regeln wissentlich und absichtlich verletzt, um sich wirtschaftliche Vorteile zu verschaffen, dann wäre die Grenze relativ objektiv bestimmbar.

Die Ausführungen in den vorigen Abschnitten lassen sich auf ein Kernproblem zurückführen, das man umgangssprachlich so beschreiben kann: Ein Konzern hat kein Herz. Unternehmen folgen ihrer eigenen institutionellen Logik, sie erfüllen Erwartungen des Kapitalmarktes, sekundär der Kunden, der Gesellschaft und des Staates, verfolgen aber auch ihre eigenen Ziele (langfristiger Erhalt des Unternehmens, Marktbeherrschung, Gewinnsteigerung), die nicht immer mit den Interessen des Kapitalmarktes, der Kunden, der Gesellschaft und des Staates übereinstimmen.

6 Individuen

Nachfolgend wird nicht mehr der Betrug und Raub durch Organisationen und Kollektive (Finanzmarkt, Staat, Unternehmen), sondern der Betrug durch Individuen (Kunden, Mitarbeiter, Manager, Politiker und Bürger) dargestellt. In der öffentlichen Diskussion stehen oft Behörden und Unternehmen am Pranger, dabei kann opportunistisches Verhalten auch oftmals durch individuelle Akteure ausgeübt werden.

6.1 Betrug und Raub durch Kunden

Betrügerisches Verhalten von Kunden kann wie folgt definiert werden: »Das Fehlverhalten von VerbraucherInnen kann definiert werden als Handlungen von VerbraucherInnen, die gegen die allgemein anerkannte Verhaltensnorm in Konsumsituationen verstoßen.« (vgl. Gröppel-Klein, Spilski 2020, S. 70).

So verstandenes unmoralisches Verhalten von Kunden gehört zu den »dunklen Seiten des Konsumentenverhaltens« (Gröppel-Klein, Spilski 2020, S. 69), es ist durchaus weit verbreitet (vgl. Fullerton, Punj 2004, S. 1239). Damit soll aber nicht ausgedrückt werden, dass es den Normalfall darstellt: »This is not to say that the typical consumer misbehaves continually. Some never misbehave, others only on rare occasion. It is known, however, that misbehavior by consumers is *under-reported* by business sources and in official crime statistics. [...] Occasional misbehavior is almost certainly more common than usually thought.« (Fullerton, Punj 2004, S. 1241).

Auch in der betriebswirtschaftlichen Forschung ist betrügerisches Kundenverhalten ein wenig erforschtes Thema. Demgegenüber findet Betrug von Unternehmen gegen ihre Kunden viel Aufmerksamkeit in der Öffentlichkeit und der ökonomischen Forschung (vgl. Amasiatu, Shah 2014, S. 806, ebenso Harris 2008, S. 732).

Betrügerisches Verhalten von Kunden gegenüber Unternehmen kann sich in vielen Erscheinungsformen manifestieren: Ladendiebstahl, Manipulation von Preisauszeichnungen durch Kunden, missbräuchliche Ausnutzung von Rückgabemöglichkeiten für Produkte durch Betrug bei der Rückgabe oder Rückgabe benutzter Produkte, Betrug beim Bezahlen (z. B. Wechselbetrug und Kreditkartenbetrug), Verzehr von Produkten im Laden ohne dafür zu bezahlen, Nichtmeldung bei zu viel herausgegebenem Wechselgeld oder bei unvollständiger Erfassung aller Produkte an der Kasse, Versicherungsbetrug durch Kunden z. B. bei der Abrechnung von Autoschäden, Missbrauch von Kundengarantien, Erschleichung von Dienstleistungen z. B. durch Reisen in der 1. Klasse mit einem Ticket für die 2. Klasse, Diebstahl von durch das Urheberrecht geschützten Medienprodukten im Internet, Rufschädigung des Anbieters durch Verbreitung von Unwahrheiten und Gerüchten im Internet sowie Drohung mit schlechten Evaluationen im Internet (vgl. Wilkes 1978, S. 67 f., Fullerton, Punj 2004, S. 1240). Diese Aufzählung missbräuchlichen Kundenverhaltens ist alles andere als abschließend.

Das Fehlverhalten von Kunden ist auch in ständiger Weiterentwicklung begriffen, da Faktoren der Umwelt und der Technologie sich ändern und neue Formen abweichenden Kundenverhaltens ermöglichen. Die Verbreitung von Netflix verführte manche Kunden zum Betrug mit Passwörtern, um ein einziges Kundenkonto mehrfach zu nutzen. Neue digitale Bezahlsysteme (Paypal, Kreditkarten) ermöglichten auch neue Betrugsformen durch Käufer, je weiter verbreitet diese Systeme wurden. Urheberrechtsverletzungen sind im Internet einfacher und mit weniger Aufwand möglich als in der realen Welt, sie haben mit der Verbreitung des Internets zugenommen (vgl. Fullerton, Punj 2004, S. 1245). Generell haben das Aufkommen und die Durchsetzung des Internets zahlreiche neue Möglichkeiten für Online-Betrug durch Kunden geschaffen, v. a. aufgrund der für Internet-Umgebungen oftmals typischen Anonymität. Diese Anonymität gibt manchen Kunden erst die Anreize, Gelegenheiten und Fähigkeiten zum Betrug (vgl. Harrison, Dilla, Mennecke 2020). Daher sind gerade Online-Aktivitäten bei Betrügern sehr beliebt (vgl. Amasiatu, Shah 2014, S. 805, 808).

Verschiedene Wissenschaftsdisziplinen haben unterschiedliche Sichtweisen auf das Phänomen des betrügerischen, abweichenden Kundenverhaltens. In der Soziologie wird betrügerisches Kundenverhalten als normenabweichendes Verhalten von Individuen, das gesellschaftliche Erwartungen verletzt, thematisiert. In der Ethik stehen ethische Dilemma-Situationen bei missbräuchlichem Kundenverhalten und seiner Sanktionierung im Mittelpunkt. Die Kriminologie konzentriert sich auf Betrugsbekämpfung und die juristische Wissenschaft auf die gesetzliche Normierung und ihre Auslegung sowie richterliche Sanktionierung missbräuchlichen Kundenverhaltens. In der Ökonomie erscheint Kundenbetrug als rationaler Prozess: Kalkulierter Opportunismus liegt vor, wenn Kunden die erwarteten Risiken und die erwarteten Belohnungen durch ihr Missverhalten abschätzen und sich bewusst für Fehlverhalten entscheiden. Fehlverhalten ist demnach die Folge eines bewussten und rationalen ökonomischen Entscheidungsprozesses (Fullerton, Punj 2004, S. 1245).

Befragungen von Kunden haben ergeben, dass nicht alle betrügerischen Verhaltensweisen von allen Befragten gleichermaßen verurteilt werden. Einige betrügerische Aktivitäten werden von der Allgemeinheit eher als Kavaliersdelikte angesehen und daher toleriert (z. B. Verzehr im Laden, unterlassener Hinweis auf zu viel herausgegebenes Wechselgeld oder auf andere Fehler des Personals beim Checkout des Kunden an der Kasse, vgl. Wilkes 1978, S. 69 sowie Gröppel-Klein, Spilski 2020, S. 69). Auch sprechen sich befragte Personen gegen die Einschaltung der Polizei aus und bevorzugen die Regelung der Angelegenheit zwischen dem Kunden und dem Laden (z. B. durch Strafzahlungen des Kunden, Hausverbot) (vgl. Wilkes 1978, S. 72). Problemverschärfend wirkt hier, dass manche Unternehmen keine Aufmerksamkeit für kriminelle Handlungen ihrer Kunden erzeugen wollen. Denn das könnte das Gerechtigkeitsempfinden und Einkaufserlebnis bei anderen, toleranten Kunden beeinträchtigen, eine schlechte Publizität des Unternehmens oder eine Einladung für Nachahmertäter zur Folge haben.

Ethisches Missverhalten von Kunden hat mehrere Ursachen, die gleichzeitig Motive für abweichendes Kundenverhalten sind:

- Unerfüllte Erwartungen des Kunden, wenn Konsumziele nicht mit der vorhandenen Kaufkraft und gesetzeskonformem Verhalten realisiert werden können, führen zu Diebstahl oder Betrug (vgl. Fullerton, Punj 2004, S. 1244).
- Manchmal ist es der Wunsch nach Abenteuer und Nervenkitzel, der zu abweichendem Kundenverhalten führt. Dabei steigert die Gefahr erwischt zu werden die Spannung sogar weiter (vgl. Fullerton, Punj 2004, S. 1244 sowie Gröppel-Klein, Spilski 2020, S. 73).
- Das Fehlen moralischer Beschränkungen und innerer Hemmungen gegen missbräuchliches Verhalten führt dazu, dass moralisches Fehlverhalten von den verursachenden Kunden nicht als unmoralisch empfunden wird (vgl. Fullerton, Punj 2004, S. 1244).
- Abweichendes Verhalten kann erlernt sein durch Mitgliedschaft in Gruppen, deren Normen von denen der Gesellschaft abweichen. So kann ein Ladendiebstahl eines einzelnen Mitglieds als Mutprobe oder Initialisierungsritual in der Gruppe verstanden werden und den Zusammenhalt in der Gruppe stärken (vgl. Fullerton, Punj 2004, S. 1245).
- Fehlverhalten von Kunden kann manchmal durch den Wunsch nach Rache für reale oder eingebildete Ungerechtigkeit von Unternehmen motiviert sein (vgl. Fullerton, Punj 2004, S. 1245).

Man sieht an der obigen Aufzählung, dass die Motive der Kunden für missbräuchliches Verhalten vielschichtig sind. Das macht die Beurteilung von missbräuchlichem Kundenverhalten zu einer schwierigen und komplexen Aufgabe. Unehrliche Kunden führen mehrere Argumente zur Rechtfertigung und Rationalisierung ihres moralisch fehlerhaften Verhaltens an: Kunden führen häufig Rechtfertigungsstrategien für ihr Handeln an, wie »ich tue das, weil mein Umfeld es von mir erwartet«, »einmal ist keinmal«, »mein kleiner Fehltritt schadet doch niemandem« (Gröppel-Klein, Spilski 2020, S. 73). Die Unternehmen verdienen es nach Ansicht des Betrügers, bestohlen und betrogen zu werden, weil sie auch ihre Kunden mit falschen Marketingversprechen, manipulativer Werbung, schlechten Produkten oder mangelhaften Garantieleistungen sowie umfangreichen und komplexen Vertragstypen übervorteilen (vgl. Wilkes 1978, S. 73, Fisher 2023, S. 119 f.). Dies führt zu einem Gefühl der Verletzlichkeit und Unterlegenheit gegenüber den Unternehmen und einer Erosion des Vertrauens bei den Kunden, dass es auf Märkten fair und angemessen zugeht (vgl. Fisher 2023, S. 121). Das betrügerische Verhalten (z. B. ein Handtuch im Hotel zu entwenden) ist für manche Kunden keine kriminelle Handlung, sondern eher ein Kavaliersdelikt, das die Unternehmen ihrer Ansicht nach bei ihrer Preissetzung einkalkulieren (vgl. Wilkes 1978, S. 73).

6.1.1 Laden- und Identitätsdiebstahl durch Kunden

Eine der bekanntesten Formen dysfunktionalen Kundenverhaltens ist der Ladendiebstahl. Kamen im Jahr 2000 noch 549 314 Diebstähle zur Anzeige bei der Polizei, so ist diese Zahl im Jahr 2023 auf 426 096 zurückgegangen, was eine Reduktion um mehr als 20 Prozent in 24 Jahren bedeutet (vgl. HDE Handelsverband Deutschland 2024, S. 39). Allerdings sind dies nur die polizeilich erfassten Fälle, die Zahlen schließen damit die nicht zur Anzeige gebrachten Ladendiebstähle und die überhaupt nicht entdeckten Ladendiebstähle nicht ein. Es ist zu vermuten, dass die Zahl der tatsächlichen Ladendiebstähle ein Vielfaches der bekannt gewordenen 426 096 Fälle beträgt.

Ladendiebstahl wird wie andere Formen moralisch fraglichen Kundenverhaltens von einer komplexen Zielsetzung der Täter motiviert. Neben der Erlangung finanzieller Vorteile oder der Befriedigung der Konsumwünsche kann auch das Bewähren in einer Bezugsgruppe (Ladendiebstahl als Mutprobe, Initialisierungsritus in der Gruppe) oder der Wunsch nach Abenteuer und Nervenkitzel solches dysfunktionales Kundenverhalten antreiben.

Täter können dabei sowohl Einzelpersonen, bisweilen aber auch organisierte Banden sein, die planvoll und professionell vorgehen. Die Einschätzung von Ladendiebstahl wird in Teilen der Bevölkerung unterschiedlich vorgenommen, sie reicht von Kavaliersdelikt (geringwertige Güter) bis zu schwerkriminellen Straftaten (gewaltsamer, bewaffneter Ladendiebstahl).

Aus Sicht deutscher Einzelhändler ergab sich in einer Befragung, dass 58,7 Prozent der Inventurdifferenzen 2024 auf die Kunden, aber auch 18,9 Prozent auf die Mitarbeiter, 14,6 Prozent auf die eigene Ladenorganisation und 7,8 Prozent auf Lieferanten und Servicekräfte zurückzuführen sind (vgl. HDE Handelsverband Deutschland 2024, S. 38).

Im Online-Handel haben sich moderne Formen des Ladendiebstahls etablieren können, z.B. der sog. Identitätsbetrug. Die Täter kreieren mit Hilfe gestohlener Personendaten (Adressen, Personalausweisnummer, Bankverbindung, Kreditkartennummer) synthetische, also erfundene Identitäten, mit denen sie sich bei Online-Shops registrieren und Waren bestellen, die z.B. an Paketstationen oder von den Tätern angemietete leerstehende Wohnungen geliefert werden. Eine Bezahlung für die gelieferten Waren erfolgt nicht, die Täter tauchen sofort unter (vgl. o. V. 2025). Genaue Schätzungen zur Höhe der durch Cyberkriminelle in fiktiver Kundengestalt verursachten Schäden gibt es bislang für Deutschland nicht. Das Verhalten der Täter wird dadurch erleichtert, »dass es keinen internationalen Standard für die Authentifizierung und Verifizierung von Identitäten gibt« (o. V. 2025), auf den sich die Staaten einigen konnten.

Die Folgen von Ladendiebstahl, sei es im stationären oder digitalen Laden, tragen alle anderen Kunden. Die Verluste durch gestohlene Produkte und die Kosten zur Erhöhung der Ladensicherheit und Abschreckung betrügerischer Kunden (Kameraüberwachung, fälschungssichere Preisauszeichnung etc.) kalkuliert der Händler in die Preise für alle Kunden ein. Dies führt für diese zu höheren Preisen oder zu einem durch Sicherheitsvorkehrungen verschlechterten Einkaufserlebnis (vgl. Wilkes 1978, S. 67, Fullerton, Punj 2004, S. 1243, Amasiatu, Shah 2014, S. 813).

6.1.2 Nicht gerechtfertigte Kundenretouren

Das Thema der nicht gerechtfertigten Kundenretouren hat in der Forschung bisher wenig Aufmerksamkeit gefunden (vgl. Harris 2008, S. 730). Statistische Daten für Deutschland zeigen den Umfang und das Problem gerechtfertigter und nicht gerechtfertigter Produktretouren, die Daten werden für beide Kategorien aber nicht getrennt ausgewiesen. Von Produktretouren sind besonders drei Branchen betroffen: Konsumelektronik, Mode, Medien und Bücher. Auffällig ist dabei die sehr hohe Retourenquote von fast 50 Prozent bei Mode. Schätzungen besagten, dass im Jahr 2012 ca. 286 Millionen Produktrücksendungen (2021 waren es bereits 530 Millionen Retourensendungen, vgl. GBL Logistik 2025) in Deutschland erfolgten, was einer geschätzten Umweltbelastung von 143 000 Tonnen CO_2 entspricht. Die durchschnittlichen Kosten für eine Retoure im Jahr 2012 betragen

15,18 Euro. Darin sind enthalten die Kosten für den Rücksendeprozess und die Bearbeitung der Rücksendung sowie der Wertverlust der Ware, die oftmals nicht mehr als Neuware verkauft werden kann. Die Verkäufer bieten retournierte Ware als Gebrauchtware an, verkaufen sie an einen spezialisierten Verwerter, spenden sie oder vernichten sie (vgl. Adecker 2025). Neuere Zahlen aus dem Jahr 2024 weisen die durchschnittlichen Kosten einer Retoure mittlerweile mit fast 20 Euro aus. Allein für die deutschen Modehändler führten die Retouren zu einer Kostenbelastung von 1,7 Mrd. Euro (vgl. Kolf 2024).

Die obigen Ausführungen machen deutlich: »Unrechtmäßige Produktrückgaben sind nicht nur ein ethisches Problem, sondern ebenso ein wirtschaftliches und nicht zuletzt ein ökologisches Problem, da retournierte Ware häufig vernichtet wird, wenn die Produkte zu sehr beeinträchtigt sind.« (Gröppel-Klein, Spilski 2020, S. 84).

Die Motive für nicht gerechtfertigte Warenrückgaben von Kunden, die die Ware vorher benutzt haben, (»retail borrowing«, Harris 2008, S. 732) sind vielfältig. Soziale Bedürfnisse führen dazu, dass der Kunde bestellte Ware nur für einen bestimmten Anlass benötigt (z B. Hochzeitsanzug, Lederhose für den Besuch des Cannstatter Wasen in Stuttgart) und sie dem Einzelhändler nach kurzem Gebrauch wieder zurücksendet (vgl. Harris 2008, S. 732). Dieser sog. Umtauschbetrug (»Wardrobing«) ist für die Unternehmen aufgrund der entstehenden Kosten ein wirtschaftliches Problem.

Ökonomische Gründe, wie z. B. fehlende Kaufkraft, die die Befriedigung der Kaufwünsche verhindert, kann ebenfalls zur »Produktleihe« führen. Weitere Gründe für dieses Kundenverhalten sind ein Gefühl der persönlichen Befriedigung, die der vorübergehende Besitz der Ware ermöglicht, oder wenn der Kunde das Produkt aus beruflichen Gründen (z. B. Anzug für ein Vorstellungsgespräch) bestellt und nach Gebrauch zurückgibt. Gelegentlich werden auch altruistische Motive angeführt, d. h. man bestellt das Produkt für Kinder oder nahe Verwandte, um diesen eine kurze Freude zu machen und es dann zurückzugeben (vgl. Harris 2008, S. 732 f.).

Die Trennlinie zwischen betrügerischen und legitimen Rücksendungen ist dabei schwer zu bestimmen (vgl. Amasiatu, Shah 2014, S. 810), es handelt sich hier teilweise um (rechtliche) Unschärfebereiche mit gewissen Interpretationsspielräumen (vgl. Gröppel-Klein, Spilski 2020, S. 70). Daher muss differenziert werden zwischen dem moralisch fragwürdigen Missbrauch kundenfreundlicher und großzügiger Widerrufrechte (kostenlose Rücksendung) durch Kunden und dezidiertem Rücksendebetrug, der strafrechtlich geahndet wird. Aus Sicht vieler Kunden handelt es sich bei ungerechtfertigten Retouren um ein Kavaliersdelikt: »Im Online-Kanal wird die unrechtmäßige Produktrückgabe also mehrheitlich als akzeptables Verhalten erachtet.« (vgl. Gröppel-Klein, Spilski 2020, S. 76). »Für die Branche ist es schwer, die Grenze zu ziehen: Wo hört das zulässige Prüfen des bestimmungsgemäßen Gebrauchs der Ware auf und fängt der Betrug an?« (o. V. 2014).

Es gibt verschiedene Erscheinungsformen des Retourenbetrugs: Kunden bestellen Ware aus Freude am Kaufen und retournieren sie sofort (Spaßkäufer). Kunden bestellen Waren, gebrauchen sie kurz, senden sie in schlechterem Zustand zurück und verlangen Erstattung des Kaufpreises. Kunden senden andere, veraltete oder minderwertigere Artikel als die ursprünglich bestellten oder leere Rücksendungspakete zurück (vgl. Asdecker 2025). Betrügerische Kunden müssen bisweilen ein erhebliches Maß an krimineller Energie für ihre Taten aufwenden: Ein Kunde kann über einen längeren Zeitraum korrekt und pünktlich bezahlen, um eine höhere Kreditlinie eingeräumt zu bekommen. Hat er die höhere Kreditlinie schließlich erhalten, tätigt er einen letzten Kauf, der nicht bezahlt wird, weil der Kunde vorher untertaucht (vgl. Amasiatu, Shah 2014, S. 811). Die Studie von Harris erforscht, welches Verhalten betrügerische Kunden wählen, um eine nicht gerechtfertigte Produktrückgabe erfolgreich durchzuführen. Solches Kundenverhalten erfordert eine genaue Kenntnis der Rückgabebedingungen des Ladens und der entsprechenden Gesetze sowie Erfahrungswissen über die günstigen Zeitpunkte für eine Rückgabe (Freitag kurz vor Ladenschluss), ggf. persönliche Beziehungen mit den Mitarbeitern des Ladens, korrektes, freundliches aber bestimmtes Verhalten im Laden, um die Mitarbeiter für sich einzunehmen, lehrreiche Erfahrungen mit Produktrückgaben in der Vergangenheit, die Auswahl ganz bestimmter Mitarbeiter für die Produktrückgabe (junge Mitarbeiter und Frauen anstelle älterer, männlicher Mitarbeiter, die härter verhandeln). Kurzum: Es sind ein erheblicher Aufwand und ein systematisches Vorgehen erforderlich (vgl. Harris 2008, S. 735–742). Ungerechtfertigte Produktrückgaben können bisweilen sogar zu Rückerstattungsbetrug, der mit erheblicher krimineller Energie betrieben wird, eskalieren. Bekannt geworden ist das Beispiel eines Amazon-Kunden, der iPhones und andere Elektronikprodukte bestellte, bei Empfang die Pakete genau wog und die Rücksendung statt mit den Geräten mit Sand genau gleichen Gewichts füllte. Die Eingangskontrolle bei Amazon wog die Pakete und bemerkte den Betrug nicht, er wurde erst offenbar als die hohe Zahl an Produktrückläufen dieses Kunden auffiel (vgl. Hielscher 2023).

Die Folgen des Retourenbetrugs tragen alle Kunden, denn es ist festzustellen, »dass es sich bei der von vielen Versandhändlern propagierten ›kostenlosen Rücksendung‹ um einen Marketingschwindel handelt, da der Händler die erwarteten Kosten bereits vorab in den Verkaufspreis einkalkuliert. Prinzipiell handelt es sich bei der Retoure um ein Subventionsgeschäft. Die Kunden, die wenig zurückschicken, finanzieren über höhere Preise die Gruppe der Vielretournierer« (Asdecker 2025, S. 3).

Doch die Anbieter selbst und nicht nur die Kunden tragen zum Retourenproblem bei. Sie bieten großzügige Rücksendebedingungen (kostenlose Rücksendung mit langen Rücksendefristen), um Käufe anzureizen. Die hohen Kosten für Retouren sind vor allem für kleine Händler, weniger für Großunternehmen im Handel ein Problem, die diese Kosten leichter tragen können. Das gut ausgebaute und hochentwickelte Retourenmanagement der Marktführer in Verbindung mit großzügigen Rücksendebedingungen gibt den Großhändlern einen Wettbewerbsvorteil gegenüber kleinen Versendern (vgl. Kolf 2024). Manche Unternehmen gehen auch nicht mit rigorosen Gegenmaßnahmen vor gegen das Problem des ungerechtfertigten Retournierens von Waren, weil sie Kritik und negative Beurteilungen durch Konsumenten fürchten (vgl. Gröppel-Klein, Spilski 2020, S. 86).

6.1.3 Showrooming

Eine im Vergleich zu den bisher geschilderten dysfunktionalen und amoralischen Verhaltensweisen der Kunden relativ harmlose Form des opportunistischen Kundenverhaltens ist das Showrooming. Dies bezeichnet die Erscheinung, dass sich Kunden im stationären Einzelhandel beraten lassen und sich Produkte vorführen lassen, dann aber bei einem preisgünstigen Onlineanbieter kaufen (vgl. Schneider

2024, S. 606). Als Gründe für dieses Verhalten werden von Kunden in Befragungen günstigere Preise oder mehr Komfort (z.B. Hauslieferung) im Internet angeführt. Umgangssprachlich hat sich dafür die (sehr harte) Formulierung »Beratungsdiebstahl« eingebürgert, das Phänomen hat in den letzten Jahren mehr Aufmerksamkeit in den Medien gefunden. Das Gegenstück zum Showrooming ist das Webrooming. Hier besuchen Kunden zuerst die Website eines Anbieters im Internet, informieren sich über das Produkt, kaufen aber dann bei einem stationären Einzelhandel (vgl. Schneider 2024, S. 608). Webrooming hat in der Öffentlichkeit weit weniger Aufmerksamkeit als Showrooming erlangt. Im Kern sind sowohl Showrooming als auch Webrooming Phänomene des Trittbrettfahrerverhaltens von Kunden (Freeriding), die kostenlose Beratungsleistungen opportunistisch ausnutzen (vgl. Schneider 2024, S. 606). Die entstehenden Kosten werden vom stationären Einzelhändler in die Preise einkalkuliert und auf alle seine Kunden umgelegt. Der stationäre Einzelhandel kann dem Showrooming durch individuelle Beratung sowie kaufbegleitende Unterstützungsleistungen und »value-added services« (z.B. individuelle Konfigurierung des Produktes, Installation im Haus des Kunden) und durch Kundenbindungsprogramme entgegenwirken (vgl. Schneider 2024, S. 623).

6.1.4 Missbrauch von Servicegarantien

Servicegarantien (z.B. vertraglich zugesagte Kompensationszahlungen bei schlechter Servicequalität oder Strafzahlungen bei Serviceversagen) sind wichtige Instrumente von Unternehmen, um ihren Kunden die Qualität der angebotenen Dienstleistungen zu signalisieren und damit Wettbewerbsvorteile zu erlangen und die Serviceangebote preislich höher zu positionieren im Markt. Dennoch geben viele Unternehmen keine Servicegarantien, weil sie opportunistisches Verhalten der Kunden befürchten (vgl. Wirtz, Kum 2004, S. 159). Opportunistische Verhaltensweisen von Kunden können sein: falsche Behauptungen, dass die Bedingungen eingetreten sind, unter denen eine Servicegarantie als verletzt betrachtet wird oder sogar die bewusste Herbeiführung der Bedingungen für eine Verletzung der Servicegarantie. Das befürchtete dysfunktionale Verhalten einzelner Kunden hat zur Folge, dass der Anbieter auf die Einführung von Servicegarantien verzichtet, von denen alle Kunden profitiert hätten. Ebenfalls ist zu vermuten, dass der Anbieter, der trotz befürchteten Fehlverhaltens einzelner Kunden eine Servicegarantie abgegeben hat, die Kosten für die Garantiefälle in seine Preise einkalkulieren und damit auf alle Kunden umlegen wird.

6.1.5 Versicherungsbetrug

Die Versicherungsbranche sieht sich häufiger mit opportunistischem und betrügerischem Verhalten ihrer Kunden konfrontiert. Versicherungsbetrug kann in vielfältigen Formen erscheinen: Der Kunde macht falsche Angaben beim Abschluss der Versicherung (z.B. er verschweigt Vorerkrankungen bei einer privaten Krankenversicherung bzw. Lebensversicherung oder gibt eine zu niedrige jährliche Fahrleistung bei der KFZ-Versicherung an), um eine Einstufung in eine günstigere Risikoklasse und damit niedrigere Tarife zu erreichen. Ist die Versicherung abgeschlossen, kann der Versicherte bewusst und gezielt einen Schadensfall herbeiführen oder simulieren. Bei der Schadensregulierung kann der Versicherte versuchen, den Schadensumfang zu erweitern (z.B. bei einem Autounfall die Reparatur bereits vor dem Unfall vorhandener Dellen und Lackschäden in der Nähe der beschädigten Karosseriestelle fordern und langfristige gesundheitliche Beeinträchtigungen geltend machen, die schwer zu überprüfen aber tatsächlich nicht infolge des Unfalls aufgetreten sind). Versicherungsbetrug kann bis zur Fälschung von Rechnungen, Gutachten und Krankenrezepten gehen. Versicherungsbetrug kann sowohl von Einzelpersonen, ggf. in Kooperation mit anderen Einzelpersonen, als auch von organisierten Banden betrieben werden.

Einzelkunden versuchen Versicherungsbetrug vor sich selbst zu rechtfertigen mit Argumenten wie z.B. den hohen Gewinnen der Versicherungsunternehmen, dem Hereinholen der hohen Versicherungsprämie, dem Erzielen einer angemessenen Rendite auf die Versicherungsprämie, der Behauptung, dass Versicherungsunternehmen sich an ihren Kunden bereichern und sie übervorteilen bis hin zu der Behauptung, dass Versicherungsbetrug bereits in die Versicherungsprämie einkalkuliert sei (vgl. Lesch, Brinkmann 2012, S. 19). In Befragungen in Deutschland zeigte sich, dass Versicherungsbetrug relativ eher akzeptiert wurde als kleine Diebstähle und die Manipulation von Preisauszeichnungen in Läden durch Kunden (vgl. Lesch, Brinkmann 2012, S. 20). Die Versicherungsunternehmen haben aufwändige Prüfprozeduren bei Schadensfällen zur Verhinderung von Versicherungsbetrug implementiert, die Kosten für diese Maßnahmen werden in die Versicherungsprämien für alle Kunden einkalkuliert (vgl. Lesch, Brinkmann 2012, S. 21).

6.2 Betrug und Raub durch Mitarbeiter am Beispiel des Arbeitszeitbetrugs

Die bekanntesten Formen von Betrugsdelikten durch Mitarbeiter sind Veruntreuung von Geld (»Griff in die Kasse«), Lagerdiebstahl, Diebstahl von Geräten und Maschinen, manipulierte Rechnungen, Bestechungsversuche (aktive Korruption), Annahme von Schmiergeldzahlungen oder anderen persönlichen Vorteilen (passive Korruption), Betrug bei Spesenabrechnungen, Diebstahl von Informationen und Weitergabe von Geschäftsgeheimnissen, Manipulation von Gehaltszahlungen, private Nutzung von Vermögensgegenständen des Unternehmens (vgl. Nawawi, Salin 2018, S. 891–893, Buckhoff 2001, S. 72).

Erscheinungsformen des Spesenbetrugs sind Angabe erhöhter Kilometerleistungen, manipulierte Tankquittungen, gefälschte Hotelrechnungen (vgl. Nawawi, Salin 2018, S. 891, 893). Durch den Einsatz von KI und Bildgeneratoren wird es für betrügerische Mitarbeiter leichter, Rechnungsbelege zu fälschen. Arbeitgeber können ihrerseits KI einsetzen, um Auffälligkeiten und Abweichungen bei abgerechneten Belegen für Spesen zu erkennen (vgl. de la Motte 2025, S. 1, 3, 4). Es gibt aber auch einfachere Lösungen: »Die sicherste Lösung, um Spesenbetrug zu verhindern, sei es, alle Zahlungen über eine Firmenkreditkarte abzuwickeln und die Quittungen mit der Transaktionsliste der Bank abzugleichen« (de la Motte 2025, S. 5). Allerdings lassen sich damit nur Fälschungen von Belegen, nicht aber der Einsatz der Firmenkreditkarte für private Käufe, z. B. eine Tankfüllung bei einem privaten Auto auf Kosten des Arbeitgebers, erkennen. Um letzteres zu erkennen, müsste die gesamte »Tankhistorie« dieses Firmenfahrzeugs bei Benutzung durch diesen Mitarbeiter mit KI ausgewertet werden. Zudem müsste überprüft werden anhand des Motormanagements und der Füllstandserfassung, ob nicht Benzin aus dem Tank des Firmenfahrzeugs entnommen wurde und ob das Volumen des Tanks mit der Menge des getankten Benzins kongruent ist.

Betrügerisches Verhalten von Mitarbeitern ist zudem in fortlaufender Weiterentwicklung begriffen, da Faktoren der Umwelt und der Technologie sich ändern und neue Formen abweichenden Mitarbeiterverhaltens ermöglichen. Mit dem Einzug von persönlichen Computern in Unternehmen entstand das Problem der von Mitarbeitern ausgeübten Computerkriminalität: »Widespread use of computers has enabled insider fraudsters to steal from their employers more quickly and in larger amounts.« (Othman, Ameer 2022, S. 190).

In Unternehmen gibt es Bereiche und Aktivitäten, die besonders betrugsgefährdet sind, z. B. Lohn- und Gehaltsabrechnungen, Finanzabteilung, Kassenwesen, Forderungen und Verbindlichkeiten, Beschaffung und Einkauf sowie Lager (vgl. Peters, Mariam 2016, S. 114). In all diesen Aktivitäten besteht entweder direkter Kontakt mit Geldzahlungen oder es geht um Vermögensgegenstände mit großem Wert. Betrügerisches Verhalten von Mitarbeitern kann von Unternehmen bekämpft und reduziert werden.

Zu denken ist hier z. B. an anonyme Kommunikationskanäle und Belohnungen für Hinweise von Mitarbeitern zum betrügerischen Verhalten eines anderen Mitarbeiters (Whistleblowing). Betrugsreduzierend wirkt auch die genaue Überprüfung potenzieller Mitarbeiter vor der Einstellung hinsichtlich Lebenslauf sowie persönlicher und finanzieller Lebensumstände durch die Personalabteilung (vgl. Nawawi, Salin 2018, S. 892 sowie Othman, Ameer 2022, S. 192). Ebenfalls zur Reduktion des Betrugsrisikos tragen klare Aufgabenbeschreibungen bei (vgl. Nawawi, Salin 2016, S. 1012). Ein wichtiger Faktor, der bei der Entdeckung oder Verhinderung von Betrug hilfreich ist, ist auch die Kultur des Unternehmens (vgl. Nawawi, Salin 2018, S. 894, Peters, Maniam 2016, S. 108). Ein ethisch und moralisch verantwortungsvolles Arbeitsumfeld mit einem Top-Management, das eine Vorbildfunktion wahrnimmt, kann Betrugsversuche reduzieren. Ebenfalls betrugsreduzierend können Schulungen für Mitarbeiter wirken, damit sie Betrug besser erkennen (vgl. Nawawi, Salin 2016, S. 1012). Unternehmen können auch interne Kontrollen institutionalisieren, z. B. in Form einer internen Revisionsabteilung oder eines Risikomanagements (vgl. Nawawi, Salin 2018, S. 894). Eine starke interne Kontrolle kann Betrugsversuche erschweren, zu riskante Entscheidungen einzelner Unternehmensangehöriger unterbinden, Unternehmenskrisen infolge betrügerischer Ereignisse einzelner Mitarbeiter reduzieren und generell zur Beachtung von Gesetzen und Regulierungen im Unternehmen und durch das Unternehmen (Compliance) beitragen. In diesem Sinne ist eine interne Kontrolle gleichsam eine Art Lebensversicherung für das Unternehmen. Fehlende, schwach ausgebaute oder manipulierbare interne Kontrollsysteme laden hingegen Mitarbeiter zum Betrug ein. Dem Top-Management fällt dabei die Aufgabe zu, die internen Kontrollen und das Risikomanagement des Unternehmens regelmäßig zu überprüfen. Darüber hinaus kann das Top-Management unangekündigte Kontrollen in ausführenden Unternehmensbereichen anordnen und selbst die laufende Aufsicht über bestimmte Unternehmensaktivitäten (z.B. solche, die betrugsgefährdet sind) ausüben (vgl. Nawawi, Salin 2018, S. 894).

Gut gestaltete firmeninterne Systeme zur Betrugsprävention setzen nicht nur an fallweiser Überwachung des Mitarbeiterverhaltens an. Sie beobachten auch Frühindikatoren, die auf eine zunehmende Betrugsmotivation von Mitarbeitern schließen lassen, z.B. wenn Mitarbeiter auf einmal einen sehr hohen Lebensstandard kultivieren und über ihre finanziellen Verhältnisse leben oder sich ihr Verhalten plötzlich ändert (vgl. Bonny, Goode, Lacey 2015, S. 447). Durch geeignete Gestaltung der Arbeitsumgebung können Unternehmen Betrugsversuche von Mitarbeitern erschweren (vgl. Anindyra, Adhariani 2019, S. 553 f.). »Workplace environment and working conditions are important predictors of fraud.« (Nawawi, Salin 2018, S. 895). Eine Arbeitsumgebung, die ethisches Verhalten thematisiert, fördert und honoriert sowie die angemessene Bezahlung von Mitarbeitern und die Anerkennung ihrer Leistungen erschweren betrügerisches Verhalten. Demgegenüber kann eine Arbeitsumgebung, die sehr hohe, unrealistische Zielvorgaben an die Mitarbeiter beinhaltet oder nur eine schlechte Bezahlung und wenig Anerkennung individueller und kollektiver Leistung bietet, betrügerisches Verhalten fördern (vgl. Nawawi, Salin 2018, S. 895). Auch häufige Jobrotation kann zum Aufdecken oder Verhindern von Betrugsversuchen beitragen (vgl. Nawawi, Salin 2018, S. 894). Auch wenn Unternehmen geeignete interne Kontrollen aufsetzen, kann das Betrugsrisiko nicht völlig ausgeschaltet werden, weil betrügerische Mitarbeiter mit hoher Motivation immer einen Umgehungsweg finden könnten (vgl. Nawawi, Salin 2016, S. 1013, Wells 2001, S. 90): »[...] risk of fraud occurence cannot be eliminated, showing that no company is immune to fraud.« (Nawawi, Salin 2016, S. 1013).

Der Umfang betrügerischen Mitarbeiterverhaltens in Unternehmen und die dadurch verursachten Schäden können aus offiziellen Kriminalitätsstatistiken kaum geschätzt werden, weil Unternehmen nicht selten auf eine polizeiliche Anzeige verzichten und das Betrugsproblem durch Beendigung des Arbeitsvertrages und die Erstattung des Schadens durch den Mitarbeiter beigelegt wird (vgl. Bonny, Goode, Lacey 2015, S. 450). Auch die Schätzung der Dunkelziffer überhaupt nicht aufgedeckter Betrugsfälle, die durch Mitarbeiter begangen wurden, bereitet große Probleme.

Zusätzlich zu den direkten Schäden durch einen Betrug (veruntreute Gelder, gestohlene Waren aus dem Lager) treten noch indirekte Schäden durch einen Betrug. Das betrogene Unternehmen kann Reputationsschäden erleiden. Auch können durch den Betrug eines einzelnen Mitarbeiters das Vertrauen und die Moral anderer Mitarbeiter, v.a. von Teamkollegen, beschädigt werden (vgl. Peters, Maniam 2016, S. 104). Alle Maßnahmen zur Betrugsverhinderung bzw. -aufdeckung binden zudem wertvolle Ressourcen, die an anderen Stellen im Unternehmen fehlen (vgl. Nawawi, Salin 2016, S. 1013, Othman, Ameer 2022, S. 209). Bei besonders spektakulären Betrugsfällen durch Mitarbeiter, v.a. das Management des Unternehmens, können Geld- und Gefängnisstrafen, im Extremfall auch Verschärfungen von staatlichen Regulierungen und Gesetzen resultieren (vgl. Peters, Maniam 2016, S. 106).

Trotz aller Bemühungen zur Verhinderung von Betrug und Raub gilt: »Every organization, irrespective of their size, industry or type, has to face the risk of fraud.« (Nawawi, Salin 2018, S. 893). Dabei kann der Betrug sowohl durch ausführende Mitarbeiter auf niedrigeren Hierarchieebenen als auch durch Top-Manager begangen werden (vgl. Nawawi, Salin 2018, S. 893).

Auch wenn Mitarbeiter Betrug begehen, ist daran das Unternehmen vereinzelt nicht gänzlich unschuldig. Denn das Unternehmen gestaltet die Arbeitsumgebung, in der der Mitarbeiter seine Leistung erbringt. Unzureichende Ausgestaltung von internen Kontrollsystemen und schlechte Bezahlung begünstigen Betrug durch Mitarbeiter. Während wirksame interne Kontrollen und eine bessere

Bezahlung das Risiko für Betrug durch Mitarbeiter reduzieren können (vgl. Nawawi, Salin 2018, S. 891).

Arbeitszeitbetrug durch Mitarbeiter

Volkswagen hat im ersten Halbjahr 2025 an den sechs Standorten des Unternehmens 2079 Abmahnungen und 549 Kündigungen ausgesprochen (bei einer Gesamtzahl von 72000 Beschäftigten entspricht dies 0.5 Prozent der Belegschaft), Hauptgrund dafür war unentschuldigtes Fehlen am Arbeitsplatz (vgl. Onderka 2025, S. 1).

»Arbeitszeitbetrug liegt vor, wenn Beschäftigte wissentlich unrichtige Angaben zur geleisteten Arbeitszeit machen.« (o. V. 2025b, S. 2). Beispiele für Arbeitszeitbetrug sind privates Einkaufen oder private Erledigungen und Behördengänge während der Arbeitszeit, ungenau erfasste Arbeitspausen oder bewusste Manipulation von Zeiterfassungssystemen (vgl. Keilen, Rubröder 2025, S. 2 sowie o. V. 2025, S. 2).

Während Arbeitszeitbetrug in den oben genannten Beispielen eindeutig vorliegt, gibt es bei Vertrauensarbeitszeit oder bei mobilem Arbeiten und Homeoffice auch rechtliche Unschärfebereiche (vgl. o. V. 2025, S. 3). Wenn in einem Unternehmen kurze Raucherpausen oder private Telefonate von vielen Mitarbeitern während der Arbeitszeit praktiziert werden und das Unternehmen dies toleriert, so ist dies rechtlich anders zu beurteilen, als wenn diese Aktivitäten vom Unternehmen explizit verboten sind und Fehlverhalten sanktioniert wird. Nach einer Studie des Marktforschungsinstituts Consumerfieldwork erledigen 70 Prozent der Beschäftigten während der Arbeitszeit private Dinge (vgl. Telser 2025, S. 1). Von bewusstem Arbeitszeitbetrug abzugrenzen sind unabsichtliche Fehler von Mitarbeitern bei der Arbeitszeiterfassung ohne erkennbaren Vorsatz (vgl. Keilen, Rubröder 2025, S. 5).

Arbeitszeitbetrug, vor allem wenn er in größerem Maße von einzelnen Mitarbeitern betrieben wird, hat nicht nur wirtschaftliche Folgen für das Unternehmen, sondern kann auch mit einem Vertrauensverlust zwischen Mitarbeiter und Vorgesetztem einhergehen und die Zusammenarbeit in Teams sowie das Betriebsklima belasten (vgl. Telser 2025, S. 2 sowie o. V. 2025a, S. 2). Auch verursachen Systeme zur Arbeitszeiterfassung und -überwachung Kosten für den Arbeitgeber (vgl. o. V. 2025 a, S. 3).

Tiefere Ursachen des Arbeitszeitbetrugs sind oftmals eine Demotivation von Mitarbeitern (vgl. Keilen, Rubröder 2025, S. 7), wenig Wertschätzung durch Vorgesetzte, unklare, falsche gesetzte oder fehlende Ziele bzw. Soll-Leistung des Arbeitnehmers (vgl. Telser 2025, S. 3). Insgesamt erhöhen negative Erfahrungen am Arbeitsplatz die Bereitschaft mancher Mitarbeiter zum Arbeitszeitbetrug. Weitere Ursachen für Arbeitszeitbetrug sind im angestrebten Ausgleich für unbezahlte Überstunden, in Unzufriedenheit mit den Arbeitsbedingungen sowie in persönlichen Verpflichtungen und familiären Gründen zu sehen (vgl. Timo 2024, S. 19).

Dem Unternehmen stehen verschiedene Gegenmaßnahmen bei festgestelltem Arbeitszeitbetrug zur Verfügung, sie reichen von außerordentlich anberaumten Mitarbeitergesprächen, Ermahnung, Abmahnung und Verhängung von Anwesenheitspflichten bis zur Kündigung des Mitarbeiters (vgl. Timo 2024, S. 14).

Technische Maßnahmen, die den Arbeitszeitbetrug erleichtern, sind beispielsweise Maus-Jiggler, die Aktivitäten der Computermaus und damit des Mitarbeiters im Homoffice vortäuschen (vgl. Keilen, Rubröder 2025, S. 5).

Die Unternehmen reagieren auf Arbeitszeitbetrug auch z. B. durch Einsatz von Key-Loggern, die Tastatureingaben am PC aufzeichnen, oder mit Auswertung technischer Protokolle oder Videoaufzeichnungen bei begründetem Verdacht (vgl. o. V. 2025, S. 4). Auch der Einsatz schwer zu manipulierender digitaler Zeiterfassungssoftware oder von biometrischen Verfahren, wie z. B. Fingerabdruckscanner, bei der Zugangskontrolle kann Arbeitszeitbetrug erschweren (vgl. o. V. 2025a, S. 3 f.). GPS-Tracking kann die Arbeitszeit mobiler Mitarbeiter kontrollieren und intelligente Algorithmen können Auffälligkeiten in Arbeitszeitdaten aufspüren (vgl. o. V. 2025a, S. 4) Das Problem des Arbeitszeitbetrugs könnte auch reduziert werden durch mehr Flexibilität bei den Arbeitszeiten (vgl. Keilen, Rubröder 2025, S. 10).

Die Unternehmen selbst tragen auch zum Problem des Arbeitszeitbetrugs bei, indem sie beispielsweise Leistung hauptsächlich oder ausschließlich anhand der Arbeitszeit bemessen und bezahlen und nicht nach erfüllten Aufgaben oder nach erreichten Zielen (vgl. Keilen, Rubröder 2025, S. 9). Wenn Arbeitszeitbetrug eines

Mitarbeiters über einen längeren Zeitraum den Vorgesetzten nicht auffällt, ist das auch ein Zeichen von Vorgesetztenversagen (vgl. Telser 2025, S. 2).

6.3 Betrug und Raub durch Manager

Es ist Aufgabe des Top-Managements, Betrugsversuchen von Mitarbeitern vorzubeugen und sie zu entdecken. Gleichzeitig können Mitarbeiter im Top-Management ebenfalls Betrugsdelikte begehen, die besonders schwere Konsequenzen für das Unternehmen haben können aufgrund ihrer Kenntnis interner Kontrollsysteme, die sie selbst gestaltet haben, und aufgrund des grundsätzlichen Zugriffs des Managements auf alle Unternehmensressourcen.

Betrug durch Manager ist kein unbedeutendes Problem im Wirtschaftsleben. Dies zeigen die Skandale bei VW (Manipulation von Emissionen bei Dieselfahrzeugen), Siemens (Korruptionsskandal und Existenz schwarzer Kassen) und jüngst Wirecard (Bilanzfälschung durch Vortäuschung nicht vorhandener Vermögenswerte). Die Folge dieser betrügerischen Manipulationen waren große Schadensersatzzahlungen, Konflikte mit deutschen Behörden und der amerikanischen Börsenaufsicht SEC, Reputationsschäden, Vertrauensverlust und Verunsicherung unter Kunden, Mitarbeitern, Kapitalgebern sowie Lieferanten (VW, Siemens). Die Folgen von aufgedecktem Betrug reichten sogar bis zum Konkurs des Unternehmens (Wirecard). In allen drei Fällen zeigte sich, dass moralisches Fehlverhalten von einzelnen Führungskräften und ausführenden Mitarbeitern ein Unternehmen in große finanzielle Schwierigkeiten bringen kann. Existenzgefährdend kann Mitarbeiterbetrug vor allem für kleine Unternehmen werden, weil sie aufgrund ihrer geringeren Finanzkraft weniger Betrugsschäden und ihre Folgekosten tragen können (vgl. Nawawi, Salin 2018, S. 892).

Zu den Wirtschaftsstraftaten unmoralischer Manager gehören Vermögensdelikte (Betrug, Unterschlagung, Bilanzfälschung), Wettbewerbsdelikte (Kartellabsprachen, Insiderhandel) und Korruption bzw. Bestechung (vgl. Mester 2009, S. 1, Cressey 1986, S. 196, Hollow 2014, S. 180). Dabei kann man Fälle unterscheiden danach, ob Manager von der Firma stehlen (Handeln gegen die Firma) oder für die

Firma stehlen (Handeln im Auftrag oder vermeintlichen Interesse der Firma) (vgl. Cressey 1986, S. 198, 199).

Cohen, Ding, Lesage und Stolowy (2010) zählen fünf Bedingungen auf, unter denen Manager Betrug begehen. Sie nennen erstens Erwartungen von Investmentanalysten, institutionellen Anlegern und Kreditgebern, zweitens finanzielle Interessen des Managers, drittens die Abhängigkeit eines bedeutenden Teils der Managemententlohnung von der Erreichung ambitionierter Ziele für die Entwicklung des Aktienkurses und die Entwicklung von Finanzkennzahlen wie Cashflows, viertens ein wettbewerbsintensiver und gesättigter Absatzmarkt und fünftens der Bedarf der Unternehmung nach Fremd- oder Eigenkapital (Kakati, Goswami, 2019, S. 88).

Präzisierend und ergänzend dazu stellt Ross (2016) fest, dass betrügerisches Verhalten durch folgende externe Faktoren begünstigt wird, die Manager unter Druck setzen: Druck von Analysten und Investoren, die Erwartungen zu erfüllen und Finanzziele zu erreichen, Einhalten von Schuldenvereinbarungen, Sicherung der Liquidität, Deckung von Finanzbedarfen sowie Erreichen oder Übertreffen der Performance von Wettbewerbern (vgl. Kakati, Goswami, 2019, S. 88). Die hier genannten Faktoren haben wenig mit der individuellen Situation und Motivation des Managers (z. B. private Überschuldung), sondern mehr mit den Rahmenbedingungen und Arbeitsumgebungen zu tun, in denen heute Manager arbeiten (»Business Pressure«).

Betrug durch Manager kann entgegnet werden durch Training, Datenanalyse und Erstellung von Profilen z. B. mit Hilfe von KI, interne und externe Prüfungen und Untersuchungen sowie Einrichtung eines Risikomanagements (vgl. Kakati, Goswami, 2019, S. 89). Die Maßnahmen gegen Betrug können sowohl reaktiven (nach dem Betrug, aufdeckend und bestrafend) als auch proaktiven Charakter (vor dem Betrug, vorbeugend) haben (vgl. Kakati, Goswami, 2019, S. 93). Zu den proaktiven Maßnahmen gehört z. B. die Mitarbeiterauswahl nicht nur nach Leistung, sondern auch nach persönlicher Integrität, die in Persönlichkeitstests untersucht werden kann, wobei Betrüger sich auf diese Tests auch vorbereiten können (vgl. Kakati, Goswami, 2019, S. 93). Man kann der folgenden Aussage von Cressey nur zustimmen: »[...] if management fraud is to be reduced significantly, the ethics of business personnel will have to change significantly« (Cressey 1986, S. 195).

Man kann sich aber auch fragen: Hat das Unternehmen nicht auch eine Mitschuld an Betrugsversuchen von Managern, wenn das Top-Management oder der Aufsichtsrat keine Kontrolle ausübt, die eingerichteten internen Kontrollen schwach sind, Frühwarnsysteme fehlen, die etablierten Anreizsysteme falsches Verhalten motivieren und das Unternehmen wenig in moderne Verfahren zur Betrugsaufdeckung (z. B. Data Analytics und Künstliche Intelligenz) investiert hat?

Und letztlich sollte man sich verdeutlichen, dass moderne komplexe Großunternehmen nur funktionieren, weil das Unternehmen Tausenden seiner Manager und Mitarbeiter vertraut. Die Unternehmung ist und bleibt eine auf Vertrauen gegründete Institution. Eine exzessive und permanente interne Kontrolle würde einen geordneten Geschäftsverlauf sehr erschweren und behindern. Von daher müssen interne Kontrollen immer auch Lücken lassen, die von betrügerischen Mitarbeitern genutzt werden können (vgl. Cressey 1986, S. 198).

Beim Betrug durch Manager gibt es zudem eine hohe Dunkelziffer, denn: »Wenn man Strafanzeige erstattet, erhöht sich die Gefahr, dass die Sache in die Öffentlichkeit gerät. [...] Angesichts der drohenden Folgeschäden wie einem Reputationsverlust entscheiden immer mehr Unternehmensleitungen, es mit einer fristlosen Kündigung bewenden zu lassen.« (Mester 2009, S. 2, vgl. Hollow 2014, S. 184).

Bei der Untersuchung von Betrug durch Manager ist es auch wichtig, das Management nicht als einen homogenen Block zu betrachten, sondern zwischen Juniormanagement, mittlerem Management und Topmanagement zu differenzieren. (Mester 2009, S. 2, vgl. Hollow 2014, S. 184). Mitarbeiter und Juniormanager auf niedrigeren Hierarchieebenen führen als Ursache für ihren Betrug oft persönliche, belastende Umstände (Spielsucht, Schulden, Alkoholproblem etc.) an, während dies für Top-Manager viel weniger ein Motiv für ihren Betrug darstellt (vgl. Hollow 2014, S. 181). Mittelmanager hingegen erzeugen bei ihren Betrugsversuchen größere Schäden für das Unternehmen, weil sie aufgrund ihrer Position und Befugnisse auch Betrugsdelikte unternehmen können, zu denen einfache Mitarbeiter keine Gelegenheit haben (vgl. Hollow 2014, S. 182 f.) Motive für ihre Betrugsversuche sind aber weniger persönliche Finanzprobleme – wie bei einfachen Mitarbeitern –, da sie deutlich höhere Gehälter haben. Betrugsmotive im mittleren Management sind vielmehr externer finanzieller Druck, d. h. der Wunsch einem Freund, Verwandten oder Geschäftspartner zu helfen, oder nichtfinanzielle Motive (z. B. sexuelle Bedürfnisse) (vgl. Hollow 2014, S. 183). Für den Betrug durch Top-Manager sind weniger persönliche finanzielle Notlagen, sondern eher externe und arbeitsbezogene Faktoren, wie z. B. Bedrohung der Stabilität und Existenz und finanzielle Notlage des Unternehmens oder die Erfüllung sehr hoher Erwartungen von Shareholdern, maßgeblich. Der Betrugsversuch von Top-Managern für ihr Unternehmen ist dann oft durch ein Gefühl der Verpflichtung und Loyalität gegenüber dem Unternehmen verursacht oder durch die Angst vor Scheitern des Unternehmens und damit auch vor persönlichem Scheitern motiviert (vgl. Hollow 2014, S. 184). Top-Manager mit hohen Aktienanteilen an ihrem Unternehmen haben andere Anreize zu Betrug für die Firma. Das Ziel ihres Betrugs ist oft die Wertsteigerung oder gar Rettung des Unternehmens (vgl. Hollow 2014, S. 177, 186), auch weil ihre Gehälter und ihre persönliche Reputation mit dem Erfolg des Unternehmens verknüpft sind.

Die Studie von Hollow (2014) macht deutlich, dass die verschiedenen Hierarchieebenen unterschiedliche Betrugsmotive und auch unterschiedliche Betrugsmöglichkeiten haben (vgl. Hollow 2014, S. 185). Der Direktor einer Bank hat Möglichkeiten zur Bilanzfälschung, die dem einfachen Kassierer am Schalter nicht zur Verfügung stehen. Umgekehrt hat ein Bankdirektor aber auch keine Möglichkeiten, direkt Bargeld zu entwenden, was dem einfachen Kassierer eher möglich ist (vgl. Hollow 2014, S. 185). Dabei können Manager allein ohne Unterstützung einen Betrug gar nicht begehen. Viele Betrugsversuche, z. B. bei Bilanzfälschung, erfordern immer auch das Zusammenspiel mehrerer Hierarchieebenen, um den Betrug umsetzen zu können (vgl. Tipgos 2002, S. 37). Betrug im Unternehmen kann daher oft nur durch mehrere Personen und in seltenen Fällen sogar bandenmäßig betrieben werden.

Kann Betrug durch Manager und Top-Manager verhindert werden? Hierzu findet sich eine sehr pessimistische Sichtweise: »Management fraud is unstoppable because no controls, past or present, exist to completely control management's action. Management controls internal control, and can generally do as it pleases, including overriding controls whenever they prevent management from attaining its objectives.« (Tipgos 2002, S. 34).

Das Konzept interner Kontrollen hat eine Evolution in den letzten 100 Jahren durchgemacht. Von etwa 1900 bis 1936 war die Zielsetzung interner Kontrollsysteme, Mitarbeiter zu überwachen und ihren illegalen Zugriff auf Vermögenswerte, v.a. Bargeldbestände des Unternehmens zu verhindern (vgl. Tipgos 2002, S. 35). Nach dem Zweiten Weltkrieg wurden die Befugnisse interner Kontrollsysteme in vielen Unternehmen auch auf das Management ausgedehnt. Zielsetzung war, die Übereinstimmung des Managementhandelns mit etablierten Managementrichtlinien sicherzustellen. In den 1990er Jahren wurden die Befugnisse interner Kontrolle weiter ausgedehnt auf die Übereinstimmung mit Gesetzen und Regulierungen (Compliance) (vgl. Tipgos 2002, S. 36).

»Internal control is a management watchdog for misconduct by lower-level personnel. [...] the crucial question is whether the internal control literature indicates, expressly or by implication, that these same controls are intended to prevent management from committting management fraud. The absence of such an indication strongly suggests that internal control has always been ›owned‹ by management, and that management is free to alter or discontinue such internal control. [...] Because nothing in the internal control literature suggests that management is subject to these controls, management is [...] rather above these controls.« (vgl. Tipgos 2002, S. 36). Dementsprechend ist es eine Illusion zu glauben, dass die internen Kontrollsysteme Betrug durch Manager unterbinden können, denn das Management kann die internen Kontrollsysteme umgehen und – schlimmer noch – die internen Kontrollsysteme unterstehen dem Management (vgl. Tipgos 2002, S. 37). »Even a code of ethics imposed by management upon itself can function effectively only to the extent that management desires.« (vgl. Tipgos 2002, S. 37 f.).

Auch die Kontrolle durch Wirtschaftsprüfer kann Betrug durch das Management nicht verlässlich unterbinden, aber zur Aufdeckung von Betrug beitragen, was beispielsweise die Fälle Wirecard in Deutschland und Enron in USA gezeigt haben. Diese beiden Betrugsfälle haben deutlich gemacht, dass das System der Corporate Governance weiterentwickelt werden muss (vgl. Tipgos 2002, S. 34). Corporate Control bzw. Corporate Governance lässt sich definieren als »[...] a system developed by the board of directors (as a proxy of shareholders) to control management´s propensity to engage in opportunistic behaviour.« (Anindyra, Adhariani 2019, S. 548).

Letztlich kann die interne Kontrolle und die Kontrolle durch Wirtschaftsprüfer und den Aufsichtsrat nur Teil eines größeren Corporate Governance Konzepts sein, »which promotes cooperation, trust and confidence among stockholders, management, and employees« (vgl. Tipgos 2002, S. 40). Wie ein solches Konzept konkret aussehen könnte, ist heute noch unklar. Empfehlungen in der Managementliteratur gehen in die Richtung der Abschaffung von Aktien und Aktienoptionen als Bestandteil der Managemententlohnung, weil dies oft Anreize zur Bilanzmanipulation gibt. Weitere Empfehlungen in der Managementliteratur schlagen die Unterordnung des Managements unter die interne Kontrolle, die für die Beschäftigten niedriger Hierarchieebenen geschaffen wurde, vor bei gleichzeitiger gemeinsamer Wahrnehmung der Kontrolle durch alle Beschäftigten der Unternehmung (vgl. Tipgoas 2002, S. 39). Es stellt sich die Frage, ob Top-Manager in Deutschland nicht ähnlich wie Beamte auf die Verfassung und das Gesetz vereidigt werden sollten. Die Selbstbindung durch Vereidigung kann in Verbindung mit hoher Transparenz in der Unternehmung Betrugsspielräume des Managements reduzieren. Ob sich jedes Management an den geleisteten Eid halten würde, ist allerdings fraglich.

Ob bei sich bietender Betrugsgelegenheit auch tatsächlich ein Betrug begangen wird oder nicht, ist eine Frage der persönlichen Integrität: »The integrity of an individual is the quality of being honest to his/her profession and having strong moral principles« (Kakati, Goswami, 2019, S. 92). Damit verbleibt als einzige wirkliche Möglichkeit, die trotz interner oder externer Kontrolle verbliebenen Betrugsspielräume zu reduzieren, die Einsetzung eines Managements, das hohe ethische Standards, Integrität und Engagement für die Interessen der Unternehmung mit Disziplin und Verantwortlichkeit verbindet und vorlebt (vgl. Tipgos 2002, S. 39): »[E]thics is the only control that can prevent management fraud at its source. Other controls are merely deterrents [...]« (Tipgos 2002, S. 40).

Am Ende führt dies zu der Frage, was die tieferen Ursachen für Wirtschaftskriminalität durch Manager sind? Cressey hat in einem Beitrag von 1986 eine Antwort gegeben, die auch heute noch aktuell ist: Manager haben Einstellungen über die Natur des Geschäftes, den Unternehmensalltag und seine Notwendigkeiten sowie eine negative Beurteilung von Regierungshandeln verinnerlicht, mit denen sie ihre wirtschaftskriminellen Handlungen vor sich selbst legitimieren (vgl. Cressey 1986, S. 196 f.). Diese Rechtfertigungen sind oftmals erlernt und reflektieren kulturelle Prägungen und Einstellungen in einer Gesellschaft, die Wirtschaftsstraftaten in den Augen von Managern nicht als kriminelle Handlungen erscheinen lassen, sondern als Notwendigkeit unter bestimmten Rahmenbedingungen (vgl. Cressey 1986, S. 201). Gerade wenn Manager für ihre Firma stehlen, rechtfertigen sie das mit neutralisierenden Ideologien, die die Rechtsverletzung als akzeptabel erscheinen lassen. Dies spiegelt sich in Formulierungen und Einstellungen wider wie z. B. »Ehrlichkeit und Anständigkeit sind die beste Vorgehensweise, aber Geschäft ist Geschäft. Das Stehlen eines Brotes ist erlaubt, wenn man am Verhungern ist. Die staatliche Regulierung des Geschäfts ist kontraproduktiv und sozialistisch.« (Cressey 1986, S. 201).

»[...] aber Geschäft ist Geschäft«, bezeichnet die Einstellung, dass Bestechung und Korruption in Politik und Wirtschaft normal sind, weil sie schon sehr lange von vielen Managern im Unternehmen oder in anderen Unternehmen der Branche praktiziert werden und daher Teil des üblichen Geschäfts sind (»Jeder macht es«) (vgl. Cressey 1986, S. 202).

Not kennt kein Gebot (Brotdiebstahl bei Verhungern), spiegelt die falsche Einstellung wider, dass illegale Aktivitäten von Managern durch Notwendigkeiten gerechtfertigt werden können, also z. B. ein Bilanzbetrug oder eine Kartellabsprache mit Konkurrenten oder die Bestechung von Mitarbeitern eines Großkunden als legitim erscheinen, wenn das Unternehmen ansonsten in Konkurs gehen würde, was aus Sicht der betrügerischen Manager um jeden Preis vermieden werden muss (vgl. Cressey 1986, S. 204).

Auch eine sehr regierungskritische Einstellung, eine ablehnende Haltung gegenüber Staatseingriffen und fehlender Respekt vor Gesetz und Recht können Manager dazu bewegen, Gesetze zu verletzen und dies als nichtkriminelle Handlungen vor sich selbst zu rechtfertigen. Diese Manager bestreiten letztlich die Legitimität staatlicher Handlungen, die das eigene Geschäft erschweren oder weniger rentabel machen, und rechtfertigen damit Steuerhinterziehung, Korruption und Umweltverschmutzung durch das Unternehmen (vgl. Cressey 1986, S. 205 f.). Betrug durch Manager kann nach Cressey reduziert werden, wenn es gelingt, diese erlernten und in Teilen der Gesellschaft und der westlichen Kultur verankerten Rechtfertigungen für kriminelles Managerhandeln (Not kennt kein Gebot, jeder macht es) zu delegitimieren (vgl. Cressey 1986, S. 208).

6.4 Täuschung und Betrug durch Politiker

Bei Befragungen zum Ansehen von Berufsgruppen, wie sie von Forsa, der Gesellschaft für Konsumforschung GFK und dem Institut für Demoskopie Allensbach regelmäßig seit vielen Jahren durchgeführt werden, rangiert der Beruf des Politikers immer auf den letzten Plätzen. Nicht nur das Ansehen von Politikern ist in Deutschland gering, sondern in den Befragungen zeigt sich auch wenig Vertrauen in Politiker. Dazu haben auch Skandale und Korruptionsfälle beigetragen wie z. B. die Spiegel-Affäre rund um Franz Josef Strauss 1982 (Durchsuchung der Redaktionsräume und Verhaftung des Spiegel-Herausgebers nach einem Bericht des Spiegels über Schwächen der Bundeswehr), der Flick-Skandal (der Unternehmer Flick nahm in den 1980er Jahren massiv Einfluss auf die deutsche Politik mit Parteispenden und Geschenken an Politiker, um eine Steuerfreiheit für die beim Verkauf seiner Beteiligung an Mercedes-Benz erzielten Gewinne zu erhalten), die Affäre Barschel im Jahr 1987 (der damalige Ministerpräsident von Schleswig-Holstein Uwe Barschel setzte im Wahlkampf diffamierende und illegale Methoden gegen seinen Konkurrenten Björn Engholm ein), die Parteispendenaffäre rund um Helmut Kohl von 1999–2002 (schwarze Kassen bei der CDU, die von anonymen Spendern gespeist wurden) (vgl. Engels 2021 sowie Esser und Hartung 2004) oder die aktuelle Masken-Affäre (Kauf überteuerter Schutzmasken während der Corona-Krise) rund um Jens Spahn. Treten derartige Fehltritte von Politikern gehäuft auf, schwindet das Ansehen aller Politiker und das Grundvertrauen in demokratische Institutionen.

Einen Tiefpunkt politischer Kultur stellt nach Ansicht des Verfassers die vom luxemburgischen Premier Claude Junker vor mehr als 20 Jahren offenbarte Einsicht in das Innenleben der Politik beim Beschluss der europäischen Währungsunion dar: »Wir beschließen etwas, stellen das dann in den Raum und warten einige Zeit, was passiert. Wenn es dann kein großes Geschrei gibt und keine Aufstände, weil die meisten gar nicht begreifen, was da beschlossen wurde, dann machen wir weiter – Schritt für Schritt, bis es kein Zurück mehr gibt.« (Koch 1999, S. 1). Wundert es angesichts einer solchen Aussage, dass mancher Wähler der Politik misstraut?

Die Politik durchdringt heute – ähnlich wie die Wirtschaft – alle Lebensbereiche des Menschen. Es ist heute für den Einzelnen nicht möglich, unpolitisch zu sein, weil alles politisch geworden ist. Die wesentlichen Funktionen der politischen Parteien sind die Mitwirkung bei der politischen Willensbildung des deutschen Volkes, die Vertretung der Interessen des deutschen Volkes im Rahmen der Gesetzgebung und die Bildung der Regierung. Die Parlamentarier sind ihrem Gewissen verpflichtet und dienen dem Wohl des Volkes.

Max Weber hielt 1919 seinen berühmt gewordenen Vortrag »Die Politik als Beruf«, er skizzierte darin die Entstehung des professionalisierten Berufspolitikers, der hauptberuflich Politiker ist, für die Politik und von der Politik lebt, weil er aus der Politik sein Einkommen bezieht. Max Weber sieht darin keinen Widerspruch, denn er hat früher als andere erkannt, dass der Politiker nur für die Politik leben kann, wenn er auch von ihr leben kann. Dies trifft nicht zu auf vermögende Privatleute, die Politik ehrenamtlich betreiben können, weil sie aus anderen Quellen ein Einkommen erzielen. Der Berufspolitiker wird damit zum hauptberuflichen angestellten Funktionär. Weber grenzt die Berufspolitiker von Erbpolitikern und leidenschaftlichen Politikern ab, die in seinen Augen eine Dilettantenwirtschaft betreiben. Auch grenzt er den Politiker vom Verwaltungsbeamten ab, der sein Amt ohne Ansehen der Person, unparteiisch und leidenschaftslos betreibt, während für die Politik gerade Parteinahme, Leidenschaft und Kampf typisch sind. Weber stellt auch fest, dass sich die Arbeit in den Parlamenten substanziell von der Arbeit in Parteien unterscheidet, er verweist auf die straffe Organisation und strenge Disziplin innerhalb von Parteien. Als wesentliche Aufgaben von Parteien sieht Weber die Werbung und Organisation von Massen und die Auslese und Aufstellung von Kandidaten. Nach Max Weber zeichnet sich der ideale Politiker sowohl durch Verantwortungsethik als auch Gesinnungsethik aus. Weber fordert drei Qualitäten bei Politikern: Leidenschaft für die Sache, Verantwortlichkeit gegenüber der Sache und Augenmaß, im Sinne von Besonnenheit und kühler Distanz zu den Menschen und Sachen. In einem 1926 veröffentlichten Beitrag beschrieb Weber die Parteiarbeit in wenig schmeichelhafter Form: »Heute sind es Ämter aller Art in Parteien,

Zeitungen, Genossenschaften, Krankenkassen, Gemeinden und Staaten, welche von den Parteiführern für treue Dienste vergeben werden. Alle Parteikämpfe sind nicht nur Kämpfe um sachliche Ziele, sondern vor allem auch: um Ämterpatronage.« (Weber 1926). Später formuliert Weber noch kritischer: »Die Parteigefolgschaft, vor allem der Parteibeamte und -unternehmer, erwarten vom Siege ihres Führers selbstverständlich persönlichen Entgelt: Ämter oder andere Vorteile.« (Weber 1926, S. 4). Er warnt vor Fehlentwicklungen des Politikbetriebs und der Politiker. Seine Ausführungen haben prophetischen Charakter und kennzeichnen auch den heutigen Politikbetrieb in Deutschland teilweise zutreffend: Eitelkeit verleitet den Politiker dazu, dass er als »Demagoge auf ›Wirkung‹ zu rechnen gezwungen ist, – er ist eben deshalb stets in Gefahr, sowohl zum Schauspieler zu werden wie die Verantwortung für die Folgen seines Tuns leicht zu nehmen und nur nach dem ›Eindruck‹ zu fragen, den er macht.« (Weber 1926). Ferner warnt Weber vor dem Machtpolitiker, der Macht um ihrer selbst willen ohne Dienst an einer Sache anstrebt, um sich daran zu berauschen (vgl. Weber 1926).

Auch heute gibt es Berufspolitiker, die nicht nur für die Politik, sondern auch von der Politik leben. Es entstand aber zunehmend der neue Typus des Brotpolitikers in Analogie zum von Friedrich Schiller beschriebenen Brotgelehrten. Schiller unterschied in seiner Antrittsvorlesung 1789 philosophische Gelehrte von Brotgelehrten. Typisch für den Brotgelehrten ist, dass sein Fleiß darauf gerichtet ist, ein Amt zu erlangen und dessen Vorteile zu genießen. Er strebt nicht wie der philosophische Gelehrte und das Genie nach Erkenntnis um ihrer selbst willen sowie Vervollkommnung seines Wissens und seiner Ideengebäude im Dienste der Wahrheit und Wissenschaft. Brotgelehrte lehnen neue Erkenntnisse eher ab, die nicht in ihr Gedankengebäude passen. »Sie fechten mit Erbitterung, mit Heimtücke, mit Verzweiflung, weil sie bei dem Schulsystem, das sie verteidigen, zugleich für ihr ganzes Dasein fechten.« (o. V. 2007). Der Brotgelehrte zieht nicht aus seiner Arbeit an sich Befriedigung, sondern aus der Anerkennung durch Dritte, aus seiner gesicherten Position und seiner Versorgung (vgl. o. V. 2007). Blickt man als Außenstehender auf den heutigen Politikbetrieb in Deutschland, so hat man den Eindruck, dass er mehr als früher zunehmend von Brotpolitikern betrieben wird. Der Typus des Berufspolitikers von Max Weber wird heute zunehmend vom Brotpolitiker, der nicht um der politischen Sache willen in die Politik strebt, verdrängt.

In den letzten 100 Jahren hat sich zudem die Vorstellung der Öffentlichkeit vom Politiker drastisch gewandelt: vom Volkstribun zum Berufspolitiker, vom Führer (ein heute historisch sehr belasteter Begriff) über den Treuhänder des Gemeinwohls und Organisator von politischen Mehrheiten bis hin zum heutigen perfekt medial inszenierten Politikmanager, Politik- und Medienstar.

Der Politikbetrieb, die Parteiarbeit und das Bild des Politikers in Deutschland haben sich in den letzten 4 Jahrzehnten stark verändert. Dafür waren unter anderem vier Faktoren verantwortlich: Erstens der Einfluss der Medien führt dazu, dass Politiker unter medialer Dauerbeobachtung stehen, zweitens die Veränderung und Ausdifferenzierung der deutschen Gesellschaft, z. B. in verschiedene Gesellschaftsmilieus und verschiedene Bevölkerungsgruppen, drittens die Einbettung der deutschen Politik in die internationale und europäische Politik sowie viertens die stärkere Einflussnahme der Wirtschaft auf politische Entscheidungsprozesse, z. B. durch Lobbying. Von diesen vier Faktoren wird nachfolgend der Einfluss der Medien vertieft. Der Politikbetrieb selbst hat sich in den letzten Jahrzehnten vor allem unter dem Einfluss der Medien und des Internets und der durch sie bewirkten Transparenz drastisch gewandelt. Angesichts der Vielzahl konkurrierender Kommunikationskanäle und einer medial und informationell überlasteten Bürgerschaft wird es für die Politik immer schwerer, zentrale Werte und Programme zu kommunizieren und den einzelnen Bürger zu erreichen. Die Allgegenwärtigkeit von Kommunikation auf vielen Kanälen führt dazu, dass der einzelne Empfänger (Wähler) immer weniger versteht und der einzelne Sender (Politiker) immer weniger Gehör findet. Zu viel und allgegenwärtige Kommunikation ist das Ende des Verstehens und öffnet Kommunikationsräume für das Eindringen von neuen Meinungsführern, Verschwörungstheorien und Sonderinteressen einflussreicher Gruppen und Individuen.

Die Parteien und die in ihren arbeitenden Politiker mussten sich an diese durch die permanente Medienbeobachtung bewirkten Veränderungen des Politikbetriebs anpassen und lernen mit ihnen umzugehen. Politik heute ist medial vermittelt und professionalisiert, d. h. bis ins Detail geplant und optimiert und dabei ähnlich inszeniert wie die Präsentation neuer Produkte in der Privatwirtschaft. Die Parteien bauen die in parteiinternen Entscheidungsprozessen ausgewählten Politiker auf und vermarkten sie professionell in umfassenden Medienkampagnen. Politiker sind heute Medienprodukte, teilweise werden sie zu Politikdarstellern mit üppigen Etats für Make-up, Frisur und Kleidung und einem Gefolge von Presseleuten. Politik wird zur medialen Inszenierung. Die Kontrolle und Deutungshoheit von Politikern über das eigene Bild ist heute im Politikbetrieb sehr wichtig geworden. Für manchen Politiker zählt die Geste, die Nachricht, die Aufmerksamkeit des Augenblicks in den Medien, aber danach erlischt das Interesse an der Umsetzung der Ideen. Hauptsache, man hat einen Moment der Aufmerksamkeit in den Medien gehabt. Ein solcher Politikbetrieb ist zynisch und führt zur Politikverdrossenheit der Zuschauer. Mancher Wähler erkennt das perfekt inszenierte und vermarktete Politikprodukt und wendet sich mit Grausen ab. Unter dem Einfluss der Medien und ihrer Berichterstattung über den politischen Willensbildungs- und Durchsetzungsprozess entstanden in Teilen der deutschen Bevölkerung ein Vertrauens- und Ansehensverlust der Politik und eine Politikverdrossenheit. Die um sich greifende Politikverdrossenheit der Wähler äußert sich in rückläufiger Wahlbeteiligung.

6.5 Moralisches Fehlverhalten von Bürgern und Individuen

Nachfolgend werden verschiedene Formen des moralischen Fehlverhaltens von Bürgern analysiert, nämlich Nichtwählen, Sozialleistungsmissbrauch, Schwarzarbeit und Steuerhinterziehung.

6.5.1 Nichtwählen

Partizipation ist wichtig für eine lebendige und von der Bevölkerung getragene Demokratie: »Democracy is about including those who are potentially affected by collective decisions in making those decisions.« (Warren 2011, S. 683). Mittel, um Bürger politisch zu aktivieren, sind das Wahlrecht, Rederecht und das Versammlungsrecht (vgl. Warren 2011, S. 683).

Seit den Höchstwerten Anfang der 1970er Jahre hat die Wahlbeteiligung in Deutschland beständig abgenommen und dementsprechend die Zahl der Nichtwähler zugenommen (vgl. Vehrkamp 2013, S. 2). Betrug die Wahlbeteiligung bei der Bundestagswahl 1972 noch 91,1 Prozent (der historische Höchststand der Nachkriegszeit), so war sie bei der Bundestagswahl 2009 auf 70,8 Prozent gesunken (niedrigster Wert bei der Wahlbeteiligung seit 1949) (vgl. Diesler 2025, S. 4). Allerdings erholte sich die Wahlbeteiligung seitdem wieder und erreichte einen Wert von 82,5 Prozent bei der Bundestagswahl 2025. Niedriger als bei Bundestagswahlen ist die Wahlbeteiligung oftmals bei Kommunal-, Landtags- und EU-Wahlen (vgl. Schäfer, Schwander, Manow 2016, S. 22 und Fritz 2007, S. 335, Schäfer 2011, S. 138) Dramatische Schlagzeilen zu dieser Thematik lauten z. B. »Nichtwähler gefährden die Demokratie« (Seils 2014, S. 1) oder »Die Wahlverweigerer« (Fischer, Suhr, Schorn 2017, S. 1).

Die Politikwissenschaft hat eine zunehmende Zahl von Nichtwählern längere Zeit als unproblematisch angesehen, weil man annahm, dass die Nichtwähler aus allen Schichten stammen (vgl. Schäfer 2011, S. 134). Diese Annahme gilt heute als widerlegt, es »zeigt sich, dass die Bereitschaft, wählen zu gehen, nicht zufällig über die Gesellschaft verteilt ist und die Nichtwähler nicht mehrheitlich der Mitte der Gesellschaft entstammen« (Schäfer 2011, S. 144 f.). Zunehmend mehren sich daher Stimmen, die vor einer »Zweidrittel-Demokratie« oder vor einer Nichtteilnahme von Bevölkerungsgruppen am politischen Leben oder einer Gefahr für die Stabilität der Demokratie warnen (vgl. Schäfer, Schwander, Manow 2016, S. 21 f. und Fritz 2007, S. 331). Dieser sog. Krisenthese steht die Gegenthese gegenüber, die die Wahlenthaltung nicht zwingend negativ bewertet. Vertreter dieser These sehen in der sinkenden Wahlbeteiligung in Deutschland eine Normalisierung und Angleichung an internationale Verhältnisse. Denn z. B. die USA und die Schweiz wiesen schon immer eine deutlich geringere Wahlbeteiligung als Deutschland auf (vgl. Fritz 2007, S. 332 sowie Leggewie 1993, S. 44 f.).

Eine ganz andere Perspektive auf Nichtwählen als die Politikwissenschaft ermöglicht die ökonomische Theorie: Wahlenthaltung erscheint als rationale Entscheidung, wenn der Wähler damit auf unvollkommene Information in einer großen Demokratie reagiert, deren Beschaffung ihm hohe Kosten (Transaktionskosten) verursachen würde. Wahlenthaltung erscheint somit ein rationaler, kein irrationaler Akt des Wählers (vgl. Downs 1957, S. 149).

Nichtwählen ist kein neues Phänomen, sondern war bereits seit Aufkommen der parlamentarischen Demokratie zu beobachten (vgl. Leggewie 1993, S. 43). Neben der Teilnahme an Wahlen gibt es auch andere Formen politischer Partizipation, wie z.B. Bürgerbewegungen, Demonstrationen, Petitionen, Teilnahme an Wahlkundgebungen, Gespräche mit Politikern am Wahlkampfstand etc. (vgl. Schäfer 2011, S. 154). Es wäre zu untersuchen, ob bei diesen Partizipationsformen ähnliche Entwicklungen wie beim Wahlverhalten zu beobachten sind, oder ob nicht manche Menschen weniger wählen gehen, weil sie für sich andere Formen des Ausdrucks politischen Engagements oder Protestes gefunden haben.

Die Teilnahme an Wahlen gilt auch heute noch als Bürgerpflicht. Dies führt dazu, dass Nichtwähler bei entsprechenden Befragungen zum Wahlverhalten bisweilen sich sozial erwünscht verhalten und ihre Wahlverweigerung verneinen. Daher erfassen Befragungen oftmals nur die bekennenden Nichtwähler (Fritz 2007, S. 334 sowie Schäfer 2011, S. 142). Allerdings hat die Einschätzung der gefühlten Wahlpflicht als oberste Bürgerpflicht seit den 1960er Jahren an Bedeutung verloren (vgl. Schäfer 2011, S. 136).

Es gibt nicht den Nichtwähler als Einheitstypus, vielmehr können Nichtwähler in drei Gruppen eingeteilt werden: Erstens Nichtwähler, die sich von der Politik entfremdet haben und keine Parteibindung mehr haben, zweitens Nichtwähler, die der Politik und den Parteien durch die Nichtwahl einen Denkzettel verpassen wollen und drittens Nichtwähler, die eigentlich mit Parteien und der Politik zufrieden sind (vgl. Seils 2014, S. 2). Eine andere tiefergehende Unterscheidung von Nichtwählertypen ist die folgende: Unechte Nichtwähler können aus technischen Gründen nicht an der Wahl teilnehmen, z.B. weil Briefwahlunterlagen zu spät eingingen, sie kurzfristig erkrankt, verhindert oder verstorben sind. Wegen dieser unechten Nichtwähler wird auch in Ländern mit Wahlpflicht selten eine Wahlbeteiligung von mehr als 95 Prozent erreicht. Grundsätzliche Nichtwähler lehnen die Teilnahme an Wahlen generell ab. Zu vermuten ist, dass sie politisch desinteressiert sind oder der Gesellschaft und der Politik distanziert gegenüberstehen. Der Anteil dieses harten Kerns dauerhafter Nichtwähler an allen Nichtwählern wird auf ca. 20 Prozent geschätzt (vgl. Schäfer 2011, S. 144). Konjunkturelle Nichtwähler bleiben einer Wahl fern, wenn sie die Wahl nicht für wichtig oder für bereits vorher entschieden halten und am Wahltag lieber anderen Aktivitäten und Verpflichtungen nachgehen. Ungültigwähler gehen zwar zum Wählen, geben aber eine ungültige Stimme ab, indem sie den Wahlzettel z. B. durchstreichen. Ein Motiv dafür kann politischer Protest sein (vgl. Fritz 2007, S. 333).

Die Gründe für Nichtwählen können vielfältig sein: Protest, Politikverdrossenheit, Resignation oder Zeitmangel (vgl. Diesler 2025, S. 2). Abnehmende Wahlbeteiligung kann auch die Folge eines Vertrauensverlustes in Parteien aufgrund von Skandalen, von kritikwürdigem Verhalten der Spitzenpolitiker und ihrem Führungsstil oder eines allgemeinen Vertrauensverlustes in Politik und Staat sein (vgl. Leggewie 1993, S. 46). Empirische Untersuchungen haben weiterhin ergeben, dass Nichtwähler oft politikverdrossen sind, die zur Wahl stehenden Politiker wenig überzeugend finden oder glauben, dass sich durch ihre Stimme ohnehin nichts ändern wird (vgl. Delhaes 2024, S. 1). Umgangssprachlich formuliert kann man sich fragen, ob Nichtwählen nicht auch ein stummer, aber resignierter Schrei nach Gehör und Liebe ist? Ebenfalls zeigte sich in einer empirischen Studie, dass unter den befragten Nichtwählern 38 Prozent mit der Demokratie nicht zufrieden sind, während dieser Anteil bei den befragten Wählern bei 20 Prozent lag (vgl. Fischer, Suhr, Schorn 2017, S. 2). Ebenso sehen Nichtwähler eher als Wähler eine Gerechtigkeitslücke in der Gesellschaft (vgl. Schäfer 2011, S. 152). Wie komplex die Motivlagen von Nichtwählern sind, verdeutlicht das folgende Zitat: »Wer sich dagegen nur wenig für Politik interessiert und gleichzeitig das Wählen nicht als Bürgerpflicht begreift, sich nicht mit einer Partei identifiziert oder nicht glaubt, dass Regierungswechsel Folgen haben, geht auch nicht wählen.« (Schäfer 2011, S. 146 f.). Die empirische Wahlforschung hat ferner ergeben, dass Frauen und junge Menschen überdurchschnittlich zur Nichtwahl tendieren, während Männer und ältere Menschen eine höhere Wahlbeteiligung aufweisen (vgl. Fritz 2007, S. 337).

Fraglich ist und bleibt, ob das zunehmende Nichtwählen Ausdruck eines rationalen (ökonomischen) oder eines nichtrationalen (psychologischen) Kalküls ist (vgl. Leggewie 1993, S. 43). Ausdruck rationalen Kalküls wäre die Wahlverweigerung, wenn die Nichtwähler eine bewusste Strategie verfolgen, die auf eine Reformierung des politischen Systems und die Lösung der schlechter werdenden demokratischen Repräsentation, der Partei- und Politikverdrossenheit abzielt (vgl. Leggewie 1993, S. 43). Ein rationaler Nichtwähler macht eine individuelle Kosten-Nutzen-Analyse und entscheidet dann, ob er am Wahltag wählt (vgl.

Leggewie 1993, S. 47). Weniger rational wäre es hingegen, wenn Nichtwähler mit ihrer Stimmenthaltung Politiker und Parteien nur bestrafen wollen. Ebenso wäre es wenig rational, wenn Nichtwähler nach einer Periode des Nichtwählens zu destruktiven und anti-politischen Protestwählern werden, die entweder rechts- oder linksextreme Parteien oder gleich nihilistische Spaßparteien wählen (vgl. Leggewie 1993, S. 49).

Empirische Untersuchungen zum Wahlverhalten haben ergeben, dass Nichtwähler sehr oft in sozialen Brennpunkten und strukturschwachen Regionen leben und durch niedrigere Bildung und niedrigere Einkommen oder einen Migrationshintergrund charakterisiert sind (vgl. Delhaes 2024, S. 1 sowie Schäfer, Schwander, Manow 2016, S. 38 und Fritz 2007, S. 338 f.). Die Nichtwähler bilden damit keinen repräsentativen Querschnitt der deutschen Bevölkerung ab (vgl. Schäfer 2011, S. 153). Diese Ergebnisse »bestätigen die ausgeprägte soziale Determiniertheit der Wahlbeteiligung« (Schäfer, Schwander, Manow 2016, S. 38). Die Studie von Kleinherz 1995 belegt zwar ebenso den Einfluss dieser sozio-ökonomischen Faktoren auf die Wahlbeteiligung, ergibt aber, dass daneben auch Parteiidentifikation, das politische Interesse oder die Unzufriedenheit mit Parteien und Politikern wichtige Einflussfaktoren sind (vgl. Schäfer 2011, S. 136).

Eine Abhilfe könnte eine gesetzliche Wahlpflicht sein, die mit einem Bußgeld belegt ist bei Nichtwahl. Eine solche Pflicht wird aber von der Mehrheit der Bevölkerung abgelehnt (vgl. Vehrkamp 2013, S. 1, 7) und auch in der Wissenschaft kritisch beurteilt (vgl. Fritz 2007, S. 341). Stattdessen befürworten viele Bürger hierzulande, dass die staatliche Wahlkampfkostenerstattung für die Parteien an die Wahlbeteiligung gekoppelt wird und damit die Parteien verantwortlich sind, für eine hohe Wahlbeteiligung bzw. weniger Nichtwähler zu sorgen (vgl. Vehrkamp 2013, S. 7). Es gibt bisher keine Partei der Nichtwähler (vgl. Leggewie 1993, S. 43), diese Vorstellung mutet paradox an. Würde aber eine Interessenvertretung der Nichtwähler geschaffen werden, könnte man vielleicht manchen Nichtwähler wieder an das politische System heranführen.

Die zunehmenden Anteile der Nichtwähler haben Folgen für die Parteien und die Demokratie: Das Wahlergebnis ist nicht mehr repräsentativ für die wahlberechtigte Bevölkerung und die Demokratie verliert damit an innerer Legitimität (vgl. Diesler 2025, S. 3 und Vehrkamp 2013, S. 1). Man kann die nicht exakt zu beantwortende Frage aufwerfen, ob es überhaupt einen optimalen Partizipationsgrad gibt, d. h. eine Grenze, unter die die Wahlbeteiligung nicht fallen darf, so dass kollektive politische Entscheidungen noch bindend und legitim sind (vgl. Leggewie 1993, S. 45). Eine geringe Wahlbeteiligung begünstigt kleine Parteien, die leichter die Fünf-Prozent-Hürde nehmen können (vgl. Diesler 2025, S. 7). Empirische Untersuchungen haben weiterhin ergeben, dass sich die Nichtwähler in ihren Partei- und Politikpräferenzen deutlich von den Wählern unterscheiden. Zunehmende Zahlen von Nichtwählern begünstigen CDU, CSU, FDP und Grüne, deren Anhänger häufiger wählen, und benachteiligen die SPD und die Linke, deren Anhänger eher dem Nichtwählen zuneigen (vgl. Schäfer 2011, S. 150 f., 153). Man kann und muss sich hypothetisch aber auch fragen, wie die Parteienlandschaft und die Wahlergebnisse aussehen würde und wie sich politische Arbeit verändern würde, wenn alle Nichtwähler auf einmal zu engagierten Wählern werden würden, die sich aktiv einbringen und mitreden wollen.

In letzter Konsequenz ist Nichtwählen sogar unmöglich: Man kann nicht nicht wählen, denn auch die Entscheidung zur Nichtwahl ist eine Wahl zwischen Alternativen. Daher sollte korrekterweise nicht von Nichtwahl, sondern von Nichtteilnahme an einer demokratischen Abstimmung gesprochen werden.

Nichtwählen aus Sicht der Theorie von Albert O. Hirschman (Exit, Voice, and Loyality) und der Theorie der Kollektiv- und Clubgüter von Mancur Olson

Von vielen Politikern und Politikwissenschaftlern wird Nichtwählen, als nicht wünschenswert und schädlich beurteilt. Bisweilen wird Nichtwählen sogar als verräterisch oder gar kriminell gebrandmarkt (vgl. Warren 2011, S. 686). Aus Sicht der sozioökonomischen Theorie ist dies differenzierter zu beurteilen.

Wendet man das Konzept von Albert O. Hirschman zu Abwanderung und Widerspruch (► Kap. 9.1.2) auf die Problematik des Nichtwählens an, so gelangt man zu folgenden Schlussfolgerungen: Gerade für die Demokratie ist die Exit-Option der Abwanderung wichtig, denn sie gestattet es Mitgliedern und Wählern, eine Partei zu verlassen und ggf. zu einer anderen Partei (vgl. Warren 2011, S. 683) oder eben zum Status des Nichtwählers zu wechseln. Nichtwählen ist eine vorübergehende oder dauerhafte, stumme Abwanderung aus dem politischen System durch

Abstimmung mit den Füßen. In dieser Sichtweise erscheint die Einführung einer Wahlpflicht als alternativen- und freiheitsreduzierend. Die Möglichkeit der Abwanderung (d.h. des Nichtwählens) kann ein Eingehen der politischen Eliten auf die Bedürfnisse der mit Abwanderung drohenden Bürger fördern und unterstützen. Sie kann eine lebendige und pluralistische Gesellschaft sogar stärken (vgl. Warren 2011, S. 699). Die steigende Zahl der Nichtwähler (Exit) ist auch ein Indikator dafür, dass in der derzeitigen Verfasstheit des Gemeinwesens zunehmend Menschen den Eindruck haben, dass ihr Widerspruch (Voice) nicht gehört wird und dass die Loyalität der Bürger zu ihrem Gemeinwesen rückläufig ist.

Mancur Olson entwickelte ein Konzept, das man zur Untersuchung der Ausplünderung von Kollektiven durch Individuen heranziehen kann. In großen Gruppen, die öffentliche Güter finanzieren und bereitstellen, entsteht ein Free-Rider-Problem. Der Einzelne kann die öffentlichen Güter, die das Kollektiv bereitstellt (z.B. innere und äußere Sicherheit) genießen, seine individuelle Zahlungsbereitschaft aber verbergen. So kommt es zum Trittbrettfahrerverhalten (Free Riding) zu Lasten des Kollektivs. Dies wird ermöglicht dadurch, dass man bei öffentlichen Gütern einzelne Nachfrager nicht von der Leistung ausschließen kann und gleichzeitig keine Rivalität im Konsum herrscht. Wählen immer mehr Akteure die Option des Free Riding, dann wird das Kollektivgut möglicherweise gar nicht oder nur unzureichend bereitgestellt. Dies würde alle Akteure schlechter stellen, auch diejenigen, die sich für das Trittbrettfahrerverhalten entschieden haben (vgl. Warren 2011, S. 683 sowie Dehling, Schubert 2011, S. 114). Denkbar ist nach Olson aber auch, dass es zu einer Ausbeutung der Großen durch die Kleinen kommt. Akteure mit großem Interesse an dem öffentlichen Gut und hoher Zahlungsbereitschaft dafür werden zur Finanzierung beitragen und die Bereitstellung des öffentlichen Gutes ermöglichen. Akteure mit geringerem Interesse an dem öffentlichen Gut und fehlender Zahlungsbereitschaft können im Windschatten der Großen auf dem Trittbrett fahren, und es kommt dennoch zu einer Bereitstellung des öffentlichen Gutes (vgl. Dehling, Schubert 2011, S. 119).

Wendet man dieses theoretische Konzept auf das Problem des Nichtwählens an, so kommt man zu einer negativen Beurteilung der Wahlverweigerung: Die Abwanderung ermöglicht es den Nichtwählern, die Früchte eines geordneten Gemeinwesens mit starken öffentlichen Dienstleistungen und Sicherheit zu genießen, ohne mit eigenen Anstrengungen dazu beizutragen (Free Riding). Die Nichtwähler beuten als Schwache die Starken aus, die sich politisch engagieren und wählen gehen und damit zur Demokratie als öffentlichem Gut beitragen.

6.5.2 Die Schattenwirtschaft

Studien zur Schattenwirtschaft sehen sich mit zwei Problemen konfrontiert: erstens, wie die Schattenwirtschaft überhaupt definiert werden kann, und zweitens, wie sie in empirischen Erhebungen untersucht werden kann.

Bereits die Definition und Abgrenzung der Schattenwirtschaft bereitet erhebliche Probleme. Der Begriff der Schattenwirtschaft weist Unschärfen auf und es herrscht keine Einigkeit, welche Tätigkeiten zur Schattenwirtschaft zu rechnen sind (vgl. Fleming, Roman, Farrell 2000, S. 388). Die Schattenwirtschaft kann in zwei große Bereiche eingeteilt werden: nicht deklarierte Arbeit, auf die keine Steuern und Sozialabgaben entrichtet werden (Schwarzarbeit) und Nicht-Deklarierung von Einnahmen, wie sie oft in bargeldintensiven Geschäften (Taxidienste, Bars und Restaurants, kleine Läden) stattfindet (vgl. A.T. Kearney 2009, S. 3 f.). Andere Autoren fassen unter dem Begriff Schattenwirtschaft mehrere kriminelle Tatbestände zusammen, nämlich Steuerhinterziehung, Schwarzarbeit und Sozialbetrug (vgl. Covell 1990, S. 2). Die Schattenwirtschaft umfasst jedoch nicht nur die Schwarzarbeit, sondern auch Drogenhandel und Schmuggel, die ohne Parallele in der offiziellen Wirtschaft sind (vgl. Graf 2007, S. 111).

Für die Untersuchung der Schattenwirtschaft sind viele konventionelle Forschungsmethoden der Beobachtung, des Interviews und der Messung von Tatbeständen nicht anwendbar (vgl. Covell 1990, S. 2). Methodische Probleme der Dunkelfeldforschung sind in folgenden Punkten zu sehen: Die Datenlage zum Missbrauch staatlicher Leistungen ist sehr unbefriedigend, z. T. gibt es nur sehr grobe, fehlerbehaftete Schätzungen zum Umfang von Schwarzarbeit, Sozialleistungsmissbrauch und Steuerhinterziehung (vgl. Lamnek, Olbrich, Schäfer 2000, S. 70). Auch die amtliche Kriminalstatistik ist hier unzureichend, weil sie nur angezeigte Fälle, nicht aber die hohe Dunkelziffer der nicht erkannten und nicht verfolgten Delikte umfasst (vgl. Lamnek, Olbrich, Schäfer 2000, S. 71). Methodisch basieren solche Dunkelfelduntersuchungen oft auf Täterbefragungen, Opferbefragungen und Zeugenbefragungen. Bei Täterbefragungen, die sich auf noch nicht entdeckte und geahndete Delikte beziehen, ist nur selten mit wahrheitsgemäßen Auskünften zu rechnen (vgl. Lamnek, Olbrich, Schäfer 2000, S. 71 f.). Methodische Probleme der Dunkelfeldforschung ergeben sich auch daraus, dass die Befragten die Definitionen der Forscher für die kriminellen Handlungen nicht verstehen oder ihr Handeln für gar nicht kriminell halten und ihre Tätigkeiten daher nicht entsprechend in die für die Befragungen vorgegebenen Kategorien einordnen. Dunkelfeldforschung ist insgesamt mit sehr großen Erhebungs- und Validitätsproblemen behaftet (vgl. Lamnek, Olbrich, Schäfer 2000, S. 72 f.).

Die Schattenwirtschaft entwickelt sich fortlaufend weiter. Sie passt sich an Änderungen der Steuerregeln, des Sozialstaats und der staatlichen Sanktionen an (vgl. Schneider 2004, S. 286). Ferner entwickelt sie sich durch Nutzung technischer Innovationen und Berücksichtigung geänderter Wertvorstellungen in der Bevölkerung weiter.

Bei den Motiven für die nachfolgend behandelten Delikte des Sozialleistungsmissbrauchs, der Steuerhinterziehung und der Schwarzarbeit lässt sich eine gemeinsame, zumindest aber ähnliche Motivstruktur vermuten. So kann der Betrug auf einer rationalen Kalkulation basieren, bei der der Betrüger den voraussichtlichen Nutzen des Betrugs gegen die als gering eingeschätzte Wahrscheinlichkeit, ertappt und verurteilt zu werden, abwägt (vgl. Tunley 2011, S. 307). Der Betrug kann durch individuelle ökonomische Notlagen und Bedürfnisse (need) oder durch persönliche Gier (greed) motiviert sein, wobei aus einem anfänglichen Betrug wegen ökonomischer Bedürftigkeit (need) bei Erfolg auch fortgesetzter Betrug wegen Gier (greed) werden kann (vgl. Tunley 2011, S. 303, 310). Wenn zu Not und Gier auch noch eine Betrugsgelegenheit als stimulierender Reiz kommt, ist die Wahrscheinlichkeit für Betrugsversuche erhöht (vgl. Tunley 2011, S. 302). Und manchmal ist es gerade eine plötzlich sich bietende Betrugsgelegenheit, die den Betrug ermöglicht, obwohl anfangs keine Betrugsabsicht bestanden hat (vgl. Tunley 2011, S. 303, 312), z. B. ein Zugang zum Schwarzarbeitsmarkt mit Hilfe sozialer Kontakte.

Es fällt auf, dass derartige kriminelle Betrugsaktivitäten umgangssprachlich oft mit dunklen Farben in der öffentlichen Debatte in Verbindung gebracht werden: Schwarzfahren, Blaumachen (ungerechtfertigte Inanspruchnahme von Krankenversicherungsdienstleistungen), Schattenwirtschaft, Schwarzarbeit, Schwarzgeld (Geld aus Delikten wie Drogengeschäften, das »gewaschen« werden muss), Schwarzbau (Errichtung von Gebäuden auf Grundstücken, die kein Baurecht haben). Auch redet man heute in der öffentlichen Debatte von Darknet (illegale Geschäfte im inoffiziellen, schwer zugänglichen Teil des Internets) und von rechtlichen Graubereichen.

Akteure in der Schattenwirtschaft können sowohl Unternehmen als auch kriminelle Banden und – zahlenmäßig am bedeutendsten – Privatleute sein. Nachfolgend stehen die Individuen und ihre betrügerischen Aktivitäten im Vordergrund der Betrachtung. Dies dient auch dem Zweck aufzuzeigen, dass in der Raubökonomie nicht nur der Staat, Unternehmen und Finanzmärkte zentrale Akteure sind, sondern dass auch Individuen in vielfältigen Formen an der Raubökonomie teilnehmen und von ihr profitieren. Die Ausführungen konzentrieren sich auf Sozialleistungsmissbrauch als Missbrauch von Arbeitslosengeld und Bürgergeld, Schwarzarbeit und Steuerhinterziehung als wichtigste Sektoren der Schattenwirtschaft.

Sozialleistungsmissbrauch

Es besteht der Trend, dass der Staat für immer mehr Lebensbereiche der Bürger Verantwortung übernimmt und die vormalige Eigenwahrnehmung von Aufgaben durch das Individuum durch staatliche Dienstleistungen ergänzt oder verdrängt wird (vgl. Schäfer 2002, S. 151, 194). Der Wohlfahrtsstaat hat für das deutsche Gemeinwesen zentrale Bedeutung: »Schließlich kann das ungenügende Eingehen auf die Wünsche der Bürger speziell in Demokratien als Leistungsversagen des Staates gelten, das wiederum seine Legitimität gefährdet.« (Schäfer 2002, S. 197). Empirische Untersuchungen haben ergeben, »dass die Legitimität des Staates *auch* von seinen wohlfahrtsstaatlichen Leistungen abhängt« (Schäfer 2002, S. 199). Dessen ist sich auch die Politik bewusst: »Im Zuge der Verantwortungsübernahme durch den Staat und des Ausbaus sozial- bzw. wohlfahrtsstaatlicher Leistungen festigten und förderten die Volksparteien die Überzeugung breiter Wählerschichten, einen Anspruch auf einen stetig steigenden persönlichen Lebensstandard und eine Absicherung gegen Lebensrisiken zu haben. Indem die Parteien sich mit Wahlversprechungen gegenseitig überboten, die Lebensumstände weiter verbessern zu wollen, schufen sie beim Wähler entsprechende Anspruchshaltungen dem Staat gegenüber.« (Schäfer 2002, S. 195). Politiker haben damit die »Anspruchsinflation« oder »Versorgungsmentalität« (Lamnek, Olbrich, Schäfer 2000, S. 40), die sie oft beklagen, durch ihre Handlungen selbst mitbefeuert.

Der Wohlfahrtsstaat, die Qualität staatlicher Leistungen und die mit ihnen verbundene Bürokratie haben bei vielen Bürgern etwa ab den 1980er Jahren zu Enttäuschung und Desillusion geführt. »In der Folge enttäuschter Erwartungen kommt es [...] zur Staats-, Politik- und Bürokratieverdrossenheit.« (Schäfer 2002, S. 152). Dazu kommt in einzelnen Bevölkerungsgruppen »der abnehmende Respekt vor der Sanktionsgewalt des Staates, was wiederum als Teil der Emanzipation des Individuums von Autoritäten verstanden werden kann« (Schäfer 2002, S. 159). Noch bedenklicher ist die folgende Tendenz: »Die Zahl der Personen nimmt zu, die sich vom Staat so viel wie möglich nehmen wollen und die davon überzeugt sind, wer anders handelt, sei irrational oder dumm.« (Schäfer 2002, S. 208).

Sozialbetrug und Missbrauch von Sozialleistungen findet in den Medien große Aufmerksamkeit. Spektakuläre Fälle von besonders umfangreichem oder besonders dreistem Sozialbetrug werden mit ritualisierter Empörung in den Medien analysiert. Im Kontrast dazu steht das geringe Interesse der Wissenschaft an der Erforschung von Sozialbetrug (vgl. Tunley 2011, S. 303 sowie Dean, Melrose 1997, S. 103). Es kann vermutet werden, dass dies an der ungenauen Datenlage (hohe Dunkelziffer nicht aufgedeckter Betrugsfälle) liegt, oder daran, dass man mit anderen Forschungsthemen im heutigen Wissenschaftssystem eher Karriere machen kann.

»Bürgergeld-Betrug« durch organisierte Banden und Clans war im Jahr 2025 ein häufig in der deutschen Presse behandeltes Thema. Im Jahr 2024 bezogen 5,5 Mio. Menschen in Deutschland Bürgergeld. Von 2018 bis 2022 haben die Jobcenter rund 166 000 Fälle von möglichem Leistungsbetrug bei Hartz-IV oder Bürgergeld aufgedeckt und angezeigt (vgl. o. V. 2025b, S. 6). Bürgergeldbetrug findet dabei in der Form statt, dass der Bezieher des Bürgergelds weitere Einkunftsarten (Rentenzahlungen, Erträge aus Vermögen, Einkünfte aus Nebentätigkeit oder Schwarzarbeit) dem Amt verschweigt. Eine andere Betrugsform ist, dass organisierte Banden Zuwanderern einen Wohnort in Deutschland und eine geringfügige

Beschäftigung verschaffen, die dann mit Bürgergeld aufgestockt wird, von dem der Bezieher einen Teil an die Hintermänner abgeben muss. Der Bundesagentur für Arbeit entstand ein direkter finanzieller Schaden durch Sozialbetrug in Höhe von 272,5 Mio. Euro im Jahr 2022. Ähnlich sehen die Zahlen zum Sozialleistungsbetrug aus, die das Bundeskriminalamt veröffentlicht. Die Dunkelziffer der nicht aufgedeckten Fälle ist in all diesen Zahlen nicht berücksichtigt. Angesichts der großen Zahl an Bürgergeld-Empfängern und den erheblichen Kosten des Bürgergelds für den Sozialstaat sind die bekannt gewordenen Fälle von Sozialbetrug zahlen- und betragsmäßig sehr gering. Sozialbetrug findet auch bei anderen Sozialleistungen statt, z.B. beim Kindergeld, Wohngeld, in der Kranken- und Pflegeversicherung (Korruption im Gesundheitswesen, Abrechnungsbetrug, gefälschte Rezepte, Missbrauch der elektronischen Gesundheitskarte, Vortäuschung oder Übertreibung von Krankheiten und Behinderungen etc.). Laut dem GKV-Spitzenverband wurden im Jahr 2022 und 2023 Betrugstaten in Höhe von ca. 200 Mio. Euro aufgedeckt. Nach Expertenschätzungen könnte der tatsächliche Schaden »eher im zweistelligen Milliardenbereich«, also bei 5 bis 10 Prozent der Gesamtausgaben liegen (NDR 2025, S. 2). Die Krankenkassen haben darauf reagiert, indem sie Bekämpfungsstellen für Fehlverhalten einrichteten. Bei kleinen Krankenkassen kann das eine Einzelperson sein, bei großen Krankenkassen ein Team von bis zu 20 Mitarbeitern. Angesichts der Vielzahl der Versicherten und der noch größeren Zahl der Abrechnungen ist dies eine völlig unzureichende, eher symbolische Personalausstattung. Angesichts der großen Zahl der Belege setzen die Krankenkassen zunehmend auf Einsatz von Künstlicher Intelligenz, um Betrugsmuster in den Daten aufzuspüren. Ebenfalls wichtige Informationsquellen, die Abrechnungsbetrug aufklären können, sind anonyme Hinweise von ehemaligen Beschäftigten im Gesundheitssektor oder Patienten. Die Betrugstaten gehen zu Lasten aller Versicherten, die höhere Beitragssätze zahlen müssen als sie mit weniger Betrugsfällen zahlen würden (vgl. Bundestag 2022a, S. 3). Die Kosten des Sozialbetrugs umfassen nicht nur die zu Unrecht bezogenen Geldunterstützungen oder Leistungen, sondern auch die Kosten für die Abwehrmaßnahmen der Sozialversicherungsträger, um Sozialbetrug zu erschweren (vgl. Tunley 2011, S. 302). Als weitere indirekte Kosten des Sozialbetrugs sind die Aneignung von Geldbeträgen aus dem sozialen Sicherungssystem zu nennen, die für die wirklich bedürftigen Menschen in Not dann nicht mehr zur Verfügung stehen (vgl. Tunley 2011, S. 316). Zudem erschweren auch bürokratische Antragsverfahren, die Sozialbetrug verhindern sollen, für die wirklich Bedürftigen den Zugang zum Sozialleistungssystem (vgl. Tunley 2011, S. 314). Denkbar ist auch ein zunehmender Akzeptanzverlust des Sozialstaatsgedankens, der auf solidarische Hilfe für wirklich Bedürftige und effektive Mittelverwendung gegründet ist. Bei fortgesetztem Sozialbetrug besteht auch die Gefahr, dass auch die regeltreuen Bezieher von Sozialhilfe und die in den Sozialbehörden beschäftigten Menschen unter den Generalverdacht der Öffentlichkeit geraten könnten, dass es im Sozialstaat nicht fair, effizient und korrekt zugeht. Insgesamt betrachtet sind die direkten und indirekten Kosten des Sozialbetrugs damit als sehr hoch einzuschätzen.

Wenn man die statistisch erfassten Fälle von Sozialbetrug der Aufmerksamkeit für dieses Thema in der Presse, Öffentlichkeit und Politik gegenüberstellt, so erkennt man ein erhebliches Missverhältnis. Selbst wenn man die offiziell bekannten Zahlen mit einem willkürlich gewählten Faktor von 100 multipliziert, um die Dunkelziffer zu erfassen, so kommt man immer noch zu Zahlen, die gemessen am Volumen des Sozialstaates in Deutschland kleiner als gedacht erscheinen. Dies stellt die Frage, wie das extreme Missverhältnis zwischen dem tatsächlich nachgewiesenen und dem vermuteten bzw. in der Öffentlichkeit diskutierten Sozialbetrug erklären kann. Auf diese Frage gibt es mehrere Antworten:

1. Die Datenerhebung zum Sozialbetrug ist uneinheitlich, das fängt bei der Begriffsdefinition an, die über alle Behörden hinweg nicht einheitlich ist. In Teilen des Sozialgesetzbuchs (SGB) wird der Begriff Leistungsmissbrauch zur Bezeichnung der rechtswidrigen Inanspruchnahme insbesondere von Geldleistungen gemäß SGB II verwendet. Leistungsmissbrauch umfasst ferner die vorsätzliche Verletzung der Pflicht zur korrekten Angabe aller relevanten Tatsachen bei der Beantragung der Leistung und das unterlassene Mitteilen von nachträglichen Änderungen in den Verhältnissen, die für die Leistungsgewährung relevant sind. In den Begriff des Leistungsmissbrauchs wird explizit nicht eingeschlossen das legale, bewusste Ausnutzen von Möglichkeiten zum Bezug von Sozialleistungen (vgl. Bundestag 2022 a, S. 5, 6). Demgegenüber spricht das Bundeskriminalamt von Sozialleistungsbetrug und versteht da-

runter »[a]lle durch Täuschung der vergebenden öffentlichen Stellen betrügerisch erlangten Geld- oder Sachleistungen von Sozialleistungsträgern (z.B. Wohngeld, Kindergeld)« (Bundestag 2022 a, S. 8). Zum Sozialleistungsbetrug gehört auch das Verfassen fingierter Arbeitsverträge, um einen Anspruch auf Bürgergeld zu begründen. Ein grundlegender Unterschied zwischen Leistungsmissbrauch und Sozialbetrug ist darin zu sehen, dass Leistungsmissbrauch mit Entzug oder Kürzung sozialer Leistungen und Geldbußen nach dem Gesetz der Ordnungswidrigkeiten geahndet wird, während Sozialbetrug mit Geldstrafen und Gefängnis bis zu 5 Jahren, bei bandenmäßigem Vorgehen, wiederholten Betrugsversuchen oder organisierter Kriminalität sogar mit höheren Freiheitsstrafen geahndet werden kann. Dass der Sozialleistungsmissbrauch im Gegensatz dazu relativ milde bestraft wird, kann auch mit dem Selbstverständnis und den Prinzipien des Sozialstaats zu tun haben: Eine drakonische Bestrafung von »kleinem« Sozialleistungsmissbrauch würde die schwächsten und am meisten verletzbaren Menschen treffen, nämlich die Angehörigen des überführten Betrügers.

2. Der Datenaustausch zwischen den Behörden ist unvollständig. Es wird also nicht erfasst, wie viele der vom Jobcenter erfassten Betrugsversuche dann später von der Polizei aufgeklärt und tatsächlich zur Anzeige gebracht werden und welche Strafen die Täter im Gerichtsverfahren erhalten.
3. Das Thema Sozialbetrug ist zudem auf viele Behörden und Ämter verteilt: Bundesagentur für Arbeit und lokale Jobcenter, Rentenversicherung, Finanzämter, kommunale Sozialhilfestellen (Wohngeld), Zoll (Schwarzarbeit), Polizei, Sozialgerichte und Strafbehörden. Problemverschärfend ist zwischen diesen Behörden der Datenaustausch eingeschränkt aufgrund von Datenschutzbestimmungen.
4. Sozialbetrug ist ein wissenschaftlich auch heute noch wenig untersuchtes Thema. Denn die empirische Forschung ist hier mit speziellen Erhebungsproblemen belastet, die aus dem kriminellen Charakter des Sozialbetrugs herrühren (vgl. Lamnek, Olbrich, Schäfer 2000, S. 13).

In bestimmten Bevölkerungsschichten und sozialen Gruppen gibt es zudem eine kulturelle Akzeptanz für Sozialleistungsmissbrauch (und die nachfolgend behandelten Delikte der Steuerhinterziehung und Schwarzarbeit), so dass der Betrüger sein Handeln rechtfertigen kann mit Argumenten wie »jeder macht es doch«, »ich möchte nur zurückholen, was ich an Beiträgen zum Staat geleistet habe«, »es wird niemand direkt geschädigt« etc. Der Betrüger rechtfertigt damit den Betrug vor sich selbst und stuft sein Verhalten eher als Kavaliersdelikt denn als Straftat ein. Dies kann auch von der sozialen Gruppe, an der der Betrüger teilnimmt, akzeptiert sein, was den Betrug aus Sicht des Betrügers dekriminalisiert: »There is evidence to suggest that benefit fraud is learned behaviour. [...] This ›learning‹ may come from discourse with family members or a social group.« (Tunley 2011, S. 309).

Wenn die Darstellung von Sozialbetrug in der Presse sehr umfangreich erfolgt, dann können dahinter mehrere Motive verschiedener Akteure vermutet werden: Die Kritik an Sozialleistungsmissbrauch kann zur Vorbereitung einer Reduktion von Sozialleistungen oder einer Reform der Sozialbehörden dienen. Eine andere Interpretation wäre, dass die gehäuften Betrugsfälle zur Rechtfertigung von zusätzlichen Stellen bei den Sozialleistungsträgern zur Betrugsbekämpfung verwendet werden. Eine dritte Erklärung wäre die Herausstellung von Sozialleistungsmissbrauch durch Ausländer als Kritik an Zuwanderung und am Asylrecht (ausländische Clans als Täter). Eine vierte Erklärung könnte sein, dass Politiker durch Thematisierung von Sozialbetrug die populistische Befriedigung des Wahlvolkes durch Aufspüren von Missständen im Sozialstaat anstreben. Eine fünfte Erklärung wäre, dass die gehäufte Behandlung von Sozialbetrug im öffentlichen Diskurs der Ablenkung von anderen Problemfeldern der Politik (innere und äußere Sicherheit, Inflation) dient. Die sechste Interpretation läuft auf das Interesse der Medien an verkaufsfördernden Schlagzeilen (Skandalisierung) hinaus. Die siebte Erklärung setzt daran an, dass die Sozialbehörden die Missbrauchsfälle dazu verwenden, um mehr Datenaustausch und Lockerung des Datenschutzes zu erreichten. Achtens könnte die Abschreckung anderer Sozialbetrüger durch Berichte über aufgedeckten Sozialbetrug bezweckt sein. Neuntens kann im Extremfall sogar eine Diskreditierung des Sozialstaates und des deutschen Staates allgemein (schlechte Qualität staatlicher Leistungen, Leistungsmissbrauch) das Ziel der öffentlichen Kampagnen gegen Sozialbetrug sein. Welche dieser Ursachen bzw. welche Kombination von Ursachen zutreffend ist zur Erklärung der großen

Aufmerksamkeit für Sozialbetrug in der Öffentlichkeit, der Medien und der Politik ist eine offene Frage. Tatsache ist jedoch, dass es bisher noch keine genauen Schätzungen für das Ausmaß des Sozialbetruges und des Sozialleistungsmissbrauches gibt, die auch die vermutlich hohe Dunkelziffer der nicht aufgedeckten Betrugsfälle erfasst. Ebenfalls ist die Frage, ob der Sozialmissbrauch und Sozialbetrug tendenziell zunehmen oder abnehmen, nicht beantwortet. Es kann nur spekuliert werden, dass die Schaffung eines Niedriglohnsektors verbunden mit Reallohnsenkungen bei vielen Arbeitnehmern in den letzten 10 Jahren und erschwertem Zugang zu Sozialleistungen bzw. Leistungskürzungen vermutlich die Zahl der Betrugsversuche gerade bei Haushalten mit niedrigem Einkommen erhöht haben könnte (vgl. Dean, Melrose 1996, S. 4, Tunley 2011, S. 306). Ein weiterer Erklärungsversuch könnte in folgende Richtung gehen: Zunehmende Einsparungen im Sozialbereich, formalisierter Zugang zu Sozialleistungen und bürokratisierte Kontrolle der Inanspruchnahme staatlicher Sozialfürsorge könnten auch die Identifikation der Bürger mit dem Sozialstaat reduziert haben, was tendenziell den zunehmenden Sozialbetrug erklären könnte (vgl. Dean, Melrose 1996, S. 6).

Der Staat ist aber auch Teil des Problems: Der Datenaustausch zwischen den verschiedenen Behörden (Polizei, Zoll, Agentur für Arbeit, Rentenversicherung, Finanzamt) ist immer noch lückenhaft aufgrund von Datenschutzbestimmungen. Das erschwert die Aufdeckung von Betrugsfällen (vgl. Crocoll 2025, S. 1). Zudem ist die Erschleichung von Sozialleistungen mit geringeren Strafen belegt als Steuerhinterziehung. Aus Gerechtigkeitsgründen wäre zu überlegen, Betrug auf der Ausgabenseite (Sozialleistungen) ähnlich wie auf der Einnahmenseite (Steuern) des Staates zu bestrafen (vgl. Crocoll 2025, S. 2).

Fragt man nach den tieferen Problemursachen, so stößt man auf weitere Auslöser für betrügerisches Handeln gegen den Sozialstaat, die in der Verantwortung des staatlichen Gesetzgebers liegen: Viele Regelungen des Sozialstaates lassen erhebliche Auslegungsspielräume, da die entsprechenden Gesetze oftmals mit unbestimmten Rechtsbegriffen versehen sind. Die Auslegung dieser Vorschriften liegt in den Händen der Verwaltungsmitarbeiter der Sozialstaatseinrichtungen, die damit gegenüber den Sozialleistungsbeziehern eine erhebliche Macht bei der Genehmigung oder dem Entzug von Leistungen ausüben können. Diese Auslegungsspielräume können aber auch den Sozialleistungsbeziehern Gelegenheiten für die Erschleichung von Sozialleistungen geben (vgl. Lamnek, Olbrich, Schäfer 2000, S. 22, Schäfer 2002, S. 14–16.) Erschwerend kommt hinzu, dass die Gesetzeswerke des Sozialrechts sehr umfangreich sind und ständigen Änderungen unterliegen, typisch für diese Gesetzesnormen ist eine sehr hohe Komplexität der Sachverhalte (vgl. Schäfer 2002, S. 13). Ein Sozialrecht, das selbst von Experten kaum noch überblickt wird, lädt unehrliche Bürger zu Betrugsversuchen ein.

»Die Vielzahl der sozialstaatlichen Institutionen, die damit verbundene Aufteilung von Aufgaben und Verantwortungen sowie die Unübersichtlichkeit der Gesetze und Regelungen ermöglicht und erleichtert nicht nur einigen besonders gut informierten Personen die Ausnützung von ›Schlupflöchern‹, erschwert Kontrollen und öffnet kriminellem Verhalten Tür und Tor.« (Schäfer 2002, S. 13f.). In älteren empirischen Befragungen zeigte sich, dass Teile der Bevölkerung über die Leistungen des Sozialstaates, die Beitragssätze und ihre eigenen Leistungsansprüche schlecht informiert sind (vgl. Schäfer 2002, S. 13). Bisher ist es aufgrund der vielfältigen Leistungsträger (Bund, Länder, Gemeinden) und vielen unterschiedlichen Sozialhilfeleistungen nicht gelungen, die Verteilungswirkungen des Sozialstaats detailliert zu erfassen und abzuschätzen (vgl. Schäfer 2002, S. 13).

Schwarzarbeit

Graf definiert Schwarzarbeit »als eine Tätigkeit, die ähnlich oder gleichartig auch in der offiziellen Wirtschaft vorkommt, die allerdings nicht deklariert wird, um keinen Zahlungsverpflichtungen gegenüber dem Staat nachkommen zu müssen.« (Graf 2007, S. 111). Der Begriff der Schwarzarbeit wird nicht einheitlich verwendet und ist mit Unschärfen behaftet. Ordnungsämter, Arbeitsämter, Finanzbehörden und Sozialversicherungsträger definieren ebenso wie die Wissenschaft den Begriff der Schwarzarbeit unterschiedlich (vgl. Schäfer 2002, S. 17). Problematisch ist die Abgrenzung von Schwarzarbeit zu erlaubten Hilfeleistungen durch Angehörige, Nachbarschaftshilfe und Gefälligkeitsarbeiten, die gestattet sind, wenn sie nicht regelmäßig und nur gegen ein geringes Entgelt und nicht mit nachhaltiger Gewinnerzielungsabsicht erbracht werden (vgl. Enste 2017, S. 18). Durch die sich ergebenden Abgrenzungsprobleme wird der Schwarzarbeitsbegriff unscharf und in der Handhabung schwierig.

Es können aktive und passive Schwarzarbeit unterschieden werden. Bei aktiver Schwarzarbeit handelt es sich um die Erbringung von Dienst- oder Werkleistungen ohne Meldung dieser Aktivitäten gegenüber den Sozialversicherungsträgern (Kranken-, Renten-, Unfall- und Arbeitslosenversicherung), dem Finanzamt oder der Ausländerbehörde (vgl. Lamnek, Olbrich, Schäfer 2000, S. 24). Dementsprechend werden mit Schwarzarbeit Sozialbeiträge und Steuern hinterzogen. Bei passiver Schwarzarbeit geht es um die Beauftragung von Firmen und Einzelpersonen, die ihren Melde- und Abgabepflichten nicht nachkommen, durch Privatleute und Unternehmen. Die Gründe für die Beauftragung von Schwarzarbeit sind vor allem im niedrigeren Preis der Leistungen, aber auch in schnellerem und besserem Service zu suchen (vgl. Enste 2017, S. 21). Sowohl aktive als auch passive Schwarzarbeit werden als Ordnungswidrigkeit geahndet (vgl. Lamnek, Olbrich, Schäfer 2000, S. 24 f.).

Schwarzarbeit kann als Ordnungswidrigkeit sanktioniert werden, seit 2002 auch mit Geldbußen, in schweren Fällen können seit 2004 auch Freiheitsstrafen bis zu 5 Jahren verhängt werden (vgl. Enste 2017, S. 4).

Trotz dieser Strafandrohungen wird Schwarzarbeit in Teilen der Bevölkerung immer noch als Kavaliersdelikt gesehen (vgl. Enste 2017, S. 4). Die Mehrheit der Bevölkerung hält das Risiko, bei Schwarzarbeit ertappt zu werden, für sehr gering oder gering, nur 5 Prozent der Bevölkerung halten es für sehr groß (vgl. Enste 2017, S. 20).

Schwarzarbeit findet sich vor allem bei arbeitsintensiven Dienstleistungen, somit schwerpunktmäßig in folgenden Branchen: Bauwirtschaft, Dienstleistungen im Haushalt, Kfz-Reparaturen, Gastronomie- und Hotelgewerbe, Friseurgewerbe und Schönheitspflege (vgl. Enste 2017, S. 14 sowie A. T. Kearney 2009, S. 9). Sie wird oftmals ausgeführt von jungen Menschen in der Berufsausbildung, im Studium oder von Menschen, die nicht mehr berufstätig sind, selten hingegen von Arbeitslosen (vgl. Enste 2017, S. 16).

Die Hauptursachen für das Wachstum der Schwarzarbeit sind in folgenden Punkten zu sehen:

1. Große Belastung mit Steuern und Sozialabgaben macht Schwarzarbeit attraktiv. (vgl. Schneider 2004, S. 288)

2. Hohe Regulierungsdichte (z. B. im Arbeitsmarkt für die Arbeitsaufnahme durch Zuwanderer oder erzwungene Einschränkungen der Arbeitszeit) erhöht die Arbeitskosten und verstärkt die Anreize zur Arbeit in der Schattenwirtschaft. (vgl. Schneider 2004, S. 290)

Insgesamt zeigt sich damit, dass die staatliche Aktivität Einfluss hat auf den Umfang der Arbeit in der Schattenwirtschaft (vgl. Schneider 2004, S. 289). Methodisch ist es sehr schwierig, Schwarzarbeit als illegale Tätigkeit empirisch zu untersuchen und ihren Umfang zu bestimmen. Oftmals werden hier Befragungen durchgeführt, Betriebsbefragungen (Betriebe, die durch Schwarzarbeit geschädigt wurden) und repräsentative Bevölkerungsbefragungen. Bei Letzteren wird die indirekte Fragemethode (ob der Befragte jemanden kennt, der schwarz arbeitet) von der direkten Fragemethode (ob der Befragte selbst schwarz arbeitet) unterschieden. Die Ergebnisse der direkten Befragung fallen im Regelfall geringer aus als die der indirekten Befragung (vgl. Enste 2025, S. 2 f. sowie Himmelreicher, Dütsch, Baumann 2024, S. 800). Ebenfalls werden zur Ermittlung des Umfangs der Schwarzarbeit makroökonomische Schätzmodelle verwendet, die auf zahlreichen Annahmen beruhen (vgl. Himmelreicher, Dütsch, Baumann 2024, S. 800) und den Umfang der Schwarzarbeit z. B. anhand des physischen Inputs, wie z. B. Stromverbrauch, oder des Bargeld- und Devisenumlaufs abzuschätzen versuchen (vgl. Schneider 2004, S. 187).

Als Ergebnis vieler empirischer Untersuchungen lässt sich festhalten, dass in Deutschland Schwarzarbeit in erheblichem Umfang existiert, hinsichtlich des geschätzten Umfangs sich aber deutliche Abweichungen zwischen den verschiedenen Studien mit unterschiedlichen Erhebungsmethoden ergeben (vgl. Himmelreicher, Dütsch, Baumann 2024, S. 805).

Die Schätzungen zum Umfang der Schwarzarbeit sind sehr unterschiedlich: Sie reichen bis zu 3,3 Millionen Schwarzarbeitern in Deutschland im Jahr 2024 (vgl. Enste 2025, S. 1). Die Schätzungen von Schneider propagieren einen Umfang der Schwarzarbeit von 350 Mrd. Euro. Diese Schätzungen werden von Graf mit sachlogischen Argumenten infrage gestellt, Graf kommt zu der Schlussfolgerung, dass die Schwarzarbeit einen recht geringen Umfang in Deutschland hat (vgl. Graf 2007, S. 116).

Sehr große Unterschiede gibt es auch hinsichtlich des durch Schwarzarbeit angerichteten Schadens in der Volkswirtschaft. Negative Wirkungen von Schwarzarbeit werden gesehen in Einnahmeausfällen des Staates und der Sozialversicherung und der Verdrängung von legaler Beschäftigung (vgl. Enste 2017, S. 23). Auch kann der Staat Sicherheitsvorschriften und Regulierungen, die in der offiziellen Wirtschaft gelten, im Bereich der Schwarzarbeit nicht durchsetzen (vgl. A. T. Kearney 2009, S. 5). Die Einnahmeausfälle des Staates durch Schwarzarbeit erhöhen die staatlichen Defizite und können mittelfristig zu höheren Steuern für alle führen, was wiederum neue Anreize zur Flucht in die Schwarzarbeit setzt (vgl. Schneider 2004, S. 286, 291, Graf 2007, S. 199).

Die von der herrschenden Literatur überwiegend vertretene Position, dass Schwarzarbeit bis zu 10 Prozent des Bruttosozialprodukts ausmacht und zu substanziellen Einnahmeausfällen des Staates führt, wird von Graf (2007) infrage gestellt. Er kommt zu der Schlussfolgerung, dass der Umfang der Schwarzarbeit in Deutschland gering ist und dem Staat dadurch keine Einnahmeausfälle entstehen (vgl. Graf 2007, S. 106). Als Gründe führt er an, dass die Einnahmen aus der Schwarzarbeit wieder im offiziellen Sektor verausgabt werden, was dem Staat Steuereinnahmen beschert, und dass viele Aktivitäten, wenn es keine Möglichkeit zur Beauftragung eines Schwarzarbeiters gegeben hätte, gar nicht stattgefunden hätten und damit auch keine Steuereinnahmen im offiziellen Sektor entstanden wären (vgl. Graf 2007, S. 119–122). Graf vermutet, dass der Verweis auf den großen Umfang und die großen Schäden der Schwarzarbeit zur Rechtfertigung von Steuererhöhungen und zum Ausbau der staatlichen Bürokratie herangezogen wird (vgl. Graf 2007, S. 124 f.). Einen dringenden staatlichen Handlungsbedarf bei der Bekämpfung von Schwarzarbeit sieht er nicht (vgl. Graf 2007, S. 125 f.).

Es stellt sich somit die Frage, ob Schattenwirtschaft und Schwarzarbeit – wie in der wissenschaftlichen Literatur implizit angenommen – in allen Fällen unerwünscht und negativ zu beurteilen ist (vgl. Fleming, Roman, Farrell 2000, S. 388). Schwarzarbeit gilt nach durchgeführten Befragungen heute in Teilen der Bevölkerung als Allerweltsdelikt, das vergleichsweise legitim erscheint (vgl. Lamnek, Olbrich, Schäfer 2000, S. 241, 247, 248). Missbrauch von Arbeitslosenhilfe und Bürgergeld sowie Sozialleistungsmissbrauch wurden dagegen von den Befragten viel strenger beurteilt (vgl. Lamnek, Olbrich, Schäfer 2000, S. 246 f., 249). Schwarzarbeit erfüllt auch wichtige Funktionen, was allerdings ihren illegalen Charakter nicht aufhebt: Schwarzarbeit erfüllt eine wichtige informelle Korrekturfunktion. Sie ist in Zeiten von seltener werdenden Vollzeitarbeitsstellen, rückläufigen Reallöhnen und Einkommen ein Weg, der es den Menschen ermöglicht, den Lebensstandard – wenn auch auf illegale Weise – zu erhalten. Schwarzarbeit unterstützt auch in der Form von Nachbarschaftshilfe das Funktionieren lokaler Gemeinschaften. Von daher ist eher zu erwarten, dass der informelle Arbeitsmarkt weiter zunehmen wird (vgl. Tunley 2011, S. 315).

In Zeiten wirtschaftlicher Krisen kann sie es ermöglichen, rückläufiges reguläres Einkommen durch Schwarzarbeit aufzubessern und damit den bisherigen Lebensstandard zu halten. Es sollte auch nicht vergessen werden, dass die Schattenwirtschaft manchmal – z. B. in Deutschland während des Krieges und von 1945 bis 1947 – das Überleben der Menschen gesichert hat. Ebenfalls kann Schwarzarbeit als ein Protest gegen zu hohe Steuern, Sozialabgaben und Bürokratie verstanden werden (vgl. Enste 2017, S. 3): »[...] a growing shadow economy can be seen as a reaction by individuals who feel overburdened by state acitivities.« (Schneider 2004, S. 286). Ohne die Möglichkeit der Schwarzarbeit würden viele Dienstleistungsarbeiten gar nicht beauftragt oder von den Bürgern in Eigenregie erstellt werden (vgl. Enste 2017, S. 23 sowie A.T. Kearney 2009, S. 5). Zudem wird ein erheblicher Teil der Einnahmen aus Schwarzarbeit später über den Konsum der Schwarzarbeiter wieder in der offiziellen Ökonomie ausgegeben und damit auch versteuert z. B. über die Mehrwertsteuer (vgl. A.T. Kearney 2009, S. 3 f. sowie Schneider 2004, S. 286). Choi und Thum entwickeln ein Modell, in dem ein Unternehmen den vom Staat ausgehenden Störungen (z. B. Korruption von staatlichen Entscheidungsträgern) durch die Abwanderung in die Schattenwirtschaft ausweicht. Dementsprechend ist ein wichtiger Grund für die Existenz der Schattenwirtschaft darin zu sehen, dass sie Unternehmer abschirmt gegen von staatlichen Behörden induzierte Störungen, wie z. B. exzessive Besteuerung, intensive Regulierung, Korruption im Staat und starke Eingriffe des Staates in den Wirtschaftsablauf (vgl. Choi, Thum 2005, S. 818). »In this sense, the presence of the unofficial sector plays as a complement to the official economy instead of as a substitute.« (Choi, Thum 2005, S. 818). Eine aktive Schattenwirtschaft kann Hinweise geben auf ineffiziente Wirtschaftspolitik des Staates und Missstände in der offiziellen Wirtschaft (vgl. Fleming, Roman, Farrell 2000, S. 396, 398).

Aufgrund dieser durchaus positiven Wirkungen der Schwarzarbeit ist die Bestimmung des Nettoschadens, den Schwarzarbeit in der offiziellen Wirtschaft verursacht, schwierig (vgl. A. T. Kearney 2009, S. 5).

Zur Eindämmung von Schwarzarbeit hat der deutsche Gesetzgeber das Instrument der Minijobs geschaffen, bei denen die Beschäftigten keine Sozialabgaben und in der Regel auch keine Steuern bezahlen (vgl. Enste 2017, S. 22, A.T. Kearney 2009, S. 6). Ebenfalls zur Reduktion von Schwarzarbeit eignet sich die Verpflichtung zur Benutzung elektronischer Bezahlsysteme und damit der Verzicht auf Bargeldzahlungen (vgl. A. T. Kearney 2009, S. 8). Schwarzarbeit kann evtl. auch eingedämmt werden durch neue Regulierungen, Kontrollen und Strafen oder Vereinfachungen im Steuer- und Sozialabgabenrecht (vgl. A. T. Kearney 2009, S. 5 f.), was aber wiederum die Anreize zum Ausweichen in die Schwarzarbeit erhöhen kann. Insgesamt steht der Staat den Einnahmeausfällen durch Schwarzarbeit aber nicht hilflos gegenüber: »Reducing the shadow economy is an achievable task.« (A.T. Kearney 2009, S. 12).

Für die Bekämpfung von Schwarzarbeit ist in Deutschland der Zoll zuständig, der die Finanzkontrolle Schwarzarbeit (FKS) eingerichtet hat. Die Erfolgsbilanz der Arbeit des Zolls wird in der wissenschaftlichen Literatur sehr kritisch gesehen: 2015 wurden 360 000 Personen überprüft. Im Jahr 2015 deckte die FSK Schäden in Höhe von 800 Mio. Euro auf, es wurde aber nur Geldstrafen von 29 Mio. Euro und Geldbußen von 43 Mio. Euro verhängt. Demgegenüber stehen Kosten von mehr als 400 Mio. Euro für die 6700 Beschäftigten der FSK im Jahr 2015 (vgl. Enste 2017, S. 19). Im Jahr 2024 hat die FSK 25 274 Arbeitgeber (also etwa jeden einhundertsten Arbeitgeber in Deutschland) überprüft, 96 813 Strafverfahren und 49 686 Ordnungswidrigkeiten eingeleitet. Es wurde eine Schadenssumme von 760 Mio. Euro ermittelt. Die FSK hatte 9500 Beschäftigte im Jahr 2024 (vgl. o. V. 2025c).

Steuerhinterziehung

Im Kern geht es bei Steuerhinterziehung darum, dass Haushaltsmitglieder für ihre privaten Haushalte mit halblegalen (rechtliche Graubereiche) oder illegalen, auf jeden Fall jedoch illegitimen und moralisch zweifelhaften Strategien versuchen, ökonomische Ressourcen zu erlangen (vgl. Lamnek, Olbrich, Schäfer 2000, S. 14).

Der Tatbestand der Steuerhinterziehung ist in §370 der Abgabenordnung geregelt, dort werden die entsprechenden Sanktionsmöglichkeiten des Staates, Geldstrafe oder Freiheitsstrafe, aufgeführt, in dieser Vorschrift zeigt sich die Hoheits- und Deutungsmacht des Staates sehr deutlich.

§ 370 AO

(1) Mit Freiheitsstrafe bis zu fünf Jahren oder mit Geldstrafe wird bestraft, wer

1. den Finanzbehörden oder anderen Behörden über steuerlich erhebliche Tatsachen unrichtige oder unvollständige Angaben macht,
2. die Finanzbehörden pflichtwidrig über steuerlich erhebliche Tatsachen in Unkenntnis lässt oder
3. pflichtwidrig die Verwendung von Steuerzeichen oder Steuerstemplern unterlässt und dadurch Steuern verkürzt oder für sich oder einen anderen nicht gerechtfertigte Steuervorteile erlangt.

(2) Der Versuch ist strafbar.

(3) In besonders schweren Fällen ist die Strafe Freiheitsstrafe von sechs Monaten bis zu zehn Jahren.

Steuerhinterziehung gilt heute in Teilen der Bevölkerung als Allerwelts- oder Kavaliersdelikt (vgl. Lamnek, Olbrich, Schäfer 2000, S. 241, 247, 248). Dies haben Befragungen ergeben, die aber auch aufgezeigt haben, dass Missbrauch von Arbeitslosenhilfe und Bürgergeld sowie Sozialleistungsmissbrauch von den Befragten viel strenger beurteilt und weniger akzeptiert werden (vgl. Lamnek, Olbrich, Schäfer 2000, S. 246 f., 249).

Steuerhinterziehung ist eine besondere Kategorie betrügerischer Aktivität. Denn der Steuerbetrüger hat als Gegner nicht andere Unternehmen oder Privatleute, sondern den mit Hoheitsgewalt ausgestatteten Staat. Der Staat kann die Steuerregeln selbst bestimmen und definieren, was Steuerbetrug ist und was nicht. Ferner kann der Staat als Hoheitsträger vielfältige Zwangsmittel, umfangreiche Ressourcen und eine mit umfangreichen Befugnissen ausgestattete Organisation einsetzen. Derartige Mittel und Ressourcen stehen Privatleuten und

Unternehmen nicht zur Verfügung, wenn sie zum Opfer von Raub werden (vgl. Covell 1990, S. 5).

Eine Definition der Steuerhinterziehung aus ökonomischer und sozialpsychologischer Sicht schlagen Bayer und Reichl (1997, S. 18) vor: »Steuerhinterziehung ist eine bewußt begangene, strafbare Handlung oder Unterlassung, die dazu führt, daß dem Staat fällige Steuern vorenthalten werden, wobei der Hinterzieher mögliche soziale und legale Sanktionen in Kauf nimmt.«

Steuerbetrug kann in vielfältigen Formen stattfinden: Schwarzarbeit, Mehrwertsteuerbetrug, Einkommenssteuerbetrug durch falsche Angaben oder Transferierung von Geld in Steueroasen (vgl. Frick 2025). Dabei ist die Abgrenzung von Steuerhinterziehung gegenüber Steuervermeidung und Steuerumgehung nicht immer einfach. Steuervermeidung und Steuerumgehung sind legal, Steuerhinterziehung ist illegal (vgl. Bayer, Reichl 1997, S. 15 f.). Bei Steuerhinterziehung geht es um die vorsätzliche Verletzung von Erklärungspflichten gegenüber dem Finanzamt (vgl. Bayer, Reichl 1997, S. 16). Demgegenüber ist Steuervermeidung dadurch charakterisiert, dass der Steuerpflichtige seine wirtschaftlichen Aktivitäten so gestaltet, dass gesetzliche Steuertatbestände vermieden werden, ohne dass er falsche und irreführende Angaben in der Steuererklärung macht. Steuerumgehung bezeichnet hingegen die missbräuchliche Rechtsgestaltung wirtschaftlicher Aktivitäten mit der Zielsetzung der Steuerersparnis. Der Steuerpflichtige verstößt nicht gegen den Wortlaut, aber gegen den Sinn und Geist des Steuergesetzes. Steuerumgehung ist nicht strafbar, aber der Steuerpflichtige, dem sie nachgewiesen wurde, muss die umgangene Steuer nachzahlen (vgl. Bayer, Reichl 1997, S. 16 f.).

Steuerhinterziehung ist ein Delikt mit großer Verbreitung in Deutschland. Sie wurde sogar schon als »Volkssport« tituliert. Das ändert nichts daran, dass sie strafbar ist. Die Spannweite der möglichen Strafen für Steuerhinterziehung reicht je nach Schwere des Falls von Ordnungswidrigkeit über Geldstrafe bis zu 10 Jahren Freiheitsstrafe (vgl. Franzen 2008, S. 72). Aufschlussreich ist das Ergebnis einer empirischen Untersuchung: »62% der Bevölkerung halten Steuerhinterziehung für unmoralisch, aber genauso viele empfinden die Steuergesetze als derart ungerecht, dass sie die Hinterziehung legitimieren.« (Franzen 2008, S. 72). Das deutsche Steuerrecht ist sehr umfangreich, hochkomplex und in ständiger Änderung begriffen. Ein Steuerrecht, das selbst von Experten kaum noch überblickt wird, lädt unehrliche Bürger zu Betrugsversuchen ein.

Zahl und Umfang der aufgedeckten Steuerhinterziehungen werden durch eine hohe Dunkelziffer nicht entdeckter Steuerdelikte weit übertroffen (vgl. Franzen 2008, S. 72). Bei der Schätzung des Umfangs der hinterzogenen Steuern können unterschiedliche Methoden angewandt werden: Befragung nach dem Steuerhinterziehungsverhalten, Auswertung tatsächlich vom Finanzamt bearbeiteter Steuererklärungen, Verhaltensexperimente oder die Heranziehung von Ersatzindikatoren wie z. B. Bargeldumlauf bei großen Banknoten als Indikator für Schattenwirtschaft. Die unterschiedlichen Methoden gelangen in der Regel zu stark unterschiedlichen Schätzungen der hinterzogenen Steuern (vgl. Bayer, Reichl 1997, S. 22 sowie Franzen 2008a, S. 94 f.).

Die wesentlichen Folgen von Steuerhinterziehung sind Einnahmeausfälle, die der Staat durch andere Mehreinnahmen, Schuldenaufnahme oder Einsparungen ausgleichen muss, um den Etat auszugleichen. Je nach gewählter Kompensationsform sind unterschiedliche Wohlstandswirkungen in der Gegenwart und in der Zukunft zu erwarten (vgl. Bayer, Reichl 1997, S. 20). Eine weitere wesentliche Folge von Steuerhinterziehung ist die Verletzung des Prinzips der Steuergerechtigkeit, weil der steuerehrliche Bürger bei dem gleichen Steuersachverhalt mehr Steuern zahlt als der steuerhinterziehende Bürger (vgl. Bayer, Reichl 1997, S. 21).

Steuerhinterziehung als Forschungsgegenstand wird von mehreren wissenschaftlichen Disziplinen betrieben, hier sind vor allem Ökonomie, Soziologie und Psychologie zu nennen (vgl. Franzen 2008, S. 74). Das ökonomische Standardmodell zur Steuerhinterziehung geht auf Allingham und Sandmo (1972) zurück. Die Kernaussage des Modells lautet, dass Steuerhinterziehung erfolgen wird, wenn der Steuerpflichtige das Produkt aus Entdeckungswahrscheinlichkeit und Strafmaß für die Steuerhinterziehung für geringer hält als die ansonsten zu zahlenden Steuern. Steuerhinterziehung wird in dieser ökonomischen Logik hingegen unterbleiben, wenn das Produkt aus Entdeckungswahrscheinlichkeit und Strafmaß für die Steuerhinterziehung größer ist als die ansonsten zu zahlenden Steuern. An diesem ökonomischen Modell ist vielfältige Kritik geübt worden, z. B. die Vernachlässigung moralischer und sozialer Faktoren. Auch vermag das Standardmodell nicht zu erklären, warum trotz relativ geringen Entdeckungsrisikos viele

Bürger ihre Steuern korrekt entrichten. Das Modell erscheint unterkomplex und schließt wichtige Erklärungsdeterminanten der Steuerhinterziehung nicht ein.

Die Psychologie, speziell die Steuerpsychologie, entwickelt eine andere Erklärung für Steuerhinterziehung als das ökonomische Standardmodell. Die grundlegenden Arbeiten zur Steuerpsychologie als Teilgebiet der Finanzwissenschaft gehen auf Günter Schmölders (1953) zurück (vgl. zum Folgenden Franzen 2008, S. 75). Bestandteile seines Erklärungsmodells sind das Konzept der Steuermentalität (grundsätzliche Einstellung des Steuerpflichtigen zum Steuersystem, zur Steuerpflicht), das Konzept der Steuermoral (grundsätzliche Einstellung des Steuerpflichtigen gegenüber Steuerdelikten), das Konzept der subjektiven Steuerbelastung (gefühlte Steuerbelastung, die von der objektiven Steuerbelastung abweichen kann). Aus dem Zusammenwirken von Steuermentalität, Steuermoral und subjektiver Steuerbelastung ergibt sich der Steuerwiderstand des Steuerpflichtigen. Der Steuerwiderstand kann sich in legalen Formen wie Steuervermeidung und Steuerausweichung, aber auch in illegalen Formen wie Steuerhinterziehung manifestieren.

Eine wiederum andere Sichtweise auf Steuerhinterziehung nimmt die Soziologie ein. Das Steuerdelikt ist aus soziologischer Sicht ein Fall abweichenden Verhaltens. Die Theorie der differentiellen Assoziation weist darauf hin, dass Steuerhinterziehung ein Verhalten ist, das erlernt wird. Das Lernen erfolgt dabei durch Kommunikation in einer sozialen Gruppe (z. B. im Freundes- oder Kollegenkreis, der Steuerhinterziehung als normales Kavaliersdelikt ansieht). Denkbar ist auch, dass Steuerhinterziehung erlernt wird von allgemeinen »Vorbildern« (Prominente und Politiker, die Steuern hinterziehen) und aus Berichten der Massenmedien zu Steuerhinterziehung (vgl. Franzen 2008, S. 77). Einen anderen Zugang zur Thematik der Steuerhinterziehung eröffnen die ebenfalls aus der Soziologie stammende Neutralisierungstheorie und die Theorie der kognitiven Dissonanz. Nach dieser Theorie streben Menschen danach, ihr Selbstbild einer vertrauenswürdigen, gesetzeskonformen Person aufrecht zu erhalten. Dies erfordert, dass sie ihr begangenes Steuerdelikt vor sich selbst rechtfertigen müssen mit Neutralisierungstechniken, um ihr Selbstbild zu erhalten. Typische Neutralisierungstechniken sind die Behauptung der Normalität (jeder hinterzieht doch Steuern), die Ablehnung der Verantwortung (die Steuergesetze sind kompliziert und willkürlich, die Steuersätze zu hoch), die Verleugnung des Schadens (es ist kein wirklicher Schaden für den Staat entstanden), die Einnahme einer Opferrolle (der Steuerpflichtige muss sich gegen die Ausbeutung durch den Staat wehren), die Berufung auf soziale Notwendigkeit (Steuerhinterziehung zum Wohl der Familie, des Unternehmens, nicht aus eigennützigen Gründen) und die Betonung der Einmaligkeit (das Steuerdelikt als einmaliger Ausrutscher, bei dem es auch bleiben soll) (vgl. Franzen 2008, S. 77 f.). Mit Hilfe derartiger Neutralisierungstechniken wird der Regelverstoß negiert, legitimiert oder die Verantwortung delegiert.

Insgesamt zeigen die obigen Ausführungen: »Steuerhinterziehung ist ein komplexes Verhalten, das sowohl rationale wie auch emotionale Entscheidungskomponenten aufweist und wirtschaftliche, rechtliche, politische, soziale, psychische und moralische Dimensionen umfasst.« (Franzen 2008, S. 78). Kürzer formuliert: »Menschliche Motivationsstrukturen für Steuerhinterziehung sind vielschichtig, die Einflußfaktoren zahlreich.« (Bayer, Reichl 1997, S. 14).

Zum Thema Steuerhinterziehung gibt es nicht nur theoretische, sondern auch eine reichhaltige empirische Forschung. Die empirische Forschung ist dabei mit der Dunkelfeldproblematik konfrontiert, weil Steuerhinterziehung eine illegale Tätigkeit ist. Verlässliche Schätzungen zum Ausmaß der tatsächlichen Steuerhinterziehung gibt es aufgrund der methodischen Probleme nicht (vgl. Franzen 2008, S. 73). Als relativ gesicherte Erkenntnisse der empirischen Forschung zur Steuerhinterziehung können gelten: Junge Menschen hinterziehen eher Steuern als ältere Menschen. Männer neigen eher zur Steuerhinterziehung als Frauen. Personen mit höherer Bildung tendieren eher zur Steuerhinterziehung. Selbstständige haben eine höhere Bereitschaft zur Steuerhinterziehung als andere Berufsgruppen (vgl. Franzen 2008a, S. 95). Weitere erzielte empirische Erkenntnisse sind: Die Steuerehrlichkeit ist geringer, wenn der Steuerpflichtige eine weit verbreitete Steuerhinterziehung im Rest der Bevölkerung wahrnimmt. Das Ausmaß der Steuerhinterziehung wird beeinflusst vom sozialen Umfeld, das sich entweder als steuerunehrlich oder steuerehrlich erweisen kann (vgl. Franzen 2008a, S. 96). Steuerpflichtige, die ihre Steuerlast subjektiv als zu hoch oder höher als in der Restbevölkerung einschätzen, tendieren eher zur Steuerunehrlichkeit (vgl. Franzen 2008a, S. 97). Umgekehrt gilt auch: »Je höher die wahrgenommene Steuergerechtigkeit, umso positiver ist die Einstellung zur Steuer und umso geringer die Steuerhinterziehung.« (vgl. Franzen 2008a, S. 98). Steuerhinterziehung fällt umso geringer aus, je höher die positive Einstellung des Steuerpflichtigen zur Steuer ist und je höher die wahrgenommene Steuerfairness ist (vgl. Döring 2005, S. 175). Die Wahrscheinlichkeit der Steuerhinterziehung steigt, wenn den Steuern keine adäquaten öffentlichen Leistungen gegenüberstehen oder der Bürger unzufrieden mit der Politik und dem Staat ist (vgl. Franzen 2008a, S. 98). Eine grundsätzlich positive Einstellung des Steuerpflichtigen gegenüber dem Staat reduziert hingegen Steuerhinterziehung. Eine subjektiv vermutete höhere Entdeckungswahrscheinlichkeit der Steuerhinterziehung reduziert die Anzahl der Steuerdelikte, wobei Steuerhinterzieher die Entdeckungsgefahr geringer einschätzen als Steuerehrliche (vgl. Franzen 2008a, S. 99). Mit zunehmendem Einkommen steigt der Steuerwiderstand (vgl. Franzen 2008a, S. 99). Insgesamt haben diese Ergebnisse der empirischen Steuerhinterziehungsforschung vermutete Alltagsthesen bestätigt (vgl. Franzen 2008a, S. 100). Teilweise konnte die empirische Forschung zur Steuerhinterziehung jedoch auch nicht erwartete Ergebnisse erzielen. So zeigt die Studie von Torgler (2003), dass hohe Strafandrohungen die intrinsische Motivation zur Steuerzahlung tendenziell verdrängen. Interessant ist auch das Ergebnis von Torgler (2004), dass die Steuerehrlichkeit größer ist, wenn der Bürger in einer direkten Demokratie mehr Einflussmöglichkeiten auf den politischen Willensbildungsprozess und auf Politiker hat (vgl. Döring 2005, S. 175): »Elemente der direkten Demokratie ebenso wie eine weitreichende Dezentralisierung politischer Entscheidungen erlauben dem Bürger, einen unmittelbaren Einfluss auf Niveau und Qualität der staatlichen Leistungen auszuüben. Der damit verbundene Grad an Prozessfairness scheint für die Bereitschaft zu Steuerzahlung eine entscheidende Rolle zu spielen.« (Döring 2005, S. 176). Vertrauen in den Staat und sein korrektes und gerechtes Funktionieren scheint für die Steuerehrlichkeit der Bürger ein wichtiger Einflussfaktor zu sein (vgl. Döring 2005, S. 177). Bayer und Reichl stellen in ihrer empirischen Untersuchung fest, dass es nicht einen einzigen Typus von Steuerzahlern gibt, sondern eine Typologie von drei Gruppen von Steuerzahlern. Die erste Gruppe umfasst ehrliche Steuerzahler, die sich durch Gemeinschaftssinn und gute Steuermoral auszeichnen und sich durch soziale und private Normen anleiten lassen, ihre Steuern korrekt zu deklarieren trotz einer gewissen Unzufriedenheit mit dem deutschen Steuersystem. Dieser Typus denkt und handelt langfristig. Die zweite Gruppe umfasst variable Hinterzieher, die bei großer Unzufriedenheit mit dem Steuersystem mehr Steuern hinterziehen und eine schlechte Steuermoral aufweisen. Dieser Typus denkt und handelt mittelfristig. Die dritte Gruppe beinhaltet notorische Hinterzieher, die sich durch eine erheblich egoistischere Einstellung als die Angehörigen der beiden anderen Gruppen auszeichnen. Bei sich bietender Gelegenheit hinterziehen sie hohe Steuersummen. Die Angehörigen der dritten Gruppe verhalten sich kurzfristig nutzenmaximierend. Diese drei mit Hilfe von Verhaltensexperimenten ermittelten Gruppen von Steuerpflichtigen sind Idealtypen, in der Realität sind Mischtypen zu erwarten (vgl. Bayer, Reichl 1997, S. 169).

Die Steuerfahndung hat in den Jahren 2014 bis 2023 Mehrsteuern in Höhe von insgesamt 27,4 Mrd. Euro eintreiben können. Demgegenüber steht ein geschätzter jährlicher (!) Verlust durch Steuerhinterziehung zwischen 30 bis über 100 Mrd. Euro (vgl. Brandt 2005). Hier zeigt sich auch, dass die Steuerfahndung an Grenzen kommt. Auffällig ist, dass die Höhe der entdeckten Steuerhinterziehungen und die Zahl der bearbeiteten Steuerfälle seit Jahren etwa gleich hoch sind. Fraglich ist auch, warum die Steuerfahndung nicht mehr als durchschnittlich 2,74 Mrd. Euro pro Jahr eintreibt angesichts der vermuteten viel umfangreicheren Steuerhinterziehung? Gründe dafür können in dem Personalmangel bei den Steuerfahndungsbehörden vor allem im mittleren und gehobenen Dienst, den Problemen bei der Rekrutierung von IT-Experten angesichts der niedrigeren Besoldung im öffentlichen Dienst gegenüber der Privatwirtschaft und Rückstände der Steuerverwaltung beim Einsatz von künstlicher Intelligenz und der Digitalisierung sein. Auch ein vereinfachtes Steuerrecht könnte die Aufgaben der Steuerfahndung ebenso erleichtern wie eine Reduktion der Anreize zu Schwarzarbeit durch Reformen im Steuer- und Sozialrecht (vgl. Frick 2025).

6.5.3 Opportunistisches Verhalten von Bürgern: das Auseinanderfallen von Rechten und Pflichten

Opportunistisches Verhalten von Bürger ist da zu erwarten, wo Rechte einseitig betont und Pflichten vernachlässigt werden, d.h. wo Rechte und Pflichten auseinanderfallen: Dies ist seit längerem auf mehreren Ebenen der Politik und in mehreren Kollektiven zu beobachten. Jedes grundlegende Recht geht immer mit einer offiziellen oder gefühlten Pflicht bzw. Verpflichtung einher. Wo dieser Zusammenhang in Vergessenheit gerät, können Nichtwählen, Steuerbetrug, Sozialleistungsbetrug, Schattenwirtschaft und Schwarzarbeit florieren. Nachfolgend wird die Erosion des Zusammenhangs von Rechten und Pflichten für drei menschliche Kollektive abstrakt dargestellt.

Menschenrechte und Menschenpflichten

Die Charta der Menschenrechte ist allgemein bekannt und in vielen Ländern der Welt akzeptiert. Weniger bekannt ist die Bekanntmachung von Menschenpflichten als Korrelat zu den Menschenrechten. Im Jahr 1997 wurde vom InterAction Council (eine Vereinigung ehemaliger Staats- und Regierungschefs) eine »Allgemeine Erklärung der Menschenpflichten« formuliert, die als Korrelat zu Menschenrechten gedacht war (vgl. InterAction Council 1997). Sie sollte von der Generalversammlung der Vereinten Nationen verkündet werden, wurde aber nie von der UN verabschiedet. Damit ist sie völkerrechtlich nicht bindend. Dennoch ist diese Erklärung wichtig, denn sie formuliert fundamentale Prinzipien für Humanität, Gewaltlosigkeit und Achtung vor dem Leben, Gerechtigkeit und Solidarität, Wahrhaftigkeit und Toleranz sowie gegenseitige Achtung und Partnerschaft als zentrale Menschenpflichten. Menschenpflichten sichern das menschliche Zusammenleben, sie ergänzen die Menschenrechte und sollen ein globales Wertefundament schaffen. In den 19 Artikeln der Erklärung wurden unter anderem normiert:

- Jede Person hat die Pflicht, alle Menschen menschlich zu behandeln. (Art. 1)
- Jeder Mensch hat die Pflicht, sich für die Würde und die Selbstachtung aller anderen Menschen einzusetzen. (Art. 2)
- Jeder Mensch hat die Pflicht, unter allen Umständen Gutes zu fördern und Böses zu meiden. (Art. 3)
- Jeder Mensch muss im Geist der Solidarität Verantwortung übernehmen gegenüber allen anderen Menschen: Was Du nicht willst, dass man dir tut, das füg' auch keinem anderen zu. (Art. 4)
- Jede Person hat die Pflicht, Leben zu achten. (Art. 5)

- Streitigkeiten zwischen Staaten, Gruppen oder Individuen sollen ohne Gewalt ausgetragen werden. (Art. 6)
- Alle Menschen haben die Pflicht, Luft, Wasser und Boden um der gegenwärtigen Bewohner und der zukünftiger Generationen willen zu schützen. (Art. 7)
- Jede Person hat die Pflicht, sich integer, ehrlich und fair zu verhalten. Keine Person oder Gruppe soll irgendeine andere Person oder Gruppe ihres Besitzes berauben oder ihn willkürlich wegnehmen. (Art. 8)
- Alle Menschen, denen die notwendigen Mittel gegeben sind, haben die Pflicht, ernsthafte Anstrengungen zu unternehmen, um Armut, Unterernährung, Unwissenheit und Ungleichheit zu überwinden. Sie sollen überall auf der Welt eine nachhaltige Entwicklung gewährleisten, um für alle Menschen Würde, Freiheit, Sicherheit und Gerechtigkeit zu gewährleisten. (Art. 9)
- Alle Menschen haben die Pflicht, ihre Fähigkeiten durch Fleiß und Anstrengung zu entwickeln. (Art. 10)
- Alles Eigentum und aller Reichtum muss in Übereinstimmung mit der Gerechtigkeit und zum Fortschritt der Menschheit verantwortungsvoll verwendet werden. (Art. 11)
- Jeder Mensch hat die Pflicht, wahrhaftig zu reden und zu handeln. (Art. 12)
- Keine Politiker, Beamte, Wirtschaftsführer, Wissenschaftler, Schriftsteller, Künstler, Ärzte, Juristen und Angehörige anderer Berufe, die Klienten gegenüber besondere Pflichten haben, sind von allgemeinen ethischen Maßstäben entbunden. (Art. 13)
- Die Freiheit der Medien muss mit Verantwortung und Umsicht gebraucht werden. Die Freiheit der Medien bringt eine besondere Verantwortung für genaue und wahrheitsgemäße Berichterstattung mit sich. (Art. 14)
- Die Repräsentanten der Religionen haben eine besondere Pflicht, Äußerungen von Vorurteilen und diskriminierende Handlungen gegenüber Andersgläubigen zu vermeiden. (Art. 15)
- Alle Männer und alle Frauen haben die Pflicht, einander Achtung und Verständnis in ihrer Partnerschaft zu zeigen. (Art. 16)
- Die Ehe erfordert Liebe, Treue und Vergebung, und sie soll zum Ziel haben, Sicherheit und gegenseitige Unterstützung zu garantieren. (Art. 17)

- Vernünftige Familienplanung ist die Verantwortung jeden Paares. Weder Eltern noch andere Erwachsene sollen Kinder ausbeuten, missbrauchen oder misshandeln. (Art. 18)
- Keine der oben genannten Menschenpflichten darf so ausgelegt werden, dass dadurch die Allgemeinen Menschenrechte verletzt werden. (Art. 19)

Grundrechte und Grundpflichten

Grundrechte sind im Grundgesetz (Art. 1–20 GG) geregelt, sie gelten für alle Menschen, die sich in Deutschland aufhalten und normieren die Rechte der Menschen gegenüber dem deutschen Staat. Jedes Grundrecht kann aber auch als Grundpflicht gedeutet werden, es schließt gleichsam eine Grundpflicht ein, die für das Verhalten der Menschen untereinander handlungsleitend sein sollte (vgl. zum Folgenden Bürgerstiftung Lebensraum Aachen 2025).

- Art. 1 GG normiert »Die Würde des Menschen ist unantastbar«. Daraus lässt sich die Grundpflicht ableiten: »Deshalb muss ich jeden anderen Menschen – Frau, Mann, Kind – mit Respekt und Wertschätzung behandeln, einfach deshalb, weil der andere ein Mensch ist.«
- Art. 2 Abs. 1 GG normiert die freie Entfaltung der Persönlichkeit. Daraus kann die Pflicht abgeleitet werden: »Ich muss akzeptieren, dass jeder andere ebenso wie ich das Recht hat, sich frei zu entfalten. Ich darf dieses Recht anderer nicht verletzen.«
- Art. 2 Abs. 2 GG sichert das Recht auf Leben. Die korrespondierende Grundpflicht dazu wäre: »Ich muss akzeptieren, dass jeder andere ebenso wie ich das Recht hat zu leben.«
- Art. 3–20 GG können ebenso analog interpretiert werden (vgl. Bürgerstiftung Aachen 2025).

Zu jedem Grundrecht kann somit eine Grundpflicht gedacht werden, die für das Zusammenleben der Menschen essenziell ist und das Grundrecht ergänzt.

Bürgerrechte und Bürgerpflichten

Bürgerrechte stehen laut Gesetz nur deutschen Staatsbürgern zu, zu den wichtigsten Bürgerrechten gehören das Wahlrecht (Art. 38 GG), die Versammlungsfreiheit (Art. 8 GG), die Vereinigungsfreiheit (Art. 9 GG) und die Freizügigkeit innerhalb Deutschlands (Art. 11 GG). Auch zu den Bürgerrechten gibt es ein entsprechendes Pendant, nämlich Bürgerpflichten, die sich aus der Staatsangehörigkeit ableiten lassen. Zu den wichtigsten Bürgerpflichten gehören z. B. die Meldepflicht des Wohnsitzes, die Steuerpflicht, die Schulpflicht und (derzeit in Deutschland ausgesetzt) die Wehrpflicht und der Zivildienst. Ohne die Erfüllung dieser Bürgerpflichten wird kein Gemeinwesen langfristig funktionieren und Bestand haben können. Erst durch das gemeinsame Denken von Bürgerrechten und Bürgerpflichten entsteht ein demokratisches Gemeinwesen, das funktioniert und voraussichtlich Bestand hat.

Wenn einseitig die Rechte betont und die Pflichten vernachlässigt werden, wird ein Gemeinwesen von den Bewohnern, die ein solches Verhalten praktizieren, ausgenützt. Es kommt zu einem Ungleichgewicht zwischen dem, was der Bürger dem Gemeinwesen entnimmt, und dem, was er dem Gemeinwesen gibt. Geht der Bürger dabei sogar mit List, Tücke und Betrug vor und entnimmt er dem Gemeinwesen unrechtmäßig oder illegitim mehr als ihm eigentlich zusteht, so kann man von räuberischem Bürgerverhalten sprechen.

Die einseitige Betonung von Rechten bei Vernachlässigung von Pflichten ist eine Manifestation von opportunistischem Individualismus. In den vorigen Abschnitten wurden hierzu die feststellbaren Fehlentwicklungen im Bereich Wahlverweigerung, Sozialleistungsmissbrauch, Schwarzarbeit und Steuerhinterziehung behandelt. Diese opportunistischen Handlungen begeht ein Teil der Bürger. Sie werden von Teilen der Bevölkerung heute als Kavaliersdelikte gesehen.

Werden einseitig die Pflichten betont bei Vernachlässigung der Rechte und Entwicklungschancen des Einzelnen, so kann man von opportunistischem Kollektivismus sprechen, d.h. das Kollektiv übervorteilt den Einzelnen und nimmt von ihm mehr, als dem Kollektiv zusteht. Die entsprechenden Ausführungen hierzu finden sich bei den Ausführungen zum gierigen Finanzsektor, zum maßlosen Staat und zum maßlosen Unternehmen im vorderen Teil des Buches.

C
Ursachen der Entwicklung hin zur Raubökonomie

7
Die tieferen Gründe

Die bisher beschriebenen Erscheinungen der Raubökonomie sind nur die sichtbare Oberfläche, man muss nach den tieferen Problemursachen fragen. Dies wirft zuerst die Frage auf: Wie konnte es so weit kommen und wer hat an dieser Entwicklung Schuld?

Die Raubökonomie ist das Spiegelbild einer degenerierenden Wohlstandsgesellschaft, einer Wirtschaft und Gesellschaft im Abstieg (gefühlt oder tatsächlich), in der die Verteilungskämpfe härter und der Zusammenhalt schwächer werden. Diese Gesellschaft, diese Bürger, dieser Staat, diese Unternehmen entwickeln durch ihr Entscheiden und Handeln eine Ökonomie, die räuberischen Charakter annimmt.

Wer trägt Schuld an der Entwicklung zur Raubökonomie?

Der Finanzsektor gehorcht seiner eigenen wirtschaftlichen Logik (Gewinnmaximierung), daran ist nichts verwerflich. Verwerflich ist allenfalls die fehlende oder falsche Regulierung des Finanzsektors durch die Politik / den Staat.

Der Staat und die Politiker sind die Hauptschuldigen. Sie haben den Finanzsektor dereguliert, die Einführung und Durchsetzung von Shareholder Value toleriert und im öffentlichen Sektor New Public Management eingeführt. Damit trägt die Politik die Hauptverantwortung für den langen Weg in die Raubökonomie. Zusätzlich haben staatliche Akteure nicht nachhaltig gewirtschaftet. Sie haben Investitionen in die Zukunft vernachlässigt (Infrastruktur, Bildung), Schulden gemacht und ungedeckte Wechsel auf die Zukunft (Krankenversicherung, Rentenversicherung) gezogen, die kommende Generationen schwer belasten werden. Politiker haben mit staatlichen Wohltaten Wahlsiege durch Klientelpolitik gekauft und dabei die eigentliche Aufgabe, die Sicherheit und den Wohlstand des Ihnen anvertrauten Landes und seiner Bürger zu mehren, vernachlässigt.

Die Unternehmen sind ebenfalls ihrer eigenen wirtschaftlichen Logik gefolgt und haben die Chancen, die sich ihnen boten, genutzt, daran ist nichts per se Verwerfliches.

Die Parteien sind das Problem, nicht die Politiker

Die Parteien wählen die Politiker aus (Vorwahl), über die der Bürger abstimmen darf. Für den Aufbau und die Durchsetzung von Kandidaten erwarten die Parteien eine Gegenleistung vom gewählten Politiker, die über die Abführung eines Teils der Ministerbesoldung bzw. Mandatsträgergehalts an die Parteikasse hinausreicht. Nämlich die Besetzung von wichtigen Posten mit Parteimitgliedern und die Gewährung von Vergünstigungen und Vorteilen für Parteimitglieder bzw. die Wählerklientel der Partei. Damit wird der Staat zur Beute der Parteien und nicht nur der Politiker: Symptome davon sind die Einstellung und Beförderung nach Parteibuch, die Vergabe von gut dotierten Posten für verdiente Parteimitglieder, die Beförderungswellen für politische Beamte kurz vor Regierungswechseln, und das alles noch moderiert nach einem fein austarierten Herkunfts-, und Geschlechterproporz. Wieso nimmt der Bürger das stillschweigend hin, anstatt dass es einen Aufschrei der Empörung gibt?

Ein Kabarettist hat zum Thema Politik und Wahlen einmal sinngemäß gesagt: Der Trog (d. h. der Staat) bleibt der gleiche, nur die Schweine wechseln alle paar Jahre. Schließt man sich dieser kabarettistischen Sichtweise an, dann könnte man folgerichtig eine politische Partei als eine Schweinebande beschreiben und charakterisieren.

Der Finanzsektor und der Kapitalmarkt sind das Problem, nicht die Manager und Politiker

Der Kapitalmarkt (d. h. Finanzanalysten, institutionelle Investoren, aktivistische Investoren, Hedgefonds, Investmentbanken, Ratingagenturen) treibt die Manager von Unternehmen und die Politiker vor sich her. Er fordert immer höhere Renditen in Form von Kurssteigerungen und Dividenden von Managern sowie Strukturreformen, Steuererleichterungen und Verbesserung der Standortbedingungen von Politikern. In Zeiten, in denen Unternehmen und Staaten aufgrund ihrer hohen Verschuldung auf den Kapitalmarkt angewiesen sind, werden Urteile von Finanzanalysten und Ratingagenturen von essenzieller Bedeutung für Unternehmen und Staaten. Sie bestimmen heute über Prosperität oder Niedergang von Unternehmen und Ländern. Will man das Verhalten von Unternehmen und Ländern (bzw. Managern und Politikern) verstehen, so muss man die Strukturen, Ansprüche und Erwartungen des Kapitalmarktes und seiner Akteure an sie verstehen.

Die Strukturen, Denkmodelle und Ziele (unter dem Einfluss des Kapitalmarktes) der Unternehmen sind das Problem, nicht die einzelnen Manager

Shareholder Value und immer höhere Zielvorgaben des Unternehmens und des Kapitalmarktes machen den einzelnen Manager heute zum Getriebenen. Viele Manager verhalten sich nach den vorgegebenen Anreizsystemen und machen das, was die Anreizsysteme belohnen (z. B. Shareholder Value steigern, Kapitalbindung reduzieren, Arbeit verdichten und rationalisieren). Mittlere Manager arbeiten in Strukturen und exekutieren Kostensenkungsprogramme, die die Unternehmensleitung kreiert hat. Aufgrund der immer höheren beruflichen Spezialisierung und Arbeitsteilung sowie der Größe mancher Unternehmen sieht mancher Manager in den mittleren und oberen Hierarchierängen heute nicht mehr die Folgen und Auswirkungen seines Tuns auf andere Unternehmensbereiche, die Gesellschaft und die natürliche Umwelt. Ein Ausscheren aus der von der Unternehmensleitung und dem Kapitalmarkt vorgegebenen Managementlinie kann oft zu Einkommens- und Statuseinbußen bis hin zum Karriereende führen.

Die Institutionen und Strukturen sind das Problem, nicht die Entscheidungen des Einzelnen

Der einzelne Steuerbeamte, der steuerzahlende Bürger, der Steuerberater oder das steuerpflichtige Unternehmen setzen sich mit dem deutschen Steuerrecht, seinen Gestaltungsspielräumen, Rigiditäten und Absurditäten sowie seiner Komplexität auseinander. Will man das Verhalten dieser Akteure verstehen, so muss man das deutsche Steuerrecht und die Ziele dieser Akteure verstehen.

Der einzelne Minister versucht in seinem Fachressort eine politische Agenda umzusetzen. Dabei wird er aber behindert von der Organisation der Bundesregierung, z. B. den zahlreichen Kompetenzüberschneidungen und Kompetenzkonflikten mit anderen Ministerien sowie den Strukturen des deutschen föderalen Staatsaufbaus und des von ihm geführten Ministeriums. Wiederum: Die Strukturen sind ein Teil des Problems.

Der einzelne Verwaltungsbeamte ist an Gesetze und Verordnungen gebunden, die er umzusetzen hat, er ist eingebunden in ein öffentliches Dienstrecht und eine Ämterhierarchie und hat je nach Aufgabengebiet und Stellung in der Hierarchie der Behörde kleinere oder größere Ermessensspielräume. Die Entscheidungen dieses Beamten sind damit stark beeinflusst von den Behördenstrukturen und rechtlichen Rahmenbedingungen, unter denen er arbeitet.

Die Strukturen und Institutionen definieren auch die Anreize und Sanktionen für Akteure und bestimmen auch auf diese Weise das Verhalten der Akteure. Die Haftung von Politikern, Beamten und Managern ist im Regelfall begrenzt, maximal ist bei schweren Fehlentscheidungen der Verlust des Amtes oder Postens und bei Beamten in der Regel ein Disziplinarverfahren oder die Versetzung in den Ruhestand zu erwarten. Wenn die genannten Akteure sehr gute Entscheidungen treffen, profitieren sie davon gehaltsmäßig entweder gar nicht (Politiker, Beamte) oder nur in schwachem Ausmaß (Manager mit erfolgsabhängiger Entlohnung). Bei Kapitalanlegern, die Aktien einer AG oder Gesellschafteranteile einer GmbH halten, droht bei Fehlentscheidungen im Regelfall maximal der Verlust des Investments, im Erfolgsfalle aber eine deutliche Wertsteigerung. Bei Privatpersonen und Inhabern von Personengesellschaften (z. B. Familienunternehmen) erstreckt sich die Haftung für Fehlentscheidungen auch auf das gesamte Privatvermögen dieser Personen. Bei guten Entscheidungen winken hier sehr hohe Gewinne. Das Verhalten (z. B. die Risikofreude, ggf. auch die Motivation) der skizzierten Personengruppen dürfte aufgrund der stark unterschiedlichen Anreiz- und Sanktionsstrukturen differieren. Wiederum muss man auf die Strukturen sehen, will man das Verhalten der Akteure verstehen.

Die Rollen und Rollenerwartungen sind das Problem, weniger die einzelnen Personen

Mit dem Beruf des Politikers, Managers und Beamten ist eine spezifische Rollenerwartung der Öffentlichkeit und der Interessengruppen verbunden, die die Inhaber des Amtes erfüllen müssen, wollen sie langfristig ihr Amt behalten.

Politiker sollen nicht alles im Detail gestalten und alles regeln, sondern Freiräume für Bürger öffnen. Wieso ist seit Helmut Schmidt das Politikideal der dynamische und kraftvolle Macher und nicht der Gestatter/Zulasser, der Vertrauen in die Kraft der Bürger hat und ihnen Freiräume und die Mittel dazu gibt, ihre Dinge selbst zu regeln?

Die Bürger haben ebenfalls Erwartungen an den Staat, wie er seine Aufgaben erfüllt, was er als Aufgaben zu erfüllen hat. Wieso muss hierzulande der Staat alles bis ins Detail festlegen, statt den Rahmen zu setzen, in dem die Bürger ihre Angelegenheiten selbst regeln können? Weil viele Bürger genau das erwarten und vor Eigenverantwortung zurückscheuen.

In den Vorstellungen vieler Menschen existiert auch ein Rollenbild, wie ein erfolgreicher Manager und ein zuverlässiger Beamter seine Aufgaben erfüllen sollen, wie sie ihr Amt bzw. ihren Posten ausfüllen sollen, wie sie ihr Unternehmen bzw. ihre Behörde vertreten sollen, welches Verhalten eines Managers bzw. Beamten als legitim und akzeptabel anzusehen ist. All diese Rollenerwartungen haben Auswirkungen auf das Verhalten der Akteure.

Mangelnder Austausch und Abschottung der Teil-Eliten zueinander sind das Problem, weniger ihre unterschiedlichen Interessenlagen

Die Eliten aus Wirtschaft, Politik und Verwaltung wurden früher von gesellschaftlichen Institutionen zusammengehalten, die als Nebenaufgabe die wichtige Funktion erfüllten, Menschen verschiedener Herkunft, Einkommensschichten und Berufsgruppen zusammenzubringen. Zu nennen sind hier:

- Schulausbildung
- Wehrdienst bzw. soziales Jahr, die fast alle absolvieren mussten
- Studium an einer öffentlichen Hochschule

- Arbeit als Doktorand an der Universität, wo sowohl spätere Manager als auch Politiker promovierten
- Gesellschaftliche Knotenpunkte und Diskussionsforen, wie z. B. die Alfred Herrhausen Stiftung, die Ludwig Erhard Stiftung, die Adenauer Stiftung, etc.

Dieser gesellschaftlich-integrierende Organisationskitt wurde aber in den letzten Jahrzehnten immer schwächer. Viele wohlhabende Menschen schicken ihre Kinder heute auf Privatschulen, die Kinder ärmerer Eltern lernen in öffentlichen Schulen. Der Wehrdienst und das soziale Jahr wurden für alle abgeschafft. Viele Politiker und Manager studieren an ausländischen Hochschulen oder Elitehochschulen, Kinder aus weniger wohlhabenden Elternhäusern studieren an deutschen Universitäten, Fachhochschulen und der DHBW. Eine Stelle als Doktorand und die Arbeit an der Universität sind heute nicht mehr so attraktiv wie früher für viele Studierende, dazu haben auch zahlreiche Promotionsskandale beigetragen. Stiftungen, die der Gesellschaft bisher Diskussionsforen geboten haben, sind in den letzten Jahren in Finanzprobleme und Managementprobleme (Alfred Herrhausen Stiftung, Thyssen-Krupp Stiftung) oder kleinere Skandale (Ludwig Erhard Stiftung) geraten, die Eliten aus Wirtschaft und Politik treffen heute an anderen Orten (Talkshows, Neujahrsempfänge von Botschaften und Parteien, Wagner-Festspiele in Bayreuth, Aufsichtsräte, Beiräte) zusammen. Wenn der Kitt schlechter funktioniert, der die späteren Eliten bereits frühzeitig zusammenbringt und zusammenhält, dann fehlen das gemeinsame Verständnis, der Austausch und das Miteinander der Teil-Eliten, die Folge sind eher Nicht-Kommunikation und Abschottung als gemeinsamer Austausch. In den USA und Großbritannien gibt es viel mehr direkten Austausch zwischen Wirtschaft und Politik sowie mehr Quereinsteiger aus der Wirtschaft in die Politik (das muss nicht notwendigerweise Gutes bedeuten, siehe Donald Trump) und umgekehrt. In Deutschland stehen sich die Eliten aus Politik, Wirtschaft, Wissenschaft und Verwaltung eher sprach- und verständnislos gegenüber.

Nicht nur zwischen den Teileliten untereinander, sondern auch von den Managern, Politikern, Behördenleitern zu ihren Mitarbeitern, Wählern und Behördenmitarbeitern herrscht Kommunikationsflaute: Man redet wenig mit den Menschen vor Ort und auf den niedrigeren Hierarchieebenen man versteht sie nicht und vereinzelt verachtet man sie auch.

Wertewandel und schwindender gesellschaftlicher Zusammenhalt bereiten die Raubökonomie vor und unterstützen sie

Ein Einflussfaktor, der Umfang und Gestalt der Raubökonomie geprägt hat und von dem bisher noch gar nicht die Rede war, ist der allgemeine Wertewandel. »Werte sind grundlegende Orientierungen, die Menschen dabei behilflich sind, aus einer potenziell unbegrenzten Zahl möglicher Handlungen und denkbarer Einstellungen zu wählen.« (Roßteutscher 2013, S. 936). Werte erfüllen wichtige Funktionen in Wirtschaft und Gesellschaft. Sie geben Orientierung und Struktur, sie können als Rechtfertigung und ex post Sinngebung für Handlungen und Handlungsprioritäten herangezogen werden (vgl. Roßteutscher 2013, S. 936). Dabei sind Werte und Werthaltungen aber nur ein Einflussfaktor auf menschliches Entscheiden und Handeln unter mehreren. Menschliches Entscheiden und Handeln ist darüber hinaus oftmals sehr stark von Affekten, Gefühlen, Routinen, Erfahrungswerten, Intuition und Kalkulation von Eigeninteressen und Nützlichkeitskalkülen dominiert (vgl. Roßteutscher 2013, S. 947). »Werte sind vermutlich nur in Ausnahmen Leitstern unseres individuellen und kollektiven Handelns.« (Roßteutscher 2013, S. 947).

Seit der Renaissance, dem Humanismus und der Aufklärung haben sich im westlichen Denken Grundwerte etablieren können, die als zentrale Werte der Moderne gelten: Die Betonung des Individuums und seiner Individualität, die Emanzipation des Individuums von Autoritäten und Institutionen, die Betonung von Eigeninteressen und Selbstentfaltung des Individuums sowie die größere Eigenverantwortung des Individuums (vgl. Schäfer 2002, S. 149, 157). Der Kanon der Grundwerte der Renaissance und Aufklärung erfuhr eine bedeutende Erweiterung durch die Französische Revolution 1789, die die Werte Freiheit, Gleichheit und Brüderlichkeit auf die gesellschaftliche und politische Tagesordnung setzte (vgl. Roßteutscher 2013, S. 936).

Mehrere empirische Untersuchungen haben aufgezeigt, dass in den 1960er Jahren in Deutschland und vielen Ländern des Westens ein umfangreicher Wertewandel initiiert wurde, der in den 1970er Jahren vorläufig seinen Abschluss fand (vgl. Schäfer 2002, S. 147). Seitdem werden Werte auch stärker hinterfragt und nicht mehr kritiklos akzeptiert (vgl. Schäfer 2002, S. 151). Typisch für moderne pluralistische Gesellschaften ist heute das Fehlen eines allgemein akzeptierten und für alle Menschen verbindlichen Wertekanons (vgl. Roßteutscher 2013, S. 937). Dabei sind auch umstritten der Inhalt, die Zahl und die Rangordnung der von verschiedenen Gesellschaftsgruppen für relevant erachteten Werte (vgl. Roßteutscher 2013, S. 938).

Wertewandel wird in verschiedenen Bevölkerungsgruppen und von verschiedenen Individuen entweder positiv und optimistisch (Modernisierung), vorsichtig-skeptisch oder negativ und kulturpessimistisch (Werteverfall) konnotiert. Dabei kann es auch zur Synthese alter und neuer Werte kommen (vgl. Roßteutscher 2013, S. 940 f.).

Werte wandeln sich nur langsam und über längere Zeiträume, Wertewandel ist zudem ein Dauerphänomen, das sich auch heute noch fortsetzt (vgl. Kroh 2008, S. 486 sowie Roßteutscher 2013, S. 939). Werte wandeln sich unter dem Einfluss gesellschaftlichen, wirtschaftlichen und auch technologischen Wandels (vgl. Scheuer 2013, S. 377). Wertewandel ist inkrementell und läuft über längere Zeiträume. Er kann eher als temporäre Betonung neuer Werte und vorübergehende Verschiebungen im gesamten Wertegefüge denn als radikales Ersetzen tradierter Werte durch neue Werte verstanden werden (vgl. Schäfer 2002, S. 148). Dabei ist auch eine Rückkehr zu tradierten Werten möglich, die erneut stärkere Geltung erlangen können.

Wertewandel wird durch Änderungen von Lebensumständen und kulturelle Veränderungen getrieben. Träger des Wertewandels sind oftmals die Jüngeren und die Bessergebildeten sowie die herrschenden Eliten, die neue Werte entwickeln und vorleben, die dann in die breite Bevölkerung diffundieren und später auch von Älteren übernommen werden (vgl. Schäfer 2002, S. 146). Dabei spielen die Massenmedien und die allgemein hohe Mobilität in der Bevölkerung eine wichtige Rolle (vgl. Schäfer 2002, S. 147). Weitere Treiber des Wertewandels sind in folgenden Punkten zu sehen: Der Wertekanon junger Menschen wird stark geprägt von den Wertvorstellungen der Eltern (vgl. Kroh 2008, S. 480). Die Wertorientierung junger Menschen wird ebenfalls durch den erlebten Wohlstand im Kindes- und Jugendalter beeinflusst (vgl. Kroh 2008, S. 484). Somit werden Werte und Grundhaltungen insgesamt relativ stark im Kindes- und Jugendalter formiert und geprägt (vgl. Roßteutscher 2013, S. 939).

In den letzten Jahrzehnten haben mehrere Verschiebungen im Wertegefüge der deutschen Gesellschaft stattgefunden. Postmaterialistische Werte wie Emanzipation, gesellschaftliche Partizipation und Selbstverwirklichung werden stärker betont, materialistische und bürgerliche Werte wie Leistung, sozialer Aufstieg, Prestige und ökonomische Sicherheit sind demgegenüber mehr in den Hintergrund gerückt (vgl. Kroh 2008, S. 480). Zwischen 1986 und 2006 ist der Anteil der Postmaterialisten, d.h. der Menschen mit postmaterialistischen Werten, gestiegen, und zwar sowohl in West- als auch in Ostdeutschland (vgl. Kroh 2008, S. 480). Eine gängige Erklärung für diesen festgestellten Wertewandel ist in der jeweiligen ökonomisch-politischen Situation Deutschlands zu sehen: Menschen, die in unsicheren ökonomischen oder politischen Zeiten oder in Armut aufgewachsen sind (z. B. Deutschland nach 1945) werden stärker materialistische Werte zur Grundlage ihrer Lebensführung machen. Menschen, die eine Jugend in relativem Wohlstand und Sicherheit erlebt haben (z. B. Deutschland ab den 1950/60er Jahren) werden eher postmaterialistische Werthaltungen übernehmen (vgl. Kroh 2008, S. 481. 484 sowie Roßteutscher 2013, S. 939). Wertewandel entsteht damit »durch das stete Nachrücken von Geburtsjahrgängen mit neuen Werten, die nach und nach die gesellschaftliche Mehrheitsmeinung prägen« (Kroh 2008, S. 481), wobei die Stabilität der jeweiligen Wertorientierung in den jeweiligen Geburtskohorten relativ hoch ist (vgl. Kroh 2008, S. 481). Empirische Untersuchungen zum Wertewandel haben ergeben, dass Rentner heute besonders materialistisch und junge Auszubildende besonders postmaterialistisch eingestellt sind. Ebenfalls wurde empirisch ein Zusammenhang zwischen Werteorientierung und Bildung festgestellt. Je höher der Bildungsabschluss der Menschen ist, desto eher tendieren sie zu einer postmaterialistischen Werteorientierung (vgl. Kroh 2008, S. 483). Ebenfalls wurde empirisch festgestellt, dass der Trend zu einer Übernahme postmaterialistischer Werte in immer weiteren Bevölkerungsteilen in Deutschland nach der deutschen Wiedervereinigung gestoppt wurde. Um das Jahr 2010 war die postmaterialistische Werteorientierung immer noch sehr stark in Deutschland vertreten, aber immer mehr Menschen wählen für sich Wertsynthesen aus postmateriellen und materiellen Wertorientierung, also Mischtypen von Werten anstelle der eindeutig postmaterialistischen oder eindeutig materialistischen Wertorientierung (vgl. Roßteutscher 2013, S. 942 f., die Dominanz des Typus der gemischt-postmaterialistischen Werthaltung betont auch Scheuer 2013, S. 379). »Im Zuge der allgemeinen Wohlstandsmehrung haben materielle Ziele nicht an Bedeutung verloren, [...], sondern sind sogar noch wichtiger geworden. In der modernen Industriegesellschaft [...] besitzt Wohlstand einen besonderen, symbolisch überhöhten Stellenwert [...], wird die Jagd nach dem eigenen ökonomischen Gewinn zunehmend zum dominanten Organisationsprinzip des sozialen Lebens und ist Geld [...] zum Leitmedium geworden.« (Schäfer 2002, S. 169). Man kann die derzeitige deutsche Gesellschaft als »Wettbewerbsgesellschaft« beschreiben (vgl. Schäfer 2002, S. 169), in der das Konkurrenzdenken dominiert und Kooperation dann eingegangen wird, wenn sie erzwungen ist oder Vorteile bietet. Erfolg im Wettbewerb der Individuen wird oft mit Durchsetzungsfähigkeit, Härte und Ellbogenmentalität errungen (vgl. Schäfer 2002, S. 170). Ökonomisches Denken und ökonomische Prinzipien dringen in bisher eher ökonomieferne Lebensbereiche wie Partnerschaften, Familien und soziale Gemeinschaften ein, es kommt zu einer Ökonomisierung des ganzen Lebens. In der Wettbewerbsgesellschaft kann es auch eher zu Prozessen der Entsolidarisierung kommen, was für die deutsche Gesellschaft seit den 1970er Jahren in empirischen Studien bestätigt wurde (vgl. Schäfer 2002, S. 175, 177).

Die gesellschaftlichen Folgen des Wertewandels wirken sich in vielen Lebensbereichen aus: in der Politik, in der Einstellung von Menschen zur Arbeit, im sozialen Miteinander (vgl. Kroh 2008, S. 480). Gegensätzliche Wertkonstellationen können gesehen werden in den Konfliktpaaren Postmaterialismus und Materialismus, Werte der Selbstentfaltung und Pflichtwerte, Partizipation und Regelgehorsam, Hedonismus und Leistungsorientierung sowie säkulare und religiöse Werthaltungen. All diese Werthaltungen kann man subsumieren unter den Gegensatz von traditionellen bzw. alten und modernen bzw. neuen Werthaltungen (vgl. Roßteutscher 2013, S. 937 f.).

Neben dem Wertewandel und der Aushandlung von Werten ist auch die Frage des gesellschaftlichen Zusammenhalts für das Funktionieren moderner Gesellschaften entscheidend. Die Bertelsmann Stiftung hat dies seit 2013 empirisch untersucht für Deutschland (vgl. Boehnke et al. 2024). Sie misst gesellschaftlichen Zusammenhalt empirisch anhand von neun Einzeldimensionen: soziale Netze, Vertrauen in Mitmenschen, Akzeptanz von Diversität, Identifikation mit dem Gemeinwesen, Vertrauen in Institutionen, Gerechtigkeitsempfinden, Solidarität und Hilfsbereitschaft, Anerkennung sozialer Normen und gesellschaftliche Teilhabe. Anhand dieser neun Dimensionen wird ein Indexwert für gesellschaftlichen Zusammenhalt berechnet, der auf einer Skala von 0 (sehr geringer gesellschaftlicher Zusammenhalt) bis 100 (sehr starker gesellschaftlicher Zusammenhalt) reicht (vgl. Boehnke et al. 2024, S. 6). Kernergebnisse der letzten Studie sind, dass in der Bevölkerung in Deutschland die Sorgen über den gesellschaftlichen Zusammenhalt weit verbreitet sind und der Indexwert für gesellschaftlichen Zusammenhalt einen Wert von 52 erreichte im Jahr 2023. Es zeigte sich eine zunehmende gesellschaftliche Polarisierung zwischen vier Gruppen, denen die befragten Studienteilnehmer zugeordnet werden konnten: 13 Prozent der Befragten bildeten die Gruppe der Entfremdeten mit niedrigen Teilwerten in allen Dimensionen des gesellschaftlichen Zusammenhalts. Ihr steht diametral gegenüber die Gruppe der Eingebundenen (28 Prozent der Befragten), die für alle neun Dimensionen des gesellschaftlichen Zusammenhalts viel höhere Werte aufweist. Zwischen den beiden Extremgruppen der Entfremdeten und der Eingebunden befinden sich die beiden Mischgruppen der Enttäuschten (27 Prozent der Befragten) und der Teileingebundenen (32 Prozent der Befragten), die die Mehrheit und die Mitte der Bevölkerung repräsentieren. Sie unterscheiden sich vor allem bei einzelnen Dimensionen des gesellschaftlichen Zusammenhalts (vgl. Boehnke et al. 2024, S. 7). Als wesentliches Ergebnis ihrer Studie stellen die Autoren fest, dass bedingt durch multiple Krisen (Corona, Ukraine-Krieg) sich der soziale Zusammenhalt in Deutschland eingetrübt hat: »Ob es sich dabei um einen kurzfristigen Kriseneffekt handelt oder um eine nachhaltige Trendumkehr, die letztlich zu einer Spaltung der Gesellschaft führen kann, muss zum jetzigen Zeitpunkt offen bleiben.« (Boehnke et al. 2024, S. 8). Ähnlich kritische Ergebnisse erbrachte auch eine Befragung im Sozio-ökonomischen Panel (SOEP), einer der bekanntesten Paneldatenreihen der empirischen Sozialforschung. In dieser Erhebung werden seit 2015 auch Sorgen um den gesellschaftlichen Zusammenhalt erfragt. In der Befragung 2019 äußerten in Westdeutschland 31 Prozent und in Ostdeutschland 37 Prozent der Befragten, dass sie sich um den gesellschaftlichen Zusammenhalt in Deutschland Sorgen machen (vgl. Iglauer, Schupp, Priem 2021, S. 415). Die Befragung im SOEP ergab für das Jahr 2021, dass sich 36 Prozent der Frauen und 34 Prozent der Männer Sorgen um den gesellschaftlichen Zusammenhalt in Deutschland machen, dies vermutlich auch unter dem Einfluss der Corona-Pandemie (vgl. Entringer, Buchinger 2021, S. 383). In derselben Erhebungsrunde des SOEP ergab sich 2021 aber auch folgendes überraschendes Ergebnis: »Das allgemeine kognitive, Wohlbefinden, also die allgemeine Lebenszufriedenheit, erreichte im Pandemie-Jahr 2020 ihren Höchststand seit Beginn der Erhebung 1984. Auch das emotionale Wohlbefinden, also das »Glücklich-Sein« erreichte im Pandemie-Jahr 2021 seinen Höchststand. Das eudaimonische Wohlbefinden, also das »Erfüllt-Sein« blieb stabil.« (Entringer, Buchinger 2021, S. 384). Wie kann der Einzelne so zufrieden sein, wenn es der Gesellschaft doch so schlecht geht? Eine Antwort kann darin gesehen werden, dass sich immer mehr Menschen in Deutschland auf ihr engstes soziales Umfeld und sich selbst konzentrieren und sich in der Gesellschaft als Ganzes weniger einbringen.

Alarmierende und noch nachdenklicher stimmende Ergebnisse erbrachte eine im Auftrag des Bundesministeriums für Bildung und Forschung erstellte Studie, die mit alternativen Zukunftsszenarios arbeitet (vgl. Hornik et al. 2020): Als Ergebnis zeigte sich, dass viele der Befragten negative Entwicklungen in der Gesellschaft als Ganzes wahrnehmen und daher nicht erwarten, »dass sich ihr Wunsch nach einer solidarischen und gerechten Gesellschaft im Ganzen in der Zukunft erfüllen wird« (Hornik et al. 2020, S. 4). Die Studie konstatiert Veränderungen bei einzelnen Werten aber keine allgemeingültigen Muster des Wertewandels. Es zeigt sich in den Ergebnissen, dass bei den individuellen Werthaltungen soziale Werte und gemeinschaftsbezogene Werte stark an Bedeutung gewonnen haben, Erwerbsarbeit und Leistung aber nach wie vor sehr wichtig sind. Traditionsorientierte individuelle Werte wie religiöse Orientierung, Konservatismus oder Nationalstolz haben stark an Bedeutung verloren (vgl. Hornik et al. 2020, S. 11). Aufschlussreicher als die individuellen Werte sind die Ergebnisse der Studie, wie die Befragten die Entwicklung auf der Ebene der Gesamtgesellschaft sehen: »In wenigen Bereichen hat die bzw. der Einzelne Vertrauen in die Gesellschaft und glaubt, dass eine Mehrheit die individuellen Ziele teilt. In vielen Bereichen misstraut die bzw. der Einzelne der Gesellschaft.« (Hornik et al. 2020, S. 13). Ebenso nachdenklich stimmt das Ergebnis: »Aus Sicht der bzw. des Einzelnen sind der Gesellschaft allen voran leistungsbezogene-materielle Werte wichtig, gefolgt von hedonistischen Werten.« (Hornik et al. 2020, S. 13). Vollends zur gesellschaftlichen Bankrotterklärung geriet die Frage nach den Wünschen der Befragten, wie die Gesellschaft in Zukunft sein sollte: Hier wurden auf den ersten sieben Plätzen in der Reihenfolge der Wichtigkeit genannt: weniger Egoismus, Steigerung der Hilfsbereitschaft untereinander, Verringerung der sozialen Unterschiede (arm vs. reich), mehr Solidarität/Zusammenhalt, eine bürgernähere Politik, mehr Rücksicht auf Schwache sowie eine geringere Bedeutung von Geld und Materialismus (vgl. Hornik et al. 2020, S. 15). Auf die Frage nach den wichtigsten Gegensätzen, die die Menschen in der Gesellschaft voneinander unterscheiden und trennen, wurden in der Reihenfolge der Wichtigkeit genannt: soziale Schicht, Bildung/Schulabschluss, Herkunft: Deutschland vs. nicht Deutschland, Einkommen/Gehalt, politische Einstellung, Eigentum/Besitz und Alter/Generation (vgl. Hornik et al. 2020, S. 17).

Man kann aus diesen Untersuchungsergebnissen ein Bild einer zunehmend zersplitterten, wieder stärker materialistischen und misstrauischen Gesellschaft entwerfen, die einen guten Nährboden für eine Raubökonomie darstellt.

Die Wandelbarkeit von Wirtschaftssystemen erschwert die Erkennung und Beurteilung ihrer Entwicklung

Wirtschaftssysteme wandeln und verändern sich im Zeitablauf. Dieser Wandel ist struktureller Art und daher für Beobachter nur sehr schwierig zu entdecken und zu beurteilen. Eine tiefere Problemursache für die Entwicklung hin zur Raubökonomie ist darin zu sehen, dass diese Entwicklung sehr langsam verlief und schwer zu beobachten war. Darin kann eine der Problemursachen liegen für die heutige Entwicklung in Richtung einer Raubökonomie.

Die liberale Marktwirtschaft ist kein statisches, sondern ein sehr dynamisches, wandlungsfähiges Wirtschaftssystem, das ist ihr zentrales Wesensmerkmal und ihr großer Vorteil gegenüber der Planwirtschaft. Der Wandel des kapitalistischen Systems vollzog sich seit 1850 in mehreren Entwicklungsstufen, die auch den Wandel der Wirtschaft widerspiegelten und antrieben. Ausgehend vom klassischen Industriekapitalismus (ab 1850), über den Dienstleistungs- und Finanzmarktkapitalismus (ab ca. 1980) bis zum Daten- und Internetkapitalismus heutiger Prägung. Dabei ist die Entwicklung des Kapitalismus auch heute noch nicht abgeschlossen und weitere Entwicklungsstufen denkbar. Zudem verändern sich im Zeitablauf die Wettbewerbsintensität in Märkten und das Verhalten der Unternehmen, Kunden, Lieferanten, des Staates und der Gesellschaft. Dies macht es schwierig, den Wandel liberaler Wirtschaftssysteme zu erkennen und zu beurteilen.

Ebenso wie der Kapitalismus hat auch der Sozialismus verschiedene Entwicklungsstufen durchlaufen. Die ursprüngliche, theoretische Konzeption der sozialistischen Wirtschaft wurde in der Sowjetunion unter Lenin, Trotzkij und Stalin als eine diktatorische Kommandowirtschaft sowjetischer Prägung umgesetzt. Nach den großen Anfangserfolgen bei der Realisierung der kommunistischen Wirtschaftsweise, v. a. beim Aufbau der Schwerindustrie, entwickelten sich die sowjetische Planwirtschaft und die Planwirtschaft der DDR nach dem Zweiten Weltkrieg zu einer stagnierenden, im Technologie- und Innovationswettbewerb mit dem kapitalistischen Westen in vielen Technologiefeldern immer mehr zurückfallenden Mangelwirtschaft. Mit dem Zusammenbruch des Ostblocks 1989 endete auch die bisherige Form der Planwirtschaft in Osteuropa, Russland und China.

Auch die Soziale Marktwirtschaft hat verschiedene Entwicklungsstufen durchlaufen. Die Grundkonzeption von Ludwig Erhard setzte auf Markt, Wettbewerb der Unternehmen und Eigenverantwortung der Bürger, er plädierte für staatliche Rahmensetzung, aber nicht für einen starken Ausbau des Sozialstaates, sondern ermahnte die Bürger vielmehr dazu, Maß und Mitte zu halten. Bereits in den 1950er Jahren unter Konrad Adenauer und verstärkt ab Ende der 1960er Jahre (Willy Brandt, Helmut Schmidt) wurde die Grundkonzeption der Sozialen Marktwirtschaft stark verändert durch die damals handelnden Politiker. Sie legten die Grundlage für das heutige Wirtschaftsmodell mit einem umfassenden Sozialstaat, der in starkem Maße Einkommen umverteilt, der viele staatliche Leistungen mit Schulden finanziert und sehr detailliert in Marktprozesse und Marktergebnisse interveniert. Der allumfassende Sozialstaat bevormundet die Bürger und erhebt zur Finanzierung seiner Leistungen sehr hohe Steuern und Abgaben von den leistungsfähigen Mitgliedern der Gesellschaft, sofern er die Leistungen nicht mit Schulden finanziert. Auch wenn die Bezeichnung »Soziale Marktwirtschaft« erhalten blieb, so ist dies eine deutliche Entfernung von Erhards Grundkonzeption.

Die heutige Raubökonomie ist ein Mischsystem, ein Homunculus, eine Chimäre von Markt, Unternehmen, Finanzsektor und Staat, also eine Bastardökonomie (Gabor Steingart) und gerade keine funktionierende Marktwirtschaft und kein wettbewerblicher und unregulierter Markt. Denn der unregulierte Markt würde funktionieren und der Wettbewerb die in diesem Buch beschriebenen dysfunktionalen Verhaltensweisen eliminieren. Weil aber in vielen Märkten der Wettbewerb nicht funktioniert, nicht zuletzt auch wegen staatlicher Eingriffe, haben wir die heutigen Zustände. Staatliche Eingriffe geben privaten Unternehmen oft die Chance für Raubzüge, und der Erfolgsdruck des Finanzmarktes motiviert sie zu Raubzügen. Die heute herrschenden Zustände sind nicht – wie Kritiker der Marktwirtschaft behaupten – die Resultate marktwirtschaftlichen Denkens und Handelns, sondern die Resultate pervertierten marktwirtschaftlichen und sozialmarktwirtschaftlichen Denkens und Handelns. Zudem wird sich die Raubökonomie wie jedes andere Wirtschaftssystem noch weiterentwickeln und verändern – in welche Richtung dieser Wandel gehen wird, ist schwer zu erkennen und zu beurteilen.

8
Der Preis und wer bezahlt ihn?

Was sind die mittel- bis langfristigen Folgen der Raubökonomie? Zum einen eine Erosion des Vertrauens zwischen Transaktionspartnern, die sich aufwändig mit detaillierten Verträgen, Sicherungsklauseln und Pfändern und umfangreicher vorheriger Recherche über den Transaktionspartner informieren und gegen potenziell räuberisches Verhalten absichern müssen. Wie einfach war das Geschäftsleben in der Welt von gestern, als man noch auf einen Handschlag vertrauen konnte. Zweitens vermindert die Raubökonomie die Anreize zu langfristigen Investitionen und Innovationen, weil der Investor befürchten muss, in Abhängigkeiten zu geraten, die von einer anderen Partei opportunistisch ausgenutzt werden können. Die Investitionsanreize werden auch dadurch reduziert, dass ein räuberischer Akteur nicht selbst tätig wird, sondern darauf wartet, dass er andere um die Früchte ihrer Arbeit bringen kann oder das andere Unternehmen zu geringeren Kosten aufkaufen kann. Drittens reduziert die Raubökonomie die Anreize zur Leistung, weil der leistungsfähige Akteur fürchten muss, von leistungsschwachen oder eigennutzorientierten Akteuren (Arbeitgeber, Staat, Kollege) übervorteilt und ausgenutzt zu werden. Viertens reduziert die Raubökonomie das Vertrauen von Akteuren in kollektive Schutzinstitutionen (Staat, Gewerkschaften, Arbeitgeberverbände), wenn diese immer weniger einen Schutz des Einzelnen gegen räuberische und missbräuchliche wirtschaftliche Verhaltensweisen Dritter gewährleisten können. Fünftens müssen die Akteure in einer Raubökonomie zunehmend Zeit und Aktivitäten entweder in den eigenen Schutz und die Absicherung der eigenen wirtschaftlichen und rechtlichen Position oder in die eigene Planung und Durchführung von umverteilenden Raubzügen (Rent Seeking) und Koalitionsbildungen mit anderen Räubern investieren. Diese Rent-Seeking- und Absicherungs-Aktivitäten gehen zu Lasten der direkt wertschöpfenden Aktivitäten, so dass die Produktivität der Leistungserstellung stagniert oder gar sinkt. Sechstens erzeugt die zunehmende Verbreitung missbräuchlicher Wirtschaftspraktiken einen Verfall der Geschäftsmoral, sie generiert ein gesellschaftliches Klima, das von Zynismus, Defaitismus, Opportunismus, Neid, Missgunst, der Suche nach Tricks und Kniffen, um an individuelle Vergünstigungen zu kommen, der Jagd nach vorteilhaften Schnäppchen, dem Wunsch nach schneller Karriere und schnellem Erfolg mit wenig Anstrengung (wobei man gerne andere die Hauptarbeit machen lässt) gekennzeichnet ist. Siebtens erzeugt die Raubökonomie eine zunehmende Fragmentierung der Gesellschaft, in der jede Gruppe nur nach dem eigenen Vorteil strebt, ggf. auch zu Lasten anderer Gruppen: die Alten gegen die Jungen, die Arbeitsplatzbesitzer gegen die Arbeitslosen, die Frauen gegen die Männer, die Inländer gegen integrierte Ausländer und gegen Flüchtlinge, die Reichen gegen die Armen, die Kranken gegen die Gesunden, die Minderheit gegen die Mehrheit etc. Achtens bleibt die Raubökonomie nicht auf die wirtschaftliche Sphäre beschränkt, sie dringt nach und nach in alle gesellschaftlichen Bereiche ein: Freundesbeziehungen, Paarbeziehungen, Familienbeziehungen, Bekanntschaften werden überwiegend unter dem ökonomischen Aspekt ihrer Nützlichkeit für das eigene Vorankommen und das eigene angenehme Leben beurteilt. Neuntens stellt die Raubökonomie wie jedes Wirtschaftssystem Anforderungen an den Menschen, sie belohnt erwünschtes Verhalten und bestraft abweichendes Verhalten. Rücksichtsloses, egoistisches, antisoziales Verhalten, das auf den eigenen Vorteil abzielt, wird bisweilen belohnt, während ehrliches, korrektes, vertrauensseliges und gutgläubiges Verhalten zwar nicht immer, aber tendenziell immer öfter bestraft wird, weil sich rücksichtslose Akteure öfter durchsetzen und kollektive Sicherungsinstitutionen immer öfter versagen. Wenn sich die Rücksichtslosen im Kampf um wirtschaftliche Vorteile immer öfter durchsetzen, wird es langfristig im Markt und in der Gesellschaft nur noch rücksichtslose Akteure geben. Analog zum Greshamschen Gesetz, nach dem gutes Geld durch schlechtes Geld verdrängt wird, kann man formulieren, dass in der Raubökonomie gutmütiges, ehrliches Verhalten durch böswilliges und unehrliches Verhalten verdrängt wird, weil die Institutionen der wirtschaftlichen, rechtlichen und sozialen Absicherung, der Korrektur von Fehlverhalten sowie der Selbst- und Fremdregulation immer schlechter funktionieren oder versagen. In einer Welt der Raubökonomie wird der Ehrliche der Dumme (Wickert 1994). Der Verlierer in diesem Raubspiel verliert nicht nur eine Runde im Spiel, sondern seinen Wohlstand und evtl. sogar seine wirtschaftliche Existenz.

Eine Raubökonomie führt oft zu Gefangenendilemma-Situation: Weil jeder unterstellt, dass er vom anderen Marktpartner betrogen wird, wenn er in Vorleistung geht, geht eben keiner in Vorleistung, Kooperation kommt nicht zustande, alle Beteiligten realisieren den schlechtesten Zustand des Nichthandelns. Attentismus und Zögern bei Investitionen und Innovationen machen sich breit.

Zusammengefasst kann man zehntens feststellen, dass eine Raubökonomie dysfunktional und ineffizient ist und langfristig nicht funktionieren kann. Wenn jeder den anderen verdächtigt, ihn ausrauben, übervorteilen und ausnutzen zu wollen, werden Kooperation, gemeinsame Wertschöpfung sowie generell produktives Wirtschaften und friedlich-harmonisches gesellschaftliches Zusammenleben nicht funktionieren.

Potenzielle Gewinner der Raubökonomie sind in folgenden Gruppen wahrscheinlicher zu finden: Finanzsektor, Behörden, Politiker, weltweit tätige Großunternehmen. Sie konnten ihre Einflussmöglichkeiten drastisch ausweiten, ihre Gewinne und Renditen erhöhen, ihre Stellen- und Ressourcenausstattung verbessern oder ihre politische Karriere vorantreiben und ihre Abgeordnetendiäten erhöhen.

Wer sind die Raubopfer bzw. Beraubten? Zu vermuten ist, dass Raubopfer eher in den folgenden Gruppen zu finden sind:

- Der einzelne Bürger
- Die Leistungsträger, die Mittelschicht und die obere Mittelschicht (6–8 Mio. Menschen)
- Der ehrliche Steuerzahler
- Der faire und markentreue Konsument
- Der loyale Arbeitnehmer
- Der Kleinaktionär
- Die Kleinunternehmen als Arbeitgeber und Investoren (kein Entkommen vor dem Fiskus durch Gang ins Ausland möglich)

Dabei darf nicht übersehen werden, dass es in diesen Gruppen auch Räuber gibt, was in diesem Buch in Kapitel 6 behandelt wurde.

Eine Ökonomie, in der jede Gruppe aus der anderen versucht, das Maximum herauszuholen und selbst wenig zur gemeinsamen Wertschöpfung beizutragen, gleicht einem Krieg aller gegen alle, nur dass er mit ökonomischen Waffen geführt wird. Dies erschwert Krisenbewältigung, Innovationsanstrengungen und das gesellschaftliche Miteinander. In einer Ökonomie, in der jeder den anderen ausbeuten will, ist keine vertrauensvolle Zusammenarbeit mehr möglich. Eine Ökonomie, die auf Intransparenz, Lug und Trug sowie fehlendem Wettbewerb basiert, hat keine Zukunft. Die Raubökonomie ist kein tragfähiges Wirtschaftsmodell, sie untergräbt die Moral im Geschäftsleben und in der Gesellschaft.

Ein schockierendes Beispiel aus den USA für den Verfall von Moral, Ethik, Anstand und Sitte in Teilen der Gesellschaft ist folgendes: Im Dezember 2024 wurde auf offener Straße der CEO der amerikanischen Krankenversicherung United Healthcare ermordet. Dieser Versicherer ist ebenso wie andere amerikanische Krankenversicherer dafür bekannt, dass sie Ansprüche von Versicherten auf Übernahme von Behandlungskosten oft ablehnen oder hinauszögern. United Healthcare hat die höchste Ablehnungsquote aller US-Krankenversicherer. Verstörend ist, dass im Internet 70 000 Nutzer den Mord begrüßten und den Mörder teilweise begeistert feierten. Darin entlud sich die Wut vieler Amerikaner auf das teilweise dysfunktionale US-Gesundheitssystem, das Millionen Menschen von medizinischer Versorgung ausschließt oder in die Überschuldung treibt, weil sie die Gesundheitskosten und den Versicherungsschutz nicht bezahlen können. Gleichzeitig bietet das amerikanische Gesundheitssystem wohlhabenden Menschen eine Versorgung auf Weltklasseniveau (vgl. Holtermann, Kort, Meiritz 2024, S. 19). Das Beispiel zeigt die Empathielosigkeit und Verrohung, zu der manche Menschen durch eine als unfair und ungerecht empfundene Ökonomie verleitet werden.

Die Raubökonomie macht den Arbeitnehmer und Steuerzahler zum Opfer/Heloten, den Kunden zur Beute, den Arbeitgeber zum vom Arbeitnehmer auszubeutenden Objekt, den Staat zum Selbstbedienungsladen für die Bürger, das Unternehmen zum Spielball der Kapitalmärkte und die Gesellschaft zur Hölle auf Erden. In diesem Spiel gibt es langfristig überwiegend Verlierer und nur wenige Gewinner. Gewinner ist nur die Bank, d.h. der Finanzsektor, der von allen anderen Akteuren profitiert und nur selten selbst bedroht und ausgebeutet wird, wenn überhaupt dann von anderen Finanzakteuren.

Die Raubökonomie wird mangels Zusammenhalt, gemeinsamer Wertschöpfung und moralischem Fundament, mangels Motivation und Initiative sowie mangels Investitionen und Vertrauen in Austauschpartner schlussendlich kollabieren. Der Bauer des Mittelalters fürchtete marodierende Räuber- und Söldnerheere, daher säte er nicht aus. Der Steuerzahler, Immobilienbesitzer, Unternehmer, Investor und Kapitalanleger müssen den Staat, v.a. den Sozialstaat, und die Akteure des Finanzmarktes fürchten, daher wagen sie wenig und tätigen sie wenige Investitionen. Der Preis, der von den Beraubten und langfristig von den Räubern selbst gezahlt werden muss, ist sehr hoch. Er lautet: Erlahmen der wirtschaftlichen Aktivität, Rückgang des Wohlstands und eine zunehmend zerrüttete Gesellschaft, in der niemand dem anderen Mitglied trauen kann.

Unter den Bedingungen der Raubökonomie besteht die Gefahr, dass der ehrliche, fleißige und pflichtbewusste Bürger, der korrekte und zuverlässige Behördenmitarbeiter, der pflicht- und verantwortungsbewusste Politiker, der maßvolle und verantwortungsbewusste Unternehmer sowie der einsatzbereite und loyale Arbeitnehmer zu dem Dummen wird, den man gerne ausnützt. Die cleveren, rücksichtslosen und maßlosen Akteure werden unter den Bedingungen der Raubökonomie eher Erfolg haben. Wenn das die bisher ehrlichen Akteure erkennen und ihre Verhaltensweise ändern, setzt sich eine Abwärtsspirale in Gang.

Wo gibt es künftig noch raubfreie oder zumindest raubarme soziale Räume? Am ehesten dort, wo sozialer Zusammenhalt noch funktioniert, also in gut funktionierenden Familien, engen, langjährigen Freundschaften und im unmittelbaren sozialen Umfeld, wo jeder jeden kennt. Auch dort gibt es Konflikte, Raubzüge einzelner und Verteilungskämpfe, aber sie werden in vielen Fällen angemessen bewältigt und eingedämmt. Räuberisches Verhalten ist eher zu erwarten in privaten Unternehmen, in der Politik, in staatlichen Behörden, in Märkten und am stärksten dort, wo es direkt nur noch um Geld geht und mit Geld selbst als Ware gehandelt wird, dem Finanzsektor. Der ordentliche und ehrenwerte Kaufmann ist immer seltener zu finden. Er wird zwar noch nicht zu einer aussterbenden Spezies, ist aber auf der Liste der bedrohten Arten geführt.

Jetzt sehen wir die wahren Verhältnisse (die Frank Zappa in seinem eingangs erwähnten Zitat thematisiert hat). Es stellt sich letztlich die Frage, vielleicht sogar die Systemfrage, die Bertold Brecht in seinem Buch »Der gute Mensch von Sezuan« bereits gestellt hat: Wie kann der Einzelne gerecht sein, wenn die Verhältnisse so ungerecht sind? Analog zu Bert Brecht heißt dies: Der einzelne kann nicht vernünftig und in Sicherheit wirtschaften, wenn die Verhältnisse so sind und bleiben, wie sie derzeit sind.

D
Wege aus der Raubökonomie

9 Reformvorschläge und Gegenmaßnahmen

Wesentliche Ansatzpunkte für Reformen zur Überwindung der derzeitigen Zustände in Wirtschaft, Gesellschaft, Politik und Staat können entweder allgemeiner Natur sein, d.h. alle Akteure betreffen, oder spezifisch nur einzelne Gruppen von Akteuren betreffen.

9.1 Allgemeine Reformansätze gegen Betrug und Raub

9.1.1 Grundlegende Alternativen zur Raubökonomie

Die heutige Raubökonomie ist nicht alternativlos. Vielmehr gibt es durchaus grundlegende Alternativen zu ihr, die in einer Rückkehr zu früher bestehenden Wirtschaftssystemen bestehen könnten. Welche vier grundlegenden Alternativen zur Wahl stehen sowie damit zusammenhängende Erfolgsprinzipien und tendenzielle Ergebnisse stellt die folgende Tabelle dar.

Dar. 2: Vier Wirtschaftsformen im direkten Vergleich

	Raubökonomie	Soziale Marktwirtschaft	Liberale Marktwirtschaft	Planwirtschaft
Zeithorizont	Sehr kurzfristiges Wirtschaften als ob es kein Morgen gibt	Langfristiges Wirtschaften	Eher kurzfristig orientiertes Wirtschaften	Langfristiges Wirtschaften nach Plan ohne Rücksicht auf Effizienz
Erfolgsbeurteilung	Individueller Erfolg, Wertschöpfung für die Ich-AG	Stakeholder Value, Wertschöpfung für alle Interessengruppen	Shareholder Value, Wertschöpfung für die Aktionäre	Erfolg für das Kollektiv, Wertschöpfung für den Staat
Gewinnstreben	Exzessives Gewinnstreben	Gewinnstreben und sozialer Ausgleich	Starkes Gewinnstreben	Planerfüllung, Ablehnung des Gewinnstrebens
Koordinationsmechanismus	Konfrontation und Kampf, der Gewinner erhält Alles	Konsens, die Starken geben an die Schwachen ab	Wettbewerb im Markt führt zur Bestenauslese	Gehorsam und Kommando: Die Planungsinstanz ist allwissend
Verteilungskonflikte	Ich gewinne, wenn du verlierst (weil ich dich betrügen, berauben und manipulieren kann)	Beide gewinnen durch Kooperation	Die Starken gewinnen, die Schwachen verlieren	Viele Menschen gewinnen, wenn die Reichen und Unternehmer verlieren

Dar. 2: Vier Wirtschaftsformen im direkten Vergleich – Fortsetzung

	Raubökonomie	Soziale Marktwirtschaft	Liberale Marktwirtschaft	Planwirtschaft
Verteilungskonflikte	Verteilungskampf und Verdrängungswettbewerb, auch mit unlauteren Mitteln	Verteilungskonflikte werden entschärft durch fairen Ausgleich zwischen konkurrierenden Interessen (Individuen und Unternehmen)	Wettbewerb bestimmt die Bestenauslese (Individuen und Unternehmen)	Die Planungsinstanz bestimmt die Bestenauslese (Individuen und Betriebe)
Wirtschaftsergebnis	Ergebnis: Extremer Wohlstand und Luxus für die Räuber, Armut für die anderen Akteure	Gehobener Wohlstand für alle (aber kein Luxus für alle)	Großer Wohlstand und Luxus für wenige, durchschnittlicher Wohlstand für viele Akteure	Extremer Wohlstand und Luxus für Parteiführer und Privilegierte, Armut für alle anderen

Die obige Darstellung soll verdeutlichen, dass die Raubökonomie nicht alternativlos ist und andere Wirtschaftsmodelle denkbar und möglich sind.

9.1.2 Abwanderung und Widerspruch nach Albert O. Hirschman

Räuberische Akteure kann man entmachten, wenn Alternativen zu ihnen (z. B. alternative Anbieter) geschaffen werden oder indem gegen ihr Verhalten offen protestiert wird.

Albert O. Hirschman hat 1970 ein tiefgründiges Buch unter dem Titel »Exit, Voice, and Loyality« publiziert, das in deutscher Übersetzung unter dem verkürzten Titel »Abwanderung und Widerspruch« (vgl. Hirschman 2004) erschien. Hirschman wollte in seinem Buch erklären, wie sich Organisationen erneuern können angesichts von Leistungsabfall und angesichts der Unzufriedenheit ihrer

Mitglieder und welche Rolle dabei Abwanderung und Widerspruch sowie Loyalität spielen (vgl. Warren 2011, S. 685). Hirschman entwickelt in seinem Werk ein Konzept zur Verhinderung des Leistungsabfalls in Wirtschaft, Politik und Verwaltung, das aus drei Bausteinen besteht: Exit (Abwanderung, Austritt), Voice (Widerspruch, Protest) und Loyalty (Akzeptanz der bestehenden Zustände). Er zeigt auf, wie Exit, Voice und Loyalty sich zueinander verhalten und zusammenwirken können, um die immer weitere Verschlechterung von Leistungen und Effizienzverfall in Wirtschaft, Politik und Verwaltung zu stoppen. Seine Argumentation lässt sich analog auch auf die Reaktionsmöglichkeiten der von räuberischen Aktionen anderer Akteure Betroffenen anwenden.

Widerspruch ist dabei abstufbar, er kann von leichtem Murren bis zu gewalttätigem Widerstand reichen (vgl. Warren 2011, S. 685). Widerspruch setzt die Artikulation der eigenen kritischen Meinung voraus. »Voice is political action par excellence.« (vgl. Warren 2011, S. 685). Widerspruch ist für die Erneuerung einer Organisation wichtig: »Without members who are willing to take on the burdens of voice, organizations, including democratic states, are unlikely to be able to rejuvenate, reform, and perform.« (Warren 2011, S. 685).

Abwanderung ist gegeben, wenn das unzufriedene Mitglied die Organisation verlässt (z. B. der Mitarbeiter kündigt oder ein Stammkunde wechselt zur Konkurrenz). Die Abwanderung oder die Drohung mit Abwanderung (was in einen Widerspruch eingekleidet sein kann) bringt Repräsentanten der Organisation oder Eliten manchmal dazu, auf die Interessen der Abwandernden oder Abwanderungsbereiten mehr einzugehen und sich mehr um ihre eigene Reputation und die Attraktivität der Organisation zu kümmern (vgl. Warren 2011, S. 684). Abwanderung führt aber nicht zwingend und in allen Fällen zu einer Leistungsverbesserung der Organisation, hierfür ist das Ausmaß der Abwanderung entscheidend. Die Abwanderung weniger Mitglieder mag gar keine Reaktion der Organisation hervorrufen. Eine sehr starke Abwanderung sehr vieler Mitglieder entzieht der Organisation sehr viele Ressourcen, so dass evtl. eine Leistungssteigerung gar nicht mehr möglich ist. Bei einer mittelgroßen Abwanderung bestehen noch am ehesten Chancen, dass die Organisation ihre Leistung steigert (vgl. Dehling, Schubert 2011, S. 133). Die Möglichkeit der Abwanderung bringt Organisationen dazu, Widerspruch ihrer Mitglieder zuzulassen. Denn damit wird die Wahrscheinlichkeit der Abwanderung reduziert (vgl. Warren 2011, S. 685).

Loyalität ist das dritte Konzept in Hirschmans Modell. Organisationen können Loyalität ihrer Mitglieder pflegen und kultivieren als Gegenmaßnahme zu Abwanderung und Widerspruch. Mit Hilfe von Loyalität können Organisationen einen stabilen Kern engagierter Mitarbeiter aufbauen, was die langfristige Erneuerung und den Erfolg der Organisation begünstigen kann (vgl. Warren 2011, S. 685). »In der Regel hemmt [...] die Loyalität die Neigung zur Abwanderung und aktiviert den Widerspruch.« (Hirschman 1974, S. 67).

Fehlt aber die Loyalität der Mitglieder, so steigt die Neigung zur Abwanderung und die Neigung zu Widerspruch wird reduziert. Unzufriedene Mitglieder werden dann die Abwanderung dem Widerspruch vorziehen. Denn Abwanderung ist in Hirschmans Modell einfacher als Widerspruch, sie ist unpersönlich und vermeidet Konflikte. Unzufriedene Mitglieder verlassen eine Gruppe (Abwanderung), statt ihre Unzufriedenheit als Widerspruch, d.h. in Auseinandersetzung mit den anderen Gruppenmitgliedern, auszudrücken (vgl. Warren 2011, S. 683). Wenn Individuen Abwanderung wählen, dann haben sie Kontrolle über die Konsequenzen dieser Handlung, sie tragen ihre Kosten und vereinnahmen für sich ihre Vorteile. Wenn sie aber Widerspruch wählen, dann müssen sie den politischen Prozess mit seinen Schwierigkeiten, Unwägbarkeiten kollektiver Entscheidungen und Risiken auf sich nehmen. Dieser Prozess kann hohe Investitionen erfordern und wenig oder keine Ergebnisse erbringen. Und wer widerspricht, muss die psychologische Last von offenen Konflikten auf sich nehmen. Dies alles zeigt: Widerspruch ist ein Risiko (vgl. Warren 2011, S. 685). Während Abwanderung vor allem eine klare Entscheidung erfordert, ist Widerspruch komplexer, anspruchsvoller und oftmals riskanter. Daher werden, wenn sowohl Abwanderung als auch Widerspruch zur Verfügung stehen, viele Mitglieder die Abwanderung wählen. Dabei werden sie auch ihre bisherigen Erfahrungen mit den Kosten und Erfolgen von Widerspruch in dieser Organisation in die Entscheidung einfließen lassen (vgl. Warren 2011, S. 685). Daher ist Widerspruch oft im Nachteil gegenüber Abwanderung, wenn Letztere möglich ist und Loyalität in der Organisation fehlt (vgl. Warren 2011, S. 685).

Je größer die Kosten der Abwanderung sind für die Individuen, umso größer ist der Bedarf nach Widerspruch: »Wo Abwanderung nicht möglich (z.B. bei Monopolorganisationen) oder mit hohen Kosten verbunden ist, kommt die Alternative Widerspruch (voice) ins Spiel.« (Dehling, Schubert 2011, S. 133). Abwanderung kann auch hohe Kosten mit sich bringen: Zerstörung von sozialen Unterstützungsnetzen und Karrieren bis hin zu Preisgabe des Schutzes und des Wohlstandes, den die Organisation gewährte (Warren 2011, S. 685). Abwanderung hat eher destruktiven Charakter (vgl. Warren 2011, S. 683). Sie beschädigt kollektive Loyalitäten, sie erodiert gemeinsame Entscheidungen und Handlungen, die Bereitstellung gemeinsamer Güter und das Starten gemeinsamer Initiativen. Abwanderung drückt exzessiven Individualismus aus und sie beraubt das Kollektiv manchmal seiner besten Mitglieder. Letztlich wird bei Abwanderung der Widerspruch durch Stille ersetzt (vgl. Warren 2011, S. 684). Manchmal fördern Organisationen auch bewusst die Abwanderung besonders kritischer Mitglieder (Dissidenten), um den internen Druck zu reduzieren, der aus ihrem Widerspruch resultiert (vgl. Warren 2011, S. 686).

Abwanderung und Widerspruch erscheinen bei Hirschman als Substitute und alternative Handlungsweisen: »Die Wahrscheinlichkeit des Auftretens von Widerspruch steigt mit den Kosten bzw. der Erfolgsunwahrscheinlichkeit von Abwanderung, und umgekehrt.« (Dehling, Schubert 2011, S. 133).

Organisationen, die entweder Abwanderung oder Widerspruch stark einschränken oder unmöglich machen, laufen Gefahr geschwächt zu werden. Denn die nicht unterdrückte Reaktionsform wird dann sehr stark gewählt von den Mitgliedern (vgl. Dehling, Schubert 2011, S. 134). Organisationen müssen dann letztlich wählen, ob sie »Ressourcenentzug durch Abwanderung oder hohes Konfliktniveau durch Widerspruch« (Dehling, Schubert 2011, S. 134) in Kauf nehmen wollen.

Sind sowohl Abwanderung als auch Widerspruch nicht möglich, so entwickeln sich Organisationen zu trägen Monopolen, sie wirtschaften ineffizient, unverantwortlich und gehen nicht auf die Bedürfnisse der Mitglieder ein, die zu Gefangenen und letztlich zu Opfern der Organisation werden ohne die Möglichkeit der Abwanderung und des Widerspruchs (vgl. Warren 2011, S. 686).

9.1.3 Ein neuer Gesellschaftsvertrag

Unerlässlich sind ein neuer Grundkonsens und ein neuer Gesellschaftsvertrag, deren Ziel es ist, eine veränderte Mentalität und Einstellung bei wichtigen Akteuren sowie ein neues Miteinander statt des bisherigen Gegeneinanders zu erreichen: Die Bürger holen aus dem Sozialstaat nicht alles heraus und übernehmen wieder mehr Lebensrisiken in Eigenverantwortung. Die Unternehmen übernehmen Verantwortung für ihre Standorte und Mitarbeiter, sie begnügen sich mit einem ordentlichen und angemessenen Gewinn. Der Staat hält sich zurück und wirtschaftet sparsamer, so dass er die Bürger und Unternehmen weniger mit Steuern und Abgaben belastet.

Die Raubökonomie zu beenden, erfordert einen neuen Grundkonsens, der zuerst in den Unternehmen, dann zwischen den Unternehmen und den anderen Stakeholdern gefunden werden muss. Erst wenn diese Bemühungen scheitern, muss der Staat neue Regeln festsetzen und durchsetzen oder die bestehenden Regeln z. B. des Verbraucherschutzes oder Wettbewerbsrechts konsequent durchsetzen.

Für einen neuen Grundkonsens weg von der Raubökonomie hin zu einer sozialeren Marktwirtschaft ist es nötig, die einzelnen Akteure dafür zu gewinnen, d. h. den einzelnen Manager, den einzelnen Arbeitnehmer, den einzelnen Konsumenten, den einzelnen Politiker. Noch wichtiger ist allerdings, die hinter den Einzelakteuren stehenden kollektiven Akteure für diesen Wandel zu gewinnen, also das einzelne Unternehmen, andere Unternehmen der Branche, die Parteien, die Gewerkschaften und Arbeitgeberverbände, die großen Kapitalsammelstellen und andere bedeutende Akteure des Kapitalmarktes. Gerade diese kollektiven Akteure dürften allerdings schwer gewinnbar sein für den Wandel, weil ihre raison d'etre in der Mehrung und Umverteilung von Gewinnen, Vermögen, Einkommen, wirtschaftlichen Chancen und Risiken liegt und damit in der Durchsetzung ihrer jeweiligen kollektiven Interessen zu Lasten anderer gesellschaftlicher Gruppen. Ein nachhaltiger Wandel hin zu einer sozialeren Marktwirtschaft wird nur möglich, wenn sich diese kollektiven Akteure und Institutionen wandeln. Hier sind die Hauptwiderstände und große Probleme zu erwarten. Ebenfalls ist es erforderlich, den Wandel hemmende Strukturen und Institutionen (z. B. Besitzstandsdenken, hemmende gesetzliche Regeln) zu überwinden. Ein neuer Gesellschaftsvertrag muss zuerst an den im Kapitel 7 genannten tieferen Problemursachen, die die Raubökonomie ermöglicht haben, ansetzen.

Nachfolgend werden spezifische Reformmaßnahmen für einzelne Akteursgruppen dargestellt, die die bisher skizzierten allgemeinen Maßnahmen gegen Betrug und Raub ergänzen und verstärken können.

9.2 Spezifische Maßnahmen gegen betrügerisches und räuberisches Verhalten einzelner Akteursgruppen

9.2.1 Spezifische Maßnahmen gegen räuberisches Verhalten des Finanzsektors

Erforderlich ist eine andere und v.a. strikte Regulierung des Finanzsektors. Sie muss umfassen: die institutionelle Trennung von Privat- und Investmentbanking und Vermögensverwaltung sowie die regulatorische Vorgabe einer Eigenkapitalquote bei Banken von mindestens 20 Prozent zur Vermeidung von neuen staatlichen Rettungsaktionen in der Zukunft. Bis zur Erreichung dieses Eigenkapitalpuffers gilt ein Verbot von Ausschüttungen an Aktionäre und von Boni für Manager. Nötig ist zudem eine Entflechtung sehr großer Banken, um das Problem »too big to fail« zu vermeiden und den Steuerzahler vor Erpressbarkeit zu bewahren. Alternativ wäre eine besonders hohe Eigenkapitalquote für »too big to fail«-Banken von weit mehr als 20 Prozent festzulegen. Dann wird die Größe der Bank nicht mehr ein Vorteil, sondern ein Nachteil für die Bank und Unternehmensgröße bekommt einen Preis, den die Bank zu zahlen hat. Ebenfalls nötig ist ein Verbot des Eigenhandels von Banken, damit Banken mit ihren großen Kauf- und Verkaufsvolumina nicht die Aktienkurse und Märkte manipulieren können. Die Beibehaltung des dreigliedrigen Bankensystems in Deutschland ist anzustreben, weil es für Wettbewerb zum Vorteil der Bankkunden sorgt. Eine europaweite Einlagensicherung ist abzulehnen, weil sie die Anreize zu vorsichtigem Wirtschaften in allen Banken und Ländern schwächen würde. Stattdessen ist eine Haftung jedes Landes für seine Banken in einer Bankkrise vorzusehen, die dann greift, wenn die Eigentümer und Gläubiger der Bank nicht für die Bankenrettung aufkommen können. Ziel einer effektiven Regulierung des Finanzmarktes muss sein, dass der Finanzsektor wieder seine originären Aufgabe der Finanzierung von Unternehmen, Privatleuten und Staaten wahrnimmt und die Spekulation im Finanzsektor eingedämmt wird.

9.2.2 Spezifische Maßnahmen gegen räuberisches Verhalten von Staat, Politik und Behörden

Denkbare Gegenmaßnahmen, die den erkannten Schwachstellen und Problemen staatlicher Leistungserstellung und staatlicher Politik entgegenwirken, könnten folgende sein.

Ein grundsätzliches Gegenmittel gegen die oben genannten Fälle von Schlechtleistung staatlicher Einrichtungen könnte auch eine ordnungspolitische Konzeption sein: Der Staat beschränkt sich auf die rechtlich-institutionelle Rahmensetzung, er interveniert möglichst wenig in Details des marktlichen Geschehens. Innerhalb des gesetzten Rahmens agieren private Unternehmen im Wettbewerb mit anderen privaten und öffentlichen Unternehmen. So können private Initiative und die Dynamik des Wettbewerbs für die Erfüllung öffentlicher Aufgaben instrumentalisiert werden. Das wäre im Kern eine Rückkehr zur Grundkonzeption der Sozialen Marktwirtschaft, wie sie Ludwig Erhard nach 1949 umsetzte in Deutschland. Und es wäre eine strikte Abkehr von der interventionistischen Industriepolitik der letzten Jahrzehnte, die teilweise katastrophale Ergebnisse in Deutschland erbracht hat (Energiewende, Wärmewende, Verkehrswende).

Dringend geboten ist eine echte Steuerreform, die die Steuerlasten auf alle Bevölkerungs- und Einkommensschichten verteilt und zur Entlastung bei den hochbesteuerten Leistungsträgern der Mittelklasse und der oberen Mittelklasse führt. Was würde geschehen, wenn der Staat alle steuerlichen Förderprogramme, Abschreibungsmöglichkeiten und Vergünstigungen für Bürger vereinfacht und stark reduziert (»Bierdeckel-Reform«) und dafür die Einkommenssteuersätze umfassend senkt? Drei Verlierergruppen stünden jetzt schon fest: Die Steuerverwaltung (Stellenabbau), diejenigen Bürger, die es gut verstehen, aus dem derzeitigen Steuersystem das Maximale herauszuholen und die Gruppe der Steuerberater. Es könnte aber mehr Gewinner einer solchen Reform geben, als viele glauben. Es wäre auf jeden Fall ein Beitrag zum Bürokratieabbau.

Drittens braucht es eine wirksame Schuldenbremse, die diesen Namen auch verdient und bei der Umgehungstatbestände (»Sondervermögen Bundeswehr«, Schattenhaushalte) besser als bisher ausgeschlossen werden. Seit ihrer Verankerung im Grundgesetz ist immer wieder eine Reform, Abschwächung oder Verstärkung der Schuldenbremse gefordert und diskutiert worden. Die Schuldenbremse kann aber nur ein Anfang einer weitergehenden Konzeption zur Begrenzung staatlich-politischer Verhaltensspielräume sein: Zusätzlich anzudenken ist eine präzise definierte Mindestquote für Zukunftsinvestitionen, in deren Rahmen auch möglichst klar abgegrenzt ist, was zu den Zukunftsinvestitionen zählt und was nicht. Und es braucht eine definierte Obergrenze für maximale Steuerlasten, für die maximal zulässige Staatsquote, für den maximalen Anteil der Sozialausgaben am staatlichen Budget sowie Obergrenzen und eine fix vorgegebene Relation für Sozialbeiträge und Steuern, um die finanzielle Überlastung des Bürgers zu verhindern oder zu vermindern. Somit braucht es zusätzlich zur Schuldenbremse auch definierte Obergrenzen zur Begrenzung der Abgabenlast. Es braucht also nicht nur eine isolierte Schuldenbremse, sondern zusätzlich ein Korsett aus Mindest- und Höchstquoten zur Begrenzung der Handlungsspielräume von Politik, Verwaltung und Staat. Bei diesem Korsett für den Staats-Leviathan (Schuldenbremse, Mindestquote für Zukunftsinvestitionen, Höchstquote für den Anteil des Staates am Bruttosozialprodukt und der Sozialausgaben an den öffentlichen Haushalten), sollte es möglichst wenig Umgehungs- und Manipulationsmöglichkeiten für Politiker geben. Viertens braucht es eine Personalobergrenze im öffentlichen Dienst, denn die Digitalisierung der Verwaltung ermöglicht Produktivitätsfortschritte und Personalreduktion im öffentlichen Sektor. Es muss ausreichen, wenn durch Pensionierung freiwerdende Stellen jährlich jeweils um einen definierten Prozentsatz reduziert werden, der dem vermuteten Produktivitätszuwachs entspricht, und dafür bei Bedarf Stellenumgruppierungen zwischen Behörden vorgenommen werden. Ein immer weitergehender Personalaufbau im öffentlichen Sektor muss unterbunden werden, weil er langfristig nicht finanzierbar ist. Fünftens muss innerhalb Deutschlands (föderaler Wettbewerb) und innerhalb der EU zwischen den Staaten eine Förderung statt einer Reduktion des Standortwettbewerbs und des Steuerwettbewerbs erfolgen. Denn Wettbewerb zwingt zur Effizienz und zur Verbesserung und schränkt Handlungsspielräume für die Verfolgung von Ideen und

Eigeninteressen der Politik und Verwaltung ein. Sechstens braucht es regelmäßige, echte und unabhängige Qualitätsaudits für staatliche Verwaltungsleistungen, deren Ergebnisse auch allgemein publiziert, verglichen und diskutiert werden und die mit Sanktionen für schlechte Leistungen einhergehen. Zu fordern ist siebtens die Schließung von Behörden und Ministerien, die die politischen Ziele über einen längeren Zeitraum nicht erreichen und nachhaltig schlechte Leistungen erbringen. Die Beamten, Angestellten und Arbeiter dieser Behörden müssen entlassen oder ihre Stellen samt ihren Aufgaben einem anderen Aufgabenträger zugewiesen werden. Achtens muss das ständige Wachstum staatlicher Aufgaben eingedämmt werden, z. B. durch strikte Anwendung des Subsidiaritätsprinzips, das für Eigenverantwortung der Bürger und Lösungen vor Ort votiert, solange die kommunale Ebene diese Aufgabe bewältigen kann. Es braucht dann nicht ständig neue Aufgaben, Entscheidungsspielräume und Finanzmittel für Bund und Länder. Neuntens sollte eine Besoldungsreform Festgehälter mit Altersanhebung alle 2 Jahre und die Abschaffung von Leistungszulagen vorsehen. Dies ist gleichbedeutend mit einer Abkehr von zentralen Prinzipien des New Public Management. Das letztliche Ziel aller dieser Reformschritte ist eine Begrenzung und Einhegung staatlicher Entscheidungsspielräume sowie verbindliche Obergrenzen und Mindestquoten für staatliche Maßnahmen und ihre Kosten. Nur dann kann die finanzielle Freiheit und Selbstverantwortung des einzelnen Bürgers vor einer immer weitergehenden Verstaatlichung bewahrt werden.

Politik/Parteien: Erforderlich ist ein Verbot von Parteispenden, dafür sollte die Finanzierung der Parteien ausschließlich aus Steuergeldern erfolgen. Nötig ist die Schaffung von mehr Transparenz betreffend Lobbyismusaktivitäten privater Unternehmen und Bürger sowie ein Rechenschaftsbericht von Politikern über Beraterverträge und Nebentätigkeiten, um Interessenkonflikte offen zu legen. Alternativ wäre ein Verbot von Nebentätigkeiten während und nach der politischen Tätigkeit denkbar, wenn sie Interessenskonflikte zum Amt vermuten lassen. Bei Spitzenpolitikern ist eine vollständige Transparenz von Einkommen und Vermögen zur Aufspürung von Befangenheit und Interessenskonflikten zu fordern. Wer ein hohes öffentliches Amt bekleidet, muss Transparenz aushalten, derjenige wird damit zur öffentlichen Person. Die Abgeordnetendiäten müssen reduziert werden, dafür ist eine lebenslange Alimentation des Politikers nach dem Ausscheiden aus dem Amt vorzusehen, um die Einflussnahme der Wirtschaft auf politische Entscheidungsprozesse zu reduzieren. Bei Verkleinerung des Parlaments sind auch höhere Abgeordnetendiäten als bisher möglich. Es gibt eine Anwesenheitspflicht im Bundestag. Der Politiker wird mit den Abgeordnetendiäten finanziell unabhängig gemacht, er ist nur dem Wohl des Volkes und seinem Gewissen verpflichtet. Dies erfordert die Aufhebung des Fraktionszwangs im Parlament bei wichtigen Entscheidungen von grundlegender Bedeutung für das Land und seine Bürger. Das Gehalt des Bundeskanzlers wird entsprechend der Verantwortung und Bedeutung des Amtes erhöht. Kein Gehalt im öffentlichen Sektor darf höher als das Gehalt des Bundeskanzlers sein. Erforderlich ist eine Entpolitisierung der Verwaltung (Ausnahme: politische Beamte der obersten beiden Leitungsebenen der Ministerien), um Verwaltung und Politik im Sinne von Max Weber stärker zu trennen. Das Rent Seeking von Unternehmen und Interessengruppen mit seinen schädlichen Auswirkungen kann durch geeignete Gestaltung staatlicher Politik reduziert oder unterbunden werden: Einflussversuche der Wirtschaft können reduziert werden durch Regelbindung staatlichen Handelns und quantifizierbare Politikziele, durch Transparenz und umfassende Information über staatliche Entscheidungsprozesse sowie durch klare Benennung der Profiteure und Verlierer bei staatlichen Maßnahmen. Ebenfalls geboten erscheint eine Entpolitisierung der öffentlichen (und auch der privaten) Medienanstalten. Ferner nötig ist eine Verpflichtung der Medien zur wahrheitsgemäßen, neutralen Berichterstattung. Im Falle nachgewiesener Desinformation und falscher Berichterstattung sind Sanktionen, z. B. in Form von Geldstrafen, für die Verfasser und die sie beschäftigenden Medienanstalten vorzusehen. Bei Kommentaren, Artikeln und Beiträgen zur öffentlichen Diskussion muss der Verfasser bestehende oder mögliche Interessenskonflikte offenlegen und seine Parteizugehörigkeit angeben, um dem Leser eine bessere Einschätzung des Beitrags zu ermöglichen.

Wendet man das Konzept von Albert O. Hirschman (► Kap. 9.1.2) auf die hier interessierende Frage der Effizienz- und Qualitätssteigerung bei staatlichen Leistungen an, so ergeben sich folgende Schlussfolgerungen: Wir brauchen mehr Exit, um öffentliche Einrichtungen dazu zu motivieren, besser und effizienter zu werden. Anzustreben ist ein schrittweiser Übergang zur Freiwilligkeit bei der Mitgliedschaft in der gesetzlichen Arbeitslosen-, Kranken-, Pflege- und Rentenversicherung als Disziplinierungsfaktor für diese Behörden. Dieses Vorgehen hätte allerdings zwei Voraussetzungen. Erstens, dass sich der Bürger einen privaten Anbieter für die Leistung suchen oder auf seine Eigenvorsorge vertrauen könnte, die er nachweisen muss. Die zweite Voraussetzung wäre, dass der Bürger endgültig auf die entsprechenden staatlichen Dienstleistungen und auch auf die Inanspruchnahme von Grundsicherung, Sozialhilfe und Bürgergeld verzichtet, um den Rückfall der privaten Risiken in die staatliche Sozialversicherung zu unterbinden, wie es ja bereits jetzt schon bei dem Verhältnis von gesetzlicher und privater Krankenversicherung geregelt ist. Wir brauchen auch mehr Voice (Engagement, Proteste, Kritik, Hinterfragung von Notwendigkeiten, die als alternativlos dargestellt werden) in Gemeinwesen. Wenn Exit zunimmt, nimmt aber Voice ab, weil die Menschen in die äußere Emigration gehen. Organisationen sind aber auf Voice angewiesen, um Fehler zu erkennen und Schwachstellen zu beheben. Wenn hingegen eine falsche Loyalität im Sinne eines sich Arrangierens mit bestehenden Verhältnissen und ihrer schweigenden Akzeptanz und Hinnahme (innere Emigration, innere Kündigung) vorherrscht, so unterbleiben Exit und Voice, was die Anreize zur Verbesserung und Effizienzsteigerung in Politik und Verwaltung reduziert. Eine Voraussetzung für das Konzept Exit, Voice und Loyalty ist eine aktive Bürgerschaft, die sich wirklich für ihr Gemeinwesen engagiert, sich tatsächlich einbringt und mitdiskutiert (Voice). Es braucht aber gleichzeitig Bürger, die bei fortgesetzter Verschlechterung der staatlichen Leistungen ohne Aussicht auf Verbesserung die Option Exit konsequent wählen. Der Exit wäre dann eine Kritik an der staatlichen Leistungserstellung, die zu Verbesserung bei den Behörden motivieren kann. Nötig ist eine echte Loyalität der Bürger zu ihrem Gemeinwesen, denn dann werden sie dazu motiviert, nach Verbesserung zu streben und sie einzufordern (Voice), um aus ihrem Gemeinwesen ein noch besseres Gemeinwesen zu machen.

9.2.3 Spezifische Maßnahmen gegen räuberisches Verhalten von Unternehmen

Die Gesellschaft darf Unternehmen nicht blind vertrauen, ebenso wie sie nicht dem Finanzsektor und dem Staat, der Politik und der Verwaltung blind vertrauen sollte.

Viele Instrumente zur Einhegung missbräuchlichen Unternehmensverhaltens sind bereits vorhanden, sie müssen nur konsequent und mehr als bisher angewandt werden. Zu nennen sind hier Verbraucherschutzgesetze, das Wettbewerbsrecht, Wettbewerbsförderung durch Entflechtung von Unternehmen, Missbrauchsaufsicht und Monopolkontrolle durch Regulierung, Marktöffnung und Deregulierung statt Markteintrittsbarrieren und Marktabriegelung. Zusätzlich ist an eine Verschärfung des Wettbewerbsrechts (z. B. mehr Eingriffsbefugnisse und mehr Möglichkeiten, marktdominante Unternehmen zu entflechten) und einen verbesserten Verbraucherschutz (Reform der Produkthaftung, besserer Schutz vor irreführender Werbung) zu denken. Alle diese Maßnahmen setzen eine entsprechende Personalausstattung der staatlichen Einrichtungen voraus sowie den Willen der Politik und der Behördenleitung, gegen missbräuchliches Unternehmensverhalten konsequent einzuschreiten.

Zu befürworten wären auch staatliche Initiativen zu einer verbesserten Informationsbereitstellung und mehr Transparenz im Wirtschaftsleben, z. B. die Einrichtung von Markttransparenzstellen für Mineralöl, Strom etc. Dies sollte nur unterbleiben, wenn sich von allein private Angebote zur Steigerung der Markttransparenz (z. B. Preisvergleichsseiten im Internet) etablieren.

Ein weiterer Reformansatz wäre auch, den Einfluss des Kapitalmarktes auf die Unternehmen zu schwächen. Zu denken wäre an Ausschüttungsverbote für Dividenden und ein Verbot von Aktienrückkäufen, wenn Unternehmen Verluste machen. Zu diskutieren ist eine Schwächung der Bindung der Managerentlohnung an die Börsenkursentwicklung (z. B. durch Verbot von Aktienoptionen als Gehaltsbestandteil oder höhere Besteuerung dieser Gehaltsbestandteile). Stattdessen ist eine Einführung eines Festgehaltes für Manager mit erfolgsabhängigem Bonus, der abhängig ist vom Gewinn oder dem Wachstum des Unternehmens, aber nicht vom Aktienkurs, denkbar. In der Privatwirtschaft werden die Managergehälter auf das Doppelte des Gehalts des Bundeskanzlers gedeckelt. Der positive Effekt davon wäre eine Begrenzung des ostentativen Managerfeudalismus (Villen, Yachten und andere Statussymbole wie Uhren, Kunstwerke, Luxusautos zur sozialen Distinktion), der in weniger wohlhabenden Schichten für Sozialneid, Unzufriedenheit und gesellschaftliche Spannungen sorgt und in Immobilien- und Luxusmärkten die Preise treibt. Das Leistungsprinzip wird diskreditiert, wenn Manager für durchschnittliche oder schlechte Leistungen extrem hohe Gehälter erhalten, dies ist künftig zu unterbinden. Falls viele Spitzenführungskräfte dann mit Abwanderung in das Ausland drohen, ist dies zu akzeptieren. Es ist fraglich, ob deutsche Manager mit ihrem spezifisch deutschen Führungs- und Managementstil im Ausland vergleichbare Karrieren wie im Inland machen können. Bisher jedenfalls wurden nur auffällig wenige Deutsche in das Top-Management amerikanischer, französischer, britischer und japanischer Unternehmen befördert.

Der Einfluss des Kapitalmarktes kann auch reduziert werden durch Abschaffung von Quartalsberichten, um längerfristiges Denken und Handeln in Unternehmen zu fördern. Dies ist im Kern gleichbedeutend mit einer Abkehr vom Leitbild des Shareholder-Value-Denkens. Ein Verbot feindlicher Übernahmen könnte den Wettbewerb erhalten und Anreize für Unternehmen schaffen, eigene FuE-, Produktions- und Vertriebskapazitäten aufzubauen, statt ein Konkurrenzunternehmen akquirieren. Letzteres schafft volkswirtschaftlich betrachtet keine zusätzlichen und modernen Kapazitäten. Das wäre gleichzeitig ein Beitrag zu mehr Wettbewerb und zur Modernisierung des Kapitalstocks der Volkswirtschaft. Bei allen freundlichen Akquisitionen und Fusionen müssen die stillen Reserven des übernommenen Unternehmens und des übernehmenden Unternehmens offengelegt und versteuert werden, ebenso bei Verlagerung von Unternehmensanteilen ins Ausland. In diesem Fall müssen erhaltene Subventionen vom Unternehmen zurückgezahlt werden. Anzustreben ist ferner eine Reform des Steuerrechts für Unternehmen: Ziele sind die steuerliche Belohnung von Investitionen z. B. mit verbesserten Abschreibungsmöglichkeiten, die steuerlich schlechtere Behandlung von Gewinnausschüttungen und die Einschränkung der steuerlichen Abziehbarkeit von Fremdkapitalzinsen in Abhängigkeit vom Schuldenstand des Unternehmens. Zu denken wäre auch an eine steuerliche Bevorzugung einbehaltener Unternehmensgewinne, um die Selbstfinanzierungskraft der Unternehmen zu stärken und ihre Abhängigkeit vom Kapitalmarkt zu reduzieren. Mit diesen steuerlichen Reformen sollen die Substanz der Unternehmen gestärkt und die Anreize zur Verschuldung reduziert werden.

9.2.4 Spezifische Maßnahmen gegen räuberisches Verhalten von Individuen

Finanzsektor, Unternehmen und staatliche Behörden brauchen Individuen (Arbeitnehmer, Kunden, Manager, Politiker, Bürger), die für sie handeln. Kollektive können nicht handeln, wenn nicht Menschen für sie handeln. Daraus folgt, dass zentrale Ansatzpunkte für Reformen nicht nur in den drei Sektoren Finanzwirtschaft, Unternehmen und Staat, sondern auch auf der Ebene des Individuums ansetzen müssen. Die Ausführungen haben gezeigt, dass die umfassenden Gesetzeswerke zum Arbeits-, Sozial- und Steuerrecht reformiert werden müssen. Es wäre schon viel gewonnen, wenn eine Konkretisierung bisheriger rechtlicher Graubereiche zur Eindämmung moralisch fragwürdigen Verhaltens von Kunden, Mitarbeitern , Managern, Politikern und Bürgern erreicht würde. Hilfreich wäre auch eine signifikante Reduktion der umfangreichen gesetzlichen Regelwerke, was sie für die Individuen leichter anwendbar und verständlich macht. Staatliche Behörden müssen zweitens in die Lage versetzt werden, die Gesetze auch durchzusetzen gegenüber den Individuen. Dies kann bei einzelnen Behörden einen Personalaufbau oder erweiterte Eingriffsrechte bedeuten. Zusätzlich braucht es langfristig veränderte Werthaltungen und vor allem eine neue Balance von Rechten und Pflichten bei Bürgern, Mitarbeitern, Managern und Steuerpflichtigen. Dies bedeutet, dass nach Jahrzehnten der Betonung individueller Rechte jetzt wieder mehr die Pflichten des Einzelnen und sein Beitrag zum Gemeinwesen eingefordert werden müssen. Eine Reform muss bei Individuen in höheren Positionen anfangen. Dies erfordert eine andere Auswahl der Leistungs- und Funktionseliten als bisher. Vorbild für Politik und Verwaltung könnten die viele Jahre dauernde Auswahl und systematische Schulung und Beurteilung von Führungsoffizieren bei der Bundeswehr oder die jahrelangen, sich über mehrere Aufgaben im Unternehmen erstreckenden Auswahlprozesse bei der Besetzung von Positionen im Top-Management in privaten Unternehmen sein. Es braucht für jede bedeutende Spitzenposition in Politik, Wirtschaft und Verwaltung eine systematische und wettbewerbliche Auswahl der Kandidaten und eine Vorbereitung des ausgewählten Kandidaten für das jeweilige Amt bzw. die jeweilige Position. Die Karriereverläufe sollten dabei auch eine Position oder berufliche Station in einem der anderen gesellschaftlichen Sektoren (Wirtschaft, Politik, Verwaltung) enthalten. Fach- und Führungskompetenz sind zu schulen und in mehrjährigen, mehrstufigen und transparenten unternehmens- und parteiinternen Auswahlprozessen zu prüfen. Dabei sind fachliche, persönliche und charakterliche Eignung, bisherige Erfahrungen und Leistungen sowie moralische Integrität zu prüfen. Im Kern bedeutet dies eine Professionalisierung der Auswahl von Kandidaten für Spitzenführungspositionen in Wirtschaft, Staat und Gesellschaft.

9.2.5 Fazit: Spezifische Maßnahmen gegen betrügerisches und räuberisches Verhalten

In den vorigen Abschnitten wurden spezifische Reformvorschläge für den Finanzsektor, den Staat, die Unternehmen und die Individuen vorgeschlagen. Die Kernessenz dieser Vorschläge lautet: Für den Finanzsektor ist eine andere und v.a. striktere Regulierung anzustreben und der Anteil spekulativer und hochriskanter Geschäfte ist zu reduzieren. Der Finanzsektor muss auf seine Kernaufgabe, die Finanzierung von Privatleuten, Unternehmen und Staat, zurückgeführt werden. Für den Staat und sein Funktionieren sind Reformen beim Politikbetrieb (Parteienfinanzierung, Lobbyismus, Besoldung von Politikern) vorzusehen, die den Einfluss der Wirtschaft auf die Politik reduzieren. Im Bereich des Staates und seiner Verwaltung ist eine Abkehr von zentralen Prinzipien des New Public Management erforderlich und eine strikte und möglichst eindeutige Begrenzung staatlicher Aufgaben und staatlicher Finanzierungsmöglichkeiten durch Steuern und Sozialabgaben vorzusehen. Bei den Unternehmen ist ein wichtiges Reformziel ihre stärkere Entkopplung vom Kapitalmarkt und eine Abkehr vom Shareholder-Value-Denken. Anzustreben ist ferner eine Reform des Steuerrechts für Unternehmen, um Investitionen in die Substanz zu stärken und die Anreize zur Verschuldung der Unternehmen zu reduzieren. Ein weiterer Ansatzpunkt für Reformen wäre die Förderung des Wettbewerbs in Märkten durch Verschärfung des Wettbewerbsrechts und einen verbesserten Verbraucherschutz. Individuen wie Bürger, Kunden, Manager und Politiker müssen wieder Maß und Mitte finden und sich ihrer individuellen Verantwortung für das Geschehen in Wirtschaft, Politik und Gesellschaft bewusst werden. Nötig sind letztlich eine Reduktion unrealistischer Ansprüche an andere Akteure, den Staat und die Gesellschaft. Das bedeutet letztlich eine neue Bescheidenheit und die Bereitschaft zur Selbstverantwortung.

10
Utopie oder Chance: Eine faire Wirtschaft

Eine faire Wirtschaft, die auf Angemessenheit und Ausgleich, auf Schutz der wirklich Schwachen und Bedürftigen und auf Verantwortung gegenüber Gesellschaft und Umwelt gegründet ist, muss keine Utopie bleiben. Sie ist grundsätzlich möglich und kann mit Hilfe von drei zentralen Prinzipien aufgebaut werden: Wettbewerb, Transparenz und Verantwortung. Märkte ohne Wettbewerb werden keinen Wohlstand für viele, sondern nur für wenige (die Inhaber der Monopolunternehmen) erzeugen. Reformbestrebungen müssen darauf gerichtet sein, wieder mehr Öffnung von und Wettbewerb in Märkten zu unterstützen. Das Instrumentarium und die behördlichen Einrichtungen dafür (Wettbewerbsrecht, Missbrauchsaufsicht, Verbraucherschutz) sind grundsätzlich vorhanden, müssten aber ausgebaut und gestärkt und konsequent eingesetzt werden. Transparenz ist ein wirksames Gegenmittel gegen Raub und Betrug. Räuber und Betrüger fürchten Transparenz fast so sehr wie die Strafen, die für ihr Tun drohen. Wir haben in vielen Bereichen heute zu wenig Transparenz. Es sind zwar Unmengen von Daten und Informationen vorhanden, aber sie sind nicht so aufbereitet und zugreifbar, dass sich der Einzelne umfassend informieren kann und darauf seine Entscheidung gründen kann. Mancher Kunde wüsste gerne mehr über die tatsächliche Umweltfreundlichkeit des Unternehmens oder die Arbeitsbedingungen in dem Unternehmen, von dem er ein Produkt kaufen möchte. Mancher Steuerzahler wüsste gerne mehr über die tatsächliche Verteilung der Steuerlasten in der deutschen Gesellschaft oder über die Effektivität und Effizienz bei der Verwendung seiner Abgaben und Steuergelder. Es ist selbstverständlich, dass der Bürger eine Steuererklärung macht, kann er da nicht auch am Ende jeden Jahres einen Rechenschaftsbericht der Politik über die Mittelverwendung erwarten? Mancher Aktionär und mancher Mitarbeiter wüsste gerne mehr über die tatsächlichen Bezüge des Top-Managements sowie der ersten und zweiten Hierarchieebene unterhalb des Top-Managements. Wir haben viel zu viele Daten und Informationen, die verstreut, nicht gebündelt und nicht aufbereitet sind für die breite Masse der Interessenten. Zudem stammen die Daten und Informationen oftmals aus Quellen, die Eigeninteressen haben (z. B. Werbeaussagen und Mitteilungen des Unternehmens). Aus diesen Gründen haben wir trotz einer überwältigenden Informationsflut zu wenig Transparenz in Wirtschaft und Gesellschaft. Wenn drittens der Einzelne, die Unternehmen, die Behörden und der Finanzsektor mehr Verantwortung für ihr Tun übernehmen und Entscheidungsträger für ihre Handlungen haften und zur Rechenschaft gezogen werden, gelingt es, kollektive Verantwortungslosigkeit zu durchbrechen und in individuelle Verantwortung zu transformieren. Essenziell ist, dass Akteure für die Schäden, die ihr Tun verursacht, aufkommen müssen. Banken, die aufgrund riskanter eigener Geschäfte vom Steuerzahler gerettet werden müssen, müssen eine Rechnung für die erfolgte Bankenrettung erhalten und dem Staat die Kosten zurückerstatten in der Zukunft. Unternehmen, die die Umwelt geschädigt haben, müssen eine Strafe erhalten und zusätzlich verpflichtet werden, den vorigen Zustand der Umwelt wiederherzustellen. Politiker und Manager müssen für grob fahrlässige und vorsätzliche Fehlentscheidungen nicht nur mit ihrem Posten und Ämtern, sondern zusätzlich auch mit ihrem Privatvermögen haften, dann erscheinen auch hohe Managergehälter und hohe Abgeordnetendiäten gerechtfertigt. Zusätzlich braucht es Reformen in drei zentralen Bereichen: Der Finanzsektor muss so reguliert werden, dass er seine Primärfunktion als Finanzier von Unternehmen und Privatleuten erfüllt und der Betrieb des Spekulationskasinos für ihn weniger attraktiv ist. Es braucht wieder ein Bewusstsein dafür, dass der Finanzsektor der Diener und nicht der Herr der Realwirtschaft, des Staates und der Einzelnen ist. Die Unternehmen müssen die Interessen der von ihnen abhängigen Stakeholder möglichst ausgewogen berücksichtigen. Die bisher bevorzugte Berücksichtigung der Aktionärsinteressen ist wegen ihrer dysfunktionalen Auswirkungen für Unternehmen, Arbeitnehmer und Kunden sowie den Staat zu unterbinden. Behörden müssen sich wieder als Verwalter öffentlichen Interesses verstehen, die strikt an Gesetz und Recht gebunden sind und alle Bürger und Unternehmen gleich behandeln müssen. Das heißt, es braucht mehr Rückbesinnung auf die Verwaltungstradition nach Max Weber und weniger New Public Management in den Behörden. Die Leiter öffentlicher Behörden müssen jährlich Rechenschaft ablegen vor den Bürgern und Unternehmen, die sie verwalten. Der Erfolg eines Behördenleiters darf nicht anhand der verwalteten Budgets und der Zahl der Mitarbeiter, sondern muss anhand der Erfüllung des öffentlichen Auftrags und der Zufriedenheit der verwalteten Bürger und Unternehmen gemessen werden. Der Einzelne muss in seiner Rolle als Mitarbeiter, Kunde und Bürger daran erinnert werden, dass er nicht nur Rechte, sondern auch Pflichten gegenüber dem Unternehmen, dem Staat und der Gesellschaft hat. Und der Staat als größtes Kollektiv muss sich auf seine Kernaufgaben (innere und äußere Sicherheit, Hoheitsverwaltung) konzentrieren und diese besser als bisher erfüllen. Der Sozialstaat als Leistungsverwaltung muss sich auf die Absicherung zentraler Lebensrisiken (Armut, Krankheit, Alter, Vorsorge gegen Pandemien und große Wirtschaftskrisen) beschränken und damit weniger Ressourcen beanspruchen sowie die Eigenverantwortung der Bürger stärken. Das setzt voraus, dass die Bürger dazu befähigt werden, z. B. durch eine entlastende Steuerreform. Umgekehrt muss der Sozialstaat diejenigen Bürger, die sich unverschuldet in einer Notlage befinden, besser als bisher unterstützen. Eine faire Wirtschaft ist möglich, wenn sie auf funktionierendem Wettbewerb, Transparenz, Leistung und Eigenverantwortung des Einzelnen beruht, bisher dominierende Akteure (Finanzsektor, Staat, Politik und Unternehmen) einhegt, den Einzelnen zu seinem Beitrag zum Gemeinwesen ermahnt und ein neuer gesellschaftlicher Grundkonsens gefunden werden kann.

11 Zentrale Ergebnisse im Überblick

Die vorstehenden Ausführungen in den bisherigen Kapiteln dieses Buches haben die Missstände, Fehlentwicklungen und hohen Kosten der derzeitigen Wirtschaftsweise, für die das allegorische Bild der Raubökonomie gewählt wurde, verdeutlicht.

Nach dem Zweiten Weltkrieg wurde mit der Sozialen Marktwirtschaft ein dritter Weg zwischen Markt und Staat in Deutschland etabliert, der sich bis ca. Ende der 1980er Jahre als erfolgreich erwies. Dieses Konzept der Sozialen Marktwirtschaft wurde durch das in diesem Buch beschriebene räuberische Verhalten vieler Akteure (Finanzmarkt, Staat, Unternehmen, Individuen) ausgehöhlt und zerstört. Heute steht noch die schöne Fassade, die nach wie vor Soziale Marktwirtschaft genannt wird, aber inhaltlich und faktisch ein völlig anderes Wirtschaftssystem geworden ist, das in diesem Buch als Raubökonomie tituliert wurde. Der Finanzsektor konnte viele hemmende Regulierungen in den 1970er und 1980er Jahren abstreifen und seine Ziele (Kurssteigerung, Dividende, Rendite) gegenüber dem Staat und den Unternehmen der Realwirtschaft durchsetzen. Den Unternehmen gelang es, den Wettbewerb in immer mehr Märkten zu reduzieren oder auszuschalten. Die Politik griff seit den 1970er Jahren stärker in die Märkte ein und baute den Sozialstaat und die staatliche Verwaltung weiter aus. Zur Finanzierung des Sozialstaates und der staatlichen Verwaltung griff die Politik immer stärker mit höheren Steuern und Abgaben auf die Gewinne und Einkommen von Unternehmen und Bürgern zu. Durch alle diese Entwicklungen und vor allem durch ihr Zusammenwirken mutierte die Soziale Marktwirtschaft in einem langfristigen Prozess zur Raubökonomie. Als Ergebnis wirtschaften, leben und arbeiten wir heute in einem stark veränderten Wirtschaftssystem mit neuen Charakteristika und Erfolgsfaktoren. Dieser Übergang wurde ausgelöst durch die Deregulierung der Finanzmärkte sowie durch neue Grundorientierungen und Denkmodelle (Shareholder Value, New Public Management, Wertewandel). Treiber vieler Entwicklungen der letzten vier Jahrzehnte waren somit neue Ideen und mentale Modelle, wie Shareholder Value für die Unternehmen und den Kapitalmarkt sowie New Public Management für die Verwaltung. Treiber waren auch neue Vorstellungen, was eine gute und gerechte staatliche Politik sein soll und wie ein Politiker agieren bzw. nicht agieren soll. Statt dem Interessenausgleich und der Konsensorientierung der Sozialen Marktwirtschaft dominieren heute Shareholder Value, New Public Management sowie Verteilungskämpfe die Wirtschaft, Verwaltung und Gesellschaft. Diese mentalen Modelle und Vorstellungen sind sehr wirkmächtig geworden. Diese neuen Denkmodelle konnten aber nur wirksam werden, weil sie damals auf eine entsprechende Umfeldsituation trafen, in der sie eine Lösung versprachen. Der zunehmend überforderte, mit Verschuldung ringende Sozialstaat brauchte ein New Public Management (anstelle einer nach Max Weber verfassten Verwaltung), weil er mit den vorhandenen Ressourcen effizienter wirtschaften musste. Shareholder-Value-Konzepte (anstelle von Stakeholder-Value-Konzepten) konnten nur wirkmächtig werden, weil sie auf den ersten Blick mehr Objektivität und Rationalität als Stakeholder-Value-Ansätze versprachen und zeitlich zusammentrafen mit einem deregulierten Finanzmarkt und manchem Top-Management, das darin eine Chance auf eigene Gehaltssteigerungen erblickte. Die ganze in diesem Buch beschriebene Entwicklung hin zu einem neuen Wirtschaftssystem wurde auch gefördert durch die Globalisierung der Wirtschaft, die auf Deregulierung und Privatisierung setzende Wirtschaftspolitik der EU, die deutsche Wiedervereinigung 1989 und die Finanzkrise 2008. Die Entstehung und Durchsetzung der Raubökonomie wurde dadurch erleichtert, dass es mit dem Ende der Planwirtschaft 1989 kein alternatives und konkurrierendes Wirtschaftsmodell zur Marktwirtschaft und zur Sozialen Marktwirtschaft mehr gab. Weil die Systemkonkurrenz seitdem stark reduziert war, konnten der Finanzmarkt, der Staat und die Unternehmen die Soziale Marktwirtschaft transformieren in Richtung einer Raubökonomie. Und manches Individuum machte dabei gerne mit, wenn es sich davon Vorteile und persönliche Gewinne versprach. Jedes dieser genannten transformativen Ereignisse bot Gelegenheiten für große Gewinne und viele Raubchancen für skrupellose Akteure. Nur vor diesem Hintergrund konnten die neuen Denkmodelle Wirkung in Richtung einer Raubökonomie entfalten und nur vor diesem Hintergrund kann die Entwicklung in Deutschland seit vier Jahrzehnten verstanden werden. Andere neue Denkmodelle und Grundorientierungen könnten die Zukunft in eine andere Richtung lenken. Sie zu entwickeln ist Aufgabe von Gesellschaft, Politik, Wissenschaft und Wirtschaft.

Die Raubökonomie wurde möglich durch das Versagen und die maßlose Übergriffigkeit des Staates, die Maßlosigkeit des deregulierten Finanzmarktes sowie sehr hohe Renditeziele vieler Unternehmen bei wenig Wettbewerb in manchen Absatzmärkten und die Gier mancher Individuen. Es war ein komplexes Zusammenspiel von politischen Entscheidungen, administrativen Entscheidungen, Entscheidungen von Kapitalmarktakteuren und Unternehmensentscheidungen sowie Entscheidungen von Individuen, die zu einer tiefgreifenden Transformation der deutschen Wirtschaft und Gesellschaft in 40 Jahren führten.

Die Raubökonomie als deformiertes Wirtschaftssystem zerstört Vertrauen, Anreize zu Investitionen, Anreize zu Innovationen, das Empfinden von Fairness, Chancengleichheit und Anstand, also das institutionelle Fundament des Marktes, der Gesellschaft und der Politik. Die gegenwärtigen Zustände in Politik, Wirtschaft und Gesellschaft sind nicht allein dem Markt bzw. (Sozialen) Marktwirtschaft anzulasten, sondern einer degenerierten Form der Marktwirtschaft bzw. Sozialen Marktwirtschaft, die in diesem Buch als Raubökonomie bezeichnet wurde. Die Raubökonomie, wie sie hier skizziert wurde, ist entweder eine von den Unternehmen vermachtete und kartellierte Marktwirtschaft mit wenig Wettbewerb und schwachem Staatseinfluss bei sehr starkem Einfluss des Kapitalmarktes (also eine pervertierte Marktwirtschaft, wie es sie heute in den USA gibt). Oder die Raubökonomie ist Ergebnis einer pervertierten Sozialen Marktwirtschaft mit sehr starkem dirigistischem Staatseinfluss bei gleichzeitig starkem Einfluss des Kapitalmarktes (wie sie heute in Deutschland vorherrscht). Paradoxerweise führt die Raubökonomie dazu, dass die Akzeptanz für die Marktwirtschaft und die Soziale Marktwirtschaft in breiten Bevölkerungsschichten sinkt, obwohl nicht die (Soziale) Marktwirtschaft, sondern das deformierte System der Raubökonomie die gegenwärtigen Zustände herbeigeführt hat. Die Raubökonomie zerstört das Vertrauen in die Marktwirtschaft, die Soziale Marktwirtschaft und den Staat sowie den Glauben der Menschen, dass es auf den Märkten, in der Politik und in der Gesellschaft fair, leistungsorientiert und wettbewerblich zugeht.

Die Raubökonomie kennt Gewinner und Verlierer. Die Unternehmen nutzten die durch Deregulierung und Globalisierung entstehenden Spielräume in ihrem Sinne, um die Rendite für sich und ihre Aktionäre in bisher ungeahntem Ausmaß zu steigern. Die Politik vermehrte und intensivierte ihren Einfluss in allen Wirtschafts- und Lebensbereichen. Die Bürokratie zog neue Aufgaben an sich und vermehrte ihre Budgets, Stellen und Beförderungsmöglichkeiten. Viele Manager erhöhten ihre Gehälter drastisch, sowie Kapitalmärkte ihre Renditeerwartungen. Sie alle sind die Gewinner der Raubökonomie. Daneben gibt es langfristig allerdings sehr viele Verlierer, z. B. manche Kleinanleger, Privatleute, kleine Unternehmen, Steuerzahler und Kunden. Der Wirtschaftskrieg aller gegen alle wird nicht mit Waffen, sondern mit Preisen, Knappheiten, Rationierungen, Desinformation und Intransparenz betrieben und entschieden.

Typische Symptome der Raubökonomie und Strategien der Akteure in der Raubökonomie sind in folgenden Punkten zu sehen: Es kommt zu einer Intensivierung der Verteilungskämpfe in Wirtschaft und Gesellschaft, weil die Wirtschaft zunehmend stagniert (wenig Dynamik aufgrund geringer Investitionen, wenig Innovationen und wenig Wettbewerb in Märkten, kaum noch steigende Produktivität). Dies kann man mit gesättigten Märkten, aber auch mit den tendenziell investitions- und innovationsfeindlichen Rahmenbedingungen der Raubökonomie erklären. Umverteilungskämpfe und Rent Seeking sind in der Raubökonomie wichtiger als die Erwirtschaftung von Wohlstand im marktlichen Wettbewerb mittels Investitionen und Innovationen. Es geht den Akteuren mehr um kurzfristige Bedürfnisbefriedigung und kurzfristige Vorteile für sich, statt um langfristige Erwirtschaftung von Wohlstand für alle in Konsens und Kooperation. Die dominante Managementlogik im Finanzsektor und in vielen Unternehmen ist die kurzfristige Wertaneignung (Value Extraction) statt die langfristige Wertschaffung (Value Creation). Typische Strategien räuberischer Unternehmen sind das Ausnutzen von Abhängigkeiten und Notlagen anderer Akteure, die Wettbewerbsbeschränkung durch Kartelle und Monopolisierung sowie der Aufbau hoher Intransparenz und Komplexität in Märkten. Typische Strategien und Instrumente eines räuberischen Staates sind die Maximierung von Steuereinnahmen oder eine übermäßige Staatsverschuldung, der Ausbau des Sozialstaates unter Vernachlässigung seiner langfristigen Finanzierbarkeit, die Ausdehnung von staatlicher Regulierung und die Gestaltung komplexer und intransparenter Steuer- und Sozialsysteme mit Zwangsmitgliedschaft. Viele Individuen machen beim Raubzug mit und optimieren für sich mit List Tücke und kleinem Betrug, weil sie sich dadurch Gewinne für sich erhoffen.

Jeder Akteur ist potenziell Räuber und potenzielles Raubopfer. Die Akteure der Raubökonomie nehmen duale und im Zeitablauf wechselnde Rollen oder sogar gleichzeitig verschiedene Rollen in verschiedenen Beziehungen ein. Jeder Akteur versucht im Extremfall jeden anderen Akteur bei sich bietender Gelegenheit auszurauben und wird selbst ausgeraubt, das ist eine Art negative Gerechtigkeit. So können ein Staat, eine Gesellschaft und eine Wirtschaft zwar kurz- bis mittelfristig funktionieren, aber nicht langfristig erfolgreich sein und existieren. Eine Raubökonomie ist insgesamt eine Ökonomie, die langfristig zum Scheitern verurteilt ist, weil die Anreize zu Investitionen fehlen, viel Energie und Kreativität in Verteilungskämpfe gelenkt wird und hohe Absicherungskosten für die Akteure zu Lasten der Wertschöpfung entstehen.

Die Raubökonomie ist langfristig kein stabiles und nachhaltiges Wirtschaftssystem, sie ist vermutlich nur eine Übergangsform. Am Ende der Entwicklung steht voraussichtlich die unbeschränkte, liberale Marktwirtschaft (der Stärkere und Erfolgsreichere setzt sich am Markt durch, der Staat hält sich aus dem Markt heraus) oder eine reformierte Soziale Marktwirtschaft mit einer strikten Aufgabentrennung von Markt und Staat und klaren Rollenzuweisungen an beide Sphären oder eine staatliche Planwirtschaft mit privatwirtschaftlicher Fassade. In welche Richtung sich alles entwickelt, entscheidet sich jetzt, und was die Zukunft bringt, ist unklar. Wir stehen historisch an einer Weggabelung.

Ein Voranschreiten auf dem eingeschlagenen Pfad der Raubökonomie wäre in der Zukunft mit weiter steigenden Kosten, im Extremfall mit dem zunehmend schlechteren Funktionieren der Wirtschaft, dem zunehmenden Zerfall der Gesellschaft, einer weiteren Diskreditierung des Marktes, der Marktwirtschaft und der Politik sowie mit Wohlstandsverlusten verbunden.

Die Raubökonomie muss eingehegt und begrenzt werden. Es muss ein neuer gesellschaftlicher Konsens verhandelt werden, wieviel Markt und wieviel Staat möglich und nötig sind und was als angemessenes und moralisches Verhalten aller Akteure auf dem Markt, im Staat und in der Gesellschaft angesehen wird.

Spezifische Reformen müssen an den tieferen Problemursachen ansetzen: neue mentale Modelle für Unternehmen und Verwaltungen, neue Werthaltungen für Individuen, eine Reregulierung des Finanzmarktes, Reformen der Parteien und des Staates sowie veränderte Anreizstrukturen in den Unternehmen.

12 Epilog

Bezugnehmend auf das präsentierte Zitat von Frank Zappa ganz zu Beginn des Buches in Kapitel 1 ergibt sich die Frage: Haben wir uns selbst Illusionen hingegeben oder haben wir uns täuschen lassen? Wer genau hinsieht, konnte die Entwicklungen seit mehr als 10 Jahren erkennen. Wir haben uns selbst getäuscht und täuschen lassen, weil viele Akteure sich einer Wohlstandsillusion hingaben und auf ihr Stück vom räuberischen Kuchen hofften (steigendes privates Vermögen durch Börsenboom und Wertsteigerung bei Immobilien, Bonuszahlungen und Aktienoptionen für Manager, staatliche Subventionen und Zuschüsse für Unternehmen, ein bequemes und risikoloses Leben für den Bürger, mehr Stellen für die Verwaltung etc.).

Niemand weiß, was die Zukunft bringt, und niemand kann sie vorhersagen. Es ist nicht möglich, wissenschaftlich gesicherte detaillierte Aussagen über die Zukunft zu treffen. Karl Valentin hat dazu richtigerweise gesagt: Prognosen sind schwierig, vor allem wenn sie die Zukunft betreffen. Man kann allenfalls vorsichtig große Entwicklungslinien identifizieren und mögliche alternative Szenarien für die Zukunft skizzieren. Diese müssen notwendigerweise sehr allgemein sein. Viele Zukunftsprognosen erweisen sich später als falsch. Die Entwicklungslinien der Zukunft werden nicht bestimmt durch Prognosen gegenwärtig lebender Menschen, auch wenn der Mensch seit Jahrtausenden versucht, die Zukunft vorherzusagen und berechenbarer zu machen. Von der Beobachtung des Vogelflugs bei den Römern und dem Orakel von Delphi bei den Griechen bis zum KI-basierten Prognose- und Zukunftsmodell heute ist es ein langer Weg. Die Ergebnisse und die Qualität der Vorhersagen dürften aber in vielen Fällen ähnlich (schlecht) sein.

Für die Zukunft sind fünf Wirtschaftssysteme prinzipiell denkbar, von denen sich voraussichtlich eines durchsetzen wird:

Szenario I: Liberale Marktwirtschaft

Möglich ist eine Rückkehr zur Marktwirtschaft mit funktionierendem Wettbewerb auf Märkten ohne (oder nur mit einem sehr geringen) sozialen Ausgleich und wenig staatlichen Eingriffen in den Markt bei reduziertem Einfluss des Kapitalmarktes.

Szenario 2: Soziale Marktwirtschaft

Vorstellbar ist eine Wiederherstellung der Sozialen Marktwirtschaft mit sozialem Ausgleich, aber ohne Absicherung aller Lebensrisiken durch den Staat. Der Staat beschränkt sich auf die Setzung des Ordnungsrahmens bei reduzierten staatlichen Detailinterventionen in Märkten. Gleichzeitig fördert der Staat Wettbewerb in den Märkten bei reduziertem Einfluss des Kapitalmarktes auf Unternehmen, Staat und Bürger. Die Soziale Marktwirtschaft basiert auf staatlicher Rahmensetzung und flankierenden staatlichen Umverteilungsmaßnahmen, privatwirtschaftlicher Initiative und Wettbewerb auf Märkten bei gleichzeitigem gesellschaftlichen Konsens und Vertrauen.

Szenario 3: Planwirtschaft light

Eine andere Möglichkeit ist ein Übergang zur faktischen Planwirtschaft des Staates mit privatwirtschaftlicher Fassade, d.h. mit pro forma weiterbestehendem privaten Eigentum an den Produktionsmitteln aber bei staatlichem Dirigismus und bei deutlich reduziertem Einfluss des Kapitalmarktes.

Szenario 4: Offizielle Planwirtschaft

Denkbar ist ein Übergang zur offiziellen Planwirtschaft mit Verstaatlichung privater Unternehmen und Abschaffung von Privateigentum und Märkten in vielen Wirtschaftsbereichen bei fehlendem Kapitalmarkt. Dieses Szenario erscheint in Deutschland derzeit unwahrscheinlich, aber nicht gänzlich ausgeschlossen. Denkbar wäre es z.B. im Falle eines großen Krieges und bei Übergang zur staatlich geplanten Kriegswirtschaft. Eine offizielle Planwirtschaft würde aufgrund ihrer Ineffizienzen und Anreizprobleme langfristig nicht erfolgreich sein. Sie wäre nur ein Übergangsmodell und würde ebenfalls langfristig zu einem der anderen Wirtschaftsmodelle führen.

Szenario 5: Raubwirtschaft

Beibehaltung und weiterer Ausbau der Raubwirtschaft als degenerierte Marktwirtschaft bzw. degenerierte Soziale Marktwirtschaft mit marktlicher Fassade (nicht funktionierende Märkte aufgrund Ausschaltung des Wettbewerbs und staatlicher Intervention), maßlosem Finanzsektor und großem, übergriffigen Staatssektor, wobei der Einzelne um wirtschaftliche Vorteile ringt ohne Rücksicht auf andere. Dies bedeutet im Kern einen ökonomischen Krieg aller gegen alle. Aufgrund ihrer inhärenten Dysfunktionalität und Konflikte ist zu vermuten, dass in sehr langfristiger Sicht die Raubökonomie nicht Bestand haben wird, sie also eine Übergangsform ist, die langfristig in eines der anderen Wirtschaftsmodelle münden wird.

Jeder Leser soll für sich selbst entscheiden, welches dieser fünf Zukunftsszenario für ihn erstrebenswert ist. In langfristiger Betrachtung spricht jedoch vieles dafür, dass eines der Szenarien 1 bis 3 zur Wirtschaftsformen der Zukunft werden könnte, weil die Raubökonomie und die offizielle Planwirtschaft langfristig scheitern werden.

Wer gesuchte berufliche Qualifikationen hat, leistungsfähig und jung ist, und eigenes Vermögen (entweder ererbt oder erarbeitet) hat, wird vermutlich für den funktionierenden Markt (1) oder den ökonomischen Krieg aller gegen alle, also eine Raubökonomie (5), votieren, weil er gute Chancen sieht, zu den Gewinnern zu gehören.

Wer älter, leistungsschwächer, hilfsbedürftig z.B. aufgrund von Krankheit ist und einer unsicheren beruflichen Zukunft entgegensieht sowie wenig eigenes Vermögen hat, wird vermutlich für Staatswirtschaft mit privater Fassade (3) oder vollständige Plan- und Staatswirtschaft (4) votieren, wenn er sich Rettung aus seiner Notlage vom Staat erhofft.

Eine Mehrheit für eine erneuerte Soziale Marktwirtschaft (2) dürfte am ehesten in der Mittelschicht und der gehobenen Mittelschicht zu finden sein.

Hier werden letztlich auch partikulare Interessengruppen und Interessenskonflikte sichtbar, die zu Sollbruchlinien der deutschen Gesellschaft werden können.

Es stellt sich letztlich die Frage, wie wir wirtschaften wollen, in welcher Art und Weise, mit welcher Zielsetzung und mit welcher Wirtschaftsgesinnung. Denn jedes der vier alternativen Wirtschaftssysteme hat einen ganz bestimmten Wirtschaftsstil und eine besondere Kultur.

Werner Sombart hat in der Einleitung zu seinem zweibändigen Werk »Der moderne Kapitalismus« festgestellt, dass der Kapitalismus nicht nur ein Wirtschaftssystem, sondern auch eine Kulturform ist (vgl. Sombart 1902). Zum Wesen des Kapitalismus gehört eine Wirtschaftsgesinnung, ein sparsamer Umgang mit Gütern, eine Wertschätzung für individuelle Leistung und individuellen Erfolg, eine Akzeptanz von Wettbewerb und Marktergebnissen als Herausforderung und Chance, weniger als Bedrohung.

Wie der Kapitalismus so ist auch der Sozialismus nicht nur als Wirtschaftssystem, sondern auch als Kulturform zu sehen. Dies zeigt sich beispielsweise am sozialistischen Realismus in der Malerei, der eine ganz eigene Bildästhetik und Bildsprache entwickelt hat. Dies zeigt sich aber auch in Werthaltungen, die für den Sozialismus eher typisch sind als für den Kapitalismus: der Wertschätzung für das Kollektiv, dem Anstreben von Erfolg für das Kollektiv, der Unterordnung des Einzelnen und des Betriebes unter die Leitlinie der Planerfüllung sowie das Anstreben von Einkommens- und Vermögensgleichheit und sozialer Gerechtigkeit als gesellschaftliche Ziele.

Die Soziale Marktwirtschaft enthält das staatliche Versprechen, dass der Einzelne in der Not Hilfe vom Staat erhält und dass niemand, der sich in Not und Elend befindet, fallen gelassen wird. Das Wirtschaften und der Wirtschaftsstil in einer Sozialen Marktwirtschaft setzen viel mehr als in der liberalen Marktwirtschaft auf Konsens, staatlich orchestrierten und von den Tarifparteien verhandelten Ausgleich, Harmonie von Interessen und ein hohes Maß an Chancengleichheit. Das Wirtschaften in einer Sozialen Marktwirtschaft unterscheidet sich deutlich vom Wirtschaften in einer Marktwirtschaft und einer Planwirtschaft.

Die Raubökonomie als pervertierte Wirtschaftsform hat ebenfalls einen spezifischen Wirtschaftsstil. Der zur Raubökonomie passende Wirtschaftsstil und ihre Kultur können skizziert werden durch Gier und Maßlosigkeit, Streben nach wirtschaftlichem Erfolg bei wenig Rücksichtnahme auf Dritte, Opportunismus und Egoismus. Maßstäbe für individuellen Erfolg sind in der Raubökonomie finanzieller Reichtum und individuelle Durchsetzungsstärke.

Der Leser möge für sich entscheiden, welche der vier Wirtschaftsformen mit ihrem spezifischen Wirtschaftsstil und ihrer eigentümlichen Kultur er für sich bevorzugen würde.

Das vorliegende Buch hat eine Kernfrage aufgeworfen, aber sie nicht beantwortet bzw. beantworten können. Diese Kernfrage lautet: Welche Zukunft wollen wir – Raub oder Kooperation? Die Antwort können und müssen die Entscheidungsträger in Politik, Wirtschaft und Gesellschaft geben, d. h. der Staat, die Unternehmen der Finanz- und der Realwirtschaft und die Individuen in ihrer Rolle als Bürger, Arbeitnehmer und Konsumenten. Von einer auf List, Raub und Macht gegründeten Ökonomie profitieren weniger Akteure (die Stärksten, Listigsten, Rücksichtslosesten) als von einer auf Kooperation, Zusammenarbeit, Wettbewerb und Leistung gegründeten Ökonomie. Daher ist die Entscheidung, sofern sie eine Mehrheitsentscheidung ist, eigentlich klar. Aber die Akteure, die von den bisherigen Strukturen und räuberischen Praktiken profitierten, haben große wirtschaftliche Macht und politischen Einfluss. Die Masse der Bürger, Konsumenten und Arbeitnehmer ist aber alles andere als machtlos: Der Konsument kann mit seinen Kaufentscheidungen, der Wähler mit seiner Stimmabgabe und anderen Formen politischen Engagements und der Arbeitnehmer mit seiner Wahl des Arbeitgebers Einfluss ausüben. Sie alle haben Macht, weil sie ihre Stimme erheben können (Voice) oder abwandern können (Exit). Der Einzelne muss sich seiner Macht aber bewusstwerden und sie tatsächlich ausüben. Das erfordert Engagement, Verantwortungsübernahme und tatkräftiges Handeln des Einzelnen.

Literatur

Alvares de Souza Soares, Philipp (2024): Vodafone riskiert seine Substanz, in: Handelsblatt Nr. 36, 20.02.2024, S. 13

Alvares de Souza Soares, Philipp (2025): Kalifornien steht im Feuer, in: Handelsblatt, Nr. 8, 13.01.25, S. 10

Amable, Bruno; Regan, Aidan; Avdagic, Sabina; Baccaro, Lucio; Pontusson, Jonas; Van der Zwan, Natascha (2019): New approaches to political economy, in: Socio-Economic Review (20 March 2019 Volume 0 number 0 pp. 1–27)

Amasiatu, Chioma Vivian; Shah, Mahmood Hussain (2014): First party fraud: a review of the forms and motives of fraudulent consumer behavior in e-tailing, in: International Journal of Retail & Distribution Management, Vol 42, No. 9, 2014, S. 805–817, DOI 10.1108/IJRDM-05-2013-0112

Anger, Heike (2025): Schluss mit unnötigem Papierkram!, in: Handelsblatt, Nr. 3, 06.01.25, S. 15

Anger, Heike; Kersting, Silke (2024): Der Staat treibt die Mieten, in: Handelsblatt Nr. 12, 17.01.2024, S. 8

Anindya, Jesi Rizky; Adhariani, Desi (2019): Fraud risk factors and tendency to commit fraud: analysis of employees' perceptions, in: International Journal of Ethics and Systems, Vol. 35, No. 4, 2019, S. 545–557, DOI 10.1108/IJOES-03-2019-0057

Asdecker, Björn (2025): Statistiken Retouren Deutschland – Definition, in: retourenforschung.de 07.10.2025, Download 27.10.2025: https://www.retourenforschung.de/definition_statistiken-retouren-deutschland.html

Backovic, Lazar; Bender, Rene; Buchenau, Martin; Höpner, Axel; Votsmeier, Volker (2024): Leoni-Verkauf nach China: »Skandalös«, in: Handelsblatt Nr. 182, 19.09.2024, S. 24

Backovic, Lazar; Hubik, Franz (2024): Margen von VW, BMW und Mercedes erodieren, in: Handelsblatt Nr. 148, 02., 03., 04.08.2024, S. 20, 21

Baumann, Uli; Of-Allinger, Andreas; Harloff, Thomas (2020): VW gewinnt Rechtsstreit gegen Prevent, in: auto-motor-und-sport.de 06.02.2020, Download 27.02.25: https://www.auto-motor-und-sport.de/verkehr/aerger-mit-zulieferer-vw-streit/

Bayer, Ralph-Christopher; Reichl, Norbert (1997): Ein Verhaltensmodell zur Steuerhinterziehung, 1. Auflage, Berlin 1997

Behr, Patrick; Schmidt, Reinhard H. (2015): The German Banking System: Characteristics and Challenges SAFE (November 2015 White Paper number 32), Goethe University Frankfurt

Beschorner, Thomas (2022): Stakeholderorientierter Ansatz, in: Aßländer, Michael S. (Hrsg.) (2022) Handbuch Wirtschaftsethik Springer-Verlag, S. 393–400

Besley, Timothy (2007): The New Political Economy, in: The Economic Journal (November 2007 pp. F570–F587)

Blume, Jakob (2024): Schwere Versäumnisse beim Kollaps der Credit Suisse, in: Handelsblatt Nr. 248, 23.12.2024, S. 21

Blume, Jakob et al. (2025): Rückkehr des Raubtierkapitalismus, in: Handelsblatt, Nr. 17, 24., 25., 26.01.25, S. 48–51

BMF (2019): Zehn Jahre nach der Finanzkrise: Haben die Reformen der Finanzmarktregulierung den Finanzsektor krisenfester gemacht?, in: Monatsbericht des BMF März 2019, Download 27.10.2025 https://www.bundesfinanzministerium.de/Monatsberichte/2019/03/Inhalte/Kapitel-3-Analysen/3-2-finanzmarktregulierung.html

BMW© Statista (2023) BMW Group - Größte Automobilmärkte 2022

BMW© Statista (2023a) Anzahl produzierter Autos der BMW Group nach Werken in den Jahren 2021 und 2022

BMW© Statista (2023b): BMW and MINI Sales per Major Country and Market in 2023

BMW© Statista (2023c): BMW Group Sales by Major Country of Global Region in 2022

Boehnke, Klaus et al. (2024): Gesellschaftlicher Zusammenhalt in Deutschland 2023, Bertelsmann Stiftung, Gütersloh, S. 1–78, DOI 10.11586/2024051

Böhm, Franz (1961): Demokratie und ökonomische Macht, in: Institut für ausländisches und internationales Wirtschaftsrecht (Hrsg.), Kartelle und Monopole im modernen Recht, Karlsruhe 1961, Bd. 1, S. 2–24

Bonny, Paul; Goode, Sigi; Lacey, David (2015): Revisiting employee fraud: gender, investigation outcomes and offender motivation, in Journal of Financial Crime, Vol. 22 No. 4, 2015, S. 447–467, DOI 10.1108/JFC-04-2014-0018

Borowski, Max (2024): Boeing-Mitarbeiter »wütend« über 25 Prozent mehr Lohn, Download 14.09.2024: https://www.n-tv.de/wirtschaft/Boeing-Mitarbeiter-wuetend-ueber-25-Prozent-mehr-Lohn-article25217184.html

Brandt, Mathias (2025): Wie viel hinterzogene Steuern kann der Staat sicherstellen, in: statista, 20.08.2025, Download 18.11.2025 https://de.statista.com/infografik/35006/hoehe-der-in-durch-die-steuerfahndung-festgestellten-mehrsteuern/

Buchenau, Martin (2024): Gau für Kleinaktionäre, in: Handelsblatt, Nr. 140, 23.07.24, S. 15.

Buchheim, Constanze (2024): Der Plutokrat, in: Handelsblatt Nr. 247, 20., 21., 22.12.2024, S. 70, 71

Buckhoff, Thomas A. (2001): Employee fraud: perpetrators and their motivations, in: CPA Journal November 2001, Vol. 71, Iss. 11, S. 72–74, Download 27.10.2025: https://research.ebsco.com/c/rtzm5w/search/details/m2m3pnwdk5?db=buh&limiters=&q=%28%28IS+%2200942049%22+OR+IS+%2207328435%22%29+AND+VI+71+AND+%28IP+11+OR+IP+11%29+AND+SP+72%29

Buggeln, Marc (2024): »Die These des kaputtgesparten Staates lässt sich nicht halten, in: Handelsblatt Nr. 184, 23.09.2024, S. 10, 11

Busse von Colbe, Walther (1997): Was ist und was bedeutet Shareholder Value aus betriebswirtschaftlicher Sicht, in: ZGR, S. 271–290

Büttner, Annette (2004): Wenn Chaos regiert, Arbeitspapier der Konrad-Adenauer Stiftung Nr. 125, Sankt Augustin März 2004

Chamberlain, Edward H. (1938): Monopolistic Competition, 1. Auflage, Cambridge USA 1938.

Choi, Jay Pil; Thum, Marcel (2005): Corruption and the shadow economy, in: International Economic Review, Vol. 46, No. 3, August 2005, S. 817–836, DOI 10.1111/j.1468-2354.2005.00347.x

Clarkson, Max B. (2022): Appendix: Principles of Stakeholder Management, in: Business Ethics Quarterly 12, 2 (2002), S. 257–264

Cressey, Donald R. (1986): Why managers commit fraud, in: AUST & NZ Journal of criminology, 19, Dezember 1986, S. 195–209, DOI 10.1177/000486588601900402

Crocoll, Sophie (2025): Wie groß ist das Problem der Bürgergeld-Mafia wirklich, in: Wirtschaftswoche, Download 04.11.2025 https://www.wiwo.de/politik/deutschland/buergergeld-mafia-wie-steckt-hinter-dem-vorwurf-des-bandenmaessigen-betrugs/100159685.html

Czerwick, Edwin (2002): Demokratisierung der öffentlichen Verwaltung in Deutschland. Von Weimar zur Bundesrepublik, in: Geschichte und Gesellschaft, April-Juni 2002, Jg. 28, H.2, S. 183–203.

Daimler-Benz (1979): Geschäftsbericht 1979, Download 19.02.2025: https://group.mercedes-benz.com/dokumente/investoren/berichte/geschaeftsberichte/daimler-benz/daimler-ir-geschaeftsbericht-1979.pdf

Dasgupta, Biplab (1997): The New Political Economy: A Critical Analysis, in: Economic and Political Weekly, Volume 32, number 4, 25–31 January 1997, pp. PE13-PE26)

Dasu, Sriram; Tong, Chunyang (2009): Dynamic pricing when consumers are strategic: Analysis of posted and contingent pricing schemes, in: European Journal of Operational Research, 2009, pp. 662–671

De la Motte, Laura (2025): ChatGPT hilft beim Spesenbetrug – Unternehmen setzen andere KI dagegen, in: Handelsblatt 03.07.2025, Download 27.10.2025 https://www.handelsblatt.com/finanzen/steuern-recht/steuern/ki-chatgpt-und-co-machen-spesenbetrug-leichter-was-dagegen-hilft/100137008.html

Dean, Hartley; Melrose, Margaret (1996): Unravelling citizenship: the significance of social security benefit fraud, in: Critical Social Policy, London u. a., Vol. 16, 1996, S. 3–31, DOI 10.1177/026101839601604801

Dean, Hartley; Melrose, Margaret (1997): Manageable discord: fraud and resistance in the social security system, in: Social Policy & Administration, Vol. 31, No. 2, June 1997, S. 103–118, DOI 10.1111/1467-9515.00043

Dehling, Jochen; Schubert, Klaus (2011): Ökonomische Theorien der Politik, VS Verlag für Sozialwissenschaft, Wiesbaden, 2011, DOI 978-3-531-17113-6

Delhaes, Daniel (2024): Wie groß der Einfluss der Nichtwähler auf Wahlen in Deutschland ist, in: Handelsblatt 09.04.2024, Download 24.11.2025: https://www.handelsblatt.com/politik/deutschland/parteien-wie-gross-der-einfluss-der-nichtwaehler-auf-wahlen-in-deutschland-ist/100028218.html

Deutsche Bahn AG (2005): Geschäftsbericht 2005, Download 27.02.25: https://ir.deutschebahn.com/fileadmin/Deutsch/2005/Berichte/2005_gb_dbkonzern_de.pdf

Deutscher Bundestag (2022): Sozialleistungsmissbrauch in Deutschland, Download 04.11.2025: https://www.bundestag.de/resource/blob/881028/2bebada7bbc5c4fdb1300f29ab2c5f2a/WD-6-095-21-pdf-data.pdf

Deutscher Bundestag (2022a): Strafrechtliche und kriminalistische Aspekte des »Sozialleistungsmissbrauchs«, Download 04.11.2025: https://www.bundestag.de/resource/blob/881508/194c14185e994c7742fd4de6c9027766/WD-7-115-21-pdf-data.pdf

Diesler, Sophia (2025): So viel Gewicht hat Ihre Stimme, in: zdfheute, 09.02.2025, Download 24.11.2025: https://www.zdfheute.de/politik/deutschland/nichtwaehler-bundestagswahl-gruende-folgen-100.html

Dopheide, Frank (2024): Wie moralisch können Firmen sein?, in: Handelsblatt Nr. 111, 12.06.2024, S. 19

Döring, Thomas (2005): Steuerhinterziehung und Steuermoral in ökonomischer Sicht, in: zfwu Zeitschrift für Wirtschafts- und Unternehmensethik 6/2 (2005), S. 173–178, Download 18.11.2025 https://www.nomos-elibrary.de/de/document/view/pdf/uuid/6ea47f34-44cc-3e5c-a1a0-a771874520b0?page=1

Downs, Anthony (1957): An Economic Theory of Political Action in a Democracy, in: Journal of Political Economy, April 1957, Vol. 65, No. 2, S. 135–150, DOI 10.1086/257897

Downs, Anthony (1968): Ökonomische Theorie der Demokratie, J. C. B. Mohr (Paul Siebeck) Tübingen, 1968, DOI 978-3-16-146171-2

Downs, Anthony (1970): Inside Bureaucracy, 1. Auflage, Boston 1967

Engels, Jens Ivo (2021): Party Financing Scandals in the History of the Federal Republic of Germany: The »Flick« Affair and CDU Donations Affair, in: Valarinie, Elizangela; Pohlmann, Markus; Mitra, Subrata (Hrsg.): Political Corruption and Organizational Crime, Wiesbaden, 2021, S. 344–355

Enste, Dominik (2017): Schwarzarbeit und Schattenwirtschaft: Argumente und Fakten zur nicht angemeldeten Erwerbstätigkeit in Deutschland und Europa, in: IW-Report, No. 9/2017, Institut der deutschen Wirtschaft (IW), Köln, Download 17.11.2025: https://www.econstor.eu/handle/10419/157211

Enste, Dominik (2025): Schwarzarbeit in Deutschland: Mindestens 3,3 Millionen arbeiten schwarz, in: IW-Kurzbericht, No. 2/2025, Institut der deutschen Wirtschaft (IW), Köln, Download 17.11.2025: https://www.econstor.eu/handle/10419/309588

Entringer, Theresa M.; Buchinger, Laura (2024): Werte und Einstellungen, in: Sozialbericht 2024, Ein Datenreport für Deutschland, WZB/SOEP, 2024, S. 375–385, Download 19.11.2025: https://www.bpb.de/kurz-knapp/zahlen-und-fakten/sozialbericht-2024/553386/subjektives-wohlbefinden-und-sorgen/

Erhard, Ludwig (1957): Wohlstand für Alle, 1. Auflage, München 1957

Esser, Frank; Hartung, Uwe (2004): Nazis, Pollution, and No Sex, in: American Behavioral Scientist, Vol. 47, No. 8, April 2004, S. 1040–1071.

Evers, Marco; Müller, Martin; Traufetter, Gerald (2024): Krise Max, in: Der Spiegel, Nr. 3, 13.01.24, S. 58f.

Fischer, Eva; Suhr, Frauke (2025): Die Wahlverweigerer, in: Handelsblatt, Download 24.11.2025: https://www.handelsblatt.com/downloads/20306618/2/infografik-nichtwaehler.html

Fisher, Linda E. (2023): Consumer fraud, home financing, and the erosion of trust, in: Northwestern University Law Review, 2023, Vol 118, No. 1, S. 115–138

Fleming, Matthew H.; Roman, John; Farrell, Graham (2000): The shadow economy, in: Journal of International Affairs, Spring 2000, Vol. 53, No. 2, S. 387–409, Download 17.11.2025: https://www.jstor.org/stable/24357758?seq=1

Franzen, Wolfgang (2008): Was wissen wir über Steuerhinterziehung? Teil 1: Theoretische Erklärungsansätze für eine weitverbreitete Ausnahme von der Regel, in: Neue Kriminalpolitik, 2008, Vol. 20, No. 2, S. 72–79, Download 18.11.2025: https://www.jstor.org/stable/pdf/43262917.pdf?refreqid=fastly-default%3A4cc48079a56f93fb545a7fd958138ed5&ab_segments=0%2Fspellcheck_basic_search%2Fcontrol&initiator=search-results&acceptTC=1

Franzen, Wolfgang (2008a): Was wissen wir über Steuerhinterziehung? Teil 2: Empirische Forschung - außer Spesen nichts gewesen, in: Neue Kriminalpolitik, 2008, Vol. 20, No. 3, S. 94–101, Download 18.11.2025: https://www.jstor.org/stable/43262922?seq=2

Freeman, R. Edward (1984): Strategic Management: A Stakeholder Approach, Cambridge University Press

Frick, Leonhard (2025): 75 Milliarden Euro Schaden: Warum der Staat 97 Prozent aller hinterzogenen Steuern nicht entdeckt, in: Handelsblatt, S. 1–26, Download 18.11.2025: https://story.handelsblatt.com/75-milliarden-euro-schaden-warum-der-staat-97-prozent-aller-hinterzogener-steuern-nicht-entdeckt?payloadcache=b9de7a5e-897c-4ec0-a11a-366a538359c2#fehlende-milliarden

Fritz, Johannes (2007): Wer sind die Nichtwähler und was bewirken sie?, in: Gesellschaft – Wirtschaft – Politk (GWP), Heft 3/2007, S. 331–342 https://budrich-journals.de/index.php/gwp/article/view/12199/10628

Fröndhoff, Bert; Witsch, Kathrin; Hubik, Franz; Wermke, Isabell; Müller, Anja; Koenen, Jens (2024): Unternehmen kappen ihre Klimaziele, in: Handelsblatt Nr. 111, 12.06.2024, S. 1, 16, 17

Fröndhoff, Bert (2020): Wie das Homeoffice zum Einfallstor für Betrüger wird, in: Handelsblatt 17.08.2020, Download 27.10.2025: https://www.handelsblatt.com/technik/kpmg-studie-wie-das-homeoffice-zum-einfallstor-fuer-betruerger-wird/26101506.html

Fröndhoff, Bert; Köhler, Peter; Krolle, Hannah (2024): Deutsche Konzerne im Fokus der Hedgefonds, in: Handelsblatt Nr. 17, 24.01.2024, S. 20, 21

Fröndhoff, Bert; Krolle, Hannah (2025): Deutschlands Schwäche lockt US-Investoren an, in: Handelsblatt, Nr.19, 28.1.2025, S. 18f.

Fullerton, Ronald; Punj, Girish (2004): Repercussions of promoting an ideology of consumption: consumer misbehavior, in: Journal of Business Research, Vol 57, Iss. 11, 2004, S. 1239–1249, DOI 10.1016/S0148-2963(02)00455-1

Funk, Michael; Jaag, Christian (2018): The more economic approach to predatory pricing, in: Journal of Competition Law & Economics, 2018, pp. 1–19

Germis, Carsten (2020): VW verklagt Zulieferer Prevent, in: faz.de 07.01.2020, Download 27.02.25: https://www.faz.net/aktuell/wirtschaft/unternehmen/lieferstopps-volkswagen-verklagt-zulieferer-prevent-16569655.html

Global Brands Logistics GmbH (2025): Retouren-Betrug: eine wachsende Bedrohung für die Logistikbranche in: gbl-logistics, 07.10.2025, Download 27.10.2025: https://gbl-logistics.de/retouren-betrug-eine-wachsende-bedrohung-fuer-die-logistikbranche/

Görzel, Volker (2025): Bei Arbeitszeitbetrug: Überwachung auf Kosten des Arbeitnehmers, in: Deutsche Handwerks Zeitung 20.08.2025, Download 27.10.2025: https://www.deutsche-handwerks-zeitung.de/bei-arbeitszeitbetrug-ueberwachung-auf-kosten-des-arbeitnehmers-365235/

Graf, Gerhard (2007): Die volkswirtschaftliche Bedeutung von Schwarzarbeit, in: List Forum für Wirtschafts- und Finanzpolitik, Band 33, Heft 2, 2007, S. 106–128, DOI 10.1007/BF03373961

Greive, Martin et al. (2026): Der kranke Staat, in: Handelsblatt, Nr. 27, 07., 08., 09.02.25, S. 46–51

Greive, Martin; Hildebrand, Jan (2024): Nur jeder fünfte Euro: Kritik an zu geringen Zukunftsausgaben, in: Handelsblatt Nr. 50, 11.03.2024, S. 1, 6, 7

Gröppel-Klein, Andrea; Spilski, Anja (2020): Dienstag bestellt, Donnerstag geliefert, Samstag getragen, Montag retour – unmoralisches Verhalten von Konsumenten, in: L. Heidbrink, Ludger; Gröppel-Klein, Andrea (Hrsg.): Die dunklen Seiten des Konsums: Alte Probleme, neue Herausforderungen, Nomos, Baden-Baden. S. 69–89, DOI 10.5771/9783748920922-69

Gürtler, Tobias (2023): »Würgegriff gegen Zulieferer« – Prevent zieht erneut gegen VW vor Gericht, in: wiwo.de 19.01.2023, Download 27.02.25: https://www.wiwo.de/unternehmen/industrie/750-millionen-schadensersatz-wuergegriff-gegen-zulieferer-prevent-zieht-erneut-gegen-vw-vor-gericht/28933926.html

Gürtler, Tobias (2024): Die Dauerfehde zwischen Prevent und VW geht weiter – jedenfalls hierzulande, in: wiwo.de 19.07.2024, Download 27.02.25: https://www.wiwo.de/unternehmen/auto/streit-mit-ehemaligem-zulieferer-die-dauerfehde-zwischen-prevent-und-vw-geht-weiter-jedenfalls-hierzulande/29904150.html

Handelsverband Deutschland (2024): Zahlenspiegel, Download 27.10.2025: https://einzelhandel.de/publikationen-hde/zahlenspiegel

Harris, Lloyd C. (2010): Fraudulent consumer returns: exploiting retailers' return policies, in: European Journal of Marketing, Vol. 44, No. 6, 2010, S. 730–747, DOI 10.1108/03090561011032694

Harrison, Andrew J.; Dilla, William N.; Mennecke, Brian E. (2020): Relationships within the fraud diamond: the decision processes that influence fraudulent intentions in online consumer fraud, in: Journal of Information Systems, Vol 34, No. 1, 2020, S. 61–80, DOI 10.2308/isys-52627

Herr, Hansjörg; Stachuletz, Rainer (2008): Deregulierung, Finanzmarktdesaster und Reformoptionen: Die Hoffnung stirbt zuletzt, in: JPG, 3, 2008, Download 27.10.2025: https://www.researchgate.net/publication/220011415_Deregulierung_Finanzmarktdesaster_und_Reformoptionen_Die_Hoffnung_stirbt_zuletzt

Hielscher, Henryk (2023): Wenn statt des iPhones nur ein Häufchen Sand zurückgeschickt wird, in: Wirtschaftswoche 31.07.2023, Download 27.10.2025: https://www.wiwo.de/unternehmen/handel/refund-masche-wenn-statt-des-iphones-nur-ein-haeufchen-sand-zurueckgeschickt-wird/29287488.html

Hildebrand, Jan (2025): Milliardenhilfen für profitable Großkonzerne, in: Handelsblatt, Nr. 6, 09.01.25, S. 1, 10, 11

Himmelreicher, Ralf; Dütsch, Matthias; Baumann, Arne (2024): Schwarzarbeit in Deutschland: bisherige Erkenntnisse und neue Befunde, in: Wirtschaftsdienst 2024, 104 (11), S. 800–806, DOI 10.2478/wd-2024-0203

Hirschman, Albert O. (1974): Abwanderung und Widerspruch, 1. Auflage, Tübingen 1974

Hirschman, Albert O. (2004), Abwanderung und Widerspruch, 1. Auflage, Tübingen 2004

Hollow, Matthew (2014): Money, morals and motives: an exploratory study into why bank managers and employees commit fraud at work, in Journal of Financial Crime, Vol. 21, No. 2, 2014 S. 174–190, DOI 10.1108/JFC-02-2013-0010

Holtermann, Felix; Kort, Katharina; Meiritz, Annett (2024): Die Wut vieler Amerikaner auf ihr Gesundheitssystem, in: Handelsblatt Nr. 240, 11.12.2024, S. 19

Höpner, Axel (2024): Die neue Machtverteilung bei Siemens, in: Handelsblatt Nr. 186, 25.09.2024, S. 16, 17

Höpner, Axel (2024a): Mehr als nur ein fader Beigeschmack, in: Handelsblatt Nr. 182, 19.09.2024, S. 17

Höpner, Axel (2024b): Teure Nahrung: Automatisierung soll Preisschock dämpfen, in: Handelsblatt Nr. 55, 18.03.2024, S. 24

Höpner, Axel (2024c): Siemens-Investoren fordern weitere Abspaltungen, in: Handelsblatt Nr. 29, 09., 10., 11.02.2024, S. 22, 23

Höpner, Axel (2024d): Siemens überprüft Healthineers-Beteiligung, in: Handelsblatt Nr. 250, 30.12.2024, S. 1, 4

Hornik, Anna et al. (2020): Zukunft von Wertvorstellungen der Menschen in unserem Land, in: BMBF, Referat – Strategische Vorausschau; Partizipation und Bürgerforschung, S. 1–43, Download 19.11.2025: https://www.bmftr.bund.de/SharedDocs/Downloads/DE/v/zukunft-wertvorstellungen.pdf?__blob=publicationFile&v=3

Hubik, Franz (2024): Mercedes-Chef erhält zweistelliges Millionengehalt, in: Handelsblatt Nr. 55, 18.03.2024, S. 21

Iglauer, Theresa; Schupp, Jürgen; Priem, Maximilian (2021): Werte und Einstellungen, in: Datenreport 2021, Ein Sozialbericht für die Bundesrepublik Deutschland, WZB/SOEP, S. 409–419, Download 19.11.2025: https://www.bib.bund.de/Publikation/2021/pdf/Datenreport-2021-Ein-Sozialbericht-fuer-die-Bundesrepublik-Deutschland-Kapitel-12.pdf?__blob=publicationFile&v=1

InterAction Council (1997): Allgemeine Erklärung der Menschenpflichten. Download 22.11.2025: https://Menschenpflichten.info/kopie-home

Kakati, Shivam; Goswami, Chandana (2019): Factors and motivation of fraud in the corporate sector: a literature review, in: Journal of Commerce & Accounting Research, Vol. 8, No. 3, 2019, S. 86–96, Download 27.10.2025: https://www.academia.edu/49950049/FACTORS_AND_MOTIVATION_OF_FRAUD_IN_THE_CORPORATE_SECTOR_A_LITERATURE_REVIEW

Karabasz, Ina (2024): Christian Strenger »Unser System ist das bessere«, in: Handelsblatt Nr. 31, 13.02.2024, S. 5

Karmasin, Matthias (2022): Public Relations und der Stakeholder-Ansatz, in: Szyszka, P. et al. (Hrsg.), Handbuch der Public Relations, Springer Fachmedien, S. 1–19

Keilen, Annika; Rubröder, Nell (2025): So leicht wird im Homeoffice bei der Arbeitszeit getrickst, in: Handelsblatt 08.10.2025, Download 27.10.2025: https://www.handelsblatt.com/karriere/karriere-so-leicht-wird-im-homeoffice-bei-der-arbeitszeit-getrickst/100092335.html

Kewes, Tanja (2023): Die alte Deutschland AG mit neuen Köpfen, in: Handelsblatt Nr. 197, 12.10.2023, S. 30, 31

Kewes, Tanja (2023a): Aufsichtsräte von vorgestern, in: Handelsblatt Nr. 171, 05.09.2023, S. 14

Kewes, Tanja (2024): Investoren zweifeln an Unabhängigkeit von Aufsichtsräten, in: Handelsblatt Nr. 176, 11.09.2024, S. 24

Kilian, Manuel; Reinhardt, Marc (2025): Verzettelt im Klein-Klein von Digitalisierungsprojekten, in: Handelsblatt, Nr. 3. 06.01.25, S. 16

Kisling, Tobias (2020): Zulieferstreit: Der bizarre Machtkampf von VW und Prevent. Download 27.02.25: https://www.abendblatt.de/wirtschaft/article231102884/Zuliefererstreit-Der-bizarre-Machtkampf-von-VW-und-Prevent.html

Klagge, Britta (2023): Das deutsche Banken- und Finanzsystem im Spannungsfeld von internationalen Finanzmärkten, regionaler Orientierung sowie Klima- und Nachhaltigkeitszielen, in: Kulke, Elmar (Hrsg.) (2023) Wirtschaftsgeographie Deutschlands, Springer-Verlag, S. 333–347

Kleb, Isabel; Talaulicar, Till (2022): Stakeholder-Management, in: Aßländer, Martin. S. (Hrsg.), Handbuch Wirtschaftsethik, Springer-Verlag, S. 491–500

Knuth, Tobias; Ahrholdt, Dennis C. (2022): Consumer fraud in online shopping: detecting risk indicators through data mining, in: International Journal of Electronic Commerce, Vol. 26, No. 3, 2022, S. 388–411, DOI 10.1080/10864415.2022.2076199

Koch, Dirk (1999): Die Brüsseler Republik, in: Der Spiegel, H. 52, 1999, S. 136 f.

Koenen, Jens (2020): Den Anschluss verloren, in: Handelsblatt Nr. 21, 30.01.2020, S. 15

Koenen, Jens (2024a): Monopolisten der Lüfte, in: Handelsblatt Nr. 180, 17.09.2024, S. 1, 18, 19

Koenen, Jens (2024b): Zwei Gründe sprechen für Airbus, in: Handelsblatt Nr. 126, 03.07.2024, S. 38

Koenen, Jens (2024c): Airbus-Kunden müssen länger warten, in: Handelsblatt Nr. 121, 26.06.2024, S. 23

Koenen, Jens (2025): Boeing ging fast das Geld aus, in: Handelsblatt, Nr. 20, 29.01.2025, S. 22

Koenen, Jens (2025a): Airbus deklassiert Boeing – doch der Erfolg ist in Gefahr, in: Handelsblatt, Nr. 11, 16.01.25, S. 24f.

Koenen, Jens; Kort, Katharina (2020): Boeings Horrorbilanz, in: Handelsblatt Nr. 21, 30.01.2020, S. 14, 15

Koenen, Jens; Kort, Katharina (2024): Boeing und seine ungelösten Probleme, in: Handelsblatt Nr. 59, 22., 23., 24.03.2024, S. 24

Koenen, Jens; Kort, Katharina; Waschinski, Gregor (2024): Warum die 737 Max ein Bestseller bleibt, in: Handelsblatt Nr. 10, 15.01.2024, S. 24

Koenen, Jens; Schlautmann, Christoph (2025): Spritzverbrauch und Emissionen steigen wieder, in: Handelsblatt, Nr. 16, 23.01.25, S. 20f.

Kolf, Florian (2024): Deutsche Kunden schicken häufiger zurück als alle anderen in Europa, in: Handelsblatt 06.12.2024, Download 27.10.2025: https://www.handelsblatt.com/unternehmen/handel-konsumgueter/retouren-deutsche-kunden-schicken-haeufiger-zurueck-als-alle-anderen-in-europa/100089464.html

Kolf, Florian (2024): Rabattschlacht schadet nur, in: Handelsblatt Nr. 152, 08.08.2024, S. 12

Kolf, Florian; Karabasz, Ina; Schlautmann, Christoph (2024): »Wir sind hungrig, wir wollen wachsen«, in: Handelsblatt Nr. 135, 16.07.2024, S. 20, 21

Kolf, Florian; Scheppe, Michael (2024): Discounter überbieten sich mit Rabatten, in: Handelsblatt Nr. 123, 28., 29., 30.06.2024, S. 26, 27

Kolf, Florian; Schlautmann, Christoph (2024): Rewe drücken hohe Schulden, in: Handelsblatt Nr. 125, 02.07.2024, S. 24

Kolf, Florian; Terpitz, Katrin (2024): Die Discounter-Lüge, in: Handelsblatt Nr. 212, 01., 02., 03.11.2024, S. 20, 21

Kopper, Christopher (2012): Der langsame Abschied von der Deutschland AG, in: Archiv für Sozialgeschichte 52, 2012, S. 91–110, Download 27.10.2025: https://library.fes.de/pdf-files/afs/bd52/07_kopper.pdf

Kort, Katharina (2024): Boeing will sich schuldig bekennen, in: Handelsblatt Nr. 130, 09.07.2024, S. 23

Kort, Katharina (2024a): Ohne Flugzeug-Know-how geht's nicht, in: Handelsblatt Nr. 62, 27.03.2024, S. 15

Kort, Katharina (2024b): Boeing traut sich nach Debakel um 737 Max keine Prognose zu, in: Handelsblatt Nr. 23, 01.02.2024, S. 25

Kort, Katharina (2024c): Harter Schnitt bei Boeing ist nötig, in: Handelsblatt Nr. 6, 09.01.2024, S. 17

Kort, Katharina; Koenen, Jens (2024): Boeing-Chef tritt zum Jahresende ab, in: Handelsblatt Nr. 61, 26.03.2024, S. 22, 23

Krämer, Andreas; Schmutz, Iris (2020): Mythos Value-Based-Pricing – Der Versuch einer (wertfreien) Einordnung, in: Marketing Review St. Gallen (2020 Volume 37, Issue 2 pp. 44–53)

Krapp, Catiana (2024): Glückliche Aktionäre statt Klimaschutz, in: Handelsblatt Nr. 149, 05.08.2024, S. 18, 19

Kroh, Martin (2008): Wertewandel: immer mehr Ost- und Westdeutsche ticken postmaterialistisch, in: Journal DIW Wochenbericht, Vol. 75, Iss. 34, Deutsches Institut für Wirtschaftsforschung (DIW) Berlin, 2008, S. 480–486, https://www.econstor.eu/handle/10419/151652/

Kröner, Andreas (2024): Staat baut überraschend Beteiligung an der Commerzbank aus, in: Handelsblatt Nr. 33, 15.02.2024, S. 20, 21

Krull, Stephan (2018): Verfeindete Brüder, in: jungewelt.de 10.04.2018, Download 27.02.25: https://www.jungewelt.de/loginFailed.php?ref=/artikel/330496.verfeindete-br%C3%BCder.html

Kuhlmann, Sabine; Bogumil, Jörg; Grohs, Stephan (2008): Evaluating Administrative Modernization in German Local Governments: Success or Failure of the »New Steering Model«?, in: Public Administration Review, September/Oktober 2008, pp. 851–863

Lamnek, Siegfried; Olbrich, Gaby und Schäfer, Wolfgang J. (2000): Tatort Sozialstaat: Schwarzarbeit, Leistungsmissbrauch, Steuerhinterziehung und ihre (Hinter)Gründe, 2000, Leske + Budrich, Opladen

Leggewie, Claus (1993): Non-voters-Political privateers or risk factors for democracy?, in: Journal of Contemporary Central and Eastern Europe, 1:2, S. 43–53, http://dx.doi.org/10.1080/09651569308454465

Lehmann, Norbert (2022): Schlachtkonzern Tönnies erleidet kräftigen Umsatzeinbruch, in: agrarheute 27.04.2022, Download 20.02.25: https://www.agrarheute.com/management/agribusiness/schlachtkonzern-toennies-erleidet-kraeftigen-umsatzeinbruch-593041

Lesch, William C.; Brinkmann, Johannes (2012): Consumer insurance fraud/abuse as co-creation and co-responsibility: a new paradigm, in: Journal of Business Ethics, Vol. 103, Issue 1, 2012 S. 17–32, DOI 10.1007/s10551-012-1226-5

Lin, Bin et al. (2022): Why do employees commit fraud? Theory, measurement, and validation, in: Frontiers in Psychology, 6 Oktober 2022 S. 1–13, DOI 10.3389/fpsyg.2022.1026519

Luther, Martin (1524): Von Kauffshandlung und Wucher, Wittenberg 1524, Reprint 1990.

Marx, Karl (1867): Das Kapital, 1. Auflage, Hamburg 1867

Marx, Karl; Engels, Friedrich (1848): Das kommunistische Manifest, 1. Auflage, London 1848

Mateus, Abel M. (2011): Predatory Pricing: A Proposed Structured Rule of Reason, in: European Competition Journal, 2011, pp. 243–267

Matthes, Sebastian (2024): Der Staat überfordert sich selbst, in: Handelsblatt Nr. 24, 02., 03., 04.02.2024, S. 5

Matthes, Sebastian (2025): Die Denkfehler der Kettensägen-Fans, in: Handelsblatt, Nr. 27, 07., 08., 09.02.25, S. 5

McCleary, Rachel; Barro, Robert J. (2006). Religion and political economy in an international panel, in: Journal for the Scientific Study of Religion, 45, 2, pp. 149–175

Meckel, Miriam (2024): Unsere Demokratie, packen wir's an!, in: Handelsblatt Nr. 225, 20.11.2024, S. 29

Mennerich, Jörg (2009): Nordfleisch – wie und mit wem geht es weiter, in: topagrar.com 01.01.2009 Download 20.02.25: https://www.topagrar.com/markt/aus-dem-heft/nordfleisch-wie-und-mit-wem-geht-es-weiter-9785987.html

Mercedes-Benz© Statista (2022): Mercedes-Benz Sales Worldwide and per Major Global Region in 2022

Mercedes-Benz© Statista (2022a): Sales overview Mercedes-Benz Cars

Mercedes-Benz© Statista (2023): Produktion von Pkw der Marke Mercedes-Benz an ausgewählten Standorten im Jahr 2017

Mercedes-Benz Group (2022): Geschäftsbericht 2022, Download 19.02.25: https://group.mercedes-benz.com/dokumente/investoren/berichte/geschaeftsberichte/mercedes-benz/mercedes-benz-geschaeftsbericht-2022-inkl-zusammengefasster-lagebericht-mbg-ag.pdf

Mester, Volker (2009): Milliardenschäden durch Mitarbeiter, in: Hamburger Abendblatt 25.09.2009, Download 27.10.2025: https://www.abendblatt.de/wirtschaft/article107563112/Milliardenschaeden-durch-Mitarbeiter.html

Michel, Stefan; Pfäffli, Patrick (2009): Implementierungshürden des Value Based Pricing, in: Marketing Review St. Gallen, 2009, 5, S. 26–31

Miljkovic, Milorad und Alcakovic, Slavko (2010). Neuromarketing: marketing research future?, in: Singidunum revija, 7, 2, pp. 273–283

Mises, Ludwig von (1920), Die Wirtschaftsrechnung im sozialistischen Gemeinwesen, Archiv für Sozialwissenschaft und Sozialpolitik 47, 1920, S. 186–212

Mises, Ludwig von (1922): Die Gemeinwirtschaft, 1. Auflage, Jena 1922

Mises, Ludwig von (1927): Liberalismus, 1. Auflage, Jena 1927

Mises, Ludwig von (1929): Kritik des Interventionismus, 1. Auflage, Jena 1929

Mock, Sebastian (2024): Restrukturierungen als verdeckte Unternehmensübernahmen, in: Handelsblatt Nr. 190, 01.10.2024, S. 14

Mühl, Melanie (2023): Kommentar zu Silvester: Der gleiche Selbstbetrug wie jedes Jahr

Müller, Anja (2024): »Wir stehen kurz vor dem Abgrund«, in: Handelsblatt Nr. 248, 23.12.2024, S. 26, 27

Müller-Arnold, Benedikt (2023): Unsere Leute sind keine Klimagegner, in: Der Spiegel, 2023, Nr. 30, S. 74–75

Müller-Stewens, Günter; Stonig, Joachim (2023): Auf dem Weg zum Stakeholder-Kapitalismus: Merkmale und Konsequenzen einer sich verändernden institutionellen Logik, in: Die Unternehmung, 77, 4, S. 316–333

Murphy, Martin (2024): Zerschlagung ist keine Lösung, in: Handelsblatt Nr. 189, 30.09.2024, S. 18

Murphy, Martin; Iwersen, Sönke; Wermke, Isabelle (2024): Aufsichtsratssitzung bei Thyssen-Krupp: Das Protokoll einer Schlammschlacht, in: Handelsblatt Nr. 177, 12.09.2024, S. 22, 23

Murphy, Martin; Olk, Julian (2024): Thyssen-Krupp will »grünes« Fördergeld zurückzahlen, in: Handelsblatt Nr. 196, 10.10.2024, S. 27

Nawawi, Anuar; Salin, Azlin Puteh; Saiful, Ahmad (2018): Internal control and employees' occupational fraud on expenditure claims, in: Journal of Financial Crime, Vol. 25 No. 3, 2018, S. 891–906, DOI 10.1108/JFC-07-2017-0067

Neuerer, Dietmar (2024): Regierung will Preis-Pranger für Mogelpackungen, in: Handelsblatt Nr. 110, 11.06.2024, S. 12

Neuerer, Dietmar (2024a): Gegen unfaire Praktiken auf Online-Plattformen, in: Handelsblatt Nr. 26, 06.02.2024, S. 8

Niskanen, William A. (1971): Bureaucracy and Representative Government, 1. Auflage, Chicago 1971

o. V. (2007): »Bahn zur Unsterblichkeit«. Schiller und die Brotgelehrten, Download 27.02.25: https://www.spiegel.de/lebenundlernen/uni/schiller-und-die-brotgelehrten-bahn-zur-unsterblichkeit-a-487313.html

o. V. (2014): Wie Kunden die Online-Händler betrügen, in: Handelsblatt 19.07.2024, Download 27.10.2025 https://www.handelsblatt.com/unternehmen/handel-konsumgueter/umtauschbetrug-wie-kunden-die-online-haendler-betruegen/10210380.html

o. V. (2014a): Im Strudel der Deregulierung, in: Böcklerimpuls 2/2014, Download 27.10.2025 https://www.boeckler.de/de/boeckler-impuls-im-strudel-der-deregulierung-6682.htm

o. V. (2017): BMW, Daimler & Co. zittern vor einem geheimnisvollen Milliardär, der die Autobranche bedroht, Download 27.02.25: https://www.businessinsider.de/wirtschaft/bmw-daimler-and-co-zittern-vor-einem-geheimnisvollen-milliardaer-der-die-autobranche-bedroht-2017-5/

o. V. (2020): Streit zwischen VW und Zulieferer Prevent wird zur Spitzel-Affäre, Download 27.02.25: https://www.automobil-industrie.vogel.de/streit-zwischen-vw-und-zulieferer-prevent-wird-zur-spitzel-affaere-a-f3dce46946b70479a95e4b20f2664867/

o. V. (2023): Kita-Rechtsanspruch mit Lücken, tagesschau.de, 03.08.23. Download 27.02.25: https://www.tagesschau.de/inland/gesellschaft/kita-platz-rechtsanspruch-100.html

o. V. (2024): Viele verbotene Kartellabsprachen, in: Handelsblatt Nr. 16, 23.01.2024, S. 38

o. V. (2024a): Varta: Kleinanleger wollen sich wehren, in: Handelsblatt Nr. 185, 24.09.2024, S. 39

o. V. (2025): Kein Kavaliersdelikt: Warum Arbeitszeitbetrug für viele Unternehmen zu einem echten Problem wird, in: Westfalen-Blatt 27.03.2025, Download 27.10.2025: https://www.westfalen-blatt.de/freizeit/ratgeber/kein-kavaliersdelikt-warum-arbeitszeitbetrug-fuer-viele-unternehmen-zu-einem-echten-problem-wird-3271629

o. V. (2025a): Online-Betrug: Steigende Schäden durch falsche Kunden, in: Handelsblatt 16.04.2025, Download 27.10.2025: https://www.handelsblatt.com/dpa/cyberkriminalitaet-online-betrug-steigende-schaeden-durch-falsche-kunden/30299180.html

o. V. (2025b): Arbeitszeitbetrug? Wann Beschäftigte vorsichtig sein müssen, in: Süddeutsche Zeitung 31.07.2025, Download 27.10.2025: https://www.sueddeutsche.de/wirtschaft/wann-abmahnung-und-co-drohen-arbeitszeitbetrug-wann-beschaeftigte-vorsichtig-sein-muessen-dpa.urn-newsml-dpa-com-20090101-250730-930-859149

o. V. (2025c): Der Zoll bekämpft Schwarzarbeit, illegale Beschäftigung und Sozialleistungsbetrug, in: Bundesministerium der Finanzen, 11.06.2025, Download 17.11.2025: https://www.bundesfinanzministerium.de/Content/DE/Standardartikel/Themen/Zoll/Gerechtigkeit-faire-Arbeit/illegal-ist-unsozial.html

Ogger, Günther (1992): Nieten in Nadelstreifen, München 1992

Olk, Julian (2024): Wo Deutsche mehr Staat wollen, in: Handelsblatt Nr. 250, 30.12.2024, S. 13

Olk, Julian (2024a): Sind die Supermärkte schuld an der Not der Bauern?, in: Handelsblatt Nr. 15, 22.01.2024, S. 12, 13

Omar, Mastura; Nawawi, Anuar; Salin, Azlin Puteh; Saiful, Ahmad (2016): The causes, impact and prevention of employee fraud: a case study of an automotive company, in: Internal control and employees' occupational fraud on expenditure claims, in: Journal of Financial Crime, Vol. 23, Iss. 4, 3. Oktober 2016, S. 1012-1027, DOI 10.1108/JFC-04-2015-0020

Onderka, Lena (2025): VW entlässt mehr als 500 Mitarbeitende wegen Fehlverhaltens, in: Personalwirtschaft 01.10.2025, Download 27.10.2025: https://www.personalwirtschaft.de/news/arbeitsrecht/vw-entlaesst-mehr-als-500-mitarbeitende-wegen-fehlverhaltens-195853/

Oppenheimer, Franz (1907): Der Staat, 1. Auflage, Frankfurt 1907

Othman, Radiah and Ameer, Rashid (2022): In employees we trust: employee fraud in small businesses, in: Journal of Management Control, 2022, 33, S. 189–213, DOI 10.1007/s00187-022-00335-w

Peters, Stephanie; Maniam, Balasundram (2016): Corporate fraud and employee theft: impacts and costs on business, in: Journal of Business and Behavioral Sciences, Vol. 28, No. 2, Fall 2016, S. 104–117

Poeschl, Hanno (2013): Strategische Unternehmensführung zwischen Shareholder-Value und Stakeholder-Value, Springer Fachmedien Wiesbaden

Postinett, Axel (2024): Großinvestoren bedrohen Amerikas Armensiedlungen, in: Handelsblatt Nr. 37, 21.02.2024, S. 10, 11

Rappaport, Alfred (1981): Creating Shareholder Value: The new Standard for Business Performance, in: Harvard Business Review, Vol. 59, 1981, S. 139–149

Rappaport, Alfred (1994): Shareholder Value. Wertsteigerung als Maßstab für die Unternehmensführung, 1. Auflage, Schäffer-Poeschl, Stuttgart 1994

Reimann, Annina; Bergermann, Melanie (2018): Prevent-Ausstieg kostet VW mehr als 200 Millionen Euro, in: wiwo.de 04.04.2018, Download 27.02.25: https://www.wiwo.de/unternehmen/auto/volkswagen-prevent-ausstieg-kostet-vw-mehr-als-200-millionen-euro/21142128.html

Riecke, Torsten (2024): Leerverkauf der Demokratie, in: Handelsblatt Nr. 141, 24.07.2024, S. 9

Roll, Oliver; Loh, Patrick (2019): Dynamic Pricing in der Kundenwahrnehmung, in: Marketing Review St. Gallen, 2019, Volume 36, Issue 5, pp. 32–39

Röper, Erich (1970): Reflexionen über einen modernen öffentlichen Dienst, in: aus politik und zeitgeschichte, bailage zur wochenzeitung das parlament, B48/70, 28.11.1970, S. 1–48

Roßteutscher, Sigrid (2013): Werte und Wertewandel, in Mau, Steffen; Schöneck, Nadine M. (Hrsg.), Handwörterbuch zur Gesellschaft Deutschlands, Springer, Wiesbaden 2013, S. 936–948, DOI 10.1007/978-3-531-18929-1_65

Sager, Fritz; Rosser, Christian (2009): Weber, Wilson and Hegel: Theories of Modern Bureaucracy, in: Public Administration Review, November/Dezember 2009, 69 (6), S. 1136–1147, DOI: 10.1111/j.1540-6210.2009.02071.x

Sayer, Stuart (2024): Issues in new political economy: an overview, in: Journal of Economic Surveys, Volume 14, number 5, pp. 513–526

Schäfer, Armin (2014): Der Nichtwähler als Durchschnittsbürger: Ist die sinkende Wahlbeteiligung eine Gefahr für die Demokratie?, in: Bytzek, Evelyn; Roßteutscher, Sigrid (Hrsg.), Der unbekannte Wähler? Mythen und Fakten über das Wahlverhalten der Deutschen, Campus Verlag, Frankfurt a. M, 2011, S. 133–154, Download 24.11.2025: https://www.armin-schaefer.de/wp-content/uploads/2014/05/Nichtwaehler-Schaefer.pdf

Schäfer, Armin; Schwander, Hanna; Manow, Philip (2016): Die sozial »auffälligen« Nichtwähler: Determinanten der Wahlenthaltung bei der Bundestagswahl 2013, in: Schoen, Harald; Weßels, Bernhard. (Hrsg.), Wahlen und Wähler, Springer, Wiesbaden 2016, S. 20–44, DOI 10.1007/978-3-658-11206-6_2

Schäfer, Wolfgang J. (2002): Opfer Sozialstaat: Gemeinsame Ursachen und Hintergründe von Steuerhinterziehung, Schwarzarbeit und Leistungsmissbrauch, Dissertation, 2002, Leske + Budrich, Opladen

Schneider, André (2024): Nachhaltigkeit und Service als Chance gegen das Showrooming im stationären Einzelhandel, in: Bruhn, Manfred; Hadwich, Karsten (Hrsg.) Sustainable Service Management, Forum Dienstleistungsmanagement, Band 1 Stuttgart, S. 603–631, DOI 10.1007/978-3-658-45148-6_21

Scheppe, Michael; Terpitz, Katrin (2024): Inflationstreiber Billigmarken, in: Handelsblatt Nr. 226, 21.11.2024, S. 1, 20, 21

Scheppe, Michael; Terpitz, Katrin (2024a): Preise im Supermarkt steigen weiter an, in: Handelsblatt Nr. 136, 17.07.2024, S. 20, 21

Scheppe, Michael; Terpitz, Katrin (2024b): Höhere Preise, mäßige Margen, in: Handelsblatt Nr. 54, 15., 16., 17.03.2024, S. 1, 6, 7

Scheppe, Michael; Terpitz, Katrin (2024c): Wer profitiert von den höheren Lebensmittelpreisen?, in: Handelsblatt Nr. 179, 16.09.2024, S. 18, 19

Scheuer, Angelika (2013): Werte und Einstellungen. Auszug aus dem Datenreport 2013, in WZB/SOEP, S. 377–384, Download 19.11.2025: https://www.wzb.eu/system/files/docs/ende/peu/datenreport2013_gesamt_klein.pdf

Schlautmann, Christoph (2024): Ortberg folgt in Doppelrolle auf Calhoun, in: Handelsblatt Nr. 147, 01.08.2024, S. 19

Schmidt, Reinhard H. (2019): On the change of the German financial system SAFE (July 2019 White Paper number 61), Goethe University Frankfurt

Schmidt, Reinhard H.; Tyrell, Marcel (2003): What Constitutes a Financial System in General and the German Financial System in Particular? Econstor (2003 Working Paper Series: Finance & Accounting, number 111), Goethe University Frankfurt

Schneider, Friedrich (2004): Shadow economy, in: Rowley, Charles K.; Schneider, Friedrich (Hrsg.), The Encyclopedia of Public Choice. Springer, Boston, MA., 2004, S. 286–296, DOI 10.1007/978-0-306-47828-4_24

Schneider, Friedrich (2004a): The Shadow Economy in Europe, in: A.T. Kearney, S. 1–18, Download 17.11.2025: https://www.euractiv.ro/documente/arhiva/download-documente/The%20shadow%20economy%20in%20Europe_06101630.pdf

Schröter, Eckhard; Wollmann, Hellmut (2005): New Public Management, in: Blanke, B. et al. (Hrsg.): Handbuch zur Verwaltungsreform, Wiesbaden 2005, S. 63–74

Schumpeter, Joseph A. (1951): Ten great economists. From Marx to Keynes, 1. Auflage, New York 1951

Seils, Christoph (2014): Nichtwähler gefährden die Demokratie, in Cicero Online, 18.09.2014, Download 24.11.2025: https://www.cicero.de/innenpolitik/wahlbeteiligung-nichtwaehler-gefaehrden-die-demokratie/58236

Sigmund, Thomas (2023): 64 Prozent der Deutschen wollen feste Mietpreise, in: Handelsblatt Nr. 247, 21.12.2023, S. 8

Sigmund, Thomas (2024): Wenn's um Geld geht – oder Gewinn, in: Handelsblatt Nr. 53, 14.03.2024, S. 15

Skrzipek, M. (2005): Shareholder Value versus Stakeholder Value, Deutscher Universitäts-Verlag Wiesbaden

Smith, Adam (1776): Eine Untersuchung über die Ursachen des Wohlstands der Nationen, Reprint, 1. Auflage, London 1776

Sombart, Werner (1902): Der moderne Kapitalismus, Bd. 1, 2, 1. Auflage, Leipzig 1902

Specht, Frank (2023): Verwaltung am Limit, in: Handelsblatt Nr. 210, 31.10.2023, S. 7

Specht, Frank (2024): Der Staat verliert dramatisch an Ansehen, in: Handelsblatt Nr. 122, 27.06.2024, S. 14

Statista (2023): Anzahl der Neuzulassungen von Personenkraftwagen in Deutschland nach Marken in den Jahren 2022 und 2023

Stelter, Daniel (2023): Zeit für eine Renaissance der Kartellwächter, in: Handelsblatt Nr. 224, 20.11.2023, S. 10

Stelter, Daniel (2024): Der Staat ist nicht die Lösung, sondern häufig das Problem, in: Handelsblatt Nr. 189, 30.09.2024, S. 15

Stratmann, Klaus (2024): Der ferne Traum vom grünen Stahl, in: Handelsblatt Nr. 199, 15.10.2024, S. 10, 11

Stratmann, Klaus (2024a): Transformation im Ungewissen, in: Handelsblatt Nr. 200, 16.10.2024, S. 16

Stratmann, Klaus (2024b): Netzbetreiber klagen gegen Übernahme von Gasnetzfirmen, in: Handelsblatt Nr. 148, 02., 03., 04.08.2024, S. 11

Stratmann, Klaus (2024c): Kosten für AKW-Abriss landen wohl beim Bund, in: Handelsblatt Nr. 173, 06., 07., 08.09.2024, S. 13

Stratmann, Klaus (2025): Kampf ums Klimageld, in: Handelsblatt, Nr. 5, 08.01.25, S. 1, 6 f.

Stratmann, Klaus; Wermke, Isabelle (2024): Stahlindustrie zweifelt an der Wasserstoff-Strategie, in: Handelsblatt Nr. 151, 07.08.2024, S. 9

Streit, Matthias (2020): Gefährliches Misstrauen, in: Handelsblatt Nr. 136, 17., 18., 19.07.2020, S. 19

Telser, Franziska (2025): Unternehmen sind bei Arbeitszeitbetrug nicht hilflos, in: Handelsblatt 29.07.2025, Download 27.10.2025 https://www.handelsblatt.com/meinung/kommentare/kommentar-unternehmen-sind-bei-arbeitszeitbetrug-nicht-hilflos/100143427.html

Terpitz, Katrin (2024): Deutsche Schlachtbranche steckt mitten im Ausverkauf, in: Handelsblatt Nr. 111, 12.06.2024, S. 20, 21

Terpitz, Katrin; Scheppe, Michael (2023): Kleiner, schlechter, teurer, in: Handelsblatt Nr. 226, 22.11.2023, S. 24

Terpitz, Katrin; Verfürden, Michael (2020): Wie viel Wandel verträgt die Fleischindustrie?, in: Handelsblatt Nr. 136, 17., 18., 19.07.2020, S. 22, 23

Theuvsen, Ludwig (1996): Shareholder Value. Wertsteigerung als Maßstab für die Unternehmensführung, in: Management Revue, 7. Jahrg., H. 1 (1996), S. 5–11

Timo (2024): Arbeitszeitbetrug: Ein unterschätztes Problem im Unternehmen, Time Management Office, Download 27.10.2025: https://www.timo24.de/blog/wp-content/uploads/2024/11/Studienzusammenfassung_timo24_Arbeitszeiterfassung_2024-1.pdf

Tipgos, Manuel A. (2002): Why management fraud is unstoppable, in: CPA Journal, Dezember 2002, Vol. 72 Iss. 12, S. 34–42, Download 27.10.2025: https://research.ebsco.com/c/rtzm5w/search/details/muwlc35pvj?db=buh&limiters=&q=%28%281S%20%2200942049%22%20OR%201S%20%2207328435%22%29%20AND%20V1%2072%20AND%20%281P%2012%20OR%201P%2012%29%20AND%20SP%2034%29

Toepfer, Thomas (2024): »Boeing sendet Schockwellen«, in: Handelsblatt Nr. 97, 22.05.2024, S. 18, 19

Toyota (1979): Management and Company Information. Download: TOYOTA MOTOR CORPORATION GLOBAL WEBSITE | 75 Years of TOYOTA | A 75-Year History through Data | Management and Company Information 24.02.2025

Toyota (2022): Integrated Report 2022, Download 24.02.25: https://global.toyota/pages/global_toyota/ir/library/annual/2022_001_integrated_en.pdf

Tunley, Martin (2010): Need, greed or opportunity? An examination of who commits benefit fraud and why they do it, in: Security Journal, Vol. 24, No. 4, 15 November 2010, S. 302–319, DOI 10.1057/sj.2010.5

Ulrich, Klaus (2020): Ein Toter und der Streit zwischen VW und Prevent, in: dw.com 24.08.2020, Download 27.02.25: https://www.dw.com/de/ein-toter-und-der-streit-zwischen-volkswagen-und-seinem-zulieferer-prevent/a-54608063

Ulrich, Klaus; Petermann, Jan (2021): VW: Neues Kapitel im Streit mit Prevent. Download 27.02.25: https://www.dw.com/de/vw-neues-kapitel-im-streit-mit-prevent-schadenersatz-wegen-wuchers/a-56623943

Vehrkamp, Robert (2013): Bundestagswahl 2013 – warum die niedrige Wahlbeteiligung der Demokratie schadet, in: Zukunft der Demokratie, Ausgabe 2, Bertelsmann Stiftung 2013, S. 1-8, Download 24.11.2025: https://www.bertelsmann-stiftung.de/fileadmin/files/BSt/Publikationen/GrauePublikationen/EINWURF_2-13.pdf

Vogel, Rick (2009): Aufkommen und Verbreitung von New Public Management in Deutschland: Eine institutionalistische Diskursanalyse mit bibliometrischen Methoden, in: dms-der moderne Staat, Zeitschrift für Public Policy, Recht und Management, 2009, H. 2, S. 367–390

Volkery, Carsten; Waschinski, Gregor (2024): Frankreich macht Druck bei der Kapitalmarktunion, in: Handelsblatt Nr. 18, 25.01.2024, S. 7

Volkswagen © Statista (2023) Anzahl ausgelieferter Personenkraftwagen der Volkswagen AG nach ausgewählten Ländern in den Jahren 2021 und 2022

Vomberg, Arnd; Lauer, Karin; Weitkämper, Karen (2020): Dynamic Pricing: Preisfindung auf elektronischen Marktplätzen, in: Kollmann, T. (Hrsg.) (2020) Handbuch Digitale Wirtschaft Springer Fachmedien Wiesbaden, 2020, S. 653–677

Warren, Mark E. (2011): Voting with your feet: exit-based empowerment in democratic theory, in American Political Science Review, Vol. 105, No. 4, November 2011, S. 683–701, DOI 10.1017/S0003055411000323

Weber, Frohlinde et al.: Die wichtigsten Grundrechte und -pflichten in Deutschland, Bürgerstiftung Lebensraum Aachen, Download 24.11.2025: https://www.buergerstiftung-aachen.de/fileadmin/user_upload/BST-Grundrechte-DinA4-DE-RZ.pdf

Weber, Max (1926): Politik als Beruf, Download 27.02.25: https://www.joachimschmid.ch/docs/PAzWeberMaxPoliAlBe.pdf

Wells, Joseph T. (2001): Why employees commit fraud, in: Journal of Accountancy, Download 27.10.2025: https://www.proquest.com/openview/af5399c770b3e406994429f8a9480a7d/1.pdf?pq-origsite=gscholar&cbl=41065

Wermke, Isabelle (2023): Stahlsparte vermiest Konzernbilanz – wieder mal, in: Handelsblatt Nr. 227, 23.11.2023, S. 22

Wermke, Isabelle (2024a): Die Politik duckt sich weg, in: Handelsblatt Nr. 169, 02.09.2024, S. 13

Wermke, Isabelle (2024b): Streit um Thyssen-Krupp Steel eskaliert, in: Handelsblatt Nr. 166, 28.08.2024, S. 18

Wermke, Isabelle (2024c): Ohne Hoffnungswerte und ohne Schönfärberei, in: Handelsblatt Nr. 154, 12.08.2024, S. 19

Wermke, Isabelle (2024d): Thyssen-Krupp Steel baut 5000 Arbeitsplätze ab, in: Handelsblatt Nr. 229, 26.11.2024, S. 17

Wermke, Isabelle (2024e): Thyssen-Krupp macht erneut Milliardenverlust, in: Handelsblatt Nr. 225, 20.11.2024, S. 21

Wermke, Isabelle (2025): Nerven aus Stahl, in: Handelsblatt, Nr. 11, 16.01.2025, S. 14

Wermke, Isabelle; Murphy, Martin (2023): Eklat im Aufsichtsrat gefährdet Konzernumbau, in: Handelsblatt Nr. 233, 01., 02., 03.12.2023, S. 30

Wermke, Isabelle; Murphy, Martin (2023a): Thyssen-Krupp bereitet erneuten Kurswechsel vor, in: Handelsblatt Nr. 232, 30.11.2023, S. 22

Wermke, Isabelle; Murphy, Martin (2024): Stahlsparte vor Führungswechsel, in: Handelsblatt Nr. 167, 29.08.2024, S. 18, 19

Wermke, Isabelle; Murphy, Martin (2024a): Angst vor der Zerschlagung, in: Handelsblatt Nr. 188, 27., 28., 29.09.2024, S. 22, 23

Wermke, Isabelle; Murphy, Martin (2024b): Wäre der Kahlschlag bei Thyssen-Krupp vermeidbar gewesen?, in: Handelsblatt Nr. 232, 29., 30.11., 01.12.2024, S. 22, 23

Wermke, Isabelle; Murphy, Martin (2024c): Das planlose Agieren von Thyssen-Krupp, in: Handelsblatt Nr. 230, 27.11.2024, S. 6, 7

Wermke, Isabelle; Murphy, Martin; Bender, René (2024): Chaos beim Verkauf der Stahlsparte, in: Handelsblatt Nr. 152, 08.08.2024, S. 18, 19

Wermke, Isabelle; Murphy, Martin; Olk, Julian (2024): Milliardenprojekt von Thyssen-Krupp wackelt, in: Handelsblatt Nr. 193, 07.10.2024, S. 18, 19

Wermke, Isabelle; Olk, Julian; Dehaes, Daniel (2025): Scharfe Kritik an Merz-Aussage, in: Handelsblatt, Nr. 10, 15.01.25, S. 23

Wickert, Ulrich (1994): Der Ehrliche ist der Dumme. Über den Verlust der Werte, Hamburg 1994

Wikipedia (2022): Liste der größten Unternehmen der Fleischwirtschaft in Deutschland, Download 27.02.25: https://de.wikipedia.org/wiki/Liste_der_gr%C3%B6%C3%9Ften_Unternehmen_der_Fleischwirtschaft_in_Deutschland

Wilkes, Robert E. (1978): Fraudulent behavior by consumers, in: Journal of Marketing, Vol 42, Issue 4, S. 67–75, DOI 10.1177/002224297804200410

Wirtz, Jochen; Kum, Doreen (2004): Consumer cheating on service guarantees, in Journal of the Academy of Marketing Science, Vol. 32, Issue 2, 2004, S. 159–175, DOI 10.1177/0092070303261416

Wolff, Michael (2020): Aufsichtsräte unter Druck, in: Handelsblatt Nr. 211, 30., 31.10.2020, 01.11.2020, S. 1, 6, 7

Wollmann, Hellmut (2013): Administrative reforms and New Public Management modernization of (local level) public administration in Germany, in: Madureira, César; Asensio, Anna (eds.), Handbook de Administracao Pública, INA Edition, Lisboa, pp. 359–376

Zimmermann, Hubert (2012): No Country for the Market: The Regulation of Finance in Germany after the Crises, in: German Politics, 2012, volume 21, number 4, pp. 484–501